U0917170

2010中国网络营销年鉴（案例卷）

本书编委会　编著

辽宁科学技术出版社
沈　阳

图书在版编目（CIP）数据

2010中国网络营销年鉴. 案例卷／本书编委会编著. —沈阳：辽宁科学技术出版社，2011.4
ISBN 978-7-5381-6877-8

Ⅰ. ①2… Ⅱ. ①本… Ⅲ. ①电子商务—市场营销学—案例—中国—2010—年鉴 Ⅳ. ①F724.6-54

中国版本图书馆CIP数据核字（2011）第025848号

出版发行：辽宁科学技术出版社
（地址：沈阳市和平区十一纬路29号 邮编：110003）
印 刷 者：辽宁彩色图文印刷有限公司
经 销 者：各地新华书店
幅面尺寸：186mm × 250mm
印 张：22.25
字 数：400千字
出版时间：2011年4月第1版
印刷时间：2011年4月第1次印刷
策划编辑：王 实
责任编辑：王 实
封面设计：黑米粒书装
版式设计：于 浪 王 晶
责任校对：东 戈

书 号：ISBN 978-7-5381-6877-8
定 价：45.00元

联系电话：024-23284370
邮购热线：024-23284502
E-mail:ganluhai@163.com
http://www.lnkj.com.cn
本书网址：www.lnkj.cn/uri.sh/6877

《2010 中国网络营销年鉴》
编委会

推荐序一

网络广告发轫于1994年的美国。当年10月14日，美国著名《Wired》杂志推出网络版Hotwired（www.hotwired.com），其主页上开始有AT&T等14个客户的广告Banner。

中国的第一个商业性的网络广告出现在1997年3月，传播网站是Chinabyte（比特网），广告表现形式为468×60像素的动画旗帜广告。Intel和IBM是国内最早在互联网上投放广告的广告主。

1995年4月，国内第一家中文商业信息站点“中国黄页”，发布了一批互联网主页，在大陆开始普及网络知识和应用。

2003年的非典为中国的互联网广告推波助澜；2007—2008年的奥运会将中国的互联网广告带入成熟阶段。

2008年经济危机席卷全球，网络营销迅速崛起，越来越多的企业看到了互联网的巨大潜力，把互联网当做过冬的小棉袄。

2010年，网民突破4亿，更多的企业加入网络营销的大军。

……

短短十余年，我国网络营销迅猛发展。网络有力推动经济全球化的发展，一个平的世界即将到来。顺应趋势者得市场，网络化以其不可逆转的大趋势，吸引着众多企业投身到网络营销的大潮之中！

但这个相对年轻的行业，缺乏经验，一切都在不断探索中发展、进步，网络营销推广到底怎样做？推广流程如何设计？效果如何？一直是萦绕广告主和营销公司的实际问题。《2010中国网络营销年鉴》（案例卷）集结了中国顶尖网络营销公司100款实战案例，辅以业内权威专家点评，记录这高速成长行业的美丽年轮。

《2010中国网络营销年鉴》（案例卷）为促进企业和营销公司的成长提供最好的参考，为网络营销从业者、学习者提供网络营销发展解决之道。

实战才是硬道理。期待《2010中国网络营销年鉴》（案例卷）带给业界不一样的惊喜。

中国电子商务协会　理事长　宋玲

2010年10月

推荐序二
“e”度空间的网络营销

在互联网技术高度发达的今天，如果说我们生活在“e”度空间，我想多数人都会赞成这种说法。

当互联网登陆中国时，大多数人是在浏览新闻与收发邮件中完成了初期的网络生活，很少有人能够预料到互联网会给我们的生活带来怎样的改变。而今天，当我们打开网页，不再是仅仅浏览新闻、收发邮件，我们享受到了更多的网络服务——听音乐、看视频、搜索、购物、炒股、交友、聊天……我们的生活已紧紧与网络联结在了一起。

互联网技术的不断进步加快了网络内容建设的步伐，并由此带动着网络服务不断向多样化、实用化和新颖化迈进，吸引着越来越多的网民参与其中。

据最新的数据显示，截止 2010 年 7 月 15 日，中国网民的规模在全球排名首位，达到 4.2 亿人。庞大网民数量的背后，蕴藏着无限的商机。越来越多的企业开始运用网络营销，开辟品牌宣传新阵地，与目标消费者展开了即时、深度的沟通与互动。

在企业积极参与网络营销的过程中，门户展示类广告方兴未艾，搜索、视频、SNS、微博等新营销形式已大行其道，不断为网络营销注入新鲜血液，为网络营销手段的持续创新提供了强劲的发展动力。在技术革新的基础上，网络营销在一次次的实战过程中不断武装强大了自己，并且得到了越来越多的关注和应用。而这些，我们从近年企业不断增加网络营销预算便可明了。

《2010 中国网络营销年鉴》（案例卷）的出版，适应了市场发展的需要。它是记录中国网络营销成功经验的开山之作，通过对网络营销经典案例的梳理、介绍与点评，阐述了网络营销的最新理念和方法，是网络营销从业人员不可多得的学习典范。

北京大学新闻与传播学院副院长、博士生导师

2010 年 11月

推荐序三

人一向喜新厌旧，对于新的事物有一种莫名其妙的好奇心和占有欲。这种本性碰上互联网后变得一发不可收拾，人类对于“新”的渴求加上互联网无所不包、无所不能的特性，形成了一股不断吞噬旧格局、旧媒体的涡流，并终于在近年成为革命性的龙卷风。一时间，微博，社交媒体，搜索营销，视频营销，团购，位置服务，移动商务众多新模式新词汇每天扑面而来，在中国各种营销论坛也都成为新媒体、新概念的说唱舞台。

我一向自觉笨鸟，唯恐被时代抛弃，于是在新浪刚刚开通微博内测的时候就注册了账号，尝尝鲜。广告人的特点是兴趣广，但不持久，经过了1个月的蜜月期，基本微博就属于僵尸状态了。直到2010年底突然一个朋友发来短信说我的微博粉丝已经超过了1万多，才忙不迭地赶紧恢复密码，重新杀回来，咱得对得起观众。回头不算晚，但上来后好友和我的第一句话基本都是很诧异的“好久不见啊!”我就奇怪了，这几个人不就是昨天才吃过饭的朋友吗。

新媒体已经悄然地改变了我们的沟通方式，思维方式，甚至有一天对于我们的价值观和社会形态都会产生结构性的调整。沟通方式变了，媒体的格局也变了，营销的模式也该变了。作为广告从业者，我现在关注更多的不是变成什么了，而是为什么变，变的路径是什么，以及变的原因是什么。这需要温故而知新，只有不断地总结新媒体的变化的路径才能系统化地掌握变化的未来。连接路径是由一个个点构成的，这些点需要人来记录，标记。

东明是我的老部下，很勤奋，也很坚持。我曾经为他出版过的《网络整合营销兵器谱》写过序，现在他动员各方力量收集互联网营销案例也是我非常鼓励的。互联网营销还很新，很多模式尚处于摸索阶段，有机地收集整理是非常有历史意义的，不管案例的稚嫩也罢，成熟也罢，成功与否，效果高下都反映了当今互联网营销的水平。东明能花大精力走访多家营销机构与媒体收集了众多宝贵的经验，这实在难能可贵，这本书是一个点，我希望有更多的点追随东明的脚印，逐渐夯实脚下的土地，让互联网营销之路铺得更远。

奥美世纪执行副总裁

2010年12月4日 杭州

十年磨剑，赢在网络

——写在《2010 中国网络营销年鉴》(案例卷) 出版之际

十年磨一剑，今朝露锋芒。自从 1997 年中国第一个商业性网络广告诞生，网络营销在十余年间以摧枯拉朽之势颠覆传统营销模式。今天，中国网民数量达 4.2 亿，神奇的.com 成为生活焦点，中国互联网继续这一部波澜壮阔的网络营销猛进史。

十年沉浮，网络营销伴随着人们的争议一路走来，其间创造了不少营销神话，不少优秀案例，但多是浮萍，并没有系统化的梳理。网络营销从业人员、广告主在接触网络营销时，最常问的问题就是：有没有什么案例可供参考？答案常是：有，但是很零散，没有系统的。

于是针对行业中这一强烈的需求，在中国电子商务协会的指导下，我们编写了中国第一部网络营销行业年鉴——《2010 中国网络营销年鉴》(案例卷)。

从开始的想法雏形，到完美结晶，经历了一年多的磨砺与心血。在中国电子商务协会的指导下，我们联合中国香港、中国台湾、日本和中国内地的多方顶尖网络营销专家组成专家编委会，广泛征集意见，从万千的网络营销案例中精心精选了 100 个经典案例；并按十大主流行业分门别类，对这十大行业的营销规律进行系统分析研究，以期抛砖引玉，供国内网络营销从业者、广告主、高校、研究机构参考。同时，非常荣幸的是，本书被选为中国电子商务职业经理人认证教材，相关课程以及配套 PPT 教案正在紧张的研发中。

本书是众多名家智慧的结晶，得到互联网、网络营销、电子商务、广告公关行业多方面同仁的大力支持。感谢辽宁科学技术出版社编辑王实先生对本书倾注的大量心血；感谢中国电子商务协会领导理事长宋玲女士、中国电子商务协会秘书处陆春阳先生对本书的指导；感谢奥美世纪执行副总裁王宏鹏先生的全程支持！同时感谢易观国际资讯事业部研究总监李智、李慧东，感谢腾讯华东区策划总监王剑(塞纳河)，新浪微博企业运营经理万犀聪；感谢 DM 网络整合营销机构孙海智、张宝、任原、黄忠翠；感谢《广告大观》北京编辑部主任吴清华、《国际广告》编辑郭瑾；感谢西南交通大学电气工程系魏振兴，国际动漫产业联盟秘书长秦超，DIGITAL 第几人主编陈君，感谢……

铭记是为了更好的进步，让时间雕刻这网络营销界最美丽的年轮！《2010 中国网络营销年鉴》(案例卷) 不仅为总结，更为开始：相信下一个十年，又是一个全新的征程！互联网是人类历史上迄今最伟大的发明之一，也是人类正在进行着的最重要的创新。更多美好的篇章等待着我们去创造，去谱写！

《2010 中国网络营销年鉴》编委会谨识

2010年 12 月

——赞誉之声——

营销就是研究需求，需求从冲突中发现。传统营销的被动与消费者渴求互动的冲突被网络营销所解决。所以掌握网络营销的能力是中国企业必须迅速提高的，东明的这本《2010 中国网络营销年鉴》（案例卷）是大家的好师傅，好帮手。

——叶茂中营销策划机构董事长　叶茂中

互联网在给企业带来新营销机会的同时也赋予消费者更大的权力，消费者在互联网上更加关注真实性、娱乐性和参与性，对消费者在线购物行为的研究和由此而产生的"在线营销"是当前营销界关注的热点。本书通过众多实战案例的总结分析对企业如何进行互联网营销提供了很好的素材和启示。

——科特勒咨询集团（中国区）总裁　曹虎博士

中国商务进入了网络时代，网络已经成为当代企业吸引并抓住客户、传播营销理念、展示产品特色、沟通市场信息、驱动市场发展的主渠道。《2010 中国网络营销年鉴》（案例卷）为企业，尤其中小企业充分利用这一渠道提供了很好的思路。

——中华人民共和国商务部边贸联合会会长　杨国栋

《2010 中国网络营销年鉴》（案例卷），网商网智网天下。

——百度高级副总裁　沈皓瑜

中国年轻人是数字一代，数字营销是数字时代的营销利器。《2010 中国网络营销年鉴》（案例卷）必将带给你更翔实、更生动的网络营销新体验！

——艾瑞咨询总裁　杨伟庆

面对营销环境日益呈现市场"分众化"、媒体"碎片化"、受众"个性化"的趋势，网络整合营销已是大势所趋。《2010 中国网络营销年鉴》（案例卷）为企业提供了充分利用这一渠道提供了很好的思路，为网络营销从业者提供了很好的素材。

——DCCI 总经理　胡延平

网络是一个巨大的社会化媒体。好的网络营销不仅仅能够塑造品牌价值，提升产品销量，更能够影响到消费者的生活形态，让消费者花更多的时间主动参与到品牌的互动与体验中来。《2010 中国网络营销年鉴》（案例卷）中有汇集了诸多经典案例，可以让我们更清楚地理解网络营销的力量。

——智威汤逊广告（北京）总经理　徐进

立足互联网时代的创新营销，为整合营销传播注入新的活力。

——中国广告协会学术委员会主任、厦门大学教授、博士生导师　陈培爱

时势造英雄，英雄促时势。《2010 中国网络营销年鉴》（案例卷）就是诞生在全球网络大潮的英雄，为中国网络营销发展树立了标杆。书中大量鲜活生动的案例，专业深度的解读，为网络营销、电子商务业界奉上了一餐色香味俱佳的营销盛宴。

——采纳品牌营销顾问公司总经理　朱玉童

《道德经》有这样一句话："道可道，非常道，名可名，非常名。" 东明这本《2010 中国网络营销年鉴》（案例卷）为大家奉上了一道集各个行业和领域案例为一体的网络营销大餐，带领我们循着这些经典案例去追寻网络营销的"e 道"。

——中央教科所原副所长、中国校长学会会长　藤纯

网络已经成为当代企业吸引并抓住客户、传播营销理念、展示产品特色、沟通市场信息、驱动市场发展的主渠道。《2010 中国网络营销年鉴》（案例卷）适时而生，可谓中国企业的最大福音书。

——中国市场学会副会长、无锡尚德太阳能总顾问　徐源

汇聚多方智慧，铭记网络营销经典。

——工信部《电信软科学研究》主编　胡一贞

非常喜欢刘东明撰写、总结的网络营销案例，他深入到一线代理公司和品牌主等操盘手深处，挖掘的智慧和经验有趣又有用，我想，本书的出版，对从事网络营销、网络广告的朋友们而言，是个巨大的福音。

——广告门 CEO　劳博

如果你不去做网络营销，你可能就不属于这个电子商务时代，但如何入手呢？《2010 中国网络营销年鉴》（案例卷）解决了两个问题：一是现在中国最好的案例是什么；二是如何找到网络营销的角度。好书，推荐之！

——亿邦动力网总编辑《计算机世界》前副总编　贾鹏雷

网络营销的蓬勃兴起适应了当代经济的发展。作为记录中国网络营销的第一本专业年鉴，《2010 中国网络营销年鉴》（案例卷）为我们提供了闪光的创意智慧和宝贵的实战经验。只要一册在手，我们就可以全面学习到来自奥美、新浪、腾讯等知名公司的精彩案例，全面把握网络营销的脉搏。

——网赢天下网首席架构设计师　方立军

目录

第一章 食品类

第二章 服装类

第三章 数码家电类

第四章 日化时尚类

第五章 汽车交通类

第一章 食品类

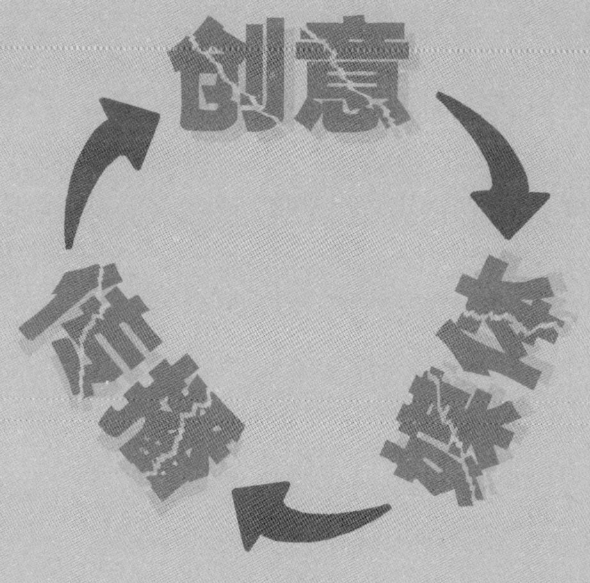

如果我当年去问顾客他们想要什么，他们肯定会告诉我“一匹更快的马”。

——（美）亨利·福特（Henry Ford）

食品网络营销，吃个新鲜

民以食为天，食品行业在整体世界经济中一直占据着举足轻重的地位，在法国，食品行业的总产值超过了汽车工业，居国民经济之首。我国食品行业自改革开放以来，历经坎坷，在激烈的市场竞争中求生存，并且有了很大的发展。中国食品行业在过去 20 年中，年平均增速始终高于全国工业的年均增加值。2001 年完成产品销售收入约 9 000 亿元，同比增长 13%左右，2001 年食品行业生产和销售持续以 11%~13%的增长速度高位运行，2002 年中国食品行业继续保持增长势头，突破 10 000 万亿元产值大关。2008 年我国制造业面临全球金融危机的巨大考验，食品行业的突出表现表明，我国食品行业在扩大内需中发挥的作用是巨大的，而且还有着很大的发展潜力。

但同时，中国食品工业是市场化程度较高的竞争性行业，尤其是中国加入 WTO 前后，其进程仍在加速。食品消费人群广泛，竞争品牌众多，其引发的营销大战也尤为激烈。正因如此，食品类品牌很注重采用比较创新的营销方式来超越对手。近年，网络正从媒体大拼盘中的饭后甜点，变成一道必不可少的压轴菜，而网络营销也屡次闯入食品类广告主和广告代理公司的视线。从消费者层面来看，35 岁以下的人群正是食品饮料消费的主力军，是行业内所公认的黄金消费人群，而网民恰恰是其中最活跃的那部分群体。并且有相当大一部分的黄金消费人群已经习惯利用网络进行学习、工作、娱乐、沟通，获取各种消费信息和生活体验。要想抓住 e 生代的心，网络营销无疑是最有效的方式。从技术层面讲，网络媒体是一个综合性媒体，文字、图片、声音、影像、互动都在网络平台上得以实现。技术是第一生产力，网络上层出不穷的新技术必然催生出五彩斑斓的营销方式，来捕获对常规的广告营销方式日渐疲劳的消费者。因此近年越来越多的食品企业端起网络营销这道菜，吃个新鲜。在中国食品网络营销中，正呈现着以下四大特点。

一、投放量成倍增加

食品行业是老百姓最基本的生活保障行业，所以这个行业的消费人群广泛，每个类别的竞争品牌众多。如果没有大规模的广告，很难建立鲜明的品牌形象。因此，传统的营销模式一般都选择覆盖面最广的电视媒体作为开路先锋，打造品牌知名度，再辅之以密集的地面活动，以此提升品牌美誉度，并用促销来刺激购买。而今，网络已经摆脱以往的补充性媒体角色，网民人数的急剧增加，相应带来的是网络营销的空间大大拓宽。网络营销费用在食品整体市场推广预算中的比例正呈快速翻倍扩大趋势。

二、老对手展开新较量

可口可乐与百事可乐，蒙牛与伊利，这些势均力敌的竞争对手从来只在电视广告和终端促销上比拼，如今也在网络上一较高下。可以想见，以后的网络营销会上演更多的“对手戏”，因为任何一方都不愿意丢掉日益庞大的网络消费者市场。

三、投放的连续性增强

可口可乐、百事可乐、蒙牛、伊利、娃哈哈等五家企业连续几年均居于网络营销投放榜首。这一方面表明了行业领军企业对网络广告效果有了更大的信心，另一方面也显示出其网络营销战略的重大转变。即从随机性的实效营销和事件营销发展成为长期性的、全方位的品牌推广，运用网络媒体进行不间断的品牌传播。

四、方式百花齐放

食品消费人群年龄层偏低，这部分消费者上网多抱着娱乐心态，因此单纯直接的硬广方式很难抓住这群年轻人的芳心。从视频营销到SNS游戏，从时髦的微博营销到病毒营销，从无线营销到炫酷的Minisite……一切新鲜网络形式都可能成为食品营销的载体。

网络营销成为不少食品企业正在尝试或已经尝试的营销方式。众多领先的大品牌已经将网络营销作为重中之重，寄托了很大希望。但整体而言，国内食品企业的网络营销水平尚处于试验阶段。处于金字塔底部的大多数中小食品企业虽然有意识从电视、平面、户外等传播通路向互联网转变，从旧有的“做营销就是打广告”的思维定势中走出来。但他们尚未真正有效地挖掘新媒体的营销价值，在现代消费和品牌营销大潮中处于劣势地位。如何制定有效的策略、如何实施、如何评估效果、如何确保投入产出，都是需要认真思考的问题。因为在下一个十年，网络营销生存之道是食品企业必须掌握的技能。

1. 优酷牛人盛典——疯狂魔术的营销术

定位于一种新潮、冰酷的时尚饮品，红茶的香醇加上柠檬的清爽，喝上一口，那种清凉冰爽的感觉如同爱琴海边的夏日清风，令你全身舒畅，冰后饮用更能体验“冰力十足，无可替代”的畅快，让你从头到脚一爽到底，体味无限冰酷乐趣，这就是康师傅冰红茶！经过十余年的发展，2008 年末的一项调查中显示，冰红茶在年轻族群市场中所占比例有所下降。为应对这一问题，康师傅联手优酷平台，对年轻的目标消费者最常使用的网络行为进行拦截，捆绑，传递品牌信息，进一步强化了康师傅冰红茶时尚、快乐的品牌形象。主要的拦截手段是利用优酷视频播放页全屏富媒体广告，占据目标受众眼球，捆绑的内容是 2009 年流行的魔术元素，传递的内容是康师傅冰红茶时尚、快乐的品牌观点。

“赞！一瓶康师傅冰红茶，引爆史上最牛魔术！”这一视频借势优酷牛人盛典，由一个头戴鸭舌帽的神秘魔术师，以康师傅冰红茶瓶子为道具表演了一场绝妙的魔术，更具有吸引力的是，在播放魔术表演的页面中，借助环境媒体理念使用全屏富媒体广告，锁定目标受众眼球，并展开深度互动传播。

借势盛典，急聚人气

2009 年 7 月，视频网站优酷（www.youku.com）举行新闻发布会宣布，于 2009 年 7 月 30 日启幕本年度最大的品牌落地活动——2009“我属牛人”优酷牛人狂欢盛典，此举成为优酷该年发布“牛计划”以来的规模性华丽亮相，各路持票受邀的才艺牛人、娱乐明星、主流媒体和企业领导将汇聚北京仲夏夜，共同领略这一别开生面的视频平台演艺盛况。优酷 2009“牛计划”是继优酷 2007“拍客文化”、2008“合计划”以来的又一次战略出击，由此谱写优酷战略“三部曲”。优酷首届“牛人狂欢盛典”的隆重上演，标志着优酷继热点资讯、影视剧场模式之后的最强势战略出击——优酷娱乐综艺战略。

优酷“牛计划”活动于 2009 年 3 月就正式亮相，通过优酷网庞大的用户基础、强劲的品牌势力和扎实的文化策源，正式招募各地牛人，展现大众才艺，搜索民间智慧，生动演绎年度关键词“牛人”现象及其背后的精彩内涵，并打造 2009 年最强的优酷“牛人精神”。这本身就为积聚人气作出了很好的铺垫。在“我属牛人”优酷牛人狂欢盛典被众多年轻网民关注的这一基础上，利用魔术牛人的表演植入康师傅冰红茶的品牌进行传播，这无疑是一次巧妙的四两拨千斤的借力借势行为，为魔术牛人广告的出台积聚了大量的人气基础。

时尚魔术，植入品牌

2009 年的春节联欢晚会，一句“接下来就是见证奇迹的时刻”让一位来自台湾的魔术师刘谦火遍了大江南北。正是因为刘谦的成名，让魔术这个在国内不怎么吸引人的艺术话题成了 2009 年人们茶余饭后争相讨论的谈资，甚至是一种时尚。也就是说，2009 年火的不止是刘谦一个人，而是把魔术这一艺术形式也迅速带火了。纵观上半年大部分地方电视台的综艺节目，大都以魔术为主，各种魔术的比赛、娱乐表演迅速充斥着各类节目，就连往年的选秀类节目也改成了魔术师的选秀，甚至很多大牌明星也开始学习表演魔术……此类例子太多就不一一列举了。

魔术，无疑已经成为 2009 年的绝对热门关键词，而且魔术的神秘与年轻人追逐时尚、新颖的个性特性不谋而合。借势优酷牛人盛典，精心策划一场让人觉得不可思议的魔术表演，这本身就是一次成功传播的开始。这场魔术表演只有不到 5 秒钟，但表演的开始就是一个放大特写的康师傅冰红茶镜头出现在观众眼前，让人既好奇又期待，用这个瓶子到底能够表演些什么；紧接着，表演者用意念将瓶子悬在空中，观众此时已经感觉非常不可思议了；然而表演者竟然可以将悬空的瓶子不停地飞快旋转，更厉害的是还可以改变方向，反过来旋转。整个过程虽然时间很短，但是非常有震撼力。

时尚魔术表演中植入品牌，受众明知是广告也欲罢不能矣。

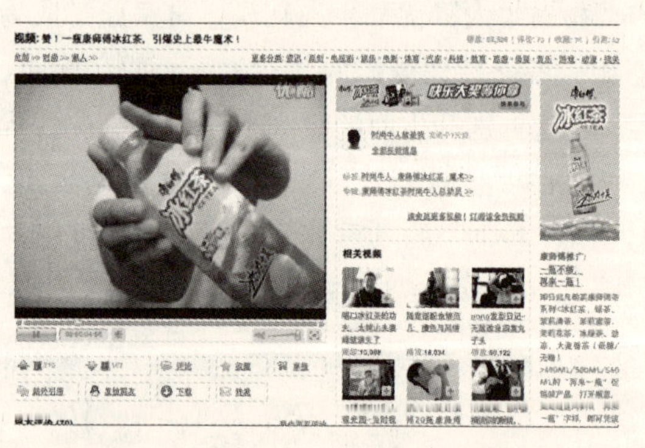

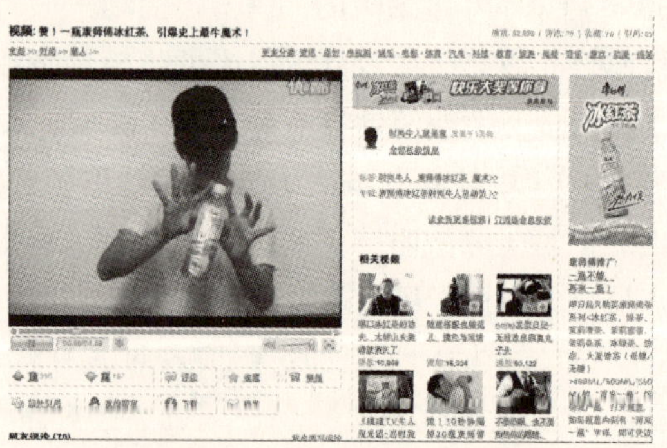

环境媒体，增加新奇

此次传播取得成功，还有一个重要原因是成功借用了网络环境媒体的理念，利用全屏网页富媒体广告，增加了传播过程中的新奇度。

所谓网络环境媒体创意，是指创意突破了 Banner 内的小面积展示，针对整个网页环境特征，灵活地利用网页空间和环境中的要素，Banner 内的内容与整个网页环境发生互动，并且对网页环境进行非常规的改变，进而实现特有的视觉效果和传播效力。而对于网页环境的改变，多运用富媒体技术，为网页添加浮层来实现。

在优酷的这则视频广告中，就运用了网络环境媒体创意。下面我们看看到底是怎么回事。点击开优酷的播放页面，当点击播放键后，播放的是一位戴着鸭舌帽的年轻魔术师表演魔术的视频，看上去正常的不能再正常。这是一款需要受众高度关注的表演，因为网友的好奇心，会集中精力试图自我发现魔术表演中的奥秘。可是就当大家目光关注在视频播放的那一小块区域时，奇怪的事情发生了。忽然，你会发现，整个页面中的元素都会随着表演者旋转的康师傅冰红茶瓶子而旋转！播放页面中的 Banner 条、文字链、按钮等元素方向大乱，甚至离开页面！当表演结束时，页面已经被破坏得七零八落，可以想象此时观看视频的网友会有什么感觉！难怪有网友留言说“那广告我看傻了……我还以为我电脑出问题了！”这款广告的撼人之处在于，视频框内人物的表演行为，竟然引发了正常页面中元素的互动，令人惊叹不已。

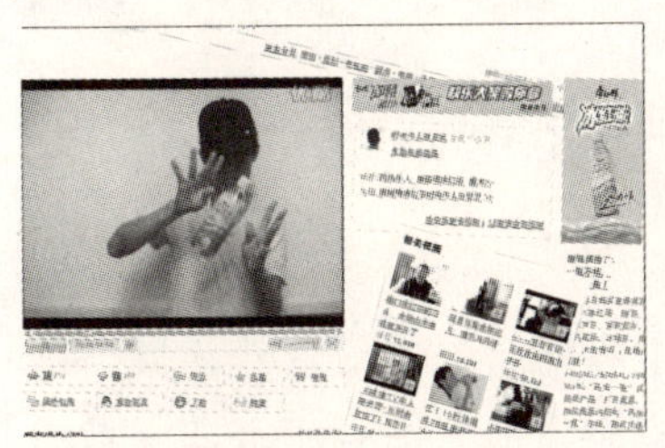

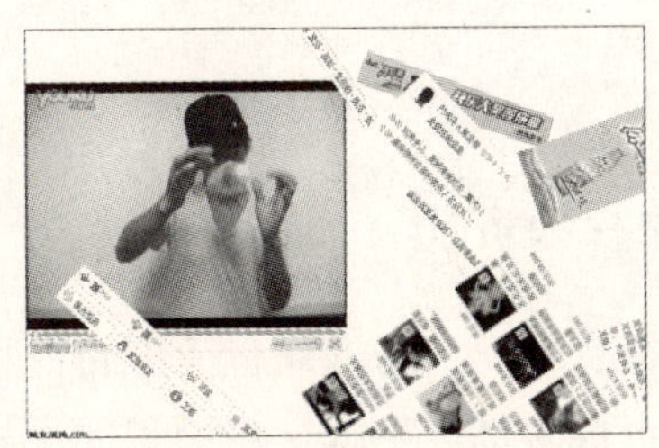

专家点评：

借势刘谦，神秘的魔术，网络环境媒体的大胆使用，都让人大呼过瘾！优酷的爆棚已经证明了此次 Campain 的成功毋庸置疑。

但在此希望思考一个问题，魔术 + 环境媒体的双重创意应用，是否产生了“正正得负”的效果？因为本来很有创意的环境媒体配合一则魔术视频出现，带来的问题是观众可能认为，这必然是康师傅预先安排的一场魔术，甚至会认为其拍摄过程等均不是刘谦一样的“真功夫”。网络环境媒体的导入是否恰恰降低了视频本身的可信度呢？

试想，如果把这则广告延伸成为一个事件营销，到王府井、西单等著名的商业步行街，进行现场表演，并模仿日本街头魔术大师的拍摄风格，让网民认为该场魔术是现场演出的真材实料，进而引爆互联网的疯狂病毒式传播，是否会效果更好？

2. 美好生活 @ 中粮

从悦活与开心网的合作、到渠道创新的电子商务服务我买网，到与 MSN 合作的大型互动体验营销中粮生产队，再到现在与新浪微博合作的“美好生活 @ 中粮”大型社会化媒体互动营销，中粮集团这个老牌国企在新媒体营销之路上可谓积极的探索者。

缘起，世博联姻与企业社会责任

中粮集团作为世博会的高级赞助商，为这届世人瞩目的世界盛会提供最营养、最丰富和最安全的食品保障。与所有世博赞助商一样，中粮集团同样对世博营销有所寄期，希望通过世博会这个平台，向全世界人们展示中粮美好的品牌愿景和优秀的产品品质，让更多的消费者认知和理解到中粮的企业社会责任与品牌文化，更加深信中粮致力于生产与制作最优质的产品，为人们提供最优质的生活保障。

“美好生活 @ 中粮”的任务是承接“中粮生产队”的营销成果，掀起中粮世博营销的第二轮高潮。而当“美好生活 @ 中粮”这个互动活动还在筹划阶段、所有人都在为这个活动的立意、创意而思考的时候，一个有些沉重却不得不由中粮来担当的责任成为了策划团队必须先去面对和解决的问题：这届定位于“城市让生活更美好”的世博会，并没有让所有人感受到世博对人们生活所带来的改善和促进，反而是一些抱怨和批判的言论充斥在网络上。

“作为世博赞助商和世界 500 强企业，看到这么多关于世博不好的感受，也看到太多人并没有感觉到世博和自己的生活是有关系的，寒心。所以我们必须要做一点事情，让世博和每一个人的美好生活有所关联！”于是，一种基于企业社会责任为先导，品牌自我价值营销为辅助的营销主张就此定下。

而当这个基调定下的时候，几乎整个策划团队的人都感觉豁然开朗——世博会的主题“城市让生活更美好”与中粮一直奉行的品牌理念与产品价值观本就是高度吻合的，关注环保与自然生态，一直致力于平衡人与自然的和谐关系的中粮与世博会的愿景如出一辙——“创造美好生活”。如果可以通过一个活动让人们表达出自己的美好情感，又让这种情感得以传递，那么作为这个活动的发起者，这种美好的情感也将会带动品牌好感度的提升。

新浪微博，是必然

新浪微博的兴起让人们见识到了网民言论力量强大，也体会到了140个字是一件既简单但又让人着迷的交流方式，微博让善于表达的人更活跃，让不善于表达的人开始交流。微博现象让所有广告主为之着迷，因为如果可以让所有微博用户都积极地谈论某一个话题，将是多么美妙的事情。轻松的表达方式、积极的表达意愿、快速的信息传递、新兴的社交媒体平台——新浪微博成为了“美好生活 @ 中粮“的必然首选。

但是微博营销在中国刚刚起步，大部分品牌还仅仅是初步尝试进入微博平台，这个平台的碎片化程度与其活跃度一样发达，这给企业提出了不小的难题。中粮集团想做的远不止是注册一个品牌 ID 说说美好的话语，或者是搭建一个 Minisite 让人们浏览信息那么简单，要达到让所有人都感受到美好生活与世博、与中粮的关联，必须让更多的人参与进来，让更多的人自发地表达，让更多的人获得乐趣——于是，中粮正式开始了他们的微博营销探索之路，一个具备开创意义的营销活动就此展开。

官方账号、站内的 Minisite 双响炮

纵观整个“美好生活 @ 中粮”的活动流程，就是通过一系列的用户参与（包括文字、图片和行为）引导并激发用户创造与美好生活有关、与世博有关、与中粮有关的内容和行为。

在这次为期 3 个月的活动里，“美好生活 @ 中粮”可谓把新浪微博这个平台利用得一个彻彻底底。

活动的核心平台是一个架设在新浪微博站内的 Minisite，作为活动的聚合页面，并且引导用户参与所有活动环节。为了最大限度地调动微博用户参与的热情，活动的整体设计最大限度地满足微博用户的用户体验和需求，也就是说 Minisite 上的所有用户参与内容和行为都与用户自身的微博同步，而且为了更好地让用户有“参与过程”的体验，Ministie 给每一个用户开设了一个个人页面，让用户可以更清晰地看到自己参与这个活动的过程和获得的奖品，当然最重要的——这是最不影响用户参与微博体验的一种两全其美的做法。

“@ 中粮美好生活”作为本次活动的官方账号，起到的最大作用是积极地和所有参与活动的用户互动，并且把活动的新闻和获奖信息等即时地告诉给用户——这样既有微博账号在微博站内与用户对话，又有 Minisite 聚合活动流程和清楚用户参与路径，堪称非常巧妙的设计方法。

时间维度、板块维度两大维度相互支撑

第一个维度是时间维度：过去——现在——未来，三个大的时间板块随着活动的推移而更改，引导用户分别抒发和回忆过去、现在以及和未来有关的美好情绪。

第二个维度是板块维度：活动一共设计了五个板块可以让用户完全自立地选择参与。

“发现美好”是活动最核心的板块：参与形式就是用户配合每周推出的 #tag# 话题发布微博，用文字参与活动——这也是这个活动最核心、创造最多网民讨论的板块。“相约世博”和“发现世博”是与世博会紧密关联的板块——用户可以在这里发布世博的照片和见闻，也可以通过活动设计的一个小程序指定自己的世博行程并相约好友一同前往，更可以看到哪个明星是网民呼声最高的想要一同相约前往世博的人。这样的设计，让“去世博”变成了一种好友之间交流感情的有趣行为，也通过网友发布的世博见闻让更多的人看到世博的美好。“发现中粮”是展示中粮“产业链·好产品”的核心板块：每期会推出一款中粮的产品，网友们可以通过上传照片的形式告诉好友他们在生活中发现了中粮的什么，这也是网友在“中粮生产队”活动中体验过中粮产品制造过程之后，通过网友交流的方式对中粮产品诉求做的最直接的延续快消品的产品体验。而这往往是一个很难突破的难题。本次活动，重点在激发消费者的美好情感和自主乐趣，也因此，在设计上更多地采用了让消费者自己发现的形式（# 发现中粮 #），借助快速的分享和畅通的对话机制让这些源自消费者的“发现”更为广泛的传播。为了更好地激发这些“发现”，中粮将互动环节设计得更加具有趣味性和互动性，

从而大大提升了消费者的参与热情。

参与刺激全面覆盖用户体验

在情感刺激、物质利益刺激之外，中粮第一次在新浪微博的营销活动中加入“social game”的元素：收集粮票 + 徽章。徽章系统在被 foursquare 成功地运用到社交媒体之后，其营销价值获得了人们的高度认可，甚至有人把 foursquare 的产品设计模式“50%地理位置 +30%社交 +20%游戏”定义为 LBS 模式的黄金法则——不论如何，中粮这次活动通过获得徽章和收集粮票这种游戏奖励的机制，充分地调动了网民参与的积极性。在解决新浪微博信息“碎片化”和关系“碎片化”的问题上，“中粮美好生活”也摸索出了一条可以让更多微博用户知道并参与的方法：

1. TIPS 和热门话题：这两个资源的运用是在充分观察了人们参与微博的用户路径之后做出的选择，通过 TIPS 来提示这个活动，再通过热点话题来吸引更多的人参与讨论，效果显著；

2. 新浪微博资源：本次活动邀请了“@ 新浪微博小秘书”，“@ 新浪女人”和“@ 新浪博客”等新浪微博站内本身的高影响力 ID 资源，由他们来号召人们参与；

3. 明星和意见领袖资源：“美好生活 @ 中粮”活动有一个非常大的 Team 来负责与新浪微博上真实的明星和各行业的意见领袖进行沟通，邀请他们参与活动并发表评论，这是一项庞大而繁杂的工作，但却是一个可以取得非常显著成效的方法，由于新浪微博上用户的真实性非常高，尤其是有很高影响力的人，他们往往拥有很多粉丝和极大的传播效应，也因此，微博的名人营销借鉴了传统公关营销的方法，通过与这些意见领袖建立联系并深度沟通来获得他们对于活动的支持。

4. 中粮员工的真实参与：中粮集团有一群员工，他们可谓新浪微博的活跃分子、深度用户，他们在这个平台上分享生活、分享快乐、分享着他们的所见所闻，时不时地与他们的集团官方微博互动着，可以看出这俨然一个团结快乐的大家庭，而这份快乐和执著感染了越来越多的人。不得不说，只有当企业在充分熟悉和透彻掌握了一个媒体平台的时候，才有可能诞生出一个伟大的营销策划；

在 Social Media Marketing 的营销课题里，有一节非常重要的课程就是雇员的社会化媒体营销。在社交媒体时代，消费者看待品牌更加的人性化也更加的充满好奇心（如果这个品牌一直用心经营自己的社交媒体形象的话），雇员作为一个品牌的必要也是很关键的组成元素，他们作为企业员工与消费者对话，沟通他们对于企业的热爱以及他们的想法，对于消费者来说，比一个品牌 ID 去告诉他们这些更加有意义。员工是企业最好的形象大使，可以说员工在社会化媒体中的表现，侧面反映了一个企业的形象，也会涉及用户体验和感受；

5. “美好生活 @ 中粮”的成功融入：“美好生活 @ 中粮”在活动刚刚开始的第一个

星期就拥有了 1300 多名粉丝，而在活动进行了 2 个月后，粉丝的数量以惊人的速度达到了 14 万多——这是一个可以写入新浪微博商业合作史的成绩。“美好生活 @ 中粮”从一开始就制定了严密的融入策略和计划，配合活动的传播、用户积极性的调动、平等的沟通语境、即时的互动反馈、多样的活动组织……这一切使得因为参与活动而关注“美好生活 @ 中粮”的用户留了下来，继续成为中粮的粉丝，而这也将是这个活动留给中粮的最宝贵的一笔财富。

企业商业逻辑的还原

“玩转世博，发现中粮，链上美好生活”是中粮本次大型营销活动的核心商业逻辑。之所以叫“玩转世博”，是因为这是中粮借助世博契机开展的一次大型世博会议营销活动，通过这个活动可以让更广大的用户关注世博，关注世博的美好，发现世博的乐趣，并且可以通过网友发布的世博攻略和世博照片对世博有一个更加立体清晰的印象，当然如果可以的话可以约上三两好友一同游玩世博。

“发现中粮”是指从世博到生活中的点点滴滴，我们其实可以发现中粮无处不在，无时无刻地不在给我们提供优质的产品，保障我们的食品健康安全，为我们美好的生活做着贡献。通过组织“发现中粮”的互动活动，将这些平时可能被我们忽略或者并未特别关注的事物发掘出来，并产生共鸣。而“链上美好生活”则是贯穿本次活动的情感核心，本次活动本就是通过文字、图片、点击等互动行为让人们表达和交流美好的情感，而这些美好情感的缘由或许启发自这次活动，但是最终是要回归到生活本质的，中粮通过这样一次由小至大、由点至面的活动，让人们把生活中、世博里与中粮有关（或无关）的点点滴滴汇聚起来并放大，彼此沟通，互相传递，编织交汇成一个巨大的“美好生活”的图景，并呈现于世人面前。而这也正是选择新浪微博、设计如此丰富的互动环节的目的所在。

专家点评：

通过 140 字来发现“美好”，中粮集团通过这次活动深入到网友当中去。在碎片式的信息时代，通过与新浪微博深度合作，凭借从用户出发的话题运作方式，使大家的信息往“美好”上聚焦，引发着网友发现生活中一个又一个的美好，这无疑成为许多创新广告主与消费者零距离沟通的营销范例。

“美好生活 @ 中粮”立足用户习惯，活动巧妙设计了消费者互动方式来体验中粮的产品和品牌，不仅树立了中粮品牌贴近用户，关心用户的形象，也向网络微博用户传达了正面的价值观，体现了中粮集团的社会责任。

企业参与微博，必须要淡化企业角色，用和个人生活直接相关的话题去吸引和引导受众的关注和兴趣，这是“美好生活 @ 中粮”带给企业微博的重要启示。

3. 雪花勇闯天涯——科学营销的智慧

2005，雪花啤酒勇闯天涯——雅鲁藏布江漂流；

2006，雪花啤酒勇闯天涯——长江探源；

2007，雪花啤酒勇闯天涯——远征国境线；

2008，雪花啤酒勇闯天涯——极地探索；

2009，雪花啤酒勇闯天涯——挑战乔戈里峰

……

知名互联网年度活动“雪花啤酒勇闯天涯”在2009年已经进入了第五个年头，这一次雪花如何突破？

线上线下双拳出击，征集总动员

“雪花啤酒勇闯天涯”活动是由华润雪花啤酒（中国）有限公司独立创新的具有原创性的品牌推广活动，旨在面向雪花啤酒的目标用户，塑造雪花啤酒勇于突破、挑战自我的品牌形象。它不仅是国内啤酒品牌大规模、广区域的一次全国范围的品牌推广活动，更是雪花啤酒为回馈中国啤酒爱好者所创立的一个独特的文化品牌。挑战乔戈里峰是第五次（2009年）“勇闯天涯”活动的主题。

雪花啤酒的核心目标客户是25～35岁的男性消费者，这个年龄段的男性消费者与我们所处的这个时代具有很多的共性，那就是渴望创新和挑战。“雪花啤酒勇闯天涯”活动正是为这一群体提供了一个挑战、探险，突破自我的平台。

回顾往届勇闯天涯活动，勇闯天涯的队员甄选都在线下进行，但由于地域的差异，各地的传播口径以及活动内容都有所差异；另外，往年的网络传播，只是针对户外爱好者人群，传播影响范围比较局限。因此，2009年“雪花啤酒勇闯天涯”不但充分利用网络媒体资源进行广告宣传，在招募队员的过程中首次增加了网络招募的环节，希望在更广泛的范围上和更深层次上向目标受众进行传播。通过线下招募和网络招募的双拳出击的形式，征集队员攀登乔戈里峰，这样的招募机制，一方面保证了

活动的有效进行，同时也利用网络媒体的跨地域、跨时空以及互动特性将活动影响力进一步放大。

“雪花啤酒勇闯天涯”活动的线上选手选拔机制，联合新浪、搜狐、网易、腾讯等门户网站，开展探险活动人员的海选，通过海选进行消费者互动和造势。截至 2009 年 7 月，网上报名参与海选人数已达 13 万余人，据举办方和媒体估计，该活动的曝光次数过亿。

互联网“雪花风暴”

配合线下推广，在招募活动正式开始前，首先在线上展开网络传播预热，在整个活动过程中保持“勇闯天涯”的大量曝光，引起广泛的关注度。

为了实现打造更多人知道的“勇闯天涯”的目标，在招募活动正式上线前一周，“勇闯天涯”就开始在搜索引擎进行关键字广告投放。同时，“雪花啤酒勇闯天涯”采用大范围曝光，全部攻占主流媒体，横扫中国互联网的投放策略。最大程度制造广泛影响力，配合创意的内容和大面积富媒体广告形式，使得每一次曝光都更有效果。

此次“雪花·勇闯天涯”挑战乔戈里峰的活动是中国首次非专业团体攀登乔戈里峰，组织者邀请了 Discovery 进行拍摄记录，为活动造势。这些努力，使得“勇闯天涯”活动不仅仅是一个品牌推广活动，更是一次社会事件，一个新闻事件，因此获得了四大门户、凤凰网、人民网等网络媒体广泛报道，整体提升了活动的覆盖面、知名度以及权威性。

这种整合的网络推广，覆盖了目标人群线上行为轨迹的网络接触点，扩大了“勇闯天涯”的影响力，在 2009 年盛夏的互联网上掀起了一场“雪花风暴”。

网友团 PK 赛制，调动网友的积极性

“雪花·勇闯天涯”网络招募为了调动网友和媒体的积极性，设置了媒体网友团 PK 赛制。在四大门户设立“勇闯天涯”专区，通过该门户报名的网友，则组成一个媒体团体，与其他门户进行报名人数的 PK。通过这样的方式，决定各媒体网友团的晋级名额分配。借助四大门户大量的受众人群和广泛的覆盖能力，活动在全国范围内引起了一场不小的轰动，受到了全国各地消费者的积极关注，最终 20 名晋级选手均来自不同的省份。

报名参加活动的消费者覆盖了各个群体，不仅有白领一族、学生一族、户外爱好者等常见人群，更有一些例如企业老板、政府职员、军人等职业的人前来。这些都是通过普通广告手段无法直接影响到的大跨度人群。

为了调动各个媒体团的参与热情与自主传播激情，在媒体团晋级名额分配后，还设置

了根据队伍的表现确定各个报名队伍的晋级人数，最终根据参与者自己的票数确定晋级名额。每个网友希望自己能赢得更多的投票，都会邀请自己的亲友团来支持自己，甚至有的网友在自己的博客、社区、QQ 群等发布拉票信息，邀请大家为自己投票。"登天山是我一直以来的梦想，梦想的实现需要您的支持!!! 方法：请点击链接为我投票，谢谢您的支持!"这是一位来自新浪团队张友福先生投票的宣传口号。这种口口相传的内容，为"雪花·勇闯天涯"活动制造了大量的草根传播信息。

嫁接社会热点，诱发病毒营销

网络公关方面，"雪花啤酒勇闯天涯"结合多个社会热点，多管齐下，通过论坛营销、病毒视频营销等多种营销手段，覆盖目标消费者的全部网络接触点，达到广泛影响的目的。

北京赛区的线下招募活动举办了"徒步大赛"，为了配合线下的"徒步大赛"，"勇闯天涯"线上推广调整了公关策略，在北京赛区采取了线下拍摄，线上炒作的公关传播。

同时，借助热点事件——迈克尔·杰克逊的去世，在北京赛区活动现场安排了"MJ"现身重新演绎 MJ 的经典舞蹈。这段病毒视频很好地迎合了迈克尔·杰克逊粉丝的感情，在网络上引起了网友的热烈关注和分享，3 天时间点击量达到 30 000 次，赢得了网友对活动的情感支持。

全程跟踪报道，打造品牌影响力

在招募活动结束后，"雪花啤酒勇闯天涯"活动才刚刚开始，网络传播也正如火如荼。中国首个非专业团队挑战乔戈里峰这样一个事件本身，已经具有足够的吸引力促使媒体进一步报道。"勇闯天涯"继续利用网络媒体和线下媒体对挑战团队的攀登乔戈里峰的整个过程进行报道记录，在整个活动过程中，进一步扩大"雪花·勇闯天涯"的影响力，延续前期招募活动建立的关注，形成消费者对整个活动的全程关注。

“勇闯天涯”活动其实不仅仅是一群人去爬山、玩乐，更是对年轻人很好的人生历练。为了让每一次活动很好地与地理、历史、军事和人文结合起来，每一年的“勇闯天涯”路线，都是从多个方案中精心挑选和数番讨论之后决定的。甚至连每一年的线路，都成为选手们长期关注的热点。“雪花·勇闯天涯”不仅仅是啤酒，也不仅仅是活动，而是一个勇敢、积极、进取的品牌，它传递的是勇闯和进取创新的精神。产品需要找到一个定位来唤起消费者的认同感，对于雪花啤酒来说，那就是勇闯、进取的心理认同吧。

据 2009 年年报，雪花啤酒的销量从 2005 年的 158 万千升发展到 837 万千升，超过青岛啤酒的 591 万千升，轻松地稳坐了中国啤酒市场的老大交椅。这其中，有多少功劳将归功于“雪花啤酒勇闯天涯”呢？

专家点评：

“雪花·勇闯天涯”闯的不仅仅是啤酒，不仅仅是活动，而是勇敢、积极、进取、创新的品牌精神。作为一个 5 岁的老活动，网络让其更上一层楼，焕发第二春。互联网“雪花风暴”席卷了搜索引擎营销，网络活动 PK、论坛营销、病毒视频营销、事件营销等，而这些新型营销渠道又与传统营销渠道完美结合在一起，共同完成了传播。

“雪花·勇闯天涯”是一次传统广告主对新媒体整合应用的进一步理解，是通过新旧融合带给消费者的一场视听盛宴，勇闯天涯传播上的成功展现了一张未来新媒体营销的全景图……

4. 星巴克虚拟门店开张

美国作家麦尔维尔的小说《白鲸》中的星巴克，是一位处事极其冷静，极具性格魅力的大副。他的嗜好就是喝咖啡。麦尔维尔在美国和世界文学史上有很高的地位，然而其作品并不普及，读者主要集中在受过良好教育、有较高文化品位的人士中间。而得名于这位大副的星巴克咖啡店，则将目标消费者定位为注重享受、休闲、崇尚知识、尊重人本位的富有小资情调的城市白领。

网络时代，呼唤虚拟体验

徜徉在星巴克的各个连锁店中，可以明显感觉到其中浓厚的星巴克文化气息。正如杰斯帕·昆德在《公司精神》中所写的："星巴克的成功在于，在消费者需求的中心由产品转向服务，再由服务转向体验的时代，星巴克成功地创立了一种以创造'星巴克体验'为特点的'咖啡宗教'。"星巴克人认为：他们的产品不单是咖啡，咖啡只是一种载体。而正是通过咖啡这种载体，星巴克把一种独特的格调传送给顾客。咖啡的消费很大程度上是一种感性的文化层次上的消费，文化的沟通需要的就是咖啡店所营造的环境文化能够感染顾客，并形成良好的互动体验。

在互联网日益成为主流媒体的今天，星巴克希望通过网络带给消费者一种体验，跟他们在终端的感受同样的体验。星巴克需要建设一个企业网站，通过这个网站，星巴克能将品牌体验带到网络之中，并且让消费者了解星巴克，借以最终影响到他们的购买行为。

星巴克官网的目标对象，包括了18~25岁的大学生和大学毕业生，25~35岁的白领，以及35岁以上的小有成就的专业人士。这样一批消费者，虽然依据年龄段进行了划分，但明显的他们有着同样的特质：知识水平、文化素养较高，对西方文化持有一种开放的态度，在精神生活上有所追求。为了有效地将企业信息传达给他们，星巴克选择了在网上营造出一个虚拟的门店。

"可定制"门店，随你心情变

星巴克虚拟门店的组成元素，完全取材于星巴克门店，包括著名的双尾美人鱼的标志。当消费者打开网页的时候，首先看到的是门店的大门，仿佛自己置身于门外，将要走进店中。而这是网站的两个主要区域之一：店外区域。而另一个主要区域是店内。在店内，网民可以与咖啡师交谈，获得更多的星巴克咖啡的专业知识。消费者在这个虚拟门户中，能够感受到精神上的提升与激励，从而使得网民对该网站的卷入度相当高。这也正是星巴克所要达到的效果。

在现实生活中，消费者光顾星巴克的理由成千上万。当他们感到厌倦了，或者想提起精神来，或者他们整天忙忙碌碌而渴望一个宁静的空间，他们都会选择星巴克。因此，星巴克网站必须根据人们的情绪而进行“定制化”。网民在浏览星巴克网站的时候，可以根据当时的心情、天气的状况、当天的遭遇来让网站“变脸”。这就大大增强了网站的交互性。

在 Web2.0 时代，企业网站被众多企业所忽视。很多企业虽然建立了独立的官方网站，但建设并不完备，存在技术或是内容上的缺陷，传达的信息内容比较单薄。有些企业甚至不设网站，而利用许可邮件、促销等方式和消费者进行沟通。其实作为网络整合营销的起点，企业网站的营销价值不容小觑。

企业网站，网络整合营销的起点

企业网站，是网络整合营销的起点。如果缺乏企业网站作为基础，从营销层面来讲就很难把其他营销活动系统地梳理到一起。比如公关活动，即企业发表的一些信息，经常是由企业网站发出的。其他的营销模式，如电子杂志、数据库营销、许可邮件、新闻订阅等，都跟企业网站有关系。

如今，网站已进入个性化开发的阶段。网站的构建是技术、设计、营销三位一体的系统工程。而其中营销是核心，技术、设计必须围绕营销展开。网站构建的一些老套思维也需要改观：从互动导向出发，以“营销”与“消费者体验”为基本原点，进行网站构建才是真谛。炫酷的互动、庞大的 Flash 形象首页、大篇幅企业新闻报道、领导人风采展示、产品介绍语焉不详等现象，无法真正起到互动营销的效果。企业网站需要根据品牌的定位、产品需求而做出相应的变化。

不管是设计的发展还是功能需求的发展，企业网站的发展应该和网络社会的发展是一致的。从 Web1.0 到 Web2.0，是由网络媒体为主导转向网民为主导的过程，之后网络社会的交互功能将日趋复杂化，企业网站将更具有交互性。同时，个性化的需求也影响到企业网站的发展。

专家点评：

这个案例对于国内众多企业网站有一个很好的启示，官网原来可以更美些。抛弃那些老掉牙的大篇幅企业新闻报道、领导人风采展示和产品介绍吧！官方网站需要给消费者足够的理由，让消费者死心塌地地在你的网络流连忘返。

官网不应该是领导意志的体现，也不应该是广告公司天马行空创意的表现，而是消费者们最对味的品牌城堡。“消费者体验”是恒星，技术、设计、内容等等其他一切都是行星。先变身为一个普通消费者，扪心自问，你想要什么，那么我们的官网就应该是什么样子。

5. 喜欢上海的理由——力波啤酒动情情感营销

“万能的微博神啊，再来帮我投票吧！http://reeb.163.com/grzs.php?rid=1400?# 力波啤酒#?‘喜欢上海的理由’——为了挣多一张世博门票，拼了！”一天浏览 Twitter，被这条消息雷了下，心想这个抢世博门票的网络活动还蛮有魅力，搞得网友这么拼命。

区域品牌延续地缘情感营销

最早知道力波啤酒，是几年前看到一个温馨广告视频《力波啤酒，喜欢上海的理由》：透过窗户看走过的女孩；头一次看到热舞女郎的尴尬；KFC 刚出现在上海时的风靡；证券交易所门口拥挤的人群；模仿外国人的发型勇敢地冲进发廊又不敢剃新潮发型；“时间就是生命，效率就是金钱”的标牌……一个个场景，一段段回忆，配上好听的上海音乐……让人记忆犹新。

这是力波啤酒 2001~2003 年期间，推出的“喜欢上海的理由”电视广告，唤醒了上海男人的感觉，也终于迎来了上海男人的喜爱，获得了情感营销的成功。简单了解一下力波啤酒的发展历程，这是一家非常重视情感营销的企业，1996 年曾推出“力波啤酒情系希望工程”活动，活动期间，如果消费者发现力波啤酒的瓶盖内印有“力波啤酒，上海的选择”的标记，便可将其揭下并连同个人资料寄回或投入指定地点，力波啤酒将以每个印有标记的瓶盖折合成人民币 5 分钱现款，捐资于“希望工程”，当年曾引发“一炮打响”、“万人争喝”的可喜现象。

在品牌与消费者之间建立情感联系，这是许多企业希望看到的。对于面向特定市场的区域品牌而言，将企业品牌嵌入本地消费人群的地缘情感之中，是品牌成功的重要因素。力波啤酒是亚太酿酒的啤酒品牌，从 20 世纪 80 年代末期在上海创立开始见证了上海几十年的变化与发展。

2010 年上海世博会期间，上海的地区价值和地缘情感再一次让上海消费者感受到了情感的澎湃。基于这样的背景，力波继续其情感营销策略，面向年轻、热爱时尚的城市目标消费群体，通过 2010 个“爱评才会赢——喜欢上海的理由”征集活动，激发情感的传递、认同、共鸣，传播力波啤酒新鲜、优秀的品质和力波啤酒所代表的城市生活精神。

整合多种沟通手段到达目标人群

力波啤酒希望通过网络营销活动，在世博会期间能够激发年轻的新上海人喜欢上海、喜欢力波啤酒的效果。地缘情感，是整个活动的主线。为了能够达到更好的活动效果，首先需要通过适当的沟通手段将“喜欢上海的理由”这一活动主题传递给目标人群。力波啤酒选择了网易进行合作，利用网易的受众资源进行线上活动推广。

在专门的活动站正式上线之前，首先开始了在相关的论坛里开始炒作“喜欢上海的理由”，制造话题，引发讨论。通过这样一种方式，引起目标人群情感共鸣，触发他们表达“喜欢上海的理由”的冲动和热情，为正式活动开始预热。

活动站上线之后，力波啤酒“I LOVE SH”的传播主题和“喜欢上海的理由”这样一个评选活动通过调动网易全网的媒体资源，包括网易邮箱、体育、娱乐、世博频道等媒介渠道接触目标人群。

互动设计激发用户创造内容

力波啤酒情感营销希望引发的是新上海人对于上海的喜欢，以及由此带来的地缘情感共鸣。在这个过程之中，力波啤酒品牌与上海有了深深的契合。为了达到这样的目的，力波啤酒首先需要激发起目标人群自我创造、自主传播的热情。

因此，在活动机制设计上，力波啤酒采取了用户上传、用户评选的这样一种形式，在活动网站上设置了一键分享功能，通过地缘情感和奖项奖励激发、驱动目标人群创造内容，自主传播。用户通过活动站上传“喜欢上海的理由”图文，可以通过一键分享至自己的开心、人人、豆瓣、QQ空间、白社会、新浪微博等个人主页，吸引朋友关注、为自己投票（本文开头的一幕就是一个网友在Twitter上发布的拉票邀请），并可以亲自参与评选出最终奖项，极大地增强了网友的互动性。同时根据力波品牌产品的特点，在奖项设置上分别设置了“超新鲜”、“超牛气”、“超人气”等奖项，获奖者可以获得世博会门票等其他奖励，大大激发了用户参与的热情。

为了换回上海男人曾经的激情，活动主题站用的背景音乐就是大家喜爱的《力波啤酒——喜欢上海的理由》电视广告的主题音乐。同时，为了鼓励用户参与活动，活动站还专门设计了积分制度和抽奖制度。上传图文理由、投票、评论、玩小游戏等活动都可以获得一定的积分，每日积分超过50分的用户可以获得一次抽奖机会，赢取“I LOVE SH”的主题T恤。简单有趣的参与机制，抓住了网友情感分享的诉求，获得目标用户的广泛支持。有的网友还积极献言荐策，给力波啤酒提一个很好的创意：

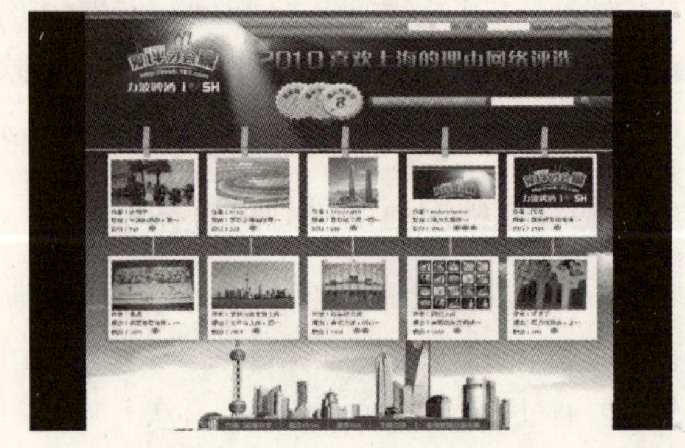

请周立波来给力波啤酒做个网络广告，肯定火。

无论是对于地缘情感的激发，或者是奖项奖品的设置，都很大程度上刺激、增强了用户参与活动的热情与动力，并在活动过程中，达到了力波啤酒的传播目的——激发情感的传递、认同和共鸣，传播力波啤酒新鲜、优秀的品质和力波啤酒所代表的城市生活精神。

专家点评：

动什么也别动感情，“喜欢上海的理由”这个 Campain 在前世已经牢牢俘获了上海人的芳心。而网络媒体的介入，让老树再开新花，用更多精彩的形式让其深度发酵。

社会化媒体的全方位的使用，制造了用户 UGC 的狂欢。电视广告再感人，但始终只能是单向传播模型。而网络媒体则能让消费者们从单纯的享受感动，到共同制造感动。想想哪个更技高一筹？越互动，越喜欢！

6. 泡泡堂、嘉隆利甜蜜“网”恋

网络游戏凭借其唯美的游戏界面、超强的3D动画效果以及动感的音乐，受到大众的广泛欢迎。据易观智库数据显示，2008年以来，我国游戏市场收入规模以平均每季度9%的速度高速增长。然而，进入2010年，网游产业的增速逐步放缓，并呈现负增长趋势，据《2010年第二季度中国网络游戏市场季度监测》数据显示，2010年第二季度中国网络游戏市场收入规模达77.83亿元，环比下滑0.5%。有关人士分析，近期一些网游企业人员的大幅变动以及运营成本压缩，或将预示着网游行业在经历了增长期、上市期后进入第一次瓶颈期。事实上，网游产业以供给推动发展，要想实现新的突破，网游企业除供给游戏产品外，必须要以创新的思路试探市场，探寻新的路径和商业模式。

泡泡堂之惑

由盛大开发的“泡泡堂”是全球活跃用户人数最多的在线休闲网络游戏之一，注册用户超过4 000万。天络行作为品牌授权综合服务提供商看准了“泡泡堂”的潜力,拿到了其品牌授权。对游戏进行分析，游戏玩家对游戏发展最直观的感受莫过于游戏玩法和感官上的变化，网游界面越来越唯美，动态效果也日益动人。而玩家却常常有这样一种感受，当视线移开屏幕，饕餮视觉大餐之后，一霎回到现实生活，熟识的游戏人物不再，一种强烈失落感悄然涌上心头。他们希望在生活中也能看到如游戏中的精彩画面和熟悉的人物。如何缓解这种回归现实的失落感？能否合理利用游戏玩家对现实生活中游戏画面的渴望，开发出一种新的商业模式？于是一个好玩的点子诞生了：在电脑上玩着“泡泡堂”的游戏，而现实生活中的玩家却嚼着名叫“泡泡堂”的糖。

甜蜜糖果之恋

随后，天络行找到了成都嘉隆利食品有限公司，后者是目前西南地区最大的从事集糖果研究、开发、生产、销售为一体的企业化公司。双方一拍即合，嘉隆利坠入了这场“网”恋，决定推出全新口味产品，并采用“泡泡堂”作为新产品品牌。这些产品包括牛仔糖、橡皮糖、牛奶糖、咖啡糖、硬糖、脆糖系列。糖果包装也借用了游戏元素；力求真实与虚拟的完美交错。泡泡堂糖果其价格定位在中高档，目标消费群锁定在5~18岁儿童以及女性玩家群体，其品牌口号是“欢乐满堂——泡泡堂”。

盛大泡泡堂与成都嘉隆利能走到一起的最关键的因素在于二者产品有着共同品牌概念和目标顾客。无论泡泡堂游戏还是糖果，主要市场对象，都是小孩和青年女性。同时，快乐糖果概念与泡泡堂类休闲网游有天然的契合，更与中国糖果消费的当前趋势吻合，能满足中国人家庭和个人娱乐的心理需求。

虚拟走进现实，游戏反向植入

在游戏领域，IGA游戏植入式营销司空见惯，譬如可口可乐走进了《魔兽世界》，NIKE风行《街头篮球》。但仔细观察就会发现，以上这些都是由实入虚的植入。而在泡泡堂这个案例中，却是由虚入实：虚拟游戏世界中的道具走进了玩家的现实生活。我们将之称为反向植入营销模式，即植入式营销的逆向操作。与后者将产品或品牌及其代表性的视觉符号甚至服务内容策略性融入媒介内容中的做法相反，反向植入是把虚拟世界中的品牌搬到现实世界。

电子商务深思索

但据了解，泡泡堂与嘉隆利的合作深度就止于此。如果我们继续展开想象，这两家企业可否做进一步的合作，在泡泡堂游戏内植入电子商务系统：玩家可以在游戏中的虚拟食品店中购买泡泡堂，通过后台信息系统处理订单后，再由实体的物流配送系统立即送到购买者手中，而购买者可以根据实际情况选择提前使用信用卡付款或者货到付款。这样嘉隆利借势盛大的就不是简单的品牌层面与宣传层面的力量，而直接上升到销售渠道层面了。

专家点评：

正向植入司空见惯了，就丧失了新鲜感。大胆地把世界倒过来看，会带来惊喜！泡泡堂反向植入，从虚拟世界走进现实生活，让上千万玩家倍感亲切。而在盛大游戏世界中千万次接触恰恰就已经是最好的广告！玩泡泡堂，吃泡泡堂；吃泡泡堂，玩泡泡堂。两者相辅相成，互为促进，可谓双赢。依照此思路延伸下去，热门游戏、电影、电视、小说中很多东东都可以“活”起来，世界会变得更加丰富多彩……

7. 麦当劳，见面吧！

还宅呢？还在独自吃早餐吗？或是随便买个包子就打发了？你有多久没有和好朋友见面聊天了？机会来了，现在登陆大旗网，参加麦当劳“抱团吃早餐”活动，就有机会享用1个月的免费麦当劳早餐。

把年轻人拉进麦当劳

越来越多的年轻人成为麦当劳的主要消费群体。在2009年的夏季促销调查中，麦当劳发现这样一个现象：现在的年轻人，特别是大学生，把主要的业余时间都花费在了网络上。而且现在年轻人的交际方式也发生了改变，QQ、MSN、人人网、网络游戏等这些网络交际方式代替了以往的传统方式。针对这种现象和趋势，麦当劳积极呼吁好朋友们不要一味沉溺于虚拟世界中的交流方式，要“线下真实见面，巩固友情”，通过面对面的交流来增进友谊，而麦当劳凭借其轻松舒适的环境无疑是见面地点的最佳选择之一，这也肯定会促使更多的年轻人走进麦当劳店内。

如今，网络世界为年轻人提供了一个绝佳的休闲环境，随着SNS社交网站的兴起，年轻人更是加入宅军团，沉溺于虚拟的社交生活，例如曾一度风靡网络的偷菜游戏。然而，虽然网络交际更加方便快捷，有新鲜感，但是长此以往，势必影响年轻人的面对面沟通交流。在长达2个月的暑期，怎样才能让更多的年轻人走出网络、走进麦当劳店成为麦当劳暑期营销所面临的挑战。为此，麦当劳充分利用了年轻人对人人网的黏合度，通过与人人网合作来进行活动营销。人人网在年轻人中大本营的地位是麦当劳最为看重的，而麦当劳对于年轻人的吸引力也是营销成功最有力的保证。

麦当劳和人人网的合作

在2009年6月份，麦当劳以“线下真实见面，巩固友情”为口号隆重推出了为期3个月的“见面吧”主题活动，和人人网一起开展针对年轻人的营销活动。他们一个是世界著名的餐饮业龙头，另一个则是中国SNS社区第一门户，虽然两家隶属于不同的领域，但是相同的客户群体使他们成功联姻，开始了一段完美的姻缘。

不会偷菜？你 out 了

人人网作为 SNS 社交门户，通过提供发布日志、相册、音乐、视频等站内外资源分享等功能，为年轻人搭建了一个功能丰富、高效的互动交流平台。实名制的特点让年轻人不仅提升了交流效率，同时也降低了交流成本。现在越来越多的年轻人喜欢利用人人网来展示自我、结交朋友、玩网页游戏以及进行交流分享。可以说，作为一个年轻人，如果你没有自己的人人网账号，没有自己的开心农场的菜地，大家都会认为你 Out 了！但这同时也带来一系列的问题：当年轻人将越来越多的时间花在虚拟的网络上时，和朋友们面对面交流的机会也会越来越少。随着年轻人的网络属性加强，年轻人的社交属性趋于减弱。因此，社会需要给他们提供一个机会，促使这些大学生群体从网络中走出来，更多地参与真实交流。

正是看到了这一需求点，麦当劳适时推出“我们见面吧”，唤起宅男宅女们线下见面的心理渴望与冲动。

见面吧！

“见面吧”活动的目的在于鼓励更多的大学生在假期能够走出网络，走进现实生活与朋友们更多地进行面对面的真实交流，体验真实的社交生活。麦当劳就是最佳的见面地点，这里不仅有优雅舒适的环境，更有美味的食品。于是麦当劳成为了大学生心目中的“快餐店＋见面吧”，成为了 SNS 线下的联络站。麦当劳与人人网的合作，可谓强强联手，双方充分利用对方的优势，通过展开丰富多彩的促销活动，达到了满意的营销效果。

麦当劳的活动总体分为三个阶段，同时每一个阶段都为下一个阶段埋下伏笔，层层推进。

第一阶段（6 月 17 日 ~7 月 21 日）：推出“老朋友见面吧!”。在人人网参与真朋友大测试，召集真朋友在麦当劳见面，消费者即有机会赢取麦当劳总计 6 万元的“见面礼”。

其中，6 月 10 日 ~6 月 23 日是活动的预热期。在这一阶段，号召大家改变他们在人人网的个人状态，支持真见面。

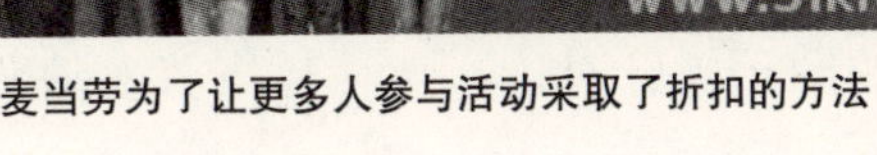
麦当劳为了让更多人参与活动采取了折扣的方法

第二阶段（7 月 22 日 ~8 月 25 日）：推出“再远也要见面吧!”。趁着暑期邀请远方的朋友见面体验家乡美，将有机会赢取麦当劳支持见面路费。

第三阶段（8 月 26 日 ~9 月 22 日）：推出“甜蜜一刻见面吧!”。选出你在人人网最知心的网上密友，分享和朋友在麦当劳的甜蜜时刻，上传照片分享见面故事，获最多朋友投票，即有机会赢取价值 1 万元的九寨沟双人旅游奖金。

在整个活动期间，麦当劳还将在人人网征集“101 个见面的理由”，如果你的理由赢得最多网友赞同，便可以获得麦当劳颁出的特别奖项，有机会免费邀请朋友来麦当劳见面。

麦当劳“计谋得逞”

通过一系列的营销活动，麦当劳充分调动了年轻人的胃口，并且增强了麦当劳品牌在年轻人心目中的时尚感。麦当劳的三步走计划引爆了话题，引发持续互动，并且创造出了消费者的独特体验。当然，麦当劳的成功，与其精心的策划是分不开的，具体体现在下面几点：

1. 促销产品吸引大学生，增进大学生的交流。为了让大学生把见面场所锁定在麦当劳，同时配合“见面吧”活动，麦当劳推出了一系列促销产品和礼品来吸引学生群体。不仅有半价促销的麦炫酷和冰咖啡，还推出了限量传情大使，帮助朋友们在聚会时表达情意。这些独特产品很好地配合了见面主题，为见面活动增加了趣味，为朋友交流营造了完美的空间和氛围。

人人网上此次活动的页面

2. 以价格折扣吸引消费者，调动顾客的力量。SNS 网站的一大特点就是拥有大量用户，并且这些用户可以通过分享等形式来广泛传播自己的观点，这些用户是紧密联系在一起的，这种特点是非常适合广告促销宣传的。因此，麦当劳在活动期间承诺：如果在一周的时间内“见面吧”主题活动的支持人数超过 10 万，那么麦当劳将为参加聚会的网友提供半价优惠。这样就使得更多的年轻人积极加入到“见面吧”活动的宣传队伍中来，通过人人网的一传十、十传百的放大效应，在极短的时间内“见面吧”活动的支持人数就超过了 10 万。麦当劳也兑现诺言如期推出折扣活动，从 6 月 17 日开始到 6 月 23 日，每晚 10 点至 12 点，大学生凭学生证即可在全国麦当劳餐厅享受半价优惠。麦当劳此次营销表面看上去虽然使用半价优惠使得利润率下滑，但是麦当劳在推出活动后的销售量一路暴增，同时也赚足了人气。

3. 引领时尚，在年轻人心中树立形象。SNS 网站是聚集年轻人的圈子，他们每个人不是孤立的个体，而是一个个拥有大量成员的圈子。针对这一点，麦当劳发动营销口号：

“别宅了，见面吧”。随着口号在年轻人之间悄然传播，年轻人在麦当劳见面开始流行起来。麦当劳成功利用此次活动，在年轻人心目中树立起自己的时尚形象，赢得了年轻人的口碑。

麦当劳网站对于此次活动的宣传十分到位

4. 设置大量互动环节，引导年轻人参与其中。麦当劳在活动期间征集101个见面的理由，且如果上传的理由能够得到大多数网友的赞同，那么就可以获得由麦当劳颁发的奖项——免费邀请朋友前来麦当劳见面。此外，麦当劳还举办了“真朋友大测试”、“人气王”、“测友仪”等小活动，这些活动吸引了大量的年轻人参加。新颖丰富的互动环节也是麦当劳此次营销成功的一个重要因素。

未来风向标

麦当劳此次营销活动之所以能够取得很好的效果，从根本上说在于充分地利用好了人人网这个社交平台。这种合作是一种共赢的模式：当麦当劳为人人网的用户带来一定利益的同时，人人网也为麦当劳完成了宣传推广的目的。双方在活动中共同创造了一个传统企业与新兴网络媒体整合营销的佳话。

这场网络营销的经典战役告诉我们：在企业陷入营销困境时，没有更好的营销思路时，不妨学习麦当劳的SNS营销模式，借用新鲜的网络平台，把握住潜在的消费者，来实现对品牌及产品的推广。

专家点评：

SNS网站是口碑传播的集散地。因为每个SNS用户不是单一的个体，而是一个具有足够网络关系的圈子成员。他的每一个喜好、行为就能够诱发其关系人的关注和参与。这个案例的亮点正是在于挖掘了SNS媒体的核心价值——人与人之间真实的关系链条，将麦当劳的营销信息渗透到用户的人际关系网络中，让每个用户都成为麦当劳的品牌传播者，形成指数级的辐射性扩散，从而获得营销价值的最大化。洞察用户需求、融入用户关系网中，来自真实人际关系的好友的影响是任何其他媒体所无法替代与比拟的，这些正是SNS媒体的营销魅力与价值之所在。

市场评价伴随着消费者的日渐成熟，未来的营销绝不是仅仅将消费者作为营销的对象，推送广告主想传递的信息，而是要更善于快速捕捉消费者的媒体行为变化，深刻洞察消费者的心理，将营销融入消费者的日常生活，倡导并帮助消费者实现他们的愿望与想法。谁跟得上消费者的媒体行为变化，谁才能抢占营销的制高点。

8. 马爹利寻找“名士先生”

马爹利名士（Martell Noblige），是马爹利干邑在2006年推出的一款产品，专为具有高尚生活品位的年轻商务精英而设。它结合了传统与现代时尚的双重属性：内含的佳酿是几代相传的经典技艺结晶，而轻盈的瓶身设计充满了现代动感。而一场同样融合了传统与现代的营销手法，为马爹利名士量身定做的“马爹利名士甄选”活动也在上海火热开展。该活动历时半年，整合网络视频、口碑营销和传统纸媒等多种渠道，与马爹利名士的品牌个性相匹配。

精准营销瞄准有效人群

马爹利这款产品中的“名士”一词，寄予了人们对成为拥有高尚地位的优雅人士的期盼，也表达出对生活品质的孜孜以求，更是对高尚义务和高贵品格的永恒承诺。马爹利希望，通过一次具有影响力的互动营销活动，向中国的目标消费者充分展示马爹利名士的品质。

面对新媒体的冲击，马爹利“借助互联网的传播力量，以一个具有创意的网络活动来传达马爹利的品牌价值”的想法，力求通过该活动寻找出一批“互联网影响者”。这些人能够为品牌带来不同的好处：更大的影响力，更深层次的用户参与度，乃至为品牌建立相应的用户关系——给予用户独有的特权，内部的权限，或是全方位的品牌体验。

同时，这也符合马爹利一向的营销策略。作为奢侈品牌，马爹利在传播上极少走大众通路，而更愿意通过体验活动与目标人群进行沟通，如之前举办过的“马爹利非凡艺术人物”、“马爹利精英俱乐部”、“马爹利美食品鉴晚宴”等活动。而此次推出的互动营销活动，对马爹利来说还是第一次尝试，是对过去成功的借鉴和对中国独特的数字舞台的充分利用。

双线互动吸引消费者参与

“年度马爹利名士先生”甄选活动方案敲定，并以“You are what you……”为概念。“You are what you……”表达的是一种关于个人行为的界定，意指衣食住行都可以折射出个人的生活阅历。享用马爹利名士的消费者，也应当拥有相同的特质：绝对自信，有创新精神，喜欢引领潮流，并富有激情。这样的人才有资格成为马爹利的“互联网影响者”。

为了选择符合要求的参赛者，同时考虑到马爹利名士这种酒类的主要消费场所为酒吧，确定了“年度马爹利名士先生”甄选活动以酒吧派对的形式为主。随后，马爹利名士在全国巡回举办了50场主题酒吧派对，为期6个月。

派对的参赛者们在酒吧里品尝马爹利名士，用自己的时尚服饰、言谈话语、歌舞表演诉说着对“时尚”和“名士”的理解，并由专业的摄影师为他们拍照，这些照片经过工作组的编排，在酒吧内部的舞台屏幕上不断地重复播放，让在场观众选出当晚最时尚的“名士”。之后，主办方将每场的“马爹利名士先生”的资料上传至活动网站。全部派对结束后，由网友投票选出“年度马爹利名士先生”。

除了“名士先生”选拔之外，马爹利运用互联网手段策划了多种活动，以营造烘托时尚的气氛，昭显马爹利名士与时尚之间的联系，并在更大的范围内吸引网民的关注，与网民展开互动。

首先，邀请8位具有影响力的博客作者，组成“时尚观察团”，与所在城市的时尚人士一起在线探讨时尚与流行的话题。整个过程被制作成8段视频短片上传至活动网站，供大家观看。短片中所介绍的一些时尚小店、休闲馆，都是当地极具特色的地点。其目的是将品牌更好地融入城市，也希望引领当地市民一起体验不同寻常的时尚气息。网民也可以参加“城市时尚掠影”活动，自行拍摄短片推荐自己喜欢的美食、新奇的时尚饮品、好玩的派对、有品位的时尚小店。最受好评的网民将在某一场派对中亮相，还将有机会与博主一道游览他所在的城市。

其次，用户可以上传自己的照片，与《时尚先生》杂志的封面进行组合，制作成个性杂志封面，以及放置在博客中的Widget工具，并鼓励其他用户给自己的封面投票，借此赢取奖项。

经过15天公开评审和激烈角逐，来自广州的罗枫最终荣获马爹利“名士”桂冠，马爹利全球品牌传承总监孟尼亚亲临现场为获奖者颁发量身定制的限量版马爹利名士干邑。

整个活动整合了线上线下的传播渠道，虽然寻找的是传统意义上的“名士”，却采用了极具时代感的传播手段，包括视频、口碑营销等。这一系列活动，更深层次地融合了网络上下的用户体验。另外，也安排传统广告在为这次活动做宣传。

两级传播推广品牌精髓

有这么一种人，被称为“互联网影响者”，对品牌营销的作用不可小觑。这群人比普通消费者更喜欢用发帖、评测、写博客来谈论品牌或产品。“互联网影响者”包括布道者——对品牌有感情，认同品牌的价值，并经常与之互动；专家——拥有某个领域的专业知识与经验，当人们购买贵重商品时，他们的意见很受重视；代言人——潮流开创者，被认为是各自领域内的权威；或者是有影响力的博客作者。寻找到这批“影响者”，有效地激励他们并适当给予他们一定奖励，促进他们成为品牌的拥趸，这种做法被称做B2I策略。

在“马爹利名士先生”甄选活动中，有效地利用了B2I策略：有8位博客作者应邀成为“互联网影响者”出席，这些博客与活动平台链接在一起。这些“代言人”在博客中发表对时尚的言论、见解，也可以平衡一些交锋比较强烈的意见。同时，依靠互联网可以找出目标受众，了解他们如何使用互联网，并创造能激起他们好奇与期望的内容。

确立影响者展开互动交流

在确定了“影响者”之后，广告主所要做的便是鼓励他们参与。而目前以网络为主的数字化渠道使营销人员能够聆听关于他们自己或是竞争品牌的对话，了解品牌的拥护者、对品牌满意甚至不满意的消费者以及那些仅仅只是想要表达个人意见的消费者都在谈论些什么，乃至从一开始便介入对话，从而将你的品牌推向有影响对话的中心位置。在“马爹利名士”甄选活动中，马爹利自始至终都积极参与，体验从网络到派对到明星的时尚生活。如何与“影响者”建立联系，通过这个案例广告主以及广告公司或许可以思考以下建议：

1. 聆听并学习　搜寻提到品牌的博客作者，看看谁在 YouTube、百度视频或是谷歌视频上上传了与产品相关的视频或是图片，去发现社会化网络中有哪些与品牌相关的群组或是网络应用程序。将目标集中在那些一个月以内发生的“新鲜”网络活动上。

2. 牢记行为准则　然后加入那些关于品牌的网络对话。首先必须明确自己的身份：来自于品牌，无需掩饰。声明自己与品牌的关系以及在企业内部的职位。不要尝试发起自己的话题，而是加入最近已经开始的话题，发布相关的信息。感谢所有讨论者的评论，并邀请他们回复。恭敬地倾听，如果你引起了大家的兴趣，可以告诉其中一位博客作者你很乐意接受采访或是接听来自他的电话。

3. 保持参与　一旦你加入了对话，便应保持一个活跃的参与状态。订阅相关博客的 RSS 种子，并请求当你的评论被回复时给予提醒。假如公司拥有博客，千万不要忽略将链接发布到网络社区中去，邀请品牌拥护者常到博客来逛逛，并及时迅速地回复来自消费者的消息或评论。

而活动的评估、“影响者”谈论的质量与相关性的评估、网络社区的评估等指标，则无疑起到衡量影响力的作用。就马爹利此次的活动而言，截至活动结束前，该活动已经覆盖了包括上海、北京、广州、深圳在内的全国 19 个主要城市，仅在“名士先生”选拔的投票阶段就吸引了 14 458 人参与，点击观看的人数则更为可观。其中制作个性杂志封面一项活动，就有 400 多位网友上传照片，并吸引了数以万计的投票。

专家点评：

挽弓当挽强，擒贼先擒王。互联网遵循着“二八原则”，20%的舆论领袖制造着 80%的信息，20%的舆论领袖引领着互联网舆论，掀起互联网风暴。开展网络营销之时，通过精准捕捉到这些舆论领袖，然后激发他们释放对品牌的互动，进而引爆整个网络人群是四两拨千斤之法。

而与舆论领袖的合作要放弃传统广告明星代言模式的想法，如此操作会使舆论领袖言论不能够充分发挥公信力。需要如“名士先生”一样春风化雨，润物无声。

9. 立顿玩味下午茶

占据中国袋泡茶市场60%份额的全球最大的茶叶品牌——联合利华，旗下立顿之黄牌精选红茶，延续2008年"立顿传情下午茶"活动的受欢迎度和好评度，在2009年继续推出新一轮的免费送茶活动"立顿玩味下午茶"。

立顿红茶的目标消费人群是办公室白领人群，在活动开展的过程中如何找到目标人群，进行针对性地推广和传播，是活动能否成功的核心。

与此同时，如何在2008年"立顿传情下午茶"活动成功举行的背景下，实现继承与创新的结合，即在延续2008年传情主题的基础上如何突出全新的主题，可以让消费者能够与品牌进行深度沟通，在好玩、愿意玩的感召下，深入感受立顿品牌温情、品质生活的元素，从而对品牌产生喜欢和依赖，这是传播开展所面临的又一个挑战。

品牌与消费者深入与沟通

本次传播主要是要在品牌与消费者之间实行深入沟通，通过活动带传播的形式影响更多的目标消费者，让他们在参与和品尝当中，体会立顿品牌的理念和产品的卓越口味，从而形成品牌消费的习惯。优酷网作为本次案例的创作方，经过系统分析后设定本营销案例目标为：

1. 在2008年活动的基础上要创新。一方面要继承2008年传情的主题，因为温情和关怀是立顿品牌元素的重要组成部分，同时要有所创新，要给人新意，在保持去年活动的调性基础上赋予新的元素，提升关注度和参与度。

2. 与消费者进行沟通和对话。不仅要传播品牌，还要激发消费者的互动热情，通过他们对品牌进行二次传播，实现口口相传的口碑传播效应。此外，还要借助系列活动增强消费者对品牌的黏度，进而对品牌形成依赖。

3. 以活动带动传播，对活动进行针对性的有效传播，使得活动的效应最大化。除了定向的线上线下推广之外，尽可能利用各种渠道对核心消费者和潜在消费者进行传播。

核心创意，玩味下午茶

玩味代表一种态度，一种生活方式，一种品味，是繁忙当中的片刻放松，是对白领生活状态的生动描绘。下午茶是白领必不可少的工作中的程序，也是立顿的产品名称，由此对消费者和品牌进行有效关联。玩味下午茶一方面体现立顿对消费者的情感关怀，一方面体现品牌主张，生动描绘出品牌的产生带给消费者的价值，更容易引发目标消费人群的共鸣和情感上的认同，因此将贯穿本次活动和传播的全部过程。

音乐MV预告短片＋活动官网传情＋用户上传音乐／照片互动＋拍客传播

新一轮的立顿送茶活动旨在突出“玩味”，期望增加和消费者的互动的形式让送茶活动更新鲜有趣，同时通过让消费者个性化搭配不同成分来传导立顿红茶带给枯燥的办公室生活乐趣的情感体验，建立起消费者和品牌的深度沟通，令立顿黄牌精选红茶品牌获得极大的美誉度。

牛奶红茶柔情版

柠檬红茶激扬版

蜜糖红茶活力版

1. 前期为活动造势。考虑到网络视频已经成为办公室一族的主要互联网应用，为了宣传活动让更多的人参与，前期制作了一段活动告知及品牌宣传的视频，通过在优酷网的传播，一方面以更生动直观的方式来预告，一方面可以更准确地将信息传递给目标人群。

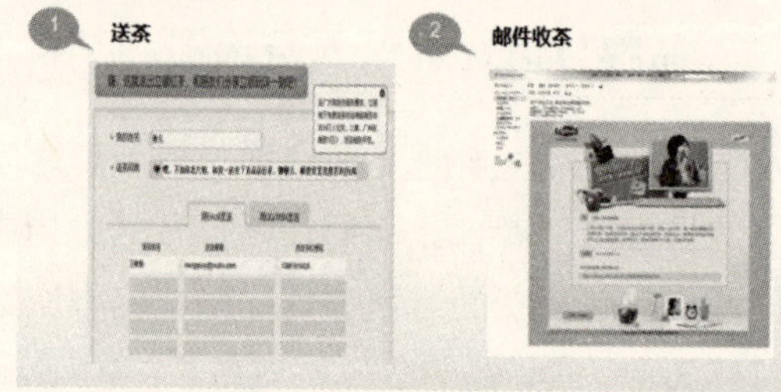

三部立顿红茶音乐MV短片是以诙谐幽默的视频语言表现办公室中各种人际关系的有趣情景剧，为生存在高压环境下的白领提供了一份愉悦的下午茶心情。

2. 继承传情宗旨，开展送茶活动。在活动官网，只要填写亲友的地址和联系方式，即可以免费方式为他们送上一杯下午茶，活动参与方式便捷，收茶人可以选择通过短信代码收茶、邮件收茶、手机短信收茶三种方式进行收茶信息的输入，多种方式，周到体贴！看似简单的送茶收茶，实际传递的是亲友之间的情感，也传达了品牌的情感元素。

3. 休闲游戏轻松玩。除了送茶，为了突出玩的主题，打破沉闷的office生活，网友

还可以一展自编自导自演功力，上传关于 office 生动有趣的下午茶音乐短片。另外，网友还可以通过上传照片合成趣味的立顿音乐短片 MV，尽情玩简单易操作、特别为办公室人群设计的塔罗牌游戏，通过趣味的方式为办公室白领们占卜出职场的个性和处事态度。三个不同类型的玩法，可以让身心获得暂时的放松。同时与立顿品牌进行深度互动和沟通，更深入感受立顿品牌的诉求。

拍客报道立顿送茶盛况

4. 传播是活动效应倍数放大的必备工具。这场温馨的送茶活动，是如此的打动人心，必须要传递出这份关怀和温情。作为此次活动的另一大亮点，便是优酷网拍客的介入。针对写字楼送茶活动，遍布全国各地的拍客拿起受众的镜头，记录下收茶人收到红茶那一瞬间的感激之情，收茶人还可以面对镜头来感谢送茶的朋友。这些视频通过视频网站进行传播，可以让更多的人感受那些感人的瞬间，从而感召更多人参与到充满温情的送茶活动中来。

用户参与，病毒营销效果远超预期

在此次“立顿玩味下午茶”活动中，融入多种线上线下营销手段相互配合，完美演绎了由线上互动传播而激励线下体验并继而参与活动的过渡。立顿对互动营销手段的重视，以及力求创新的表现形式，使其获得了良好的市场反应。优酷网经过数据统计分析后发现：

1. “立顿玩味下午茶”活动的目标受众精准明确——针对办公室白领。因此活动中所设计的以 office 群体为核心的创意视频非常受欢迎。截止到活动结束，三部创意视频总播放数高达 3 672 538 次，转帖数高达 4 423 次。

2. 立顿送茶份数超过 25 万，确认收茶人超过 6 万，活动官网注册用户近 7 万。平均 1 个人送出 4 杯茶。在送茶活动的过程中，目标人群与立顿产生了微妙的沟通，提升了立顿的品牌好感度和美誉度。

3. “换脸”MV 活动视频数上传高达 5 191 部。

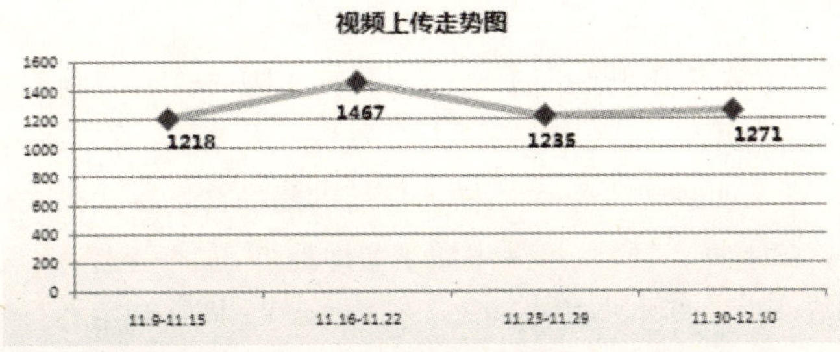

注：数据来自派送量统计及传播平台通过优酷网网站日志统计。

网络视频病毒整合营销的典型案例

本次营销案例可谓是病毒营销和线上线下整合营销的典型案例。实现病毒式营销最有力的创意是“免费+温情”，在此基础上利用层层推进、一浪推一浪的视频营销互动手段，从而实现受众与品牌的共鸣。优酷网“立顿玩味下午茶”营销案例首先创建了“玩味下午茶”的核心创意与诉求，通过音乐MV预告以及优酷网本身的资源推广，实现了一次大范围的影响传播，为病毒营销的实现做好了铺垫。而借助官网填写亲友的地址和联系方式即可免费为他们送上一杯下午茶的方式，则开启了病毒营销。接下来，通过“上传音乐短片+上传照片合成音乐MV+塔罗牌游戏”三个不同类型的玩法，可以让受众在轻松的氛围中与立顿品牌进行深度互动和沟通，更深入感受立顿品牌的诉求。最后，通过拍客传情报道使得整个病毒视频营销传播效应倍增和显著放大。

通过品牌资产构建的模型分析可知，本次营销案例通过病毒式、层层推进的营销传播建立了较高的品牌印象（品牌认知与回忆度）。并构建具有生活品质、温情的品牌形象和品牌感受。而通过受众的实际免费体验和引荐，真正体验了品牌产品的功效（产品特性）和消费者的品牌判断（产品的质量和优势），通过官网传情、视频上传互动以及拍客传情报道，实现了消费者与品牌的深度对话，最终形成了最可贵的品牌资产，即消费者与品牌的共鸣。

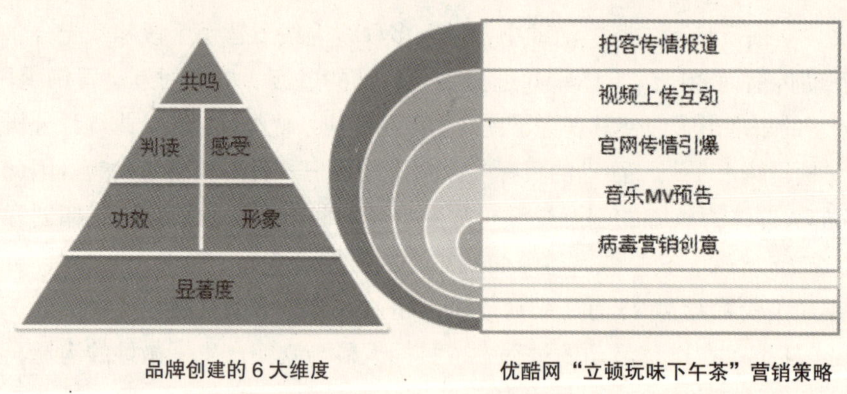

品牌创建的6大维度　　优酷网“立顿玩味下午茶”营销策略

专家点评：

当office达人们还在沉迷于开心网上的虚拟互赠礼物时，遭遇到如此真实的立顿下午茶（还是免费的!），怎能不动心加入送茶达人之列!

更大的亮点是，立顿此次送茶活动不同于传统的赠品派发，而是大打温情牌，让白领们为好友同事送茶！此举将立顿与office生活紧紧地捆绑在了一起，成了朋友联络的纽带，朋友间的祝福与情谊即由一杯小小的立顿红茶传递。而立顿则利用办公室人际关系形成了病毒式传播，诱发蝴蝶效应，在白领群众中迅速扩散。

10. 卡夫曲奇人追捕令，一定要吃到豆

“趣多多！不同美妙滋味，就在豆里面。”自19世纪初趣多多巧克力豆曲奇在美国出现，便迅速成为最流行的曲奇。

和有趣曲奇人一起玩Qzone

作为卡夫旗下的一款曲奇饼干产品，趣多多在1998年进入中国市场后，销量没有明显的提升。消费者认为趣多多仅仅是另外一个品牌的曲奇饼干，并没有形成与其他品牌产品的区隔。在2009年，卡夫将趣多多品牌重新定位于“有趣”，并推出了曲奇人的卡通形象。重新定位的背后，实际上是对年轻群体消费趋势的洞察与把握。

趣多多2010年TVC以追捕曲奇人为主题，突出曲奇人身上巧克力豆的美味。期待网络平台将故事持续发散，吸引消费者积极互动。重新定位的品牌需要通过曲奇人这一卡通人物的性格传递给目标受众，而基于目标受众的特点，趣多多将此次活动介入到中国最大的社区型网站——Qzone，QQ所针对的主要消费群是18~28岁的年轻用户，这完全吻合趣多多的受众定位。

有趣曲奇人现身Qzone，着实引起不小的轰动。QQ用户纷纷登录领取趣多多Qzone挂件，发表缉捕宣言，进行“抢豆”游戏，赢取丰富奖品，而且吸引了更多朋友的参与互动。

利用目标人群心理设计活动机制

刚刚“出生”的曲奇人要想实现与目标人群的良好互动，树立自己的个性与形象，必须充分调动目标人群的参与感，通过设计机制弱化现实与虚拟的边界。在这个机制中必须能满足目标人群的心理特征：

·贪婪——最好要有免费的东西拿，越多越好；

·喜欢娱乐——游戏要简单易上手；

·好奇心强——抓住了曲奇人能怎么样呢？

·强烈的荣誉感——事实证明我就是高智商；

·高度参与感——电视上的曲奇人被我抓住了。

为了满足目标人群的“贪婪”心理，所有参与趣多多的用户都可以获得一个精美挂件，同时可以免费获得壁纸、彩铃等曲奇人主题的免费下载。仿造“偷菜”等热门SNS游戏结构，趣多多建立了一种游戏方式可以让用户在线上偷取他们朋友的巧克力饼干或者自己的被偷走，如果他的巧克力饼干被拿走，曲奇人将会消失。为了让那些曲奇人回来以继续进行游戏，用户们可以去商店用一个代码购买趣多多。通过在游戏中的竞技，玩家有机

会获得来自 QQ 的精美礼品和一次好莱坞绝妙之旅。

在洞察目标公众的心理特征之后在活动的设置上紧紧抓住了他们的心理特征，使受众对游戏产生了强烈的兴趣，同时通过他们的传播带动了周围的朋友一同参与，扩大了活动的影响范围。

虚拟 + 现实，前所未有的销售拉动力

为了增加游戏与现实的连接性，并且促进趣多多产品的实际销售，在活动中，用户可以通过购买趣多多产品，获得其包装上的 Pin code，然后在游戏中兑换一定的游戏特权。这种虚拟和现实的结合，增加了用户的黏性与乐趣，同时也把线上游戏的流量转化为实际的销售额。

对于用户来说，消费带来了更大的实惠以及游戏中的体验；对于趣多多而言，Pin code 则让他们看到了实实在在的销售额提升。在整个活动期间，Pin code 一共兑换了 3 237 390 次，销售了 293 吨的趣多多，直接带动销售人民币 1 150 万元。

整合媒体资源，全方位出击

整合运用媒体资源，发挥各平台优势。QQ：在 QQ 上建立活动网站，用户登录后可领取趣多多 Qzone 挂件，同时发表自己的缉捕宣言，吸引更多朋友参与，相互之间进行“抢豆”游戏，赢取丰富奖品；土豆：通过推广曲奇人的病毒视频，建立曲奇人的 FUN 个性；ePR：在 SNS 平台建立虚拟人物，增强曲奇人与用户之间的互动；促进销售：趣多多产品包装内附赠 Pin code，网友使用 Pin code 有更多中奖机会。在游戏中，植入曲奇人的产品形象，选择大流量的门户平台，大面积曝光，引导更多的消费者参与游戏，增强用户间的互动体验；同时游戏中引用产品包装的 Pin code，推动产品的销售。

不论在活动机制的设置上，还是在广告的选择方面，始终都贯穿“FUN”的理念，使公众在获得利益与乐趣的过程中，对品牌产生了强烈的好感和尝试需求。活动期间，获得品牌总曝光 37 亿次的关注量，活动网站流量过亿，活动网站独立用户数近 600 万（超越客户期待将近 2 倍），活动参与率达 83.9%，用户黏着度在同类活动中表现优异，是均值的 5 倍，收获丰厚，惊喜多多。

专家点评：

在这个娱乐至死的时代，卡通营销这种高度娱乐化的形式也受到越来越多企业的青睐。在传统的媒介环境下，卡通营销的操作手法仅仅是漫画、动画、形象、周边产品等方式。此次卡夫利用网络媒介，巧借开心网偷菜的概念设计游戏，让消费者不再是只能“看”卡通，而是在真正的“玩”卡通。

参与、卷入！正是网络营销的精髓所在。一次参与大于 1 000 次的展示。在媒体的选择上与腾讯结合，可谓精准地瞄准了人群；Qzone 挂件、游戏的设计充分发挥了腾讯特殊媒介营销价值。

11. 借力人人网，打造绿箭 kiss 链

1914 年箭牌采用“双倍提纯工艺”（double distillation process）创造了一个新的品牌，“绿箭”（Doublemint）口香糖，品牌直译为“双倍薄荷”，随即绿箭成了世界上销售最广的口香糖。从绿箭诞生的第一天起，就赋予了它薄荷清新口气的功能，可是近年来口香糖品牌层出不穷，市场竞争愈演愈烈。在青年尤其是在校大学生这一主要目标市场人群中，靠单纯的功能广告诉求已不能符合他们勇于尝试和追求个性的特性，必须另辟蹊径，快速突破。2010 年 5 月，绿箭在金装新品上市后，以人人网为平台开展了一个名为“持久清新从金开始”的线上活动。这次活动抓住了大学生目标人群的网络行为习惯和追求个性的心理，较好地利用了人人网的特点，契合了产品的概念，实现了一次很好的品牌传播。

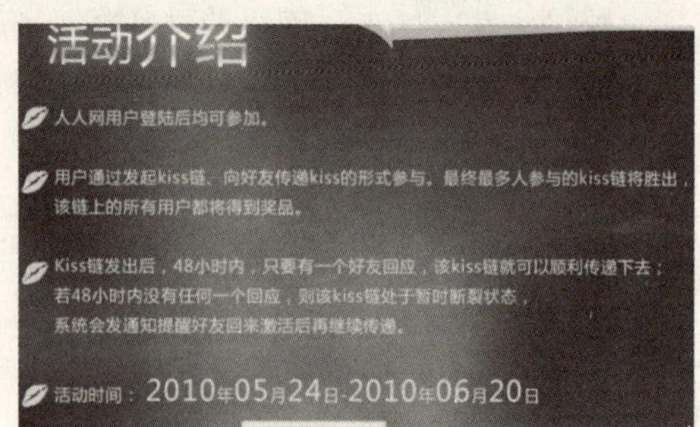

进驻人人，精确锁定目标人群

人人网是由千橡集团旗下著名的校内网更名而来。早期通过限制具有特定大学 IP 地址或者大学电子邮箱的用户注册，保证了注册用户绝大多数都是在校大学生。网站鼓励大学生实名注册，上传真实照片，让大学生在网络上体验到现实生活的乐趣。

“想要俘虏 80 后、90 后的心吗，上网吧；要想俘虏在校大学生的心吗，上人人吧！”在市场征战多年后，绿箭认识到新一轮的消费浪潮中，必须比竞争者抢先一步与年轻一代沟通接触，将品牌的信息深深植入到这一社会未来主流人群中。于是绿箭选择以人人网为阵地，精确锁定在校大学生这一目标群体开展活动。

打造 kiss 链，用户积极主动参与

绿箭口香糖的主要功能之一是清新口气，这也是该品牌的一贯诉求。如何策划一个与人人网中活跃着的大学生用户心理和习惯相吻合的活动呢？打造 kiss 链——用户可以通过发起 kiss 链、向好友传递 kiss 的形式参与。对，大学生情窦初开，不管是否已经在恋爱，许多同学可能都有一个自己喜欢的对象，在现实生活中很可能没有机会或者缺乏表白的勇气，正好借助这一虚拟活动传递爱意。当然，也不排除有些恶搞。但不管是出于怎样的冲动，绿箭 kiss 链无疑对目标人群是极有吸引力的。

除了 kiss 链传播活动符合受众群体心理需求外，此次活动还引入了物质奖励机制。最

成功 kiss 链创始人奖：第 1 名东芝金色笔记本，价值 3000 元；第 2~4 名佳能金色数码相机，价值 2000 元；第 5~10 名，飞利浦金色 MP3，价值 500 元；前 10 条最长 kiss 链，每人获得 10 元人人礼券；每周抽取 30 个 10 元人人礼券。从奖品设置上，可以说不太丰厚，总共加起来不超过 2 万元，但是活动本身符合受众心理需求，再加上奖品的刺激，参与效果还是很不错，活动仅进行两周多，就已经有 22000 多人参与了 kiss 接龙，最长的链超过 300 人。

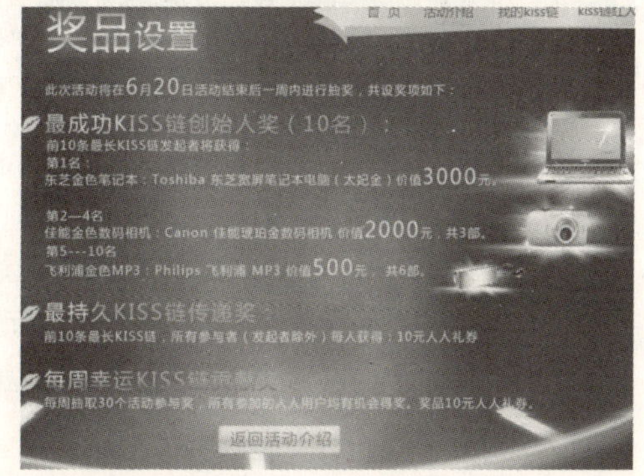

优化活动机制，强化绿箭品牌传播

这次绿箭“持久清新从金开始”kiss 链活动，用户通过发起 kiss 链、向好友传递 kiss 的形式参与。最终最多人参与的 kiss 链将胜出，该链上的所有用户都将得到奖品。

在活动参与机制上非常简单，只需要借助人人网的头像，然后邀请好友，就可创建或者参与 kiss 链。如果这就是全部规则，那么每位参与者可能只在将 kiss 传递给他人的时候会关注到绿箭的品牌信息，品牌传播并没有得到最大程度的曝光。因此，绿箭在活动参与机制方面做了一个非常巧妙的设计，引入 kiss 链失效激活机制，48 小时后 kiss 链会失效，只要点击绿箭口香糖标，就能激活 kiss 链，从而使 kiss 保持清新。这样，一方面使绿箭品牌信息的曝光度大大增加，当 kiss 链失效后，要再次强化一次绿箭口香糖标后才能激活；另一方面也增强了用户对此活动的关注度。这与前段时间非常热门的偷菜游戏有异曲同工之处，如果你种的菜已经生长成熟，你不摘的话，可能就会被别人偷掉，导致许多用户半夜不睡觉起床偷菜。

专家点评：

SNS 的一个重要的营销价值就是其网状结构可以诱发链式反应，因此也是病毒营销的最佳温床之一。绿箭此次出手不凡，既抓住了口香糖能够使人口气清新的重点，又借助 SNS 的人与人链接的特点，可谓很好地符合所选媒介的特点，又契合了品牌的 concept。

值得一提的是，在参与机制上，设计用户参与成本（时间成本、操作成本、参与难度）非常低，只需要借助人人网的头像，然后邀请好友，就可创建或者参与 kiss 链。而引入 kiss 链失效激活机制，48 小时 kiss 链会失效，加强了用户对此活动的关注度。绿箭的成功告诉我们，优秀的营销必须将不同种类媒体的独有特性最大化。

12. 叫卖表演，声动龙舟粽

4月24日~5月16日，端午前夕的一个月，连续5个周末，在全国五大繁华城市——郑州、武汉、成都、上海、北京中心城区的商超或广场，相继上演了一场名为“一代粽师——龙舟粽全国叫卖表演”的活动。五种极具地方特色的方言、五类带着浓郁传统风味的叫卖方式，或幽默活泼，或委婉动听，或嘹亮高亢，或朴实淳厚，吸引了众多市民和网友的关注，而他们都在传递着一个主角——“三全龙舟粽”的故事。当“叫卖”这种几近被人遗忘的、也是最古老的促销方式再次出现在都市街头时，传统和时尚之间激发出了让人意想不到的火花。

“叫卖”方式另辟蹊径

“龙舟粽”是著名食品生产企业三全食品旗下的重要产品之一，工艺先进，产品种类丰富，口感上佳，但在目前的市场认知度上面临着不及五芳斋、稻香村、三珍斋等传统粽子品牌响亮的困境；所以，给这个相对年轻的粽子“新兵”注入文化内涵，扩大其市场影响力，突出其差异化产品特点（加长30%，更香更糯），并最终为今年端午销售期（5月、6月）的销售增加助力，就成了三全龙舟粽最重要的目标。

↓这次活动的主角 – 三全凌龙舟粽

在传统的路演和网络口碑营销创意都不足以让人眼前一亮时，“叫卖”方式被提上台面：

第一，叫卖（又称吆喝）作为一种最古老的广告形式，现如今已沉淀成为一种文化，甚至在某些地区已经上升到非物质文化遗产的高度，这种历史和文化格调也和粽子这一传统产品的气质比较契合。

第二，传统叫卖也是一种记忆，代表着一个城市曾经的活力和表达方式，更代表了很多人对城市的感情；在如今被铺天盖地的广告信息包围的都市中，市民们几乎听不到传统叫卖声了。这也为我们策划这一活动增加了情感元素。

第三，“叫卖表演”的方式能很好地将龙舟粽的各种产品特点直接传播出去，而且是能被市民普遍接受的新鲜方式，避免了很多时候在做大型活动时，产品和企业只能充当背景或配角植入的尴尬。

第四，除了每年春节庙会上的个别摊位会请到一两个叫卖艺人外，行业内还没有人把它作为一个大型活动的载体。而全国各地不同的叫卖方式集合碰撞，应是一件很有感官刺激的事情。

根据三全 2010 年全国市场销售的布局情况，并结合地域文化的独特性和丰富性，本次活动决定在全国选择北京、上海、成都、武汉、郑州五大城市作为举办地。

五大城市叫卖师，众里寻他千百度

这个活动中，最核心、最难做的工作就是寻找这五大城市的叫卖艺人。和一般主持人、演员不同，“叫卖师”这个职业，因为缺少市场需求，并没有一个成熟的资源和运作模式，需要一个个地去打探寻找，但功夫不负有心人，一周之后，活动方的“星探”们终于找到了他们：

北京叫卖师：臧鸿先生

人称“京城叫卖大王”，生于 1932 年，老北京旗人，北京传统叫卖文化的集大成者。

上海叫卖师：秦俑先生

上海海派方言达人，华东地区著名相声演员。从艺 30 年，是上海大世界艺术团相声演员，熟悉各地方言，对上海传统叫卖有深入研究。

郑州叫卖师：王鸿杰先生

河南风俗研究专家，本地知名艺人，对于传统叫卖吆喝有过深入探索，文化底蕴深厚。

成都叫卖师：陈林先生

四川著名民间艺人，成都麻辣组合“锦城三椒”之“胡椒”，对川味叫卖研究多年。

武汉叫卖师：楚江先生

中国武汉东方龙民间艺术团知名艺人，武汉土著，极其熟悉武汉民间叫卖文化。

叫卖词南腔北调，趣味盎然。

传统叫卖不是哗众取宠，更不是为了新奇，其作为一个文化现象，最终目的还是要回到传播载体的功用上来的。所以，如何让叫卖艺人在叫卖内容里添加上产品信息，在观众欣赏叫卖表演的同时，又记住了产品属性，是必须解决的问题。

在这种情况下，活动方梳理出了产品的系列特点，尤其是“更香更糯”这一产品诉求，然后将它们交给叫卖艺人，让其根据自己的叫卖方式和本地的方言特点进行“作文”，要求既要保证充分发挥叫卖的风味，不能让观众感觉这是无趣的广告，又能调动观众参与到品尝和口碑评论中去。

最后定下了每个城市10分钟的叫卖词，或幽默，或嘹亮，南腔北调，的确让人耳目一新。

北京站（选段），京味儿悠长：

更香～～更糯～～龙舟粽子咧～～～～～买的买、那个捎的捎，买到（那个）龙舟粽子得买到家里去哎。各位吃了龙舟粽（子），消食化痰又解馋嘞～～为什么解馋呢，它有香肠粽子，有猪肉粽子，有板栗粽子，几百种任你选嘞～～学生吃了我的八宝粽子，能写会算心眼灵嘞～～姑娘吃了我的粽子～～描龙画凤会扎花～～老太太吃了我的蜜枣粽子，寿高百岁身板强～～老头吃了我的火腿粽子，扔下了拐棍一溜烟～～

成都站（选段），川味幽默：

卖粽子哎！嘿！大表哥，小表妹，来个龙舟粽子开哈胃！吃了粽子你的身体好，爬坡上坎不得累。吃了粽子你才睡得香，白天不得拽瞌睡。噢，过来看过来看哈！过来看，过来买，我们龙舟粽子的香味是飘四海。过来买，过来看，过了这个村就没得这个店哈。嗨，表姐，来一个撒！嗨呀！几块钱又不算多，打个的还不够爬个坡！打个的又到不了新加坡！几块钱，又不贵，又不用回去开个家庭会！哎，表哥先来整一个，保证你吃了头个就想二个。吃了粽子你才长得彪，身体拽实了你才好出去挣票票！来哇来哇！哎！表妹先来咬一口，保证你咬了头口就想二口。吃了龙舟粽子你才长得美，保证你是丰满的胸儿长腿腿！安逸哦！

线下火热，线上360度发力

在保证了现场的火热人气之外，活动方还对活动进行了网络与传统媒体的线上线下的双线传播：

这次活动的主角——三全凌龙舟粽

1. 活动官网：每个城市都会进行各类内容的更新维护，网友可在上面全面细致地了解活动；

2. 硬广预告：每个城市举办前3天在当地2~3家最重要的门户网站上进行硬广投放，对举办时间和地点提前告知，并超链接到活动官网中；

3. 视频采集和传播：每一个城市都对叫卖师的表演进行全场采集，并在后期剪辑成成段小片，在各大视频网站进行传播；

4. 图片传播：派摄影师全程跟拍各城市活动

实况，并将其拆分成不同的活动亮点，做成图片贴，在各大社区论坛进行发布；

5. 社区论坛里的持续引导：在一个月的时间内，持续对这一活动进行不间断地引导性发帖，吸引网友关注，激发讨论热情；

6. 发挥千万级名博的领袖作用：每一个城市都邀请了3位千万级名博（意见领袖）进行跟进参与，并以各自视角写成博文；全活动中15位知名博主遍布新浪、搜狐、网易、腾讯、凤凰五大博客平台。

7. WIKI和IM圈群的互动：通过在百度知道、天涯来吧、雅虎知识堂等问答互动平台，对活动信息进行设计传播；当活动在每个城市举行时，发动当地近100个活跃圈群进行关注和讨论。

8. 传统媒体：通过邀请和热线爆料的方式，让当地的报纸和电视参与到报道中来。

叫卖声动消费者，淘宝店上卖断货

一个月的时间内，活动官网的浏览人数达到300万PV；各地叫卖艺人均对这一活动的文化意义进行高度评价；北京叫卖大王，78岁的臧鸿先生对执行人员表示："感谢商家能想到用这种方式，很难得"。龙舟粽的各类信息广为传播，搜索检索量从活动前的4 000条升至72 000条（最高峰值）；全国五个城市的各类活动视频在优酷、新浪播客、土豆网等视频网站上的点播总次数超过80万次；截止到6月20日，龙舟粽今年端午销售期的销量突破300万份，比同期增加了45%，新开通的淘宝商城旗舰店上甚至出现了断货情况。

专家点评：

优秀的营销就是要出奇制胜，与众不同。好粽子就要"喊出来"！在纷纷扰扰的端午营销中很出位，自然也抓住了消费者与媒体的目光。

龙舟粽以弘扬中华传统文化为主线，地方方言与传统叫卖巧妙结合，为现代商业社会注入传统营销元素。传统的叫卖活动能够唤醒大家的民族记忆，增强人们的民族认同感，同时也使得吆喝这种传统非物质文化遗产能够得以继续传承下去。

叫卖营销一方面提高了三全凌龙舟粽的产品知名度，另一方面还在保护传统文化遗产方面发挥了作用。

13. 欢乐畅饮可口可乐，共享世界杯激情时刻

当西班牙队成功夺冠的那一刻，激情飞扬的 2010 南非世界杯也圆满落下帷幕。一个个精彩瞬间让无数球迷为之兴奋欢腾，世界杯所迸发出的巨大营销价值更让众多知名企业硕果累累。然而，互联网环境的变迁颠覆了球迷传统的看球方式，他们不再局限于对电视的依赖。网民们更多的是到互联网上搜索世界杯的相关资讯，而搜索引擎自然成为网民获取世界杯赛程、赛况资讯以及直播视频的首要入口。作为国际体育赛事最忠实的支持者，全球知名品牌可口可乐率先意识到这一点，巧夺先机，与最大的中文搜索引擎百度展开全方位的深入合作，创新营销形式，成为世界杯营销战场上最大的赢家之一。

多元化搜索营销，打造品牌与消费者间的人性化沟通平台

在百度搜索引擎上进行创新营销，意在将品牌蕴含的激情与快乐伴随着赛事一并传递到消费者面前，提高可口可乐在 2010 世界杯广告片的曝光率与点击率，使广大消费者感受到可口可乐与世界杯同在，强化其国际化的大品牌形象。要想及时满足消费者需求，就必须掌控消费者潜在的消费动向以及其在网络上的搜索行为变化。紧抓百度搜索精准洞察网民意愿的优势，可口可乐通过冠名赞助百度阿拉丁平台，通过品牌专区、视频关联以及热门频道轮播广告等多种营销方式的应用，打造品牌与消费者之间人性化的沟通平台。

百度阿拉丁一站式搜索，巧抓与消费者接触先机

基于对网民的深入洞察，百度阿拉丁平台便捷、人性化的搜索结果展示方式，备受网民追捧。其强大的资源整合能力，可充分调动搜索关键字、网页以及频道的优势满足了广大球迷方方面面的需求。调查数据显示，2010 年世界杯在百度的搜索指数超过 2006 年的 7 倍。在世界杯开赛前两个星期，百度便为可口可乐在搜索引擎上展开关键词预热。当网民搜索诸如"2010 世界杯电视直播表、2010 世界杯射手榜"等赛程、赛果类关键词时，百度阿拉丁平台可将比赛日期、时间、对阵、组别、直播地址以及最佳射手等详细信息，以表格的形式一目了然地呈现在网民面前。而可口可乐在此冠名为特约赞助商，不仅可以削弱直白的广告意味，更能体现其站在广大网民阵营里为世界杯加油，赢得受众对可口可乐的品牌好

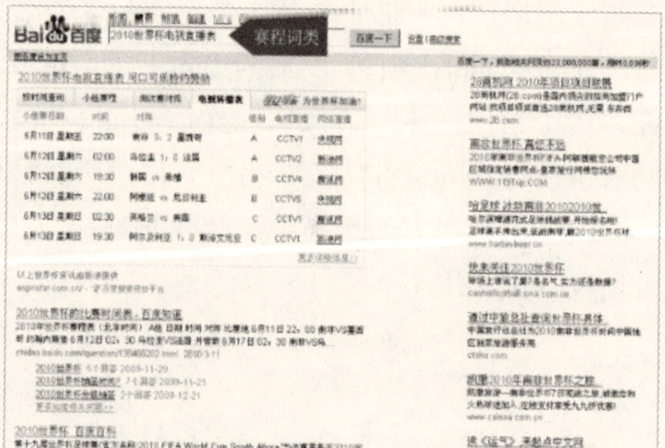

感度。根据不同比赛阶段网民检索需求的不同，百度在通用词“世界杯”的搜索结果展示内容和形式上也进行了创新与优化。小组赛过后，百度阿拉丁将搜索结果规划成两大板块，把最新战况和赛事预告分栏陈列，包含对阵、专题以及重播入口等。可口可乐“尽情欢庆畅爽开怀”的广告按钮与小组积分榜、精彩视频、贴吧讨论等板块的并列展示，更加活跃了页面气氛，顺其自然地拉近了品牌与消费者之间的距离，减小了沟通难度。

关联广告——结合热点，打造深入人心的沟通方式

仅抓准与消费者接触时机还远远不够，如何让消费者与品牌深入互动尤为关键，唯有找到真正的契合点，将品牌广告与之关联，才能给消费者留下更深刻的品牌印象。经过百度长期对网民搜索关键词的跟踪发现，世界杯期间网民所关注的信息不单停留在赛事时间和结果上，他们还会到百度上去搜索并讨论自己喜爱的球星。因此，百度建议可口可乐紧抓这一现象，将158位人气颇高的球星设为搜索关键词，同时在搜索结果页面右侧擎天柱区域投放可口可乐2010世界杯广告片。这种借助时下热点，将可口可乐广告与之关联的投放方式，更能引发受众共鸣，广告的自然融入给人以无负担的亲和力，既提高广告曝光率和点击率，又能赢得消费者认可。同时，百度强大的分析力量还能对目标受众进行精准区隔，判断广告点击来源，对可口可乐在搜索关键词投放上的调整与优化有很大的帮助。除此之外，大量网民还活跃在百度新闻、知道、MP3频道，百度在新闻浏览页、知道和MP3搜索结果页为可口可乐进行轮播广告的全程跟踪投放，扩大品牌影响力，使网民在享受娱乐和激情的过程中，口渴时第一时间想到的便是可口可乐。

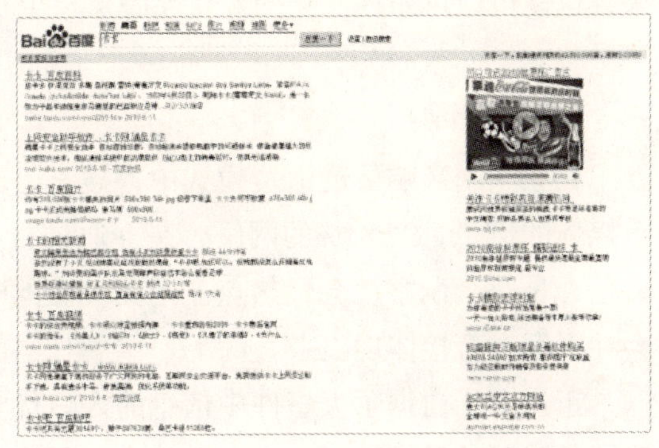

品牌专区——完美展现、塑造统一的大品牌形象

世界杯期间，独具非洲风情的可口可乐“啵乐哥”频频出镜，那个夸张的表情和一句“啵乐乐乐”大舌音更是令人震撼，激起大量年轻人的广泛关注。火爆的电视广告已经给观众留下深刻的品牌印象，加上年轻人又是互联网上最沸腾活跃的群体，他们必然会到搜索引擎上去满足自己更大的好奇心，此时便是完美展示可口可乐统一品牌形象的

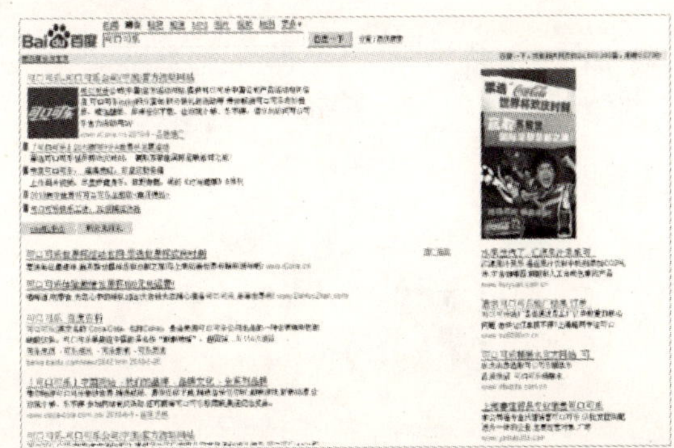

一个绝佳机会。百度将可口可乐品牌词和活动词“啵乐乐乐”设为搜索关键词，同时在搜索结果页面上线可口可乐品牌专区。整个专区犹如一个浓缩版的可口可乐官网，在占据首屏 2/3 的超大空间里，“品牌 Logo+ 主标题 + 描述 + 栏目编辑 + 右侧擎天柱广告”的组合展示方式，将可口可乐所要传达的与世界杯相关的重点信息统统汇聚于此，逐条陈列，从而将受众直接引导到活动主题页面。右侧擎天柱的大篇幅广告，更能吸引眼球，刺激受众参与欲望。

创新精准品牌营销，品牌效果超越预期

搜索营销创新与效果证明，此次百度与可口可乐的深度合作，无论是在阿拉丁平台推广，还是在品牌专区、关联广告以及轮播广告的投放上，都远远超出营销预期效果。在百度阿拉丁平台推广期间，相关关键词搜索量提升了 7 倍，小组赛结束后，可口可乐更换冠名创意，更是引发冠名广告点击率的飞跃式提升。接近 1/4 决赛时，搜索结果页面可口可乐关联广告的视频点击率达到了空前的峰值。

总之，通过百度借势国际性体育赛事的营销方式，不仅能够带来可观的广告点击效果，也使可口可乐在深化国际化品牌形象上更具张力，再一次提升了品牌高度。

专家点评：

在互联网影响下的消费模式中，搜索已经改变了用户行为，可以说搜索引擎汇聚了各个媒体的信息，92.81%的网民，是会通过百度作为入口去了解大事件的信息。百度搜索风云榜，是一个洞察社会性热点、网民关注的时效性的平台。网民关注的这些热点事件，都会在百度上直接体现出来。

正是由于占据了大事件中信息的入口优势，搜索平台快速汇聚起的海量用户资源，带给了品牌新的营销选择。在大事件中，百度搜索平台上，已开始频现此类企业的身影，搜索营销成为企业事件营销的占位之举。

14. 当悦活邂逅开心网

悦活跟开心网的合作，是难得的一次天时地利人和的社会化媒体营销案例，最好的网络营销是广告主、媒体、消费者三方的共赢，这种创意是极难复制的，而悦活和开心网的合作，就是这样一个难得的案例。

搜索品牌与消费者的交集

悦活必须要在最短的时间内，用最少的预算以及最高的投资回报率去证明它的生存价值，因此决策方将突破口瞄准了互联网，这一核心策略直接导致后来锁定在开心网上。

虽然开心网无疑是当下最火的SNS网站，但更重要的是，两者的品牌及消费者有着很大的重合。开心网的用户大多是在城市上班的白领，而他们在开心网上所追寻的那种虚拟世界中的简单和快乐的生活价值也和悦活倡导的生活主张不谋而合。

产品概念及品牌体验的植入

植入是现在流行的名词，但真正自然地植入并不被消费者厌恶的案例却很少，比如春晚的品牌植入就遭到诸多网友的质疑，而这次悦活在开心网的植入就非常聪明，品牌不仅是自然地融入到开心网的日常互动当中，而且更增添了好玩程度。

开心网上继停车后，最好玩的在线游戏是偷菜，悦活种子的植入成为开心网花园的一抹亮色。在开心网花园的种子仓库中，悦活种子代表悦活上市的5个产品品种：红色5+5、橙色5+5、悦活石榴、悦活番茄、悦活橙子。在开心网的花园土地中，用户用悦活种子种出的悦活果实饱满而新鲜，仿佛能够感受到露水正在顺着光滑的果皮流下来，完美地体现了悦活新鲜自然无添加剂的产品核心价值。

为了进一步强化无添加剂制造果汁的概念，悦活在用户体验上做了进一步的强化，推出榨果汁的互动游戏环节，用户可以利用收获的悦活果实进行榨汁，榨出来的果汁将以悦活产品的真实形象存放在用户的仓库中，并以比果实更高的价值为驱动，让用户重复进行这个过程，并在这个过程中去加强对于产品无添加剂的认知。

制造虚拟的网络红人

充分结合开心网的特点，悦活将倡导的简单真实而自然的生活方式，以及悦活的生活方式和态度形象化成一个“悦活女孩”的人物，从而拉近与消费者的距离，并在开心网上建立了悦活粉丝群，用户通过跟“悦活女孩”交流，去共同探讨一种自然简单的生活方式和态度。在消费者更加感性地理解了悦活品牌主张的同时，悦活也从消费者身上更加丰富了自己的品牌主张，真正实现了双赢的沟通。悦活粉丝群的数量在短短 2 个月中就达到了 58 万。

将线上的虚拟与线下的真实互动

悦活的目标不仅是在网络上形成高人气，更希望将这种人气延伸至线下，并带动终端的销售，于是，配送试饮活动最终成为开心网悦活花园游戏的最大亮点。用户可以通过开心网的系统，把榨出的果汁送给自己的好朋友，通过系统的随机抽奖系统，朋友将会通过悦活的线下配送体系收到中奖人在线上送出的果汁的真实版本。一时间，开心网上刮起了一场榨汁风暴，伴随着游戏，悦活的线下配送中心订单应接不暇，一万套真实的产品在北京地区各大写字楼中流传并形成话题。

将真实的悦活果汁带进写字楼的同时，卖场和超市中的配合也非常重要。在北京的各大商超，悦活的堆头展示别具一格，在渠道上的传播主张和开心网上遥相呼应，形成了有效的互动。消费者在终端购买时，通过宣传品，加深了对活动的认知和体验，传统的堆头也成了一个鲜活的体验窗口。

邂逅的影响力

在短短 2 个月内，悦活成为了当季全国各大城市办公室里最热的话题，关于悦活的故事在网上网下不断传播，人们在乐此不疲地种植，收获，榨汁，送人。所有的调研数据都显示出了该品牌的巨大生命力。

在开心网上仅北京地区就有 320 万都市白领人群（悦活核心目标消费群体）通过游戏体验到了悦活品牌的产品概念和主张；全国范围则有超过 2280 万人次的悦活卡使用量。悦活品牌的提及率从 0 到 36%，品牌购买兴趣度也显著提升，就北京地区而言，销售获得了很好的成果，超过预期 40%。作为一个从无到有的果汁品牌，悦活正是利用了社会化媒体的营销方式，成为市场崛起的一个奇迹。

专家点评：

面对 SNS 广泛的受众和巨大的黏着度，很多广告商跃跃欲试，但很可惜大部分都是媒介投放或简单的品牌商业合作。SNS 营销的核心在于利用 SNS 特性，激发人群中的互动。悦活做到了。更需要学习的是，绝非简单的道具植入，营销的伏笔很浓：因为用户的种植过程其实就是悦活真实生产过程的一个缩影。通过开心营销，悦活不费吹灰之力就将自己“产地限定”、“加工全程零添加”、“产品信息全程可追溯”等核心优势“种”到了消费者心里。这不仅是悦活对其“自然品质”的宣扬，更是悦活对好果汁的“价值观”的倡导。说到底，活动的潜台词就是：告诉你，一瓶天然好果汁是怎么生产出来的。

而对于合作方开心网也乐开了花，借助“悦活种植大赛”，让用户重新体验了开心花园游戏的乐趣，增加了开心网的用户黏性。

“参加悦活种植大赛以来，晚上一直睡不好觉，一怕自家的悦活果给人偷光，二怕偷不到别人的，经常是半夜起床偷一次，早上 5:20 再起来偷一次，我是不是很敬业?”劳模网民的这段话是对悦活开心网营销的最佳褒奖，胜过任何奖项。

15. 百事群音、PPLive 网络直播三重门

2009 年 3 月 31 日“百事群音”百事乐队大赛正式启动以来，即在中华大地迅速掀起了一股前所未有、声势浩大、充满激情的“盖世”乐队选秀狂潮！随后，各地初选、地区决选直至全国四大区总决选，每一场比拼、每一幕演出都带来无数的惊叹与无穷的感动，草根的力量腾空爆发，势不可挡。而乐队音乐本身，更以其充满励志激情的感召力将所有身临其境的观众收拢麾下，将“百事我创”的精神演化成为一场足可载入中国音乐发展史册的民间潮流运动！截止到当年 6 月底，代表中国新时代乐团最高实力的十支乐队华丽诞生之时，也即宣告了“百事群音”的火热引爆。

一直关注“百事群音”比赛的网友们会细心地发现，由于受到场次和上星频道等诸多播出因素的限制，此次“百事群音”从一开始的新闻发布会，就选择了 PPLive 进行网络直播，尝试走出一条品牌广告主在结合网络电视新媒体与传统电视媒体所衍生出的新型数字营销之路，进而推开了品牌活动与网络直播联姻的三重门。

网络电视独有内容、传统电视汇聚关注——推开网络电视内容聚合一重门

按照传统电视的播放习惯，选手比赛时台前和幕后的画面切换主动权掌握在电视导播手中。而受到电视时长、播放机制等因素的制约，往往只能将最主要的机位画面呈现在观众面前，而同样精彩的参赛选手后台画面则通常是看不到的。

此次活动直播赛事的最大看点之一，就在于网络电视新媒体可以在聚合直播内容的同时，通过活动现场设置的不同机位，将不同内容的视频流在网络平台上同时向观众开放，而这些内容与传统的电视节目相比，大多是独一无二的——选手候场的心理波动、化妆间里的风趣玩笑、选手之间的私密友情，都可以多渠道、多频道、多角度地进行视频互动。如，此次专设的 webshow 主持人采访互动环节，与电视直播画面内容同步呈现，网友们可以滑动手中的鼠标，做自己的网络电视 DJ，玩转画面导播，随心所欲地收看实时直播的多路画面，体验真实的现场感觉。这种独特的播出和收视方式，是传统电视单一媒体所无法实现的，百事可乐巧妙地加以综合运用，完美地推开了网络直播拉动电视收视的第一重门！

左手遥控器，右手鼠标键——揭示用户循环回流收看新体验二重门

面对中国已经超过 3 亿，且七成年龄在 30 岁以下的网民，百事作为实体市场的快消品品牌大户，早已看到网络市场用户与自身品牌核心用户群的高度叠加趋势。用户对互联网的依赖性、对传统媒体注意力的集体迁移、消费主导方式的改变以及用户年龄增长对未来市场消费格局的影响，都使得百事无法视而不见。

在“百事群音”大型乐队主题节目前期宣传造势的过程中，浙江卫视作为其电视直播平台，通过观众手中的遥控器，网罗关注本次比赛的传统电视媒体用户；同时主办方又选择了 PPLive 网络电视作为其全程网络直播平台，意在通过网友手中的鼠标，收纳新兴的网络电视用户。同时玩转遥控器和鼠标的多渠道观看方式，引得网络看客连呼过瘾！

别小看鼠标的威力，在持续的比赛环节中，考虑到选手台前幕后的精彩视频无法一一在传统电视频道中展现，百事通过 PPLive 网络电视，适时利用小小的鼠标提供了雪中送炭的服务——在 PPLive 网络电视的客户端软件或在线视频专区，只需轻点鼠标，就可看到丰富多彩的参赛选手精彩视频，还可以享受到竞猜 / 投票等形式多样的互动参与方式。此外，观众大可不必因为错过收看电视直播而感到遗憾；通过收看网络电视的直播和点播的形式就可以轻松达到“查漏补缺”的效果，让错过收看不再成为遗憾。网友们如果希望回顾自己感兴趣的乐队一路走来的表演，也可以随时进行网络点播并反复收看，或转发给朋友，从而将网络电视内容聚合的特点发挥得淋漓尽致，全面覆盖目标用户。

可以说，用户关注和收看“百事群音”比赛时，传统的观看行为已经悄然发生转变。左手遥控器，右手鼠标键的方式，使得品牌广告主百事通过 PPLive 网络电视庞大的受众人群，资源嫁接，以网络直播的宣传形式在网络上率先启程，展示了用户循环回流收看习惯的第二重门!

取长补短，媒体优势互补——打开网络电视优势互补三重门

当现场的 high 爆音乐无法代替好奇与关注时，当不能通过电视直播时段收看到十支乐队选手比赛全程的精彩视频时，传统电视媒体和网络电视媒体的优势互补，在“百事群音”活动的多媒体覆盖中得到了完美体现。

从覆盖人群上来看，电视节目的 80%的主力收看人群的年龄是 30 岁以上，网络电视媒体用户中 19~40 岁的占到 82%；高学历高收入的用户在网络电视媒体中占到 50%以上，电视媒体同类用户的比例则低于 20%。这两大媒体受众通过不同的媒体、不同的形式，接触同样的品牌信息传递，使媒体在覆盖人群上达到有效的互补，百事的品牌曝光实现了最大化。

从收视时段上来看，以 PPLive 为例的网络电视媒体主力收视时段，工作日为 7：00~23：00，高峰时间段在 11：00~13：00、18：00~23：00，休息日则为 9：00~24：00，高

峰时段在 18：00~24：00，这与传统电视的黄金时段 19：00~22：00，非黄金时段 2：00~18：00，22：00~2：00 相比，双方会形成有力的收视互补。

线上线下互动，品牌烙印深入人心

“百事群音”在媒体播放的组合等形式上采用了全面的创新尝试。除了选择浙江卫视结合 PPLive 网络电视同步直播，天涯、人人等 SNS 网站借助 PPLive 推送的直播流，都实现了无障碍地在各自平台上为用户网络直播“百事群音”的实时赛况。这种方式，使得整个节目线上线下更加生动。

同时，在 PPLive 为“百事群音”定制的专题直播页面中，不仅有通过电视台播放的电视直播回顾，还有网络电视新媒体衍生出的多种互动形式。如台前幕后精彩花絮视频、百事天团人气排行榜、网友竞猜投票、盖楼互动回帖等。层出不穷的新型网络互动参与方式，恰如其分地突破了以往只能通过电视收看直播节目的诸多瓶颈。PPLive 网络电视直播平台集合电视直播内容、网络直播特色视频、新媒体互动形式，成为承载网友与电视之间不可缺少的“非单一”用户收看传播桥梁。

专家点评：

传统电视、网络视频这对最有血缘关系的兄弟各有优劣势，而“百事群音”此次将两者有机结合。各取其长而去其短，可谓双剑合璧，所向无敌。传统电视与网络视频在受众层面吸纳来自不同收看习惯的各个用户群体；在内容层面，突破有限的电视机屏幕，除了电视里能够看到的主赛场画面，网友们还能看到电视上看不到的台下准备，被 PK 下台后，和评委在后台沟通等多侧面花絮，选手现场反应和心理变化等情节，内容纬度得到极大地扩张；在互动层面，网友不仅仅是在观看，而成为了真实的参与者，这让整个活动更加立体。

“百事群音”打破时间和空间的阻隔，创造出更多的媒体附加值，让百事这股蓝色音乐风暴更绚丽。

第二章 服装类

网络营销 实战100

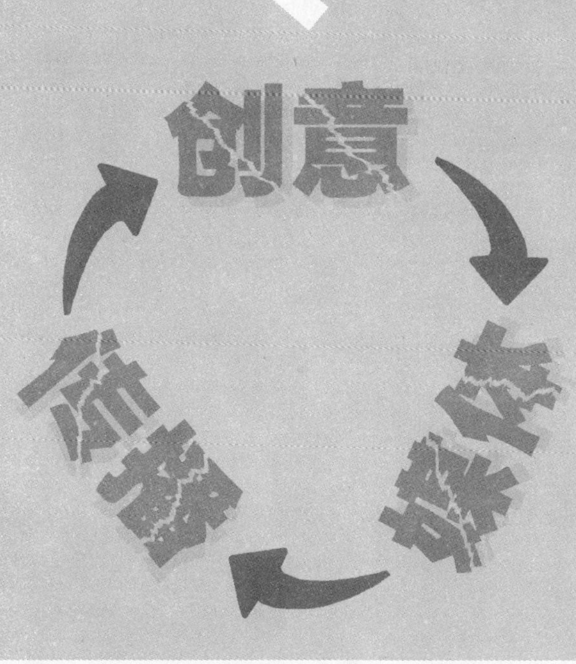

一个遵循流行潮规则的世界与我们眼里自己现在生活的世界截然不同。

——《引爆流行》（Tipping Point)

服装网络营销，“衣”“网”情深

中国有句古话叫“衣食住行”，作为人类生存的四种基本需要，服装位列榜首。古老的中国，早在两千多年前就开辟了丝绸之路，被誉为“服装王国”。如今，中国已拥有5万多家服装企业，年产服装百亿件，掌握全球服装产业总量60%左右的市场份额，是不折不扣的“服装第一大国”。但是服装大国不等于服装强国。虽然全球金融已经处于回暖状态，但中国服装产业却在风暴中真切地看到了自己尴尬的处境。激烈的竞争、过多依靠外需、长期代工、缺乏品牌溢价等问题，在人民币升值的压力下，越来越从隐患变成了明火。中国服装产业开始眼睛向内，重新审视曾经熟视无睹的国内市场，意图以练内功来强身健体。在这样的大潮下，原本按部就班、不温不火的网上销售服装快速地成为了市场的一极：沉舟侧畔千帆过，病树前头万木春。

网购，强烈的价格优势

在传统服装零售渠道中，服装的生产成本只占服装价格的20%，服装价格中的50%是渠道费用，在一般的百货商场中，服装的扣点就在25%左右。服装商品毛利高、单价较高、质量较轻、体积不大，十分适合网络零售。同时通过网络零售也实实在在地降低了渠道费用，使服装可以在成本价上加上不高的加成即可销售，网络零售服装的价格也就比线下渠道低了很多。

服装网购上升空间巨大

自2007年以来，服装网络零售一直快速增长，年增长率都在80%以上。服装也成为网络零售的第一大商品类。特别是目前，服装B2C网络零售发展尤为迅速，包括银泰百货在内的传统服装渠道也纷纷进军网络零售。从目前来看，2010年的服装网络零售额将突破500亿元。《2009中国服装品牌与服装网购调研报告》显示：服装目前已是网上购买人数最多、金额最高的商品。接近六成（57.8%）的网上购物消费者在网上买过服装，占到了全部网购金额的约四分之一（23.5%）。

然而，从服装行业整体格局来看，据中国服装协会的统计，2009年，我国全社会完成服装总产量400亿件，其中出口为259.82亿件。2009年国内服装市场销售额占零售总额的比例在10%左右，也就是13 000亿元，而服装网络零售额占服装零售总额比例不到3%，仅300亿元左右。因此，网购服装还存在巨大的上升空间。

服装品牌，注入网络文化血液

随着中国经济的发展，人们穿衣观念已经从基本体面的阶段，进入到追求时尚，追求内涵和追求更加多元的文化符号的阶段。服装其实是一种文化的载体，那么面对网络文化，服装应该如何借势？一种方式是借助网络文化推广品牌，如凡客体巧借草根文化与PS狂欢制造了一次凡客品牌盛宴。KAPPA用音乐营销方式来俘虏年轻群体的芳心。另一种方式是运用网络文化直接生产产品，如李宁针对年轻网络群体推出的“囧”字鞋。

整合线下体验店、网络销售平台

由于服装产品的特殊性，需要实体体验与试穿才能确定真实效果。随着网购一族的增多，到商场、专卖店试好衣服抄好代码，再到网上购买衣服，也成了网购一族心照不宣的秘密。面对如此“占便宜”的消费者们，企业与其“被”网络，不妨打造自身的线上终端，并整合线下体验店与网络平台。服装品牌一定要有网络化品牌的战略：可能不用开太多实体店，而是将终端变成体验场所，把网络变成销售平台。

1. 上班推迟 1 小时，“小时党”大战“熊猫人”

正如体育运动不专属于专业运动员，奥运会以及其带来的商机，当然也不专属于某些赞助商，对于大量的非赞助商来说，同样享有把握商机的机会和权利。如果巧妙抓住契合点，亦能有效借势。361 度与南非世界杯赛事之间并没有任何权益关系，即 361 度并非官方赞助商。如何通过差异化的品牌主张与消费者进行情感上的沟通，从而更好地诠释 361 度“多一度热爱”的品牌理念将成为这次活动的重点。

361 度攻心战，挠中用户骚动的心

世界杯是四年一度的足坛盛事，也是所有热爱足球运动球迷们的节日。对于中国球迷来说，观看南非世界杯的最大难题在于时差！如何能让这些既不愿放弃热爱的足球赛事，也不想因为持续熬夜导致困倦地开始第二天工作的球迷们得到充分的满足呢？361 度切合球迷热爱世界杯、观看世界杯的愿望，在世界杯期间倡导“上班推迟 1 小时”。通过对人性化理念的倡导，并率先实行“上班推迟 1 小时”工作制度，形成社会关注的热点，引发舆论效应。通过一种体验感强、形式独特且有趣味性的参与形式让更多网民在参与活动的同时，更加深刻地理解 361 度倡导的“多一度热爱”的品牌理念。

361 度深谙网民和球迷的心理，挟“世界杯”以令“上班时间”，颇合当年“曹操挟天子以令诸侯”之道。体贴球迷，关爱网民，这样的活动一定是会得到消费者的欢迎的。网络整合营销 4I 原则中强调 Interests 利益原则，“上班推迟 1 小时”活动能够得到病毒式传播，被引爆为当下的流行，关键在于活动本身切中了目标消费者（亦是受众）的切身利益。这个利益可以是金钱，可以是权益，更多表现在受众的个人爱好上，比如自己喜欢的名人、唱片、赛事等。在本案中，工作看球两不误，就是利益点。在受众的主动传播中，“上班推迟 1 小时”活动以及“小时党”等热词，似病毒般风行。在传播层面，又分为三个阶段：从网络社区预热开始，到 SNS 网站聚合并将活动推向高潮，最后用传统媒体推波助澜。

网络社区预热，“小时党”出世

2010 年 5 月 12 日 ~5 月 30 日，361 度代表球迷发出心声，推出“小时党”的概念；说出球迷们希望上班推迟 1 小时，不愿做熬夜看球带上黑眼圈的“熊猫人”的愿望。此举在世界杯期间球迷群体中获得强烈的支持与拥戴。

前期在网络上发布有关“小时党”的互动投票话题，吸引网民的关注。随后在天涯、猫扑两个有影响力的社区平台上进行深入合作，发布“狂热小时党，只为世界杯”相关炒

作帖，营造世界杯赛事的氛围，引发网友对于“热爱世界杯”话题的关注。“小时党”的概念获得了广大球迷网友的认可和推崇，同时也为之后的“上班推迟 1 小时”活动预热造足了势。

“小时党”受媒体关注

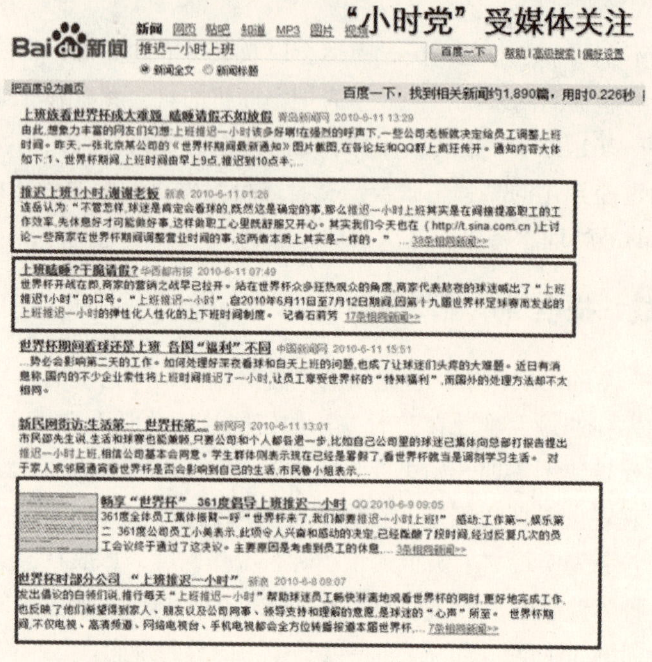

SNS 网站引爆高潮

6 月 1 日，世界杯开始前，361 度“上班推迟 1 小时”倡导信平台、SNS 虚拟游行平台上线。人人网拥有 1.4 亿注册账户（2010 年 7 月统计），是中国最大的 SNS 平台。因此 361 度将主要活动阵地设在人人网，以其他媒体作为补充。球迷可以加入“上班推迟 1 小时”的虚拟游行队伍；还可以在这个平台上给老板发邮件，向老板提出申请世界杯期间“上班推迟 1 小时”的工作制度。倡导信平台上线后的短短 20 天内，14 万多的球迷通过这个平台向他们的老板发出了邮件。361 度在这样一个背景下与消费者形成很好的精神共振、情感共鸣的良性互动，多家公司和企业也积极响应了“上班推迟 1 小时”的号召，在世界杯期间实行“上班推迟 1 小时”的工作制度。

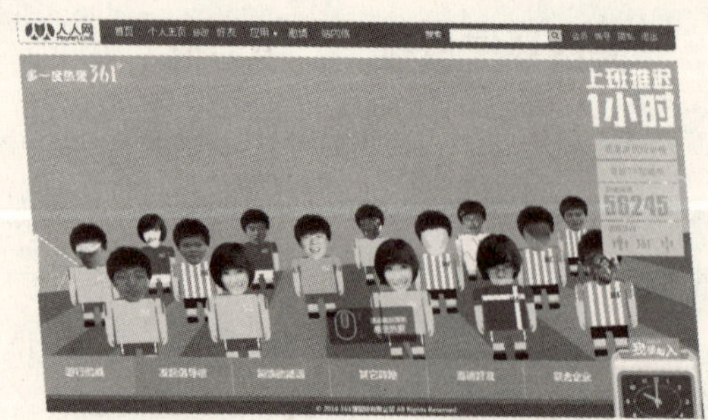

SNS 网站拥有传统媒体和其他网络媒体所不具备的传播优势——互动性强。其他很多媒介的传播方向都是单向的，即媒介向受众输送信息，而受众收到信息的反馈很少被媒介知晓，传播效果生硬且有限。但是 SNS 这种社交网络，其鲜明特色是每一个成员都是媒介，也是受众，他们之间可以自由交换信息，分享对信息的评论。

把“上班推迟 1 小时”这个活动升级为 SNS 上的一个游戏，让受众不仅可以参与活动，互相交流对活动的看法，还可以通过活动给现实中的企业管理者发倡议信，以期获得可能的现实利益，这样一来，活动传播的速度和效果都和单向传播的媒体不可同日而语，受众对企业品牌的忠诚度也大大增强。

传统媒体推波助澜

活动上线一周左右的时间，网络上关于“上班推迟 1 小时”活动的报道已经从网络蔓延到传统媒体。6 月 8 日，受网络上“小时党”、“上班推迟 1 小时”等热传词汇的影响，传统平面、电视媒体开始关注 361 度的“上班推迟 1 小时”。该活动获得《东方早报》、《南方都市报》等 20 多家平面媒体、《东方卫视》等多家电视媒体的报道，引发了更多人关注“上班推迟 1 小时”。因此活动的影响力已经不仅仅局限于网络，361 度“多一度热爱”的品牌理念也进一步得到了消费者更广泛的认可。

专家点评：

“上班推迟 1 小时”这个活动借势世界杯，打了一场漂亮的球迷攻心战，很好地体现了 361 度的人性化管理，体现 361 度对员工的关怀，更是 361 度“多一度热爱”品牌理念的真实写照。

在营销传播上，借助话题“上班推迟 1 小时”引爆病毒传播，从网络社区预热，在 SNS 网站聚合并将活动推向高潮，最后用传统媒体推波助澜，娴熟地利用各种传播工具，真正挠到了受众痒处，获得物超所值的营销效果。

2. 山寨“凡客体”，全民狂欢

很多城市的公交车站牌广告上，出现了低头 45°角耍帅的韩寒，还有王珞丹穿着白色长裙走文艺路线。韩寒、王珞丹都属于 80 后靠自我奋斗、努力获得成功的代表，他们的个性既符合现代年轻人的成长心态，也能和 VANCL（凡客）品牌进行很好的融合，因此凡客诚品（简称凡客）创意表现以表达自我且极富个性化的语言为切入点。

该广告的叙事方式，简单、直接、细节，同时点题点得还算不做作。该广告在创意之初就明确了“极简的语言风格”，再加上精准的定位，才能在信息传播过度的今时今日搏出位。从凡客的广告投放渠道以及文案风格都看得出来，凡客诚品对于自己的定位已经有了极为清醒的认识，他们想要传达的是草根的，有些小坚持的，低价但不廉价的。然而，谁也不曾预料，一场著名的山寨风暴却在悄然酝酿……

山寨“凡客体”忽如一夜春风来

“山寨版”广告从 PS 黄晓明的图片开始，然后这一偶然事件在网络上风行。在开心网上，网友们以“凡客无处不在”，“凡客广告球星版”和“凡客火了”等诸多夺人眼球的标题广为传播。微博上，网友们也竞相上传和转发各种不同版本的“凡客体”。

这些“凡客体”经过网民的改造后，或冷嘲热讽，或幽默风趣，但也不乏温馨感人。除了真实人物被“凡客体”外，甚至央视大楼、QQ 以及网络游戏人物等也均被恶搞。网友调侃道“在‘凡客体’世界，只有想不到，没有看不到。”某知名论坛中有一个帖子《恶搞凡客诚品已经成了一场轰轰烈烈的全民运动》作了很好很强大的总结，熟悉当下流行文化的人都会从中找到各种笑点。

需要注意的是，能够诱发凡客传播，新鲜恶搞源源不断的一个核心要素就是“简单”。PS 这条广告的简单易行到：白色底板，一张照片加上几行字就可以实现自己的想法。

“众包”新病毒营销

凡客的“无心插柳”在网络上掀起了一场大范围的“病毒营销”。凡客营销的最大特点在于，它并不直接产生对凡客本身产品的口碑，而只是通过恶搞来吸引眼球，提升凡客知名度。

传统的营销是通过广告的形式让客户被动接受产品信息。但是，随着广告数量的急剧增加，不但营销费用高涨，而且效果很差。与传统营销方式截然相反，病毒营销多以诱导为主，同时还为消费者提供可参与的娱乐活动，其已受到广泛欢迎。“凡客体”的营销则是在病毒营销的基础上更进了一层，传播的信息是“多病毒”，而非“单个病毒”，发动的群体也不是单个商家，而是庞大的网民。与传统的病毒营销主要依靠厂商发动其自主创作的“病毒”信息不同，这次“凡客体”的传播不局限于凡客产品本身，而是在群策群力的基础上，广泛传播多样版本的“病毒”，声势之大前所未有。借用流行的经济学概念，凡客体是一次“众包”新病毒营销。与此类似的是网友曾一度疯狂地用“我爸是李刚”来作为诸多中国古诗的下联，也有网友将身边事实用古诗、古词等格式来进行篡改，达到一种冷峻不羁、嘲讽戏谑的效果。

从此案中我们得到的一个启示是，病毒营销中内容创造非常关键，但如果你创造出了可以任人简便参与的新语境，那么你就进入了另一个新的境界。凡客诚品正朝着这个方向发展。

营销风险深思索

当然，该营销方式是存在风险的。如果产品本身是网民认可的，一般就不会被太过分地贬低和中伤，仅仅当做一种娱乐手段而已；而如果产品不过硬，就可能真的成为网友恶搞的平台，同时也存在无法控制舆论走向的问题。凡客在官方声明中表示“无论是网民戏说的创造力还是真实的自我表达，我们都会学习、保持尊重并满怀敬意。”这种谨慎的处理方式也是相当值得肯定的。

网络产品都有自己独特的生命周期。作为单一种类的“病毒”，一般而言，其传播的周期是非常短的，如果有新创意出现，网友就会猎奇而疯狂追逐新的网络产品。如果版本不进行更新，这场营销的“乘数效应”就会递减。不能寄希望只是通过这样一种营销方式，就能将品牌的所有特性覆盖。每一阶段、每一传播，只要向目标受众传达一种产品特性，就已经足够。如果将产品的性能、价格和品牌全部通过这种方式转达出来，会弄巧成拙，导致营销失败。

专家点评：

究竟是“凡客体”成就了凡客诚品，还是凡客诚品成就了“凡客体”，其实是鸡生蛋与蛋生鸡的关系。在互联网时代，网民是最聪明、最有创造力的群体。因此，不要再想着如何强行灌输理念和价值，而是要顺势而为。

“凡客体”病毒营销，正是抓住了网络流行的巨大商机。“凡客体”文字表达简单，跳跃，贴近性强，易调侃，文字形式很容易让80后、90后接受，同时，通过提供广告模板和自动PS工具的方式，让网友过足当代言人的瘾，充分调动了年轻人的参与、创造热情。

要注意的是，“凡客体”适合凡客诚品，却未必适合所有广告主。自己的品牌是否适合病毒营销？我们需要的不是脑子发热，而是认清自己。

3. 人人都爱 MTEE

当70后、80后的怀旧思潮弥漫在各大媒体、论坛时，嗅觉敏感的商家也洞察到这一热潮背后蕴藏的商机。2010年4月，美特斯邦威以最强大的跨界合作，将复古潮流、设计界的流行图腾动漫以及服装界永葆青春时尚的单品 T-shirt 这三个因子糅合在一起，推出了旗下最具创意的产品系列——MTEE，着实让怀旧情绪泛滥的70后、80后欣喜和感动了一把。

MTEE 演绎 T 恤新时尚

MTEE 的初始莺啼之作便显露出非同凡响的创意愿景,联手美国梦工厂、中国上影厂、日本三丽鸥打造第一季的动漫潮流 TEE。前所未有地与名导演史蒂文·斯皮尔伯格领衔的梦工厂战略合作，引入梦工厂风靡全球的经典卡通影片，如《怪物史瑞克》、《功夫熊猫》、《马达加斯加》等中深入人心的形象，继而基于原型进行再度演绎和再创作。MTEE 将 TEE 视作挥发创意的平台，将经典形象付诸意想不到的全新演绎，成就独树一帜的潮流风格。黑猫警长有了一个帅气的新英文名“Mr.Black”，一只耳则背上了书包去“偷菜”，哪吒更是身着蓝色上衣红斗篷，再配上碎花短裤，化身成了“动感超人”。MTEE 的精髓在于对年轻态度的坚持、对梦想的坚持和对潮流文化的坚持。众多激荡灵感的佳作势必受到热爱动漫影片、追求无拘无束潮流生活的年轻人的热烈追捧。

一套“衔玉而生”的好产品诞生了，但如何传播才能做到“人人都爱 MTEE”？MTEE 的目标消费者正是70后、80后的年轻群体，他们的主要媒介消费习惯非互联网莫属，于是美特斯邦威以互联网为主要战场，采取颠覆传统营销手法，开演了一场释放热情、放飞梦想的营销盛事。

TEE 客行动，平地起惊雷

如何以原子弹爆炸式的威力为 MTEE 华丽亮相？让 MTEE 的动漫形象，以最炫最酷最意想不到的形式出现在我们的消费者身边，并且和消费者进行难忘的互动，他们就会成为人见人爱的时尚明星；而 MTEE 的产品就会成为人人爱穿的时尚产品。基于此理念的指导，MTEE 的亮相设计也犹如平地起惊雷。

你能想象那种兴奋吗？当你漫步街头之时，功夫熊猫上前给你一个结实的熊抱；当你小巷骑车穿梭时，黑猫警长一个端正的军礼拦住你！真人扮演的 MTEE 动漫角色们现身22个城市的大街小巷，立刻形成了不小的轰动！国内两大视频网站优酷和土豆跟进报道，发布百多条视频吸引消费者关注，并引导他们前往真实现场与动漫角色们互动。500万次播放产生的评论和分享，使 MTEE 动漫角色成为网络上议论最多的明星。

Nonopanda（熊猫 Nono）是在各大论坛及聊天工具上相当流行的原创卡通人物。Nono 相当擅长 Cosplay，代表作《80 年代动画大串烧》迷倒万千粉丝。美特斯邦威约请 Nono 再显 Cosplay 神威，可爱的 Nono 化身 MTEE 中多种动漫形象如怪物史瑞克、哪吒、黑猫警长、hello kitty 等，这些穿越而来的动漫形象在超 Q 的《MTEE 大乱斗》中，打成一片。《MTEE 大乱斗》犹如病毒一样感染众多粉丝，网络自发播放次数超过 360 万次。这一切都成功地宣告了 MTEE 的登场，而这些视频将永远成为 MTEE 的品牌内容，在互联网上形成第二次、第三次的扩散传播。

粉丝网络城堡，MTEE 漫想城

一群狂热的粉丝们需要一座品牌的网络城堡；一个充满动漫明星的 Campaign 需要一个梦幻的舞台；一个跨媒体推广 Campaign 需要一个美妙的平台。于是承载着动漫梦想的 MTEE 漫想城上线了，电视、户外和网络广告将消费者带来这里，一起与 MTEE 品牌和动漫角色们互动。

进门设计就让人很心动，你可以以很帅的 MTEE 产品“纸片潮人”的身份成为这座城堡的一分子。网民可以随意选择发型、五官、服装和配饰来制作独一无二的属于自己的虚拟形象。该虚拟形象不仅关联了人人网账户，使其用户和漫想城融为一体；更可通过打印后手工制作出“纸片潮人”的时尚摆设。消费者可以同时在虚拟和真实世界里与朋友分享自己的形象。如此引导消费者自行创造品牌内容，令人新鲜感十足，并激发出进城欲望；还能帮助美特斯邦威了解消费者对于不同款式产品和不同动漫角色的喜好程度。

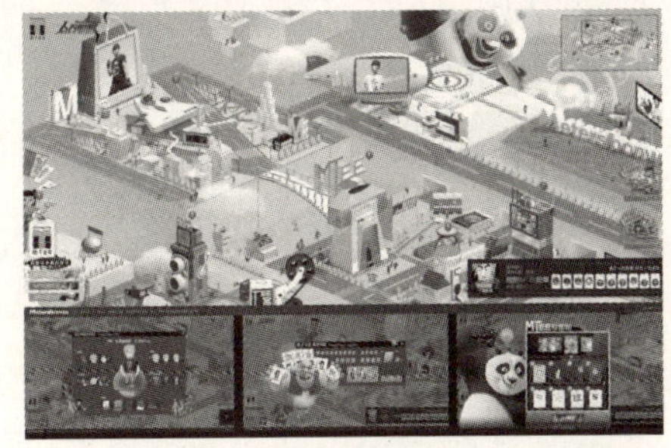

进入城堡，满眼梦幻建筑拔地而起，游乐园、闹市区、观光线三大区域引导消费者关注各类 MTEE 资讯。漫想城的其他活动则结合了不同网媒用户的习惯，可链入人人网和 QQ，让消费者用自己喜欢的方式与品牌互动。QQ 平台聚集了大量年轻用户族群，MTEE 岂能错过？在 MTEE 漫想城中通过腾讯账号登录进入“我的广场”，点击“有乐齐分享”，可选择获取 MTEE 广场特制挂件和发送活动日志；点击“链接拷给 TA”，即可将链接地址发送给

好友，让其加入你的广场，壮大你的团队，最终完成“万人广场大合影”，就有机会赢取终极大奖。同时，为了激励网民对漫画形象的亲密接触，漫想城还推出了“集齐人人都爱 MTEE 魔法卡片赢超炫 QQ 秀”的活动。

SNS 平台上的联动更加精彩。人人网为 MTEE 漫想城开辟相关卡通人物形象的公共主页，用户将可以分享到这些动漫人物穿着 MTEE 的可爱模样，如穿着 MTEE 的功夫熊猫、孙悟空等。同时，人人网专为 MTEE 漫想城开发了在公共主页上圈人的新技术，用户可以在所有页面内圈出好友，把他定义为相关的动漫人物；或通过测试的方式找到“最对我胃口的那个动漫形象”。更令人心动的是，人人网用户可以进入“MTEE 试衣间”，通过摄像头拍摄或选择照片，将自己的头像生成在活动的微型站点中，选择穿着的 MTEE 服装之后，同步生成用户头像或 T 馆相册，与好友在人人网内分享 MTEE 的乐趣。“MTEE 童年记忆 DIY”则充分发挥 SNS 的真情交流功能。人人网用户可以选用童年记忆中印象最深刻的动漫人物形象，在线制作成 T 恤并送给好友。同时在活动的微型站点上，将生成用户通过 DIY 出来 T 恤的相册，供用户浏览并投票。

在 MTEE 漫想城这座品牌城堡，消费者呼朋唤友，聚集在一起，完成了深度的品牌体验，引爆了 MTEE 的规模效应，大大地提升了 MTEE 的知名度和销量。

专家点评：

“穿了那么久的肚兜想换换了！——哪吒”；“穿了那么久的皮革想换换了——功夫熊猫”“穿了那么久的警服想换换了——黑猫警长”。美特斯邦威利用这些 80 后青睐的童年卡通形象撩拨 80 后的怀旧情，深入人心。

“不走寻常路”是美特斯邦威的 slogan，美特斯邦威的营销路同样如是。“人人都爱 MTEE”是抛开传统，传播潮流文化理念的开端。3D 商城、卡通人物、时尚设计、换装植入……活动成熟应用线上明星效应、线下抓准年轻群体的喜好事物切入活动潮流体验、病毒短片、事件营销、网络专售等相结合，十八般武艺，样样都耍得不赖。

4. 俘获 90 后，李宁品牌重塑

2010 年 6 月 30 日，在北京奥林匹克公园附近参观的游客和晚饭后散步的居民，被震惊了：水立方通体晶莹剔透的蓝色“泡泡”上，突然出现了一些巨大的红色“泡泡”，而细看之下，这些红色“泡泡”拼成的图案正是李宁的新 Logo。这个全世界最大的李宁 Logo 不是一闪而逝，而是连续 3 个晚上在水立方亮相，不能不让人感叹李宁品牌的大手笔。

90 运动，李宁品牌重塑之路

实际上，水立方的盛大亮相是李宁“90 运动”的揭幕，当天傍晚，在硕大的 Logo 亮相后，一群年轻人进行了“定格快闪”行动，在“五、四、三、二、一”倒数之后，一齐定格不动，随即，他们一齐脱去外套，露出里面统一的 T 恤，上书“攻无不克”四个大字，并大声喊出“90 后李宁，我们的力量可以改变世界!”这句口号，迅速四散开去。

这个 5 分钟的创意行动也是出自李宁手笔，李宁意在借助此次够炫、够抢眼、够前卫的活动，将“勇于创新，敢于行动”的品牌精神传递给消费者，表达出对品牌转型、攻占年轻消费族群的强烈信心。

2006—2007 年，李宁公司对消费者的市场调查报告显示，李宁品牌实际消费人群与目标消费人群相比，有了一定偏移，超过 50%的消费者年龄在 30~40 岁之间，在 25 岁以下的消费者群体中，李宁的市场份额明显偏低。随着时间的推移，年轻一代的选择将最终决定李宁的前途，于是，从线上到线下，从平媒到网媒，李宁开展了一系列针对年轻消费群体的品牌重塑活动。

李宁将 80 后、90 后年轻运动爱好者确定为核心目标人群，特别是 16~23 岁年龄段的这部分人群更习惯利用网络获取资讯，进行社交和购物，同时他们的线上行为也比较分散，必须想办法找到他们线上行为的聚合点，才能达到更全面和广泛的覆盖。最终，李宁选择了具有广泛人群覆盖的门户网站——网易进行广告投放活动。

网络门户网站相较其他网络媒体，具有单一页面流量大、覆盖人群广泛、页面广告形象高端等优点，是网络上许多网民各种线上行为，包括邮件、游戏、社交、资讯等活动和需求的聚合点。对于李宁的品牌重塑而言，在网络上想实现对于年轻运动爱好者群体的广泛覆盖，并且在广告投放过程中，保持李宁的品牌形象，通过互联网门户网站进行广告投放是必然和明智的选择。

流量入口投放，不与目标群体失之交臂

由于互联网门户网站流量比较大，网站内容页较多，流量在进入主页后即被分流等因

素，在门户网站上投放广告仍然会存在广告效果被其他品牌广告抵消以及无法有效引起目标人群注意力等问题。为了消除这部分影响，李宁在进行广告投放时进行了针对性的调整，将品牌重塑广告投放在网易网站的首页，以期在网站的流量入口，实现对最广泛人群的覆盖，不错过目标群体。

利用富媒体，制造视觉冲击

目标人群接触到了广告，仅仅是完成了品牌与目标人群沟通的第一步。按照传播学中经典的选择性定律——受众在接收信息的过程中都势必要根据个人的需要和意愿而有所选择、有所侧重，甚至有所曲解，以便使所接受的信息同自己固有的价值体系和既定的思维方式尽量地协调一致——人们认识事物的过程包括选择性接触（注意）、选择性理解和选择性记忆。这意味着，即使李宁将品牌重塑的广告投放在了目标人群网上活动的必经之地，也可能会产生记忆效果差甚至品牌曲解等现象。李宁需要将广告创意和表现形式与媒介通路选择相组合，才能达到预期的品牌重塑的效果。

为了充分引起目标人群的注意、理解和记忆，李宁最终选择了富媒体浮层广告的形式，利用简单、生动的卡通人物形象，个性、自由的 90 后运动装扮，富有冲击力地表现此次品牌重塑活动的主题“90 后李宁”，配合使用时下流行语言风格的宣传语“你们为我安排的路总是让我迷路”等，来表现年轻群体内心的迷茫与愤怒。

这次品牌重塑广告的网络投放，也仅仅是李宁品牌重塑课题的一个开始。面对更具有国际视野，热爱创新，讲究品质，对运动也有着更新的定义的 90 后，我们看到，李宁品牌也正在变成一个聪明、幽默、率真、充满好奇心和创造力的年轻人！

专家点评：

李宁品牌重塑，采取网络硬广告重磅出击，为品牌重塑打下了坚实的基础。网易上这个非同寻常的“1 分钟”卡通悬浮广告透露了一个重大信号：李宁牌将以一个全新面貌出现在世人面前。它标志着李宁谋划已久的重大工程——重塑李宁——全面启动。

这次面对 90 后的重塑运动采取了卡通的形式捕获用户眼球，令人耳目一新。90 后是看着广告长大的一代，他们对于网络游刃有余，所以在后续营销活动中，采取社会化媒体、网络视频、iga 等时下年轻人热衷的网络形式与用户贴心交流、互动仍是深度获取用户的必经之路。

5. 创你型格在 PUMA@ 手机营销

在手机上网得到快速普及后，手机的媒体属性获得进一步增强，移动互联网也将会是信息化以及媒介融合的下一个增长点。在中国，这种趋势更加明显。根据 CNNIC 发布的数字，截止 2010 年 6 月底，手机网民人数达到 2.77 亿。毫无疑问，在大家对于手机是不是第五媒体的争论几乎停止后，越来越多的厂家开始选择拥抱移动互联网，在手机这一新媒体终端和移动互联网上进行广告活动尝试。PUMA 在冬季新品上市之际，决定在传统媒介广告投入之外，在手机媒体上也进行一轮广告传播。

“受众定位”决定媒体

虽然手机媒体终端形式和用户上网体验与传统上网终端和互联网上网体验具有很大的差别，但是对于广告主而言，实现成功的手机营销依旧需要实现品牌目标人群和媒介受众群的较大程度重合，即广告活动的定位必须精准。

PUMA 最终选了手机交友网站天下网作为其手机营销的广告投放媒体。天下网以 18~25 岁的年轻用户为主体，而 PUMA 是定位于年轻人的服饰品牌，二者在目标人群和受众上面的一致性程度很高。可以说，这也是 PUMA 选择天下网的根本原因。

社交游戏植入广告

在移动互联网进行品牌宣传活动，有一定的局限性。首先，由于终端屏幕尺寸的限制决定了传统展示广告难以获得与互联网终端一样的视觉冲击和注意力；其次，手机终端单次呈现的信息量有限，并且移动互联网收费模式造成了流量资源的稀缺，使得用户对广告信息更为反感，也更容易忽略展示型广告。针对上述情况，PUMA 决定摒弃最常规的展示型广告。但到底什么样的新鲜方式才是最适合的?

SNS 的热潮火遍传统互联网，在手机战场上的延伸产生了天下网。天下网定位为手机交友网站，其功能类似于互联网上的社交网站，用户可以在手机终端上关注好友的最新动态，与好友互动，并且还可以通过天下网的天下商城购买礼品送给好友或是装扮自己的虚拟形象。这个特点为 PUMA 手机营销提供了跳脱展示型广告的契机。

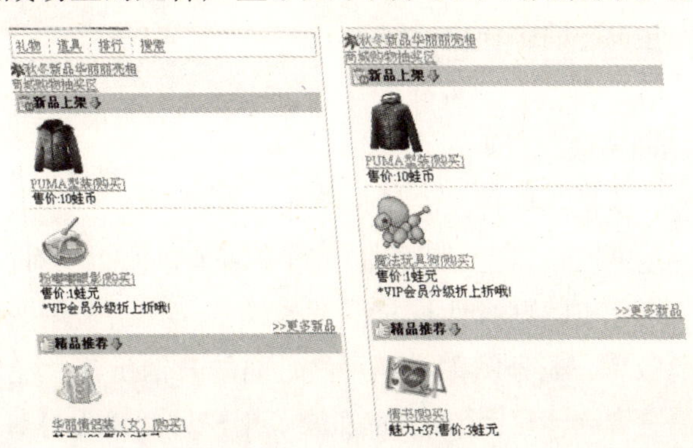

于是，PUMA 与天下网决定以虚拟

道具的形式，开展手机社交植入式广告。接下来，PUMA2009 年的 10 款热卖冬装新品，被改造成虚拟道具，登录天下商城的货架。天下网的所有用户可以通过赠送和购买等形式获得心仪的 PUMA 型装，而这一切活动都通过天下网的好友动态功能全面覆盖到该用户的好友网络；同时，通过“全站广播”的方式，告知“天下”，从而形成更广泛的影响和传播效果。这种植入式的广告形式，也减少了受众的反感和抵触，促进了 PUMA 与目标人群的友好沟通。用户在享受线上虚拟体验的乐趣过程中，产生了线下购买的欲望。

社交媒体属性造就口碑传播

选用手机交友网站的另一个好处是，由于其本身的社交媒体属性，通过用户的社交网络自然扩散传播，客观上形成了品牌传播的口碑营销。天下网的用户对好友或者陌生人的行为会产生一定的好奇心，在 PUMA 植入广告中，提供的好友动态、好友们在干吗和全站广告则能满足他们的欲望。这些都促进了 PUMA 在目标人群中成为话题，形成口碑传播。

贴身媒体，捕捉碎片时间

在传统上网终端中常用的 SNS 网站上，宝马、梦龙、通用等也开展过类似的活动，譬如宝马出现在开心网的赠送礼物中。但基于电脑终端的 SNS 网站，只能在有电脑的状态下浏览，这就产生了一定的时间、空间限制。而此次 PUMA 的手机营销却有特殊的优势。从时间纬度上看，PUMA 用户的生活可以用“四上”来概括：上班、上街、上网、上床。这其中的间隙，在地铁上、在公交车上、在电梯里、在等待中……手机就像贴身的内衣一般，随时随地，不离不弃。由于手机的便携性，实现了媒介接触的无缝联结，实现了所谓的“A3”的概念：任何时间（anytime）、任何地点（anywhere）做任何事情（anything）。因此，PUMA 的用户通过手机的方式，有效捕捉住自己的碎片化时间。

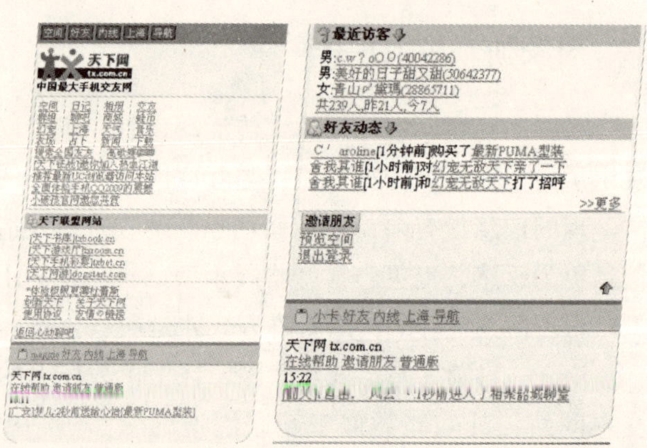

专家点评：

手机营销玩儿的就是精准。由于手机的一对一特性，广告主能通过手机号对用户进行一定的区隔，也可以根据销售和客流量的大小对促销活动的有效性进行评价。

手机的贴身性与 SNS 营销结合相当于给消费者套上了“小内裤”，随时随地地套住了消费者，充分发挥了碎片化时间的营销价值。品牌通过与消费 24 小时的亲密接触，变身消费者的“秘密情人”，加深了用户对 PUMA 品牌的依赖和忠诚度。

6. 宝人瑞女郎抱抱团，夏天里的一把火

宝人拖鞋是香港宝峰新国际的旗下品牌。宝峰作为一家拖凉鞋行业的生产商与经销商，致力于时尚品牌的打造与传播，于2009年签约李小璐作为品牌代言人，抢滩拖凉鞋行业的“蓝海市场”，开创了拖凉鞋入驻主流鞋业市场的先河。宝人拖鞋之所以出名，不仅是产品好，更主要的是宝人拖鞋拥有前瞻性的营销手段。宝人拖鞋率先试水数字营销，力图在Web2.0时代运用网络的国际化、整合力、低成本、技术更新、模式变革等特点打造一条企业通往蓝海的康庄大道。

索吻男秒杀宝人瑞女郎抱抱团

2010年6月19日至20日，香港宝峰集团联合瑞丽杂志社在北京举办“2010中国拖鞋最新流行趋势发布暨百城巡演活动”。而整个线下推广活动中最大亮点就是宝人瑞女郎抱抱团这一环节。

抱抱团活动由签约宝人的瑞丽模特通过在台上拥抱观众并赠送宝人拖鞋来吸引大众参与，传达“关爱足部健康，尽享夏日风尚”这一跨界美足新理念，昭示宝人贴近消费者、注重消费品质的品牌诉求。宝人女郎抱抱团的出现，犹如一把火，一下子点燃了现场。甚至，宝人女郎抱抱团遭受来自南北方不同地域却形式相同的索吻骚扰，惊现彪悍索吻男，语言犀利、行为雷人，现场惊鸿不断，唏嘘连连。这一另类大胆的活动，很快将现场气氛推向高潮。

线上配合，网络整合营销发力

抱抱团线下活动火爆，使宝人拖鞋——鞋业第三极概念在消费者心目中得到更广泛的认可。同时宝人瑞女郎抱抱团活动现场采集了大量图片及视频，并通过新闻、论坛、图片剧、病毒视频等方式进行炒作，彪悍索吻男、女模特遭强吻等相关的新闻、帖子、图片在网络疯狂传播，一时间吸引了大量的网络受众的关注，网络热浪极大地提高了宝人拖鞋的品牌曝光度，将宝人拖鞋的品牌知名度提升到了一个新的高度。

尤其是以抱抱团主题的病毒视频如《惊掉下巴，宝人女郎活动现场惨遭熊抱》等，通过在优酷、土豆及新浪的上传，带动网友感受宝人瑞女郎抱抱团活动的乐趣，一天时间点

击即过万。一般来说，病毒视频是将品牌信息植入到事件之中，而宝人拖鞋的抱抱团则反其道而行之，将事件植入到了品牌信息，让消费者在接触品牌信息的同时，以事件的发生来强化对品牌的记忆与联想，真正实现“无痕”公关。

专家点评：

宝人抱抱团果然很有“抱”炸力！在宝人抱抱团之前，抱抱团就曾经在互联网刮起过一股旋风。抱抱团起初是一种公益行为艺术活动，通过在街头宣传，与主动上前的陌生人拥抱的形式，向社会传递“拒绝冷漠”、“互相关爱”的主题，它通过互联网迅速传播，在大中城市遥相呼应，成为走进大众媒体的“青少年秀”，并没有植入营销行为。

宝人拖鞋将产品巧妙植入抱抱团，对抱抱团进行了营销升级；同时联手《瑞丽》，邀请时装模特，将草根抱抱团升级为豪华旗舰版抱抱团，对于平民参与和知名度打造都提升到了一个新的海拔高度。事件营销就是需要不断地制造“爆点”，宝人抱抱团中间“索吻男”熊抱男”等的设计，将活动频频引爆，使得活动摇曳多姿，波澜起伏。

但是，宝人抱抱团活动虽然获得大量的品牌曝光度和知名度，仅仅是简单的道具植入，并没有有效契合品牌，将品牌融入活动。如果在营销与事件的契合度上，能有深度的灵肉结合就更棒了。

7. NIKE 世界杯隐性营销，最幸福的误会

2010 年南非世界杯尘埃落定，但在另一个赛场上，却硝烟未散。世界杯这种级别的体育赛事，对于广告主具有很大的品牌提升作用，许多广告主都通过利用世界杯的契机进行体育营销和事件营销，以扩大自身品牌影响力。在体育用品领域，作为一个普通的观众，请先回答一个问题：NIKE 有没有赞助本届世界杯足球赛？如果你回答“有”，那么就证明 Nike 隐性营销的成功。事实上，阿迪达斯才是这届世界杯的官方赞助品牌。下面我们看到的就是 Nike 世界杯隐性营销的案例。

非官方赞助商的营销路径

世界杯的官方赞助商进入门槛颇高，且由于官方赞助商的唯一性（即同行业往往只有一家企业），所以那些非官方赞助商必须靠其他途径进行与世界杯相匹配的相关营销推广。2010 年南非世界杯期间，各品牌纷纷借助足球盛事进行营销传播。阿迪达斯耗巨资拿下了世界杯官方赞助商，而 NIKE 作为非官方赞助商，就启动了隐性营销，大打擦边球，通过赞助国家队以及寻找明星代言等形式力图让自身品牌和世界杯发生更多的联系。

整合优势体育媒体，精准打击

Nike 的目标人群具有比较明确的媒介接触特征，尤其在南非世界杯期间，他们的线上行为轨迹集中在与体育相关内容的网站和 SNS 网站上，因而，NIKE 在广告活动投放的媒介选择上，有针对性地选择了门户体育频道、垂直体育内容网站、体育类视频网站和 SNS 网站四种类型的网络媒介，以覆盖 NIKE 的目标人群。

病毒营销嘻哈二重奏

为在球迷印象中强化世界杯与非官方赞助商的 NIKE 的关联性，在世界杯前夕，NIKE 邀请众多超级球星，拍摄了一部名为《踢出传奇》的 3 分钟足球广告片，并借此展开大规模营销传播。一举囊括了鲁尼、C 罗、里贝里、卡纳瓦罗、德罗巴、罗比尼奥等众足球明星。由于巨大的明星效应，此片一出，吸引了众人眼球，一时间甚至出现网上疯传的状况。通过此次活动，强化了受众对 NIKE 代言球星和国家队的认知，放大了耐克品牌与世界杯的关联度，提升了目标人群的品牌喜好度和购买意向。

但令人始料未及的是，在 2010 年现实世界的真实世界杯中，参与拍摄 NIKE《踢出传奇》中的球星无一幸免遭霉运，所在球队全被淘汰出局。此事一出，大众哗然，成为一个球迷们热议的话题。甚至勤劳的中国球迷们竟然又自发恶搞了《踢出传奇》视频。网友们

的无心插柳之举，恰恰大大增加了耐克运动鞋曝光的机会。因此，此次病毒营销上演了一出嘻哈二重奏：一出由NIKE出演，而另一出则是由网友们出演。

紧跟赛事节奏，全程贴身跟踪

世界杯的比赛过程紧张、刺激，充满悬念，如果NIKE的广告活动孤立地抛开世界杯的变化发展，只是简单地传播几个超级球星的视频，是很容易被目标受众忽略和遗忘的，NIKE的广告活动需要和世界杯赛事一起，保持同步。

NIKE在南非世界杯期间，依据赛事进程，及时更新创意，从始至终保证受众对广告的兴趣度。为达到NIKE品牌与世界杯赛程的同步脉动，广告投放过程中进行了节奏严密的控制：在世界杯开战前期、16强争战期、8强期、决赛期，均牢牢把握赛程进度，多次更新表现创意。

在开赛之前，首先是广告大片投放，为整个活动进行预热。而到了小组赛期间，NIKE则推出了针对超级球星的个人短片，迎合球迷对于偶像球星的追捧和期望。在16强出现后，比赛进入了淘汰赛，NIKE的广告风格调整为更具“对抗性”的形式，并且开通了球迷“支持”功能，观众可以为自己支持的球队助威。在8强至决赛阶段，则又借势推出了“王者之战”系列广告，以紧跟比赛节奏。

这种动态的广告宣传活动，对于受众来说，更容易形成连贯的广告体验，加深对品牌的认知度和好感度。

互动传递赛事气氛

大部分的受众虽然不能亲身参与到世界杯比赛中或是成为现场观众，但他们对世界杯比赛保持了高度的关注，这种关注在一定程度上使球迷心理和赛事进程保持了高度的同步性。除了在广告投放进程上需要契合这种球迷心理的变化节奏，在广告形式上 NIKE 也试图把赛场气氛传递给目标人群，让他们有渠道亲身参与到世界杯中来。自 16 强开赛，赛事热度再度升级，NIKE 在 QQ 开辟了世界杯投票专区，号召网民为自己关注的球队加油打气，此外，NIKE 还在 17 家媒体的广告位上设置投票按钮来增加参与通道，使这一活动得到有效外延。

互动投票虽然是传统的互动营销手段，但是在世界杯期间配合世界杯赛事进程和目标人群心理的变化发展而推出，却是给了目标人群参与热情一个恰当的释放窗口，取得广告主与目标人群良好互动和品牌与世界杯联系加深的效果。

隐性营销，成就最幸福的误会

尼尔森公司对博客、网络公告栏与社交网站进行了网络口碑流量分析，结果表明，运动品牌 NIKE 被消费者认定与世界杯相关联的比例甚至高于世界杯官方合作伙伴和赞助商阿迪达斯。

同样在“中国网民认知度最高的前十大世界杯赞助商”调研中，没有花钱的 NIKE 竟然也被 45%的人认为是世界杯赞助商。如此天大的最幸福的误会，正中了 NIKE 的下怀。不花 1 分钱赞助费，就赚这么大好处，NIKE 应该正捂着嘴巴偷偷乐吧。

专家点评：

NIKE 的隐性成功史要追溯到 1996 年的亚特兰大奥运会，大战该届奥运会正是鞋类供应商锐步。而 2010 世界杯 NIKE 依靠“擦边球”营销技巧再展雄风。节奏紧凑，全程贴身应该是 NIKE 制胜的秘诀。NIKE 营销与世界杯赛程保持同步脉动，紧跟赛事全程都有密集广告活动。于是，受众形成持续连贯的广告体验，就错认了郎君。

NIKE 这种营销方式值得所有企业学习，尤其是支付了费用的赞助商们。成为赞助商不是营销的结束，而只是开始：赞助费用只是获得了权益，但是需要更多的营销手法把此事宣扬出去。在纷繁芜杂的新媒体环境中，消费者们没有理由记住一个哑巴赞助商。

8. Kappa 网络音乐营销：运动无界，音乐无界

Kappa 作为一家来自意大利的时尚运动品牌，在营销方面一直有自己独特的风格。自 2002 年进入中国市场以来，其“运动、时尚、性感、品位”的品牌定位以及相得益彰的市场活动，也使 Kappa 品牌越来越受到时尚一族的青睐。

运动无界，音乐无界：We Are One

2009 年 11 月 9 日，Kappa 中国公司在北京隆重推出了自己的新 Slogan——“We Are One”,并特别邀请了十位知名艺术家以“We Are One”为主题创作了十件艺术作品，陈列于北京王府井商业街。新 Slogan 的推出，更加突出了 Kappa 所追求的“运动与时尚”理念，使得 Kappa 在中国市场上取得了飞速的销售增长，也在体育运动产品领域创造了销售神话。

而在“We Are One”口号发布半年之际，Kappa 将运动与音乐的跨界，演绎为运动和音乐的无界，使得“We Are One”品牌口号更加深入人心。在酷我音乐的合作下，Kappa 在官网上推出了音乐专区，并发起了“Kappa 音乐传送带”活动。借助此次活动，Kappa 提升了用户对于“We Are One”品牌口号的认可度，让受众在娱乐式交互中全方位感受品牌的意义。

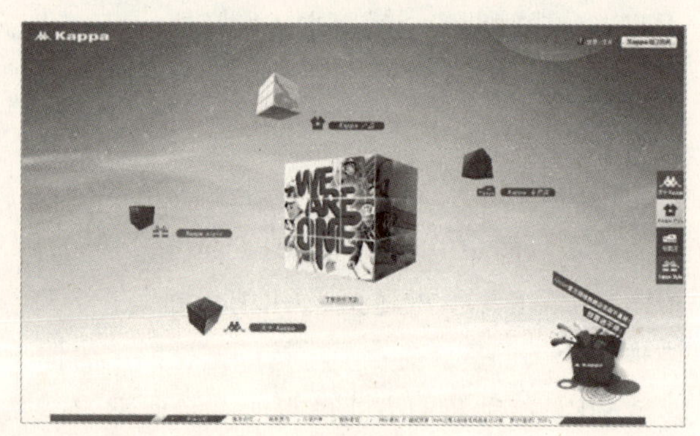

Kappa“We Are One”的官方页面

Kappa 音乐传送带：时尚运动与音乐激情碰撞

在 Kappa 的精心策划下，网络音乐专区分为如下版块：

(1) 新闻版块：主要是报道 Kappa 代言人的最新动态，展示 Kappa 品牌生命力、成长、运动、时尚的特色；

(2) Kappa 代言人版块：Kappa 不仅是一个运动品牌，同时也是在各时尚领域均有涉及的时尚品牌，而 Kappa 与华语乐坛的摇滚实力唱将信的合作更是把时尚概念运用在音乐领域，让运动时尚与音乐完美结合起来。在此版块中，放置 Kappa 代言人的图片及出席的相关活动介绍。特别向用户展示一个概念：一直擅长与不同领域的艺术家合作的 Kappa，此次与华语乐坛摇滚实力唱将信激情碰撞，将运动时尚与音乐完美结合，给当下的潮人一

族带来了新的惊喜！运动与音乐便结合出一曲完美的旋律；

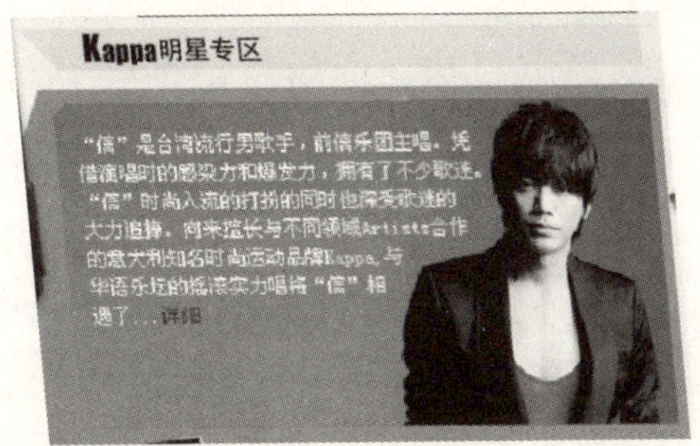

Kappa 音乐专区的代言人——信

（3）Kappa 热歌推荐版块：热歌的版块汲取当下最热门的歌曲，代表着时尚的潮流。映射出 Kappa 的品牌精神。以音乐的形式烘托 Kappa 的时尚是本次营销的主轴；

（4）Kappa 推荐专辑版块：推荐运动、时尚以及 Kappa 原产国意大利相关的歌曲。

此外，Kappa 还推出了相关的音乐活动——Kappa 音乐传送带活动。2010 年的 5~6 月，各大户外音乐节也疯狂开唱。用音乐的思维解构运动是最为直接而有效的途径。Kappa，让音乐与运动同在。通过传递音乐的形式，推广时尚元素，增加品牌与用户的互动，以及品牌客户官网黏性。具体过程如下：

Kappa 音乐传送带活动

（1）时间：2010 年 5 月 30 日 ~7 月 31 日；

（2）登录 / 注册：用户在网页进行试听、搜索歌曲等操作时，无需登录 / 注册。当用户参加音乐传送活动、选择发送歌曲时，将提示用户登录 / 注册后再进行操作；

（3）“传音乐，送金币”机制。普通日金币：用户在普通日子（非节庆日）每为好友发送一首歌曲（只需有此操作行为），系统将为用户增加 50 个金币。节庆日金币（如父亲节、端午节）：用户每为好友发送一首歌曲（只需有此操作行为），系统将为用户增加 100 个金币。好友点击歌曲链接收听歌曲，则发送者增加 100 个金币（不分普通日、节庆日）；

（4）祝福语展示：在活动首页显著位置增加祝福语版块，展示用户给朋友传递的歌曲和祝福语。祝福语以滚动显示的频率予以展示；

（5）每期传递王展示：在每一期的传递王产生后，将在音乐传送带活动首页以浮窗的形式进行展示。当鼠标进行下拉操作时，此浮窗也随之向下移动，有效地激发了用户的参与热情。

活动流程

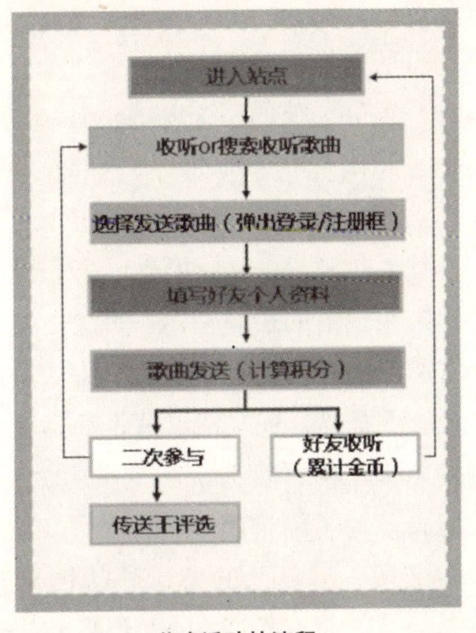

此次活动的流程

新鲜口味，音乐营销盛典

自 2008 年北京奥运会之后，中国的体育运动产品又进入了一个新的飞速发展时期，国外知名品牌与本土市场品牌交相呼应，共同分享了这块市场大蛋糕。耐克、阿迪达斯和李宁已经呈现“三国鼎立”的局面，而剩下的市场则由其他品牌瓜分。在这些品牌之中，来自意大利的 Kappa 让人印象颇深，不断以新颖的营销手段吸引着潜在的消费者，在自身品牌理念经营上也做得极为出色，成为运动和时尚的象征。

Kappa 的休闲娱乐风格

营销的目的是扩大产品的销售，而营销的目标对象则是消费者。因此，掌握消费者的消费心理就成为营销中首先要解决的问题。对于纯粹运动服饰品牌，比如阿迪达斯和耐克，他们都强调纯粹的运动风格，服饰的设计上也带有鲜明的运动色彩。而对于 Kappa 来说，其鲜艳的色调，休闲的设计风格与其他运动品牌相比显得标新立异。消费者心中的 Kappa 更像是一个运动激情和娱乐休闲的混合体。

消费者购买商品的过程也是一种自我定位的过程，当商品的特质符合消费者固有的特质时，消费者才会对商品认可。我们可以想象一个喜欢穿 Kappa 的年轻人的一些特质：富于激情，喜欢运动、娱乐和休闲。对于这样一群人，娱乐的方式很多，但音乐绝对是必不可少的一项。因此，深谙营销之道的 Kappa 把营销过程中的音乐手段发挥到了极致，并利用网络这个新潮媒体，开展音乐专区和音乐传送带活动，总结起来，其成功之处主要有以下几点：

（1）充分利用偶像的力量：由于 Kappa 的消费者以年轻人居多，而明星对这些人的影响力是不可小视的，为此 Kappa 成功地与歌手信展开合作。而信也充分地做到了对 Kappa 的全方位阐释：不管是以老本行——音乐倾情助阵 Kappa 活动，还是尝试设计 Kappa 产品，甚至是当起了 Kappa “店小二”也在所不辞。在 Kappa 的官网上，音乐专区也随时跟踪报道信的最新消息。此外，Kappa 还经常邀请众多艺人参加活动，比如邀请人气小天王乔任梁、鬼马精灵黄雅莉齐聚北京王府井乐天银泰百货 Kappa 专卖店，“改行”做店长。为了给贫困地区的孩子奉献爱心、参与义卖，尽自己的力量呼吁社会各界关心、关爱贫困儿童，相信两位爱心店长将给

Kappa 邀请了大量明星来捧场

这个寒冷的季节增添一份感动和温暖。此外，林俊杰、郑钧、羽泉等明星也经常出席由Kappa主办的各种活动；

(2) 设置大量互动环节：Kappa不仅在对音乐的网络宣传上下大工夫，也推出了大量的能让消费者直接参与的互动环节。比如Kappa推出的户外音乐节活动，可以让Kappa众多粉丝登台一展歌喉；还有2009年推出的“音乐one花筒”选秀节目，可以让更多的年轻人有展示自己，重新发现自己的机会。这一系列活动的推出无疑是Kappa音乐营销的重要手段之一，也对网络音乐专区的活动起到了良好的互补作用；

(3) 充分利用消费者人际网络展开营销：Kappa发起的传动带活动鼓励用户通过传递音乐的形式来传递真情。对于传递次数较多的用户，Kappa通过各种措施来给予奖励，无疑更增加了该项活动的火爆程度。用户相互传递的形式迅速扩大了Kappa的活动网络，增加了参与活动的人数，有效提升了活动的人气；

(4) 利用折扣优惠措施：Kappa的音乐专区不仅有丰富多彩的活动，而且为了鼓励更多用户参与其中，Kappa还利用各种奖品及优惠措施来吸引用户，比如Kappa每周都会评选出2名传递歌曲最多的用户，奖励Kappa运动服装。这些促销优惠活动激发了用户参与活动的积极性。

本次活动覆盖面广，活动力度大，吸引了众多热爱音乐的年轻人的关注和参与，实现了Kappa与目标用户的娱乐式营销互动。

专家点评：

经济学家迈克尔·沃尔芙在《娱乐经济》中做了归纳性的总结：在这个消费者的时间如此少、口味又如此善变的世界里，企业应如何吸引消费者的注意？答案就是娱乐。Kappa之所以在耐克、阿迪达斯、李宁三足鼎立中，异军突起、突出重围，一个重要原因就是Kappa的娱乐营销战略。而网络的纷呈方式帮助Kappa用音乐思维解构运动。音乐传送带是核心亮点，用音乐承载祝福,用祝福连接网友关系。于是Kappa音乐就如同蒲公英种一样，被网友播撒遍整个网络。

9. 《惹火性感》——越禁越出色

2009 年，金九银十之际。一支由台湾“时尚教主”小 S 代言的猫人《惹火性感》TVC 横空出世。然而，这则 TVC 却在内衣行业，甚至整个社会上都引起了不小的震动。殊不知，这正是在中国内衣行业高举“性感、时尚”大旗，倡导“中国式性感”的猫人集团导演的一出精彩绝妙的好戏。

猫人企业战略转型，催生品牌全面升级

2009 年年中，猫人集团企业创新战略正式发布，由新战略连带的品牌形象的升级更新，成为了猫人目前及未来几年亟待解决的问题。面对企业新一轮的战略转型，审视品牌的发展轨迹，猫人面临着巨大的挑战。品牌曝光率的缺乏、消费者认知的降低、广告诉求缺乏差异化，再加上新战略下的品牌建设滞后，导致猫人一直所倡导的“性感、时尚”内涵在消费者心目中，只不过是一句口号而已，根本无法与竞争品牌建立差异。在对消费者的一系列调研中发现，猫人品牌在众多消费者的印象，甚至还停留在舒淇代言的阶段。然而，猫人品牌形象的全面提升对企业新战略营销目标的达成，几乎起到了决定性的作用，品牌升级改造势在必行。

第一波：猫人代言人选秀，小 S 缘何登顶?

中国内衣市场的全面布局、全线渗透，决定了品牌传播运动的切入点；猫人“性感、时尚”品牌形象的完美体现，也决定了猫人对形象代言人的选择。

猫人最终圈定小 S 绝非偶然。首先，在娱乐圈中，谁能够集“性感辣妈”“百变天后”“流行教主”于一身？毫无疑问，这个人就是小 S。可以说，小 S 已成为华人娱乐圈的一个特别的“现象”，她敢言敢秀的主持风格，美满幸福的婚姻生活，无一不为人们所津津乐道。其次，猫人“性感、时尚”的品牌形象以及倡导的 3S 主义——sexy（性感）、self（自信）、smart（智慧），也与小 S 的形象十分契合。

猫人的形象代言人从舒淇、郑伊健、RAIN（韩国）一路走来，给消费者的感觉是“性感与时尚无法兼顾”，而小 S 的形象却能够真正实现两者的完美融合，这种融合也必将爆发出全新的品牌能量。

第二波：金牌阵容操刀，三个女人一台戏

每一部大片的背后，必然少不了一批大师级的导演制作班底。这支由台湾著名娱乐主持人小 S 担任形象代言人，由王菲、张学友等天王巨星“御用 MV”之称的区雪儿担当导

演，由代表中国新锐摄影师的陈曼担任平面拍摄的TVC，融合了三个足够另类的时尚女性的非凡灵感。如此豪华的阵容，一经曝光，便立即引起了都市潮流男女的热烈追捧。

在TVC创意中，大胆加入了钢管舞的元素，配以小S的精彩演绎，将“猫女郎”性感、诱惑的魅力推向了极致。连小S自己都在许多不同的公开场合上提到：这是她“尺度最大的一次代言”。小S的家人甚至发出“禁令”，以后的广告代言暴露的标准不得超过“三指半”，性感之极，可见一斑。当然，这也为后期的传播运动埋下了伏笔。

第三波：央视“禁播门”，猫人挑战性感底限

一场由猫人集团精心策划的“广告阴谋”悄然拉开了序幕：在猫人《惹火性感》TVC投播之际，众多报刊、网络新闻纷纷爆出：“猫人花巨资拍摄的一组小S性感广告片在报送主管部门审批时，遭遇禁播。”报道还称：“主管部门认为猫人聘请小S代言拍摄的广告片过于性感、火辣，挑逗意味过浓，极有可能吃到央视禁播令。”此消息一经报道，各大媒体纷纷转载，免费为“禁播门”进行造势。互联网主流搜索引擎网站Google、百度、SOSO、有道等，相关的网页报道更是成千上万，猫人迅速成为“禁播门”的风暴中心，内衣行业也将焦点落到了沉寂许久的猫人集团身上。

此时，猫人适时推出多版本 TVC 及拍摄的幕后花絮，源源不断地为各大媒体提供报道的素材；抢占媒体资源，制造与猫人、TVC 相关联的新闻事件。猫人董事长游林先生也在接受媒体采访中，适时对外公布猫人集团品牌战略转型的消息，再次借用媒体平台，为企业新战略下的招商进行造势。

从“禁播门”发生开始，央视就已经注定要成为“不光彩”的配角。在众多的报道中，纷纷指出：“虽然广告片可能因为过于火辣而被禁播，但猫人倡导性感时尚生活的品牌之路却不会改变，并且透过小 S 的大尺度广告片，猫人的品牌野心其实已经昭然，其大品牌战略正在悄然启动。”相信这样的报道，也是企业所期望的。看剧集的观众，绝不希望剧情总是一帆风顺，故事的跌宕起伏，才能更加吸引观众的关注。至于 TVC 是否能够顺利投播，猫人早已做好了新一轮的规划。

第四波：TVC 网络重生，病毒传播引热议

央视“禁播门”事件的影响还在继续蔓延，为了维持事件本身的热度，猫人《惹火性感》TVC 按计划在网络上进行首度投放。这让只知其事，未见其片的网友真正成为该事件的参与者。

通过与网易合作开辟专栏、优酷网主页的投放，以及各大影音视频网站的转载，这支带着“委屈”，充满“诱惑”的 TVC，迅速占领了网民们的视线。众多的网友以前所未有的热情加入到这场“上传、下载、转载、传看”的“反禁播”运动当中，Google、百度、SOSO、有道等视频搜索条目再次掀起高潮；甚至很多手机门户网站也为用户提供了该广告片的下载，很多网友都在手机上存储了这支广告片。

在事件中期，“禁播门”已经不单单是TVC的“颜色”之争，在愈加理性的网民面前，已经衍生为一种话题的讨论，一种“国人性感尺度底线”的探讨。为此，猫人与网易一起专门开辟专题《2009年国人性感尺度大调查》。从20世纪60年代到21世纪的内衣穿着尺度进行探究。此类话题不仅拓宽了事件外延，更与猫人的产品属性进行了良好的关联。网友在广泛参与讨论的同时，也加深了对猫人品牌内涵与产品理念的融入。

此外，在网易特别发起的“禁播门”投票中，占绝大多数的网民表示支持猫人TVC的投播，对TVC的创意表现出浓厚的兴趣，更对小S的表演称赞有加。同时，认为央视思想过于古板老套，禁播理由更是无理取闹。“央视禁播”等话题的发起，让更多网民为猫人愤愤不平，激发了主动观看和点击的热情，总曝光达604 225 280次，总点击数达693 608 3次。

正在这场论战如火如荼，猫人坐等喜报之时，半路杀出个程咬金，一次意想不到的危机来临了。

第五波：“枪版”海报遭追索，危机处理大逆转

就在“禁播门”事件推进的同时，一件突如其来而又带有戏剧性的事情发生了。

在猫人为TVC投播作一系列努力，小S的官方性感海报还在制作的同时，部分未经修整的，小S身着性感内衣大秀钢管舞的“枪版”海报被公之于众。一时间万千拥趸通过网络等途径，争相传阅这位千变女郎的最新靓影。据某门户网站统计，该网站转载的未PS版小S内衣热舞图片点击率已经超过了10万次，且保持继续猛增的态势。

对于海报的外流，小S及其经纪公司表示要全力彻查，一旦查到照片外泄源头，将不惜与当事人对簿公堂；摄影师陈曼也对此事表示关注，并保留追究责任的权利。

第一时间接到消息后，猫人最终决定抛弃原有的计划，在最短的时间内，将正式的海报提前推出，从而避免“枪版”海报可能带来的负面影响。而推出这一系列广告的动作必须要快，范围要广，集中通过几大门户网站，发表事件声明，阐明事件缘由，消除不良影响。

意想不到的是，在猫人快速反应时，所谓的“枪版”海报却在网民中博得了满堂喝彩，在不同的论坛和空间进行转载。在某知名论坛，许多网友留言表示对小S大胆演绎性感的赞赏：“一向给人睿智女性感觉的小S，这一次完全换了一个人，太妩媚了！”“小S大胆的表演，给了已婚女人追求性感的权利！”“她的身材太好了，完全不像刚刚生了宝宝，是怎么保持的啊?”，类似的跟帖不胜枚举。同时，正式推出的“香艳版”正版海报更与“素颜版”的“枪版”海报在各大网站、论坛展开了孰优孰劣的大PK，迅速成为网络热议的话题。此外，很多网友对海报大加赞赏，更纷纷将海报设置为电脑桌面。

面对“出乎意料”的宣传效果，小S与经纪公司方面随后表示会顺其自然，陈曼也提出对此事不再追究。而此时，全新海报已经占据了所有“枪版”海报的版面，很多网站也已经撤掉了原来的“枪版”海报，以更加靓丽的海报予以替换。在应付这一突发事件的过

程中，猫人完成了一次漂亮的逆转，可谓好事多磨。

第六波：湖南卫视首标标王惹火性感再塑神话

为了配合网络论战的持续进行，猫人同时在全国 35 个大中型城市进行报纸广告的投放，1 225 篇、共计 1 007 700 字的软文投放，进一步渗透目标消费群的生活圈，使其成为一个社会广泛关注的话题。

此外，为强化猫人《惹火性感》TVC 的传播效果，最大化地提升消费者对猫人品牌的认知度，电视投播投放势在必行。2009 年 9、10 月期，猫人在湖南卫视和浙江卫视两大娱乐主力频道进行首度投播，5 秒 TVC 曝光频次达 1 056 次。同期，猫人还在全国 23 个重点城市、上下班高峰期、60 790 台公交车上进行 30 秒完整版 TVC 的投放，曝光频次总计高达 3 万余次。此番的高频次投放，让“惹火性感”TVC 再次为城中男女所津津乐道。而猫人集团适时地提高投播频次，扩大投播范围，为这次的传播运动增添了新的动力，猫人的品牌印象也再次深入人心。

2010 年，央视投播再遇挫折，转战湖南卫视猫人势在必得。2009 年 11 月 26 日，2010 年湖南卫视广告稀缺资源招标会上，猫人集团最终在激烈的争夺中胜出，以巨额标价领袖群雄。一举荣膺“首批标王”，拿下 2010 年度湖南卫视“晚间 730 剧场”“晚间 830 栏目”“快乐大本营”“天天向上”等多个王牌栏目的黄金标位，成为湖南卫视史上首次的招标首标“标王”。如此含金量的广告投放，为猫人带来的将是新一轮的品牌认知飙升。

通过一系列的广告传播运动，猫人“性感、时尚”的品牌形象提升到了一个全新的高度，远远超出了猫人集团领导层的期望值。紧接着，猫人趁势布局的面向全国市场的多场招商会，也在这一轮的品牌传播运动影响下，赢得满堂彩。

专家点评：

凡战者，以正合，以奇胜。将禁播作为一个引爆点，确是一着险棋，也是一着妙棋。“小 S 代言猫人所拍摄的性感广告是否被央视禁播”一事在各大媒体炒得沸沸扬扬，猫人已经成功了。

第三章 数码家电类

利基市场其实一直存在，只是随着接触它们的成本迅速降低（消费者更容易找到它们，它们也更容易找到消费者），它们突然变成一种不可小觑的文化与经济力量。

——《长尾理论》

数码家电网络营销，AISAS 显灵

数码家电行业与互联网血缘上有着天然的联系，同时对于数码家电产品，目标消费者有主动到网络寻求信息的习惯以及分享自己消费过程和产品的习惯。这就决定了数码家电行业网络营销发展比较早，并且相对成熟。

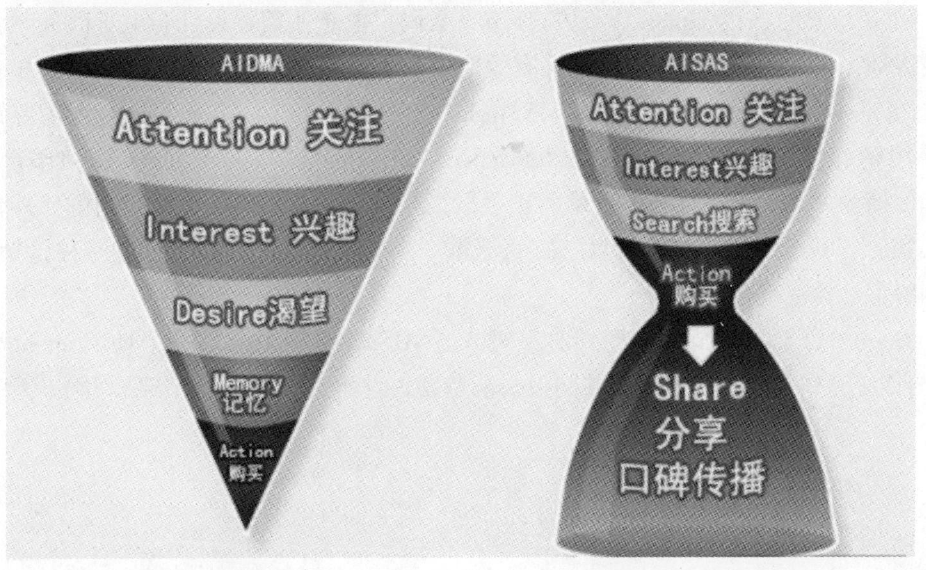

对于该行业的网络营销战略规划，AISAS 模型给出了很好的参考。在新媒体时代消费者行为模式正在从 AIDMA（attention 注意、interest 兴趣、desire 欲望、memory 记忆、action 行动）逐渐向含有网络特质的 AISAS（attention 注意、interest 兴趣、search 搜索、action 行动、share 分享）模式转变。在全新的消费者行为模式中，两个具备网络特质的“s”——search（搜索），share（分享）的出现，指出了互联网时代下搜索（search）和分享（share）的重要性。AISAS 模型充分体现了互联网对于人们生活方式和消费行为的影响与改变，也给营销人以启示：不能简单沿用传统营销的单向理念灌输。如何针对消费群体进行有效的网络传播？数码家电企业营销人应以数据为基础，以“AISAS”为阶段框架，针对 AISAS 阐释的几个环节设计相应营销传播内容，对消费者形成全包围，形成以目标受众为核心的传播梯形结构。

1. 如何在产品纷扰的新时代从万绿丛中一点红脱颖而出抓住消费者的眼球，引起消费者的 attention（注意）？这需要传统营销、公关、网络营销三者的通力配合，尤其注意网络产生的口碑内容是极有效的。

2. 那么第二步，如何进一步诱发消费者的 Interest（兴趣），数码家电企业要通过能够提供实际的利益、趣味等 online 的互动活动继续诱敌深入。

3. 当消费者们的胃口被吊起的时候，他们产生购买产品的意向的时候，就开始到网络上进行 search（搜索），有目的、主动的检索产品品牌相关信息。这时需要通过搜索引擎营销方式，提供给消费者全面、充分的信息。

4. 同时，消费者还会进行一个对比，这是他们进行购买决策的重要环节。针对此环节，数码家电企业需要以专业 IT 媒体为核心，释放大量评测、对比文章，辅助消费者作出选择。

5. 而在重要的购买 action（行动）环节，数码家电企业需要设计与电子商务融合的线上购买活动，诸如拍卖、秒杀、团购等有效地提升消费者购买行为。

6. 在完成购买后进入了最具网络特性 share（分享）环节，数码家电企业需要针对此环节采用精彩纷呈的 DIMC（Digital Integrated Marketing Communication）网络整合营销，以品牌传播为原点，以多样化的网络营销手段为半径，针对网民的浏览行为的碎片化和多样性，集合了论坛社区、SNS 社区、病毒视频、wiki、博客等形式，通过多种营销手段，形成网络整合营销组合拳。

7. share（分享）环节的内容同时又进入了 AISAS 模型中的第一个环节 attention（注意），与传统营销、广告媒介组合共同吸引消费者，进而完成了一个 AISAS 闭环模型。

1. 中国电信“3G 校园翼呼百 in”

伴随着 3G 网络建设的加快，尤其是 3G 终端形态日益丰富以后，3G 运营商的竞争越来越激烈。在中国移动、中国联通和中国电信三大运营商之中，中国电信是较早提供 3G 服务的运营商，因为天翼 189 的品牌宣传时间恰到好处，品牌已具备一定知名度。在三大巨头的这场角逐中，是否能够快速扩大战果，扩大用户的数量，会影响到每个运营商在多年后的竞争力。而校园一直就是移动运营商硝烟弥漫的战场，对于 3G 也是一样。因此，中国电信天翼借助“3G 校园翼呼百 in”活动面向校园进行一轮强势推广，与竞争对手抢占校园用户市场份额。

这一活动从大学生这一目标受众的需求出发，将其特定的生活场景和天翼各项校园应用紧密结合，与新浪、搜狐、腾讯、人人、酷 6 五大网站进行了深度合作，集合了博客、视频、游戏、社区、转帖等热门网络应用，实现了各网站与活动主网站之间的有效联动。在短短一个多月时间里，活动吸引了近 500 万网友参与，大大提升了天翼在校园人群中的品牌知名度和偏好度，并且在校园市场年轻人群中打造和引领了一股互联网手机时尚潮流，迅速拉动了天翼校园移动业务用户的增长。

精确锁定大学生目标人群，构建网络校园虚拟场景

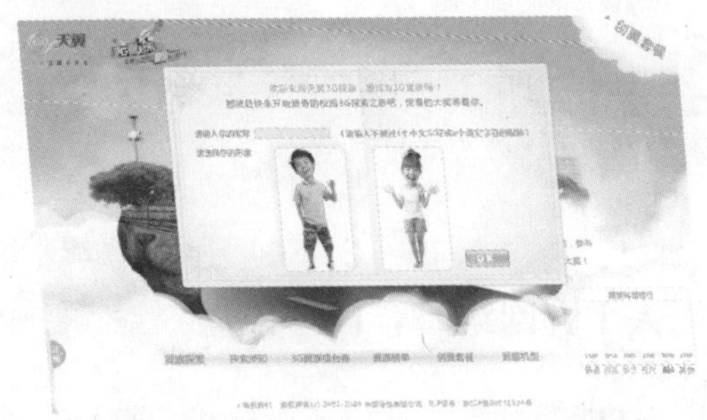

大学生是一个很特别的群体，很容易接受新鲜事物，追赶潮流，追求个性，但也有自己的判断力。因此，他们的消费观念也是十分独特、超前的。随着时代的发展，科技的进步，学生对科技产品的要求也越来越高。在这次“3G 校园翼呼百 in”活动中，将刚刚步入大学的大一新生作为核心目标人群，通过深入挖掘其网络行为特性，发现追求互动与娱乐是他们上网的主要行为，特别是电影类和音乐类相关信息，是他们的关注重点。SNS 网站是用户网上交际的主要场所。因此，为广泛吸引这一大学生群体的注意力，活动主办方联合新浪、搜狐、QQ、酷 6、校内等五大主要

媒体平台，使用各网站优势资源紧贴用户，提高传播的广度和深度。

如果说五大媒体吸引了目标人群的关注，那么构建网络校园虚拟场景则是提高用户参与度和体验感的利器。刚刚开始大学生活的大一新生，能够到符合自己生活环境的网络虚拟环境中进行学习，而且还有机会获得手机大奖，这不论是从追赶潮流、追求个性，还是从物质刺激方面，无疑是抓住了这一群体的软肋。你只要登录官方活动网站，填写一个昵称，选择一个图像，然后就可以进入天翼3G校园网络虚拟空间了。

进入天翼3G校园后，你会被告知经天翼3G校园校方委员会审查批准，你已被本校录取。这个过程与大一新生刚刚被大学录取进入高校学习那一幕非常应景。

紧接着，会提醒你完成与入学测试相关的学习活动，结果是可以成为个性潮流的3G翼族，同时还有机会抽奖获得3G手机及各种精美礼品。

然后就是引导你学习了解14个3G应用点，填写注册信息之后便可以参加天翼校园手机的抽奖，获奖者可获得1部天翼3G校园手机进行体验。在这个过程中，将简单的3D网络游戏与学生毕业成绩结合起来，更加符合目标人群的习惯，而时尚漂亮的3D天翼3G校园场景，也让你兴趣倍增。在这种情形下，即使没有物质奖品的刺激，恐怕你也不会退出，可谓锁定效应超强。

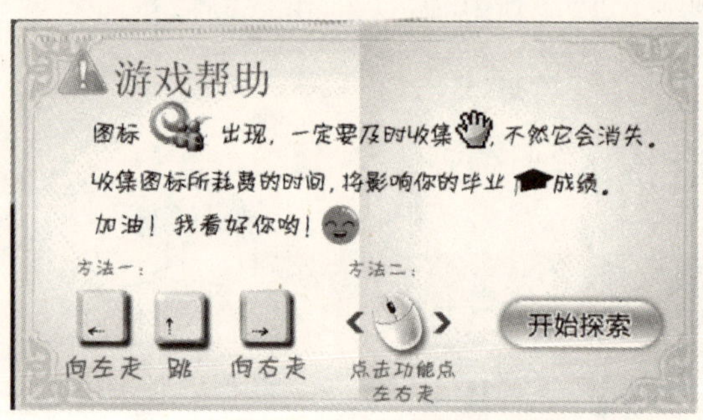

五大平台网络整合口碑传播

本次活动的广告代理公司是奥美，它秉承着一贯的360度品牌策略，对人人、新浪、搜狐、QQ、酷6等五大媒体平台的整合利用，可谓是淋漓尽致。

如果说校园虚拟平台通过模拟校园场景，展示校园手机音乐、手机影视、天翼live等丰富的互联网应用，加强了用户的体验感，那么五大平台则是充分发挥各网站优势资源，紧贴用户，进一步提升用户的参与度和黏性。由于这些平台与大学生目标用户网络习惯高度匹配，活动主办方成功打造了一个“圈子+游戏+博客+社区+视频”的立体化整合传播体系。具体操作过程是：通过植入圈子的好友分享天翼 3G 校园活动，在人人网中打造人人网分享翼族；通过利用 QQ 斗地主游戏聚拢人气，打造腾讯网游戏翼族；通过新浪博客内置工具传递活动信息，打造新浪博客翼族；通过在搜狐社区中将产品和活动相结合一起热议，打造搜狐社区翼族；通过酷 6 将视频分享与活动紧密结合，打造酷 6 视频翼族。

除此之外，还在大学生目标用户经常访问的论坛上进行定期发稿、定期维护、引导回复、不断优化，使稿件更有生命力。如“看 90 后女孩找男朋友的苛刻要求”获得了高达 1 765 895 次点击，2 089 次回复；“一块钱追到大学女友（短信为证）”获得了 979 229 次点击，2 140 次回复。

双 KPI 考核机制保障高效传播

此次“3G 校园翼呼百 in”活动的传播机制是将中国电信主活动网站和各合作平台活动页面紧密结合，相互传递流量。具体模式如右图所示。

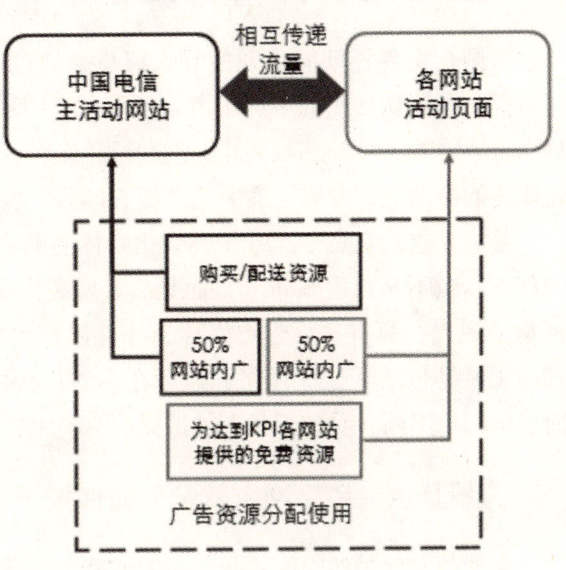

为使这一传播机制顺利运行，此次营销活动还创新性地建立了双重 KPI（Key Performance Indicators，关键业绩指标）考核机制。即既要考核合作媒体向主活动网站带入的注册量，也要考核合作媒体自身活动的注册量。这样就促进了各媒体的 PK，激励了合作媒体之间的相互竞争。通过活动平台双向传递流量，也使单个目标用户可以参与多个活动，强化了活动信息的传递。最后的效果也验证了使用双重 KPI 考核的高效性，五大网站均超出预估 KPI，实际参与人数总计也超出预期值 400 万，达到了 470 多万。

专家点评：

喜欢尝鲜、追求时尚的高校学生群体，必是 3G 的追宠族。进入天翼 3G 校园网络虚拟空间，可以成为个性潮流的 3G 翼族，可以学习、交友，获得 3G 手机及各种精美礼品。谁不心动？中国电信“3G 校园翼呼百 in”活动对大学生使用的网络平台进行 360 度整合传播，给用户打造了一个美丽的网络乐园，赢得了学子芳心。

2. 寻人启事的蝴蝶在微博上扇起风暴

“漫长的梦穿越时光海洋，对视20度的女孩，170厘米，柔软的栗色长卷发，深邃的欧式五官，记得橘色上衣和仔裤的你出现在视线的那一刻，微笑着对我讲述英国留学的趣事，没有告诉你我也同样喜欢梅西，你忘了的笔记本我会亲手还给你，连同这些遗失的日子，感同身受，帮我寻到她——Sonrisa，如果你能看到，请加我的facebook（enochwei@sohu.com），我想见到你~~”

我想见到你，寻人启事的威力

这则在世界杯期间出现的寻人启事，通过facebook、搜狐微博等社交网络传播开来，作者是一个叫做魏杰的中国记者。从6月28日寻人启事在facebook上出现，到7月12日魏杰将笔记本寄给Sonrisa为止，这次越洋找人不过花费了半个月的时间。网民的热情在社交化媒体的帮助下，发挥了最大的效能。同时，也将其中蕴含的广告信息，传播到了极致。

是的，这其实是一次基于社会化媒体的网络营销活动。活动的主角，既不是拾金不昧的魏杰，也不是失主Sonrisa，而是后者所丢失的那台上网本Acer D260。在媒体形态如此密集的现代，只有选择焦点媒体，才能够扩大广告讯息的效果。而目前最热门的媒体形式，无疑是包括了SNS网站和微博在内的社会化媒体。尤其是微博，其热度堪比2000年前后的门户网站，受到无数人的追捧。

微博是放大镜，网友就是一面面镜子

微博的发展虽然时间不长，但是它具有发表讯息简单、精悍、快速的特点，并且陌生人之间也能够互相关注、转载发言，微博传播仿佛一张渔网，每个用户都是网上的一个节点，一条信息通过某个用户散发之后，能够通过互联网，以难以想象的速度迅速传达到数以万计的网民那里。换句话说，微博的传播效果是以几何级数增加的。

在微博上，网民是平等的。每个人都拥有相同的话语权，连说话的字数都受到同等的限制，这无疑拉近了陌生人之间的距离。为使用者之间带来了情感上的交流，帮助他们发展人际关系并建立彼此间的信任。而Acer最新的营销主题恰恰为“我信赖我选择”，并计划在2009年下半年开展“2009信赖之旅校园行”活动，向消费者传递Acer“品牌可信赖”、“工艺可信赖”、“技术可信赖”、“责任可信赖”、“续航可信赖”、“售后可信赖”的品质保证。这无疑与微博的特点十分契合。

自始至终，作者在自己的博客和微博上所贡献的内容并不多，几篇文章，几条信息而已。但正是如此简单的信息，才能够适应微博的传播环境。相比其他冗长的互联网信息，

阅读者很容易关注到其中出现的每一个信息点。越是简单明快的信息，越节约网民的时间，也越容易传播。而一些网民则在好奇心的驱使下，对更多的关于失主和笔记本等不了解的信息点主动进行了解和分享。这些特点也正是微博营销的特点，它使得微博营销可以在短时间内提升产品的知晓度和消费者对产品的了解程度。同时网友们对此事件的积极地转载和反馈也使我们看到，如果善加利用他们的热情，则很容易使微博营销形成自传播和自推广的效果。

微博传播有其独特的传播魅力，每个人都是一个节点，每个节点向外散发新的传播能量。微博传播具有“微内容、微表达、微动作、微成本”等特性，使得参与成本很低，人们只需花费一个转发，一个评论的成本，就能表达一种情绪、贡献一份爱心，而在现实社会中，这种表达爱心的实际成本远远高于网络，人们在现实社会中不愿、不敢去表达的爱心、情绪，在网络中找到了一个低成本的表达渠道。

炒作有术，丢本 MM 引发强势人肉

更何况，魏杰本人还“未经同意”上传了一些失主的照片，从照片上可以看到，失主是个长腿美女。“世界杯、邂逅、媒体记者”等元素再加上“美女、艳照、痴情”等关键词，再铁杆的球迷也忍不住抽空表示一下关注了。而且这些元素介入门槛极低，受到关注度大，人人都能说、也愿意说两句，使得这种话题从题材上具备了容易被转发的特性。

当然，细心的网民从事件开始就看出“炒作”与“策划”的痕迹，比如网友 @Niki 范在魏杰微博后发表评论表示质疑：“第一，人家的笔记本怎么会落到博主手上?! 第二，就算你捡到，一般人的笔记本都有密码，你怎么能够破译密码进入桌面?! 第三，博主动机不纯! 如果对方是个丑八怪，你也不会说‘我想见到你’了吧!”当然，也有不少网友表示了祝福，还有天涯等知名社区网友不断“人肉”出的照片，一张张美腿，看上去不像是一般人拍照常用的姿势；还有疑似热情网友专门发布了这个“丢本妹妹”丢的“笔记本是什么型号以及详细的产品说明书”等。这些声音，在丰富了信息源，增大了讯息的争议性的同时，无疑也起到了推波助澜的作用。

本文开始的寻人启事借助 SNS 和微博的人际传播力量，各大微博的转载量达到了上万条，仅在搜狐微博一处原寻人启事的浏览量便超过了 5 万人次，转载量超过 2 万次，最终通过搜索引擎得到的“丢本 MM”相关信息超过 250 万条。也就是说，短短十五六天内，关于 Acer D260 上网本的讯息已经到达了 10 万乃至百万计的网民。这还不包括网民主动搜索出的关于上网本本身的讯息、失主的个人信息所引发的关注。

Web2.0 微博营销，在品牌营销方面大有作为

要了解微博营销的关键，首先要了解微博的属性，是社区还是媒体？DCCI 互联网数据中心的调研数据发现，微博即时信息的自媒体特性凸显：

1. DCCI 2010 上半年中国互联网调查数据显示：微博用户使用微博的目的主要为记录

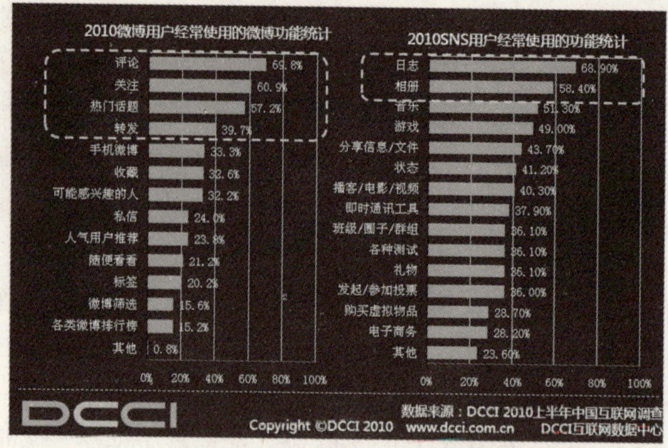

自己的心情、寻找兴趣相同的群体、讨论共同兴趣的话题等，用户将微博作为一个即时信息的交流平台，相比较而言，SNS网站的用户则主要使用SNS平台联系老同学，拓展新朋友等，他们将SNS媒体作为一个主要的人际交友网络。

2. DCCI 2010上半年中国互联网调查数据显示：微博用户最喜欢的应用中，评论、关注、热门话题、转发分列前四位。SNS排在前两位的功能分别是日志、相册，产品应用偏好功能的区别反映出用户对媒体选择深层动机不同，SNS用户倾向于个人展示，微博则倾向于关注热门信息，即时信息，并对感兴趣的信息进行转发，形成以人为中心的自媒体。

丢本MM案例的营销媒体策略正是利用了微博的即时的自媒体特性，即信息传播速度极快。同时每位微博用户本身就是媒体，微博用户感兴趣的信息将会被快速转发、评论，形成“短、平、快”的网状传播效应。“短”，即微博传播的信息精炼简单，能让受众在短时间内快速理解掌握传播信息；“平”，即品牌与受众、受众与受众都在同一个水平面上，微博的世界是平的，受众与品牌都是平等，且都可以成为自媒体；“快”，即传播速度极快，受众感兴趣或好奇的信息将被大范围快速传播。丢本MM案例是利用微博即时的自媒体特性使得Acer D260上网本的产品知名度迅速提高。

当然，微博营销不仅仅局限产品营销。其实微博营销在品牌营销方面能大有作为。微博品牌营销改变原来1.0品牌营销所打造的硬邦邦、高人一等、距离感明显的品牌基因，让品牌变得更像是用户的朋友，大大拉近了品牌和用户的距离，品牌与用户之间的关系变得更加真实、亲密，让用户觉得这个品牌更可靠、可信赖。这里面可以举一个实际的品牌营销案例：南非世界杯期间，搜狐微博举行了多种形式的线上活动，展现了微博的强大优势：开赛前1个月，搜狐微博举办“把球踢到南非去”活动，联通在这个活动中做了深入的植入推广。“把球踢到南非去”引导网友发微博抢世界杯门票，每个国家队主题日都有上万该队粉丝参与活动，活动最终兑现了承诺，送两位网友前往南非观赛，并和其他现场博友一起，使用搜狐微博图文直播了世界杯开幕式和多场比赛。通过与搜狐微博的合作，联通品牌极大地拉近了其与受众的距离，并且使得品牌与受众更加亲密，更加可信赖。

专家点评：

微博改变生活，微博正成为个人、企业和社会的传播利器。丢本MM的成功在于使用了正当红的微博，用网络化的语言与网友对话。世界杯丢本MM引发了一轮微博与社区转发热潮，网友看客们争相转发与人肉丢本MM。虽然丢本MM依然“下落不明”，但丢本MM的上网本已经被认出来而且被大家深深地记住了，那就是Acer的D260系列时尚上网本。

3. 飞利浦邀你玩转“科技大亨”

游戏式营销如何黏住消费者的目光？飞利浦的“科技大亨”就提供了一种新尝试。网络、游戏以及植入式广告三者集于一身的优势，创新了网络营销的规则，也为其注入了一股新鲜的活力。

游戏，抓住感官体验世代的心

当代年轻人具有的一个很大特点就是他们被称为“感官体验世代”。所谓感官体验世代是指他们从小就练习交互式的传播科技，运用鼠标和网络互动，早已成为他们的一种生活方式。

根据AC尼尔森的调查显示，感官体验世代比其他世代更习惯使用网络。以网络上最受欢迎的前五名服务为例（电子邮件、收集信息、用BBS聊天、玩游戏、看新闻），在感官体验世代中，使用这些服务的人数比例都比总体平均值高出约20%。“这群人看到画面，就会直觉地寻找鼠标在哪里，而影像世代的人，会直觉地寻找遥控器。”

感官体验世代的行为模式已经与上一代人大不相同，正因为如此，在对这个消费群体进行营销时，就要求以一种他们所能接受的方式进行沟通，否则就等于向一群消费潜力巨大的客户说再见。所以，趣味性十足、声光效果极佳的互动游戏就成为了面向感官体验世代的网络营销中可塑性极高的一种营销工具。

于是，游戏植入营销来了。植入式广告是指将商品或其代表性的视觉符号、品牌工具甚至服务内容策略性地融入媒介，成为媒介内容的一部分。随着新技术的发展和运用，电影、电视、音乐、游戏都已成为植入式广告的载体。所以网络并不是游戏的终点，而是吸引消费者进入产品或品牌信息的起点。游戏植入营销的核心就是要将产品的信息融入游戏的机制中，希望消费者在愉悦的气氛中把注意力“黏”在要传达的信息上。

“科技大亨”掌管“网络电器行”

飞利浦公司的“科技大亨”之所以选择游戏作为营销工具，就是为了颠覆其百年企业的“老”品牌形象，吸引更多的年轻消费者。针对16~23岁的年轻人这个目标市场，游戏中设计了开家“网络电器行”的任务，玩家们在此扮演一个想升任总裁的专卖店店长。一开始，玩家必须利用有限的资金进货、促销。等达到一定的业绩之后，就可以升任区经理，召集加盟店一起进货，降低成本以提高毛利。晋升到区经理后，玩家更要扩张版图，争取更多加盟。一旦摆脱了众多竞争对手，坐上了分公司总经理的位子，就掌握了研发大权。游戏与产品的巧妙结合，使消费者不再是被动地接受商品信息，而是主动地与被宣传商品产生交互，不仅不会觉得唐突，反而增加了游戏的真实感。这种把实体产品变成虚拟装备，实现了商品的虚实结合后，在现实中既可以看到带有浓厚游戏味道的商品，在虚拟游戏中又可以购买虚拟化商品在游戏中使用，从而让游戏变得更有质感。

在"科技大亨"这个游戏中，植入式广告得到了巧妙的表现。

1. 在游戏中提供产品的真实内容，让消费者在游戏的虚拟空间中体验产品。网友在游戏中从注册当店长起，不仅要学习进货、销货，还要进行商品选择、店面陈列等，这样就必须对飞利浦的历史和全系列的产品有了解和认识。这种让消费者通过游戏体验产品的演示性方法，能最大限度地提高品牌宣传的效果。因为它能完全控制消费者的注意力，让游戏者通过游戏达到如同试用一样的切身体会，从而加深了印象，提高了品牌传播的效果。

2. 在游戏中把产品或与产品相关的信息作为游戏继续下去所必不可少的工具或手段来使用。比如，"科技大亨"就把飞利浦一项名为"神灯"的显示器技术，巧妙地穿插在游戏之中，玩家必须在"黑暗魔王"笼罩的大地上寻找"神灯"，才能"拯救世界"——即，让自己的计算机显示器接口重新亮起对某一特定的广告信息反复特写展示，可以使广告信息得到最高程度和最多次数的曝光，以此加强消费者对品牌的认知和记忆。

通过网络、游戏与植入式广告的整合传播，游戏式营销达到了不只要你玩，还要你牢牢记住品牌的良好效果。在这个飞利浦游戏之后的调查中，84%的玩家认为"科技大亨"对认识飞利浦有说明，而飞利浦的品牌喜好度在游戏后更是显著提高到了83%，植入式广告在此功不可没。

玩游戏，飞利浦请你做CEO！

游戏植入式营销能否成功还有一个关键性的因素，那就是引起话题形成事件营销。在众多的网络游戏中，如何才能吸引目标消费者对自己的游戏青睐有加？提供一个适当而有诱惑力的利益点，引发话题，竞相传递，便是将目光牵引到游戏里的重中之重。

飞利浦的"科技大亨"游戏独创性地提出了"一日CEO"这个颇具诱惑的游戏口号。玩游戏就有机会到台湾飞利浦公司当一天的首席执行官，这对那些野心勃勃的玩家们而言可谓是从未有过的最真实的游戏奖赏。这个营销诉求迅速引爆了话题，为期7个星期的在线游戏，竟然吸引了两万多人注册当店长，网页浏览人次也高达3 400多万。在游戏的胜利者胜出后，在CEO上任的当天，从其下榻的五星级酒店到首席执行官的办公室，都受到了媒体的热烈追捧。"飞利浦的网络游戏以及飞利浦有史以来第一位登上总裁宝座的女性"成为了各大媒介报道的焦点。这些都为飞利浦制造了免费宣传的机会，可谓一举两得。

思索，游戏植入式营销未来

利用游戏这个非常有诱惑力的外壳进行营销，营销人在这个网络媒介时代中，在各种新的因素不断渗透与影响而不断变化的空间里找到了一条新的生存途径。将高科技的在线游戏与营销活动结合起来，并且制造和传递具有娱乐性和能吸引目标消费者投入的信息，使游戏式营销比传统的营销方式有了更多乐趣。由于这种营销模式抓住了感官体验世代爱玩、爱新鲜、爱刺激的心理，利用他们最常接触的网络媒介进行交互式的沟通，结合交友与在线游戏，有效缩短了飞利浦公司和目标对象的距离，留住了他们有限的注意力。而活泼的游戏设计，更是成功地让品牌透过娱乐方式进行包装，颠覆了企业以往保守陈旧的形象。"科技大亨"不但让年轻人在虚拟游戏里称霸一方，还在真实世界里变成首席执行官，这不能不说是一种创新，它牢牢地抓住了感官体验世代的心。

当然，这种以趣味吸引年轻的感官体验世代的互动沟通方式现在才刚刚萌芽，未来游戏将如何影响日常沟通的模式仍难预料。但是，借助游戏植入式营销，许多曾经在年轻人心中是"老"牌概念的企业和品牌正在被彻底翻新。相信这种以年轻人的思维方式和生活方式进行对话的营销活动，将得到越来越多的青睐和更多的投入。毕竟，对于年轻人这个庞大而有发展前景的消费群体，是任何企业都不愿错过的！

专家点评：

游戏营销就其独有的网络、游戏以及置入式广告三者集于一身的优势，为网络营销注入了一股新鲜的活力。飞利浦"科技大亨"在游戏中巧妙植入品牌信息，并通过"一日CEO"等互动话题活动的设置，激发网友的参与热情。实际上，网络上通路无处不在。如果在游戏中直接设置链接线下销售的通路，网友在玩虚拟游戏售卖或者购买飞利浦产品时，能够和真实产品嫁接起来，并结合一定的激励机制，相信会为飞利浦带来不少银子。

4. 搜索引擎营销，国美帝国新引擎

消费者对家电的购买越来越挑剔，产品样式要多，价格要便宜，售后服务项目也要丰富，最好还经常有促销、优惠活动……这使得家电市场的竞争进入白热化阶段，各大销售渠道间的品牌营销战也随之打响。互联网的出现与飞速发展，使更多的消费者习惯在购买家电前到网上去搜索查询，搜索引擎成为受众作出购买决策的重要助手，消费者购买决策时间的延长，无疑给企业增加了更多的营销挑战。作为国内家电销售市场的知名品牌，国美很早便意识到这一点，并借力打力，巧夺营销先机，与百度在三个层面展开了深度合作，成就搜索营销与品牌营销的完美整合。

焦点搜索、卡位搜索、整合搜索，三位一体齐发力

要想及时满足消费者越来越细分化的需求，就必须掌控消费者潜在的消费动向以及其在网络上的搜索行为变化。此次国美与百度的深度合作，从焦点搜索、卡位搜索和整合搜索三大部分展开，每个部分都将在百度定向分析的基础上进行精准广告投放。在百度搜索引擎上进行创新营销，目的不仅是要大幅度提升国美的品牌曝光率与关注度，更要深化国美在大众心中的品牌影响力，提升品牌竞争优势。

策略1：焦点搜索——透析消费者，洞察营销先机。就国美的经营模式来讲，会有很多种品牌及单品的营销，每个品牌或单品针对的消费者对象都大有不同。这就要根据当下热点商品，分析用户搜索关键词背后所蕴藏的营销信息，进行有针对性的营销推广。透过百度搜索指数、百度司南对消费者搜索行为的洞察，国美发现搜索用户更多的是在搜索引擎上寻找品牌信息、产品型号、价格等，且习惯相互之间分享购买和使用的经验，也有部分人群更偏好数码产品或电脑硬件、影音、文字娱乐、社会科学及网游等信息。这些数据给了国美很大的提示：在进行短期促销时，可利用不同人群关注的焦点事件和信息，进行精准的分类覆盖，进而达到短时营销的最佳推广效果。比如，针对大多数对家电感兴趣的网民，主要对其传递国美家电通用版活动信息；针对学生一族，可对其传递国美最新的电子数码产品优惠信息；对于结婚一族，传递国美一站式家电选购理念则成为首选；而国美以旧换新的活动信息对老一辈的父母群体会更有吸引力和说服力。

策略2：卡位搜索——借力政策，时间营销。“家电下乡”和“以旧换新”给家电行业带来很多营销商机。在“以旧换新”政策还未进行大幅度宣传时，国美便早已关注到这一机遇，并提前与百度进行深度的营销沟通，做好搜索方面的前期物料准备。百度为国美选择活跃度很高的百度知道平台，精心打造“以旧换新，国美品牌全知道”专题页面，从用户探寻知识的角度入手，全面引导用户了解以旧换新政策。当用户搜索以旧换新的相关

信息时，在百度知道的问题回答页面右侧会出现国美以旧换新的关联广告，点击进入，即可将用户精准导流至“以旧换新，国美品牌全知道”页面。“以旧换新，国美品牌全知道”采用机器自动抓取的方式聚集所有以旧换新的相关问题，在页面问题列表中也将国美电器和以旧换新两方面问题区分展现，使用户可以一目了然地找到问题的答案。不仅如此，页面焦点位大幅展现的精彩推荐问答以及右侧的国美品牌简介、国美家电诚久管家专业解答等模块的设置，更拉近了国美品牌与用户之间的距离，真正架起一座品牌与消费者直接对话的桥梁，使国美品牌在行业竞争中占据了领先的地位。

策略 3：整合搜索——搜索 + 社区全媒体效应。家电行业是一个完全竞争的行业，如果没有针对某一特定人群进行推广，那么像国美这类销售渠道的消费者所面对的就是全媒体。因此，利用整合性的搜索来推进整个销售和提升品牌关注度十分重要，对扩大品牌的市场份额也有很大帮助。国美在 2009 年 8 月启动的“幸福生活来点电”活动，就是充分利用百度搜索引擎平台，进行的一次全面的整合行销。此次活动主要针对新婚新居的年轻人群，他们渴望幸福生活，并且拥有良好的网络互动沟通习惯。为此，在搜索推广上，百度并没有为国美单一的选择品牌词，而是将关键词扩大到房产、家装、婚纱、旅游等所有与新婚有关的词语，甚至像购买家电时关注的冰箱、彩电等词语也都被列入搜索关键词的范围之内，这种整合式的关键词搜索推广目的是为了让国美品牌全方位地覆盖更多的搜索人群。除此之外，国美的“幸福生活来点电”活动还综合应用了百度超高流量的知道、贴吧社区平台，精准锁定目标消费人群，借助关联广告和精准广告进行海量的品牌曝光，直接将搜索用户引导到活动专题页面，从新婚人群的周边生活入手，潜移默化地培养搜索用户对国美品牌的信赖度，提升国美品牌影响力及美誉度。

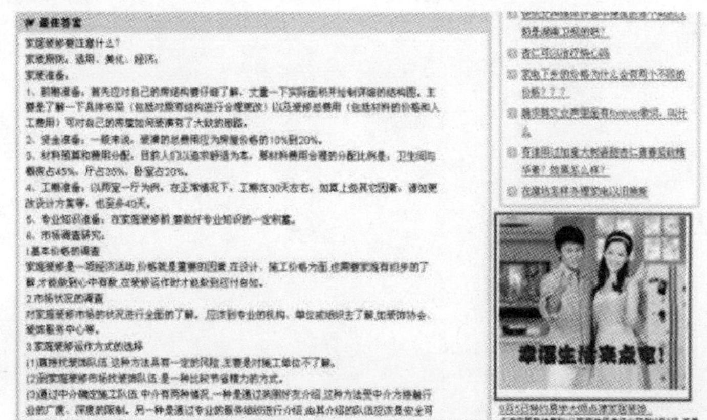

从PUSH营销到PULL营销

在拥有强大线下资源和高知名度，且行业寡头态势明显的情况下，零售连锁渠道在互联网搜索品牌营销方面，更为看重消费人群精准定位的聚合性和体验性，更讲究互联网用户的互动体验。关键词能够帮助国美迅速找到目标用户群，并帮助提高营销活动对目标人群的到达率。而焦点搜索、卡位搜索、整合搜索三大策略的整合运用，调动了用户的主动性，变push营销为pull营销。搜索引擎为国美品牌构建完成了重要的一步。

专家点评：

国美在家电连锁渠道上也是位列霸主之尊，作为行业寡头，零售连锁渠道在互联网搜索品牌营销方面，更为看重消费人群精准定位的聚合性和体验性，更讲究互联网用户的互动体验。因此，国美联手国内搜索引擎业务上居第一品牌之位的百度，进行整合搜索覆盖，以期对用户进行潜移默化的PULL营销。但是，随着用户互联网素质的提高，对技术性的排名推广产生一定的抵御能力后，纯粹搜索引擎购买的效果会越来越小，国美必须考虑从软性内容方面提升自身素质和360°的网络整合营销。

5. 三英会战咪咕汇

中国移动无线音乐咪咕汇是中国移动一年一度的无线音乐盛典，以无线音乐排行榜为基础，盘点一年来的乐坛发展。咪咕汇的明星演出名单完全取决于彩铃下载量，透过演出名单就能看出本年度哪个歌手的歌曲最受用户欢迎，传唱最广。2009 年已经是咪咕汇举办的第四年，区别于往年的屡见不鲜的音乐评奖晚会形式，咪咕汇动用了多种网络营销手段，有效激发了网友们的全方位互动。

携手优酷 e 起播

第四届中国移动无线音乐咪咕汇于 2009 年 12 月 20 日通过视频网站优酷全程网络直播，区别于传统电视直播的方式，此次音乐盛典纯粹只在网上发布，网民能够对现场直接产生有影响的全互动收视体验。用户登录优酷，即可通过直播通道进入观看，与现场 8 000 名观众一同互动。由此，在无线音乐领域，数字时代盛会已经拉开帷幕，宏图远景正在徐徐展开。首次将网络直播引入咪咕汇，让不能去现场的网友通过优酷直播参与娱乐盛典。保留传统的用彩铃下载量来决定明星阵容，到优酷全互动直播还原互联网网民互动行为，可以说是从演唱会现场到线上全互动真正还原了草根民意，深刻诠释了“全互动”的概念。

1. 多路直播画面网友自动切换。优酷网友坐在电脑前观看直播的同时，可根据个人喜好自主切换“现场机位镜头”，多角度观看直播。

2. 根据网友人气决定明星点唱曲目和返场。在观看明星演唱的同时，网友可以通过优酷线上互动功能，现场点歌、献花等。此外，网友在观看直播的过程中为自己喜欢的明星进行人气投票，每位明星票数将决定最终返场的明星和演出歌曲。

3. 每一位通过优酷观看视频直播的网友都有机会与现场明星视频连线互动交流。

4. 直播后台。明星化妆间架设直播机位，明星在后台化妆、准备的一举一动都将通过这个摄像头传送给电脑前的每一个优酷网友，真正做到明星与歌迷台前幕后的全接触。

“置户”微博，互动造势

2009 年底，正是微博发轫时期。中国移动无线咪咕汇也大胆尝鲜，“置户”新浪微博，目标很简单：为活动造势。咪咕汇的推广分为预热、活动倒计时和活动中三个阶段。在这三个阶段新浪微博都有机地结合在其中。活动预热期间，新浪微博的信息主要以活动预告、活动背景展示和抢票为主。转发微博信息、做无线音乐咪咕汇这个微博的粉丝都有机会免费获得门票。这里体现出新浪微博对转发和评论进行计数的优势，可以很容易地统计参与的人数，并得到参与人的ID。这就为搜集这些用户信息并进行进一步的营销创造了可能。随着活动倒计时来临，无线音乐咪咕汇微博又告知网友们，只要在微薄中发布与活动相关的信息，并加入#咪咕汇#关键字也可以参加抢票。同时不断更新抢票获奖情况。在微博营销过程中，要注意使用标签的技巧。只要搜索#咪咕汇#标签，所有发布相关信息并加入#咪咕汇#标签的网友都可以被找到，为进一步开展营销活动提供了丰富的资源。以上措施使得咪咕汇的信息在新浪微博中被扩散开，一时间在新浪微博中#咪咕汇#成为炙手可热的热门话题。在活动中，无线音乐咪咕汇微博起到了直击现场，第一时间向网友传递信息的作用。值得一提的是，此次微博推广中还成功邀请到李宇春到现场利用手机在其微博中及时发布现场情况，赢得了28万玉米的围观和互动，将活动气氛推向了巅峰。

在整个活动期间共使用了两个新建微博ID参与传播。两个新建ID，各有各的职能。一个是从官方角度来发布信息、与抢票网友互动的ID：无线音乐咪咕汇。另一个是从八卦的角度挖掘活动台前幕后的ID：Gossipgirls。这两个ID从不同角度比较全面地展示了移动无线音乐咪咕汇的情况，并能与不同爱好的网友进行比较有针对性的互动。在活动进行中，这两个ID在发表内容上的区别就更加明显了。Gossipgirls微博的主人以一个八卦娱乐记者的身份深入到明星红地毯的第一线、后台的演员入场口等我们平常人所无法到达的区域，深入观察明星。使用了文字、图片、视频等，为网友爆料明星台下的小花絮。

另一方面，网友积极传播的信息，也使更多的微博用户参与到信息发布和互动中来。据新浪统计，咪咕汇话题曝光量超过1 500万人次，活动参与人数近3万人，单篇活动博文评论峰值4 325条，单篇转发峰值3 251条，此次微博传播活动是相当成功的。但随着活动的结束这两个微博可能就不再进行更新了，那么怎么能利用好通过活动积累到的大量粉丝资源，就成为营销人应该考虑的问题。

I贴吧盖楼抢票大爆棚

百度贴吧借力超女时代爆红于网络，具有实名认证功能的贴吧已成为众多娱乐明星与网民互动的平台。此次中国移动咪咕汇自然也没有放过这个机会。“想到现场参加无线音乐咪咕汇?想零距离接触你的‘他她他’?快来接龙盖楼，100张门票，等的就是你!”12月14日，中国移动在百度开通“咪咕汇2009的I贴吧”，面向网友展开2009年无线音乐盛典咪咕汇网上抢票活动。活动瞬间引爆贴吧，“咪咕汇I贴吧”点击超过18万次，回复突破了4万多次，并且有多达5万人成为了咪咕汇的粉丝，持续关注咪咕汇的动态。

贴吧置顶帖内容显示，网友可通过明星词语接龙活动参与抢票，活动时间为12月15日至17日，将由各地区明星贴负责人（百度各明星吧吧主）以百度站内消息的形式通知网友获奖信息和领票方式。“咪咕汇I贴吧”出现了十几个明星词语接龙的帖子，短短一天时间，抢票活动已呈风起云涌之势。从16日的情况来看，周杰伦的人气居于榜首，接龙长达 10 665 个，潘玮柏以 10 463 个回复“长度”紧随其后，而“Super junior M”名下的接龙竟也中英文混杂地“接”了 7 000 多人次，摞起近 200 多层的“高楼”。

此次“咪咕汇 I 贴吧”能在短时间内聚集人气，一定程度上源于百度贴吧明星效应的爆发。百度在多达数十位明星的贴吧上对“咪咕汇 I 贴吧”进行了广泛推广，使抢票活动一展开就成为无线音乐粉丝们关注的热点。

网络日益改变着人们享受音乐的方式，在无线音乐数据基础上的无线音乐颁奖盛典自然也顺乎“网情”大为走俏。在网络营销的 2.0 时代里，大胆动用你的想象力，与网友们互动起来吧！

专家点评：

感性体验的网络营销时代正在到来，这要求任何一个企业品牌必须挖掘品牌内涵中能与消费者生活态度、价值观、情感等对接起来的元素。在此次活动的推广中，我们认识到网络上明星的强大号召力，意见领袖和粉丝的力量，网络社区论坛的传播力，社交化媒体微博的影响力。

美中不足的是随着活动的结束两个官方微博也停止活动，给用户一种为了活动而活动的感觉。如果能继续延伸营销，挖掘两个账户延伸价值，那对于企业和用户来说都是件好事。相信越来越成熟的网络整合营销方式一定会不断展现独特魅力，帮助企业更好地实现精准营销。

6. 三星酷毕视频营销，生活色彩你"触"吗？

毫无疑问，网络时代的中国年轻一族们已然成为消费的主力。他们追求酷炫的个性生活、接受鲜活概念、热衷潮人创意，并努力不让自己"out"。对于商家而言，年轻人是消费潮流主导者，比较容易带动社会潮流，他们的需求非常重要。然而让商家头痛的是，年轻一族们的口味越来越刁，无卖点、无创意的产品已经提不起他们的任何兴趣。

更换手机最为频繁的当属追求时尚的年轻群体，现在三星电子准备用色彩、娱乐功能再度发力，重回年轻时尚市场。为此他们推出了Corby手机，别出心裁的外形设计、时尚强大的联网功能及轻松随意的触控体验正贴合年轻族群的心理。

然而三星电子的用心之处并不仅仅在于产品，创意营销也是他们着力打造的部分。从他们选择与中国主流网络视频平台土豆网的Corby手机视频营销合作中可见一斑。

快闪噱头吸引关注

无厘头的快闪活动越来越引起年轻人的关注，这类表现自我、张扬自我的视频也一直在主流视频网站备受热捧。Corby手机视频营销很好地借助了"快闪"热点来吸引眼球。整个案例一共分为6组视频，核心都在于快闪噱头与Corby手机色彩的结合。

镜头一：快闪篇。如国外快闪族一般，一个白衣红发女孩领舞，广场上一群身着黄、橘、白、桃红四种颜色衣服的年轻人伴着轻快的节奏舞动起来，引来路人围观以及手机拍照者。当音乐戛然而止，所有人都静止不动的时候，出现了中国特色的"城管人员"，他们显然很惊诧眼前的这群男男女女，并试图阻止，但最终结果是音乐再次响起，城管们也加入了热舞的人群之中。最后在热烈的欢呼中，人群快闪结束。

镜头二：望远镜篇。一群年轻人在城楼上用望远镜眺望远方，看完后每个人眼睛上都会有不同颜色，并拿出手机拍照。这一举动显然让边上的大爷大娘感觉好奇。当他们离开后，一位大爷走上前去看个究竟。

镜头三：洗车篇。一辆汽车被四位洗车工擦拭干净后，被泼满黄、橘、白、桃红四种颜料，洗车工再次上场，只将车窗擦净，车主看来很满意地将车开走。接着是下一辆车上场，如此循环。最后结语是给生活点颜色 see see。

镜头四：追女篇。故事从网友发帖讲述男主人公追求心仪女孩子开始。男主人公每天会提前打探女孩衣服颜色，并换穿同样颜色的衣服在女孩出门之处等她，这一特点被网友发现并发帖，在网上热传。后男主人公发布真情告白视频表示追求决心，热心网友纷纷加入帮助主人公的活动行列。于是每天女孩都会发现一大群穿着同样颜色衣服的人簇拥自己，而人数也从最初的12人增加到56人。网友所穿衣服分别是黄、橘、白、桃红，画面结束出现四款黄、橘、白、桃红的 Corby 手机。

镜头五：变形金刚篇。此篇借助国外整人片段。四位哥们身穿黄、橘、白、桃红四种颜色衣服，在路上快速锁定目标并迅速冲到对方面前摆出各种 pose，让行人捧腹不已哭笑不得。真是比周星驰食神十八铜人有过之而无不及。

镜头六：地球护卫队篇。同样是四位身穿黄、橘、白、桃红四种颜色衣服的哥们儿。他们拿出手机对话，并且神色紧张、行色匆匆。当他们从四周汇合后大声说着神秘的“外星语”，商定后快速找到地点坐标，倒立于墙根，沉默且庄重。直到不明真相的路人上前询问方才知道他们是地球护卫队，地球已经变暖，为了拯救地球，他们正使出浑身力气将地球推离太阳系，拯救地球！

这些搞怪的快闪视频让观看者捧腹的同时，将 Corby 手机亮丽的色彩深深印在观众心中。与 Corby 手机所提倡的“Touch the Color of Your Life”一样，丰富的颜色将映照着年轻一族彩虹般绚烂的多彩人生。

整合营销助推广告效果

在快闪视频吸引用户好奇并烘托气氛后，土豆网通过软性推广位炒作快闪热潮，并利用 SNS 分享互动。同时土豆网上线快闪完整版、定制快闪豆单，集中炒作快闪，并导入酷毕概念，全面推广酷毕视频。作为土豆特色豆单服务，土豆网将官方视频与自然视频相结合；整合互动背景广告。并通过简单有趣的互动深度沟通产品卖点。

由于快闪视频妙趣横生，该系列视频通过视频网站传播后，引发了消费者的强烈互动。“如果能普及这样的文化多好……生活就应该这样精彩……”一位网友写道。酷毕族文化在年轻人群中迅速传播开。据悉，在活动期间，共推广 4 支视频，累计视频播放数达到了 5 106 132 次。通过炫色背景广告共纳入 800 个视频进入三星 Corby 炫色豆单。而此次活动通过土豆首页焦点图广告，整合了全球十大快闪事件，在土豆网上掀起了一股快闪热潮。

专家点评：

无厘头的快闪活动越来越引起年轻人的关注，这类表现自我、张扬自我的视频也一直在主流视频网站备受热捧。三星 Corby 手机视频营销很好地借助了“快闪”热点来吸引眼球，系列视频的核心都在于快闪噱头与 Corby 手机色彩的结合。同时通过合理调控搜索资源，准确定位目标消费人群，在有效降低营销成本的同时取得了广阔的营销信息覆盖。

7. 联想乐 Phone，就这样制造感觉诱惑你

看过来 ~~ 跟我一起做乐宅女，大变身持靓行凶啦 ~~

宅女呐喊，不做宅女做蜜糖女孩，本宅女世纪团今天开团发帖，乐自由我，让我们宅到世纪末，宅到 2012，宅到潘多拉星球！

快来加入我的团队，宅女们，你们是最特别的。

招募对象：

极品宅女美眉 9 名，加上本人，10 人组团

… …

也许这些文字让你感到些许好奇，但千万不要误会这是一群只懂得顾影自怜的宅女们在发布独立宣言，事实上这是宅女世纪团的团长乐宅女在搜狐 it 数码公社上发布的组团征集令——2010 年 3 月 31 日，“乐自由我,联想乐 Phone 传递之旅”活动正式开启，宅女世纪团是参赛团队之一。

在联想乐 Phone 发布会上，柳传志称：“联想的董事会和管理层反复研究以后，下定决心要和 iPhone 背水一战。”如果说乐 Phone 和 iPhone 之争是联想进军移动互联网的主要战役，那联想乐 Phone 传递之旅活动便是乐 Phone 开启网络市场推广的先头部队。

卖出感觉来

要将这款手机卖出感觉来！就产品工业设计而言，乐 Phone 与 iPhone 不分伯仲，同样精湛、时尚；在功能应用体验方面，乐 Phone 甚至更胜一筹，因为乐 Phone 比 iPhone 要更加本土化，从硬件平台、操控方式到应用配置，很多细节的亮点集中在一起。

熟悉本土用户消费习惯也正是联想乐 Phone 敢于与 iPhone 拼抢国内市场的底气所在。但差别就在于，iPhone 早已誉满全球，而乐 Phone 只是初生婴儿。对于乐 Phone，首当其冲的是针对潜在目标消费者进行高效推广，达到广而告知的目的，这其中还需要注意的一个问题是：品牌美誉度的塑造，只有知名度而没有美誉度的营销推广对于乐 Phone 而言是失败的。

作为乐 Phone 传递之旅活动策划方和执行方的搜狐 IT 频道对此有更为深刻和独到的理解：“要赋予它传递快乐的内涵。”也正如其在活动导语里写的那样：在这个张牙舞爪的钢铁城市里，我们都有着属于自己的快乐，像一缕空气，无声无息，像一部手机，随时随地。让那些发自内心的快乐，溢满整座城市。联想方面还表示，希望追求时尚的年轻人成为乐 Phone 第一批用户，因为他们是移动互联应用的主流，同时逐渐向国内的白领市场和企业用户扩展。这与搜狐 IT 频道的用户群体是一致的。

整合性社区营销传播

与通常的网络广告传播不同，联想乐 Phone 传递之旅是一个典型的整合性的社区营销传播活动，通过搜狐数码公社、chinaren、搜狐博客、搜狐 BBS 四大平台的综合联动，彻底引爆消费者的关注热情。

此次活动以彰显“乐自由我”价值观为统筹，征集网络团队全面参与扩大网络参与度。活动时间为：2010 年 3 月 31 日 ~2010 年 5 月 31 日。活动流程分为几个环节：登录活动→提交传递方案→招募队员→上传心得→评选→获奖。

在整体传播规划方面可分为三个阶段：

第一，告知。通过官方新闻及论坛活动帖的形式告知网友，通过传递快乐概念来发动网友组团寻找快乐传递创意，给网民以极大的发挥创意的空间；

第二，吸引。通过报名参赛团队，其中包括 10 个种子团队，全面聚焦网络生活，制造群体性的热点事件，并以图文、视频、博客等多种形式引发网友关注和讨论；

最后，形成关注。核心在于彰显“乐自由我”价值观，主要通过团队队长提交最终作品，口碑二次传播，社区炒作拉票、粉丝团加入讨论等手段来实现，并通过对活动价值观的提炼，引发对后续活动的关注。

整体传播的规划有利于构建一个具有激励性质的传播机制，是进行高效社区整合营销的一个重要环节，这样每一个参与者都可能会成为一个新的传播者，此外，热点性话题事件的缔造也必不可少。更直白一点讲，具体到参赛团队，就要看你的传递创意和炒作方向。在内容传播上，大家有个共识：第一次传播通常是无效的，能引起二次传播的第一次传播才是有效的，那么参赛者所传播的内容对目标群体是不是有足够的吸引力就至关重要。以进入评选阶段的十大参赛团队为例，有走世博路线的，也有走公益路线的，还有打亲情牌和娱乐牌的，各式各样的花招层出不穷。

其中以走宅女路线的宅女世纪团最为抢眼，并最终夺取参赛团队第一名。据队长乐宅女介绍，其招募语是“跟我一起宅女大变身持靓行凶啦”，创意方向是“征集 9 名极品宅女共同组团，每个宅女都是不同的，但是核心是她们都向往内心的自由。”跟进的路线则是团长首开帖，用图文的形式公开自己一天 24 小时的宅女生活，队员拿到手机后依次将自己与别人不同的宅女生活用图文演绎出来。

乐宅女开帖之后，迅速引来了极大的关注，因为经典的“宅女语录”，因为够火辣的身材和够回头率的面孔。有一点值得提及的是，宅女世纪团的成员各自有不同的特点，有爱美如命的 S 身材的宅女，有来中国专门学习书法的洋宅女，有一个月花费数万元疯狂收集玩偶的“玩偶控”宅女，还有在家宅成作家的性感女作家等。或者是特点够显著，或者是美貌与智慧兼备，天然的优势注定让这群姑娘鹤立鸡群，成为参赛团队中最靓丽的一支团队。

引爆传播热点形成关注

社区整合营销传播的另一个关键是如何将人们对热点事件的关注转化为对目标产品的关注。在此次活动中，专题总 PV 达到 4 215 039 次，总投票数为 2 002 943 次，组建的团队数为 1 万零 1 个，选择了 10 个有特色的传递方案，这让策划方和企业方面都感到很惊喜，这些都是事先没有想到的。

其中有一组网友在北京的地铁上组建了个乐字：比如从雍和宫到复兴门，然后在地图上做标记，地图上形成了个乐字。其他 9 个也都非常有创意，每个点子在互联网上都产生了很有效的传播，不仅达到了广而告知的目的，而且让大家真正感受到了乐 Phone 这个产品所代表的文化与潮流。

之所以能在短时间内取得如此令人惊喜的成绩，吸引了庞大数量的网友参与，一个很重要的原因是得益于其网络技术机制的突破。核心是“搜狐小纸条”首次商用，进而可以直接面向搜狐 2.8 亿网友进行全网告知，从扩散角度来看，搜狐通行证好友通知体系打通了，方便一键招募队友，邀请加入，从辐射层面来看，技术打通“一键分享”，将几个主流分享网站通路打通，用户可以便捷分享互动。

还有一个原因是多元化的舆论造势推广。除了制造网络流行文化、话题，炒作事件外，主要有两方面原因：其一，增加活动曝光，无所不在的活动参与入口！其二，搜狐新闻、娱乐节目的多元媒体报道。总体看，网络整合营销的方式让乐 phone 传递活动得到了多数媒体人的肯定，并得到了众多网友的关注和认可。

湿营销的典型案例

克莱·舍基（Clay Shirky）在其所著的《未来是湿的》中描述：未来社会是湿的。他指出，未来社会的组织方式将突破干巴巴的社会关系，而是变成湿乎乎的人人时代，即人与人要靠社会软件联结，人与人之间可以凭借一种微妙的关系，相互吸引，相互组合，相互分享，协同合作。而本案例堪称湿营销的典型案例。“湿”营销，是什么？相对于传统的“干”营销，具备以下三大要素的营销才称之为“湿”

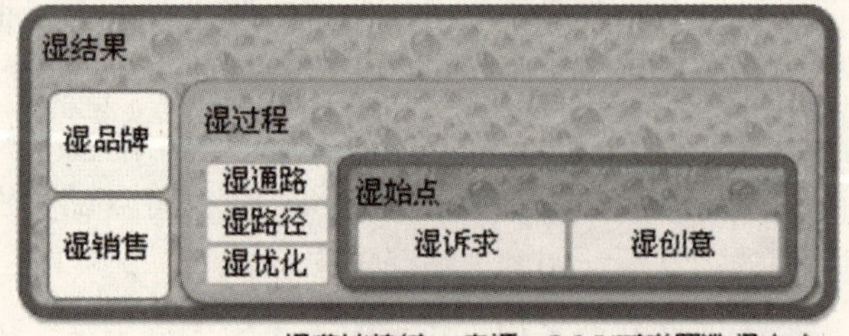

湿营销特征　来源：DCCI互联网数据中心

营销：

1. 营销的始点是湿的。即诉求是湿的，创意也是湿的。如何做到？精准的区隔性诉求和创意是关键。这要求诉求和创意本身非常精准，本身就能锁住目标人群，且具有极强的区隔性。如奥巴马的“Change”真的湿润了美国人的当时渴望改变现状的需求。乐 Phone 的精湛、时尚，“乐自由我”价值观使得购买其产品消费者为自己贴上标签，彰显了自己“乐我自由”的性格时尚的独特身份。

2. 营销的过程是湿的，包括三方面：

(1) 湿通路，湿营销的通路是 C2C 的模式（而传统的干营销是 B2C 模式），即诉求信息在用户与用户之间不断呈现病毒式扩散，具有显著的社会化网络（Social Networking）特性，每位受众既是信息的接受者，也是信息的传播者。要实现这一点，企业需要善于从旁驾驭社会化环境下的意见领袖，并让品牌的拥护者高度卷入，让营销往正面发展；但要时刻保持民主，因为这是社会化的要求，否则就不成社会。因此，在社会化的营销传播中，企业需以民主的方式引导用户的言行（尤其是负面的）而不是强制、打压用户的言行。本案例通过搜狐数码公社、chinaren、搜狐博客、搜狐 BBS 四大平台的综合联动，通过整体传播的规划构建一个具有激励性质的传播机制，让每一个参与者都可能会成为一个新的传播者，形成了湿通路。

(2) 湿路径，湿营销的路径是用户与用户的深度对话（Conversation Marketing），并在对话过程中产生对品牌和产品的信任。湿路径的另外一个要求是深度的互动体验，这要求受众与传播的诉求高度互动、深度体验。本案例使每位互动的参与者深度理解“乐自由我”价值观，在参与的过程中与乐 Phone 的价值观产生碰撞、对话，形成对品牌的认同与信任。宅女世纪团在本案例的所有参与者中最为抢眼，并最终夺取参赛团队第一名，其招募语是“跟我一起宅女大变身，持靓行凶啦”，创意方向是“征集 9 名极品宅女共同组团，每个宅女都是不同的，但是核心是她们都向往内心的自由。”这就意味着，参与者和受众在参与的过程中，已经跟乐 Phone 的价值观产生了共振，对品牌产生了深度的对话。

(3) 湿优化，湿营销不意味着是粗放式的、放任的营销。湿优化要求营销者不断地通过建立动态的数据库，进行动态的分析和优化，而这一点往往被忽略。如在营销的过程中，哪些已经成为我们的客户，原因是什么？哪些接触了我们的诉求，但还没有成为我们的客户，原因是什么？通过不断的优化，我们才能一步一步地让营销的效果和能见度更高。奥巴马每次竞选时都通过构建选民数据库，对不同的选民采取不同的策略，精耕细作。本案例在此方面也做得较为出色。本案例之所以能在短时间内取得如此令人惊喜的成绩，吸引庞大数量网友参与，一个很重要的原因找到用户的关键接触点，利用技术机制进行突破，即利用“搜狐小纸条”首次商用，进而可以直接面向搜狐 2.8 亿网友进行全网告知。

3. 营销的结果是湿的。湿营销产生的结果应该是湿的品牌和湿的销售。湿的营销结果要求产生用户乐于传播的品牌口碑，这样品牌的传播就不会因营销活动的结束而结束，而是不断的持续，同时，对产品的购买结束实际上没有结束，而是分享的开始、推荐给他人的开始。本案例在此方面的确已经达到“湿”的营销结果，成功之处，不言而喻。

专家点评：

联想系列的产品在网络营销推广方面很潮很湿！这个案例我们体会到，社会化媒体的蓬勃生命力，美女原则在网络上的屡试不爽，以及 Y 时代网友的网络张扬的创造力。同时该活动回归到“乐自由我”的品牌理念，将乐字渗透入消费者的网络一举一动。

8. 联想U350/450上市，“斑马人”风生水起

联想 U350/450 笔记本即将上市，它倡导轻薄本时尚，但不等于高端，它以都市时尚白领为目标人群，结合他们在意物质，更在意精神上的享受的消费特性，联想将这款产品定义为一个都市旅行的亲密伴侣进行网络整合传播。整个传播方案是以一个神神叨叨，却洞悉人类世界，勇于实践梦想的“斑马人”，作为传播的载体，通过网络传播突出一个主题：自由行走在都市，U are the City Walker，从而赋予产品精神内涵，实现产品与消费者的精神契合。

情感共鸣 & 时尚漫画助力，“斑马人”出世

2009 年 7 月，一篇名为《斑马人日记》的帖子出现在搜狐数码公社。一位自称是家住北京城东，智商为 172 的“斑马人”——City walker，在互联网上用自己独特的视角来解读他眼中的城市。他告诉我们，我们游走在城市中，寻找的不是任何人的踪迹，而是为了给自己一份冲破轨迹的勇气，成为一个真正不设限的 City walker。他的生活感悟引起很多网友共鸣并感动了无数人，随后，网络上涌现出大量的“斑马人”模仿秀和“斑马人”话题，都意在模仿 City walker 的精神。网友在地图上分享自己的城市轨迹故事，打造都市自由人的城市行走 Web2.0 地图手册。

与此同时，以“斑马人”为题材创作的漫画，色调唯美，场景有着浓郁的梦幻色彩，这些特点迅速吸引了青年白领人群的眼球。斑马人的漫画形象在网络上大范围传播，不少网友评价这套漫画是多年后网络刮起的又一阵几米旋风。不可思议，寥寥几张图片便已带人坠入 City walker 的行走世界，卡通形象更可爱直观，同时加深了网友心目中斑马人的形象。

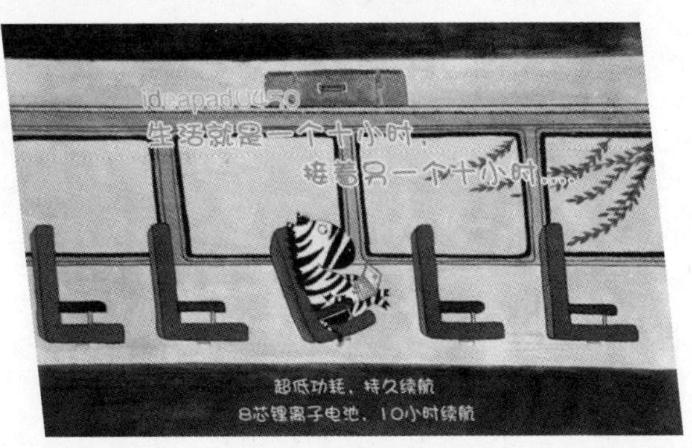

斑马人漫画

“斑马人”日记和漫画带来的社会性话题，不仅引起了都市白领阶层中的共鸣，这次社会化情感式营销所传达的都市行走者概念，也与当下白领们在社会压力下寻求突破平凡轨迹的精神诉求是契合的。情感营销被贴切地引入 Web2.0 互动营销平台，此外在宣传手法上融入了漫画这类吸引都市青年白领的时尚元素，所以很容易被传播和接受，效果自然不俗。

“斑马人”UU 真人秀，U350/450 借势植入

成功打造“斑马人”概念后，联想根据时下年轻人酷爱关注网络新闻和观看网络视频等特点，开始着力打造“斑马人 UU 10 小时游城记”视频，正式利用“斑马人”概念推广其产品。

自称“斑马人”创作者的美女漫画师 UU 通过视频发布自白，因为突然的失去创作灵感，她向网友告知在特定时间希望与所有网友共同寻找失去的灵感，美女 + 才女 + 眼球事件，希望在前期先引发网友好奇达到聚拢人气的目的。随即在中期的宣传中，UU 通过网络互动形式把自己 10 小时打车寻找灵感的经历与网友进行网络在线交流，全程网络直播，网友热情参与互动，见证跑酷男发小广告，网友自发给 UU 送午饭，唱《狮子座》的出租车司机等有趣事件。在此过程中，UU 手里一直使用着联想新款笔记本电脑，“不经意”地展示着联想 U350 待机时间长、轻薄小巧、无线上网等特点。

“斑马人”UU10 小时打车事件走红网络后，此时网友开始猜测视频是为产品上市做的宣传广告，于是开始展开人肉搜索，掀起巨大的网络热潮，而后联想电脑也被曝光，引起了大量网友的热议，使得产品受到很大关注。

总之，借助“斑马人”UU 的口述向网友展示了联想 ideapad U350 笔记本的特性。该事件也吸引了广播电台和平面媒体的关注和报道。UU10 小时环城游视频更是被网友疯狂转载，新品上市的预热效果彻底达到了由点到面的铺盖，为联想新品上市增加了极大的曝光度。

“斑马人”UU 视频

“斑马人”趁热入驻开心，U 系列无处不在。

2009 年 11 月底，斑马出现在了开心网的牧场里。同时，开心网的好友社区出现了叫做“斑马人”的 ID。“斑马人”入住开心牧场，网友免费领养斑马，斑马在好友的牧场间游走，通过完成任务成长，当斑马长大后，就会选择离开，成为城市里自由的旅行者，斑马主人则获得奖励。第一天上线就有一百多万开心网用户领养了斑马，上线 3 周后领养的人次即超越了千万。甚至有很多名人也对“斑马人”感觉到好奇

斑马开心牧场

和新鲜，知名歌手何洁就在其开心网个人主页上说“那个啰里八嗦的斑马人真的让人很扑街啊”。其后一个月，“斑马人”的开心网个人首页被访问数百万次，粉丝数量超过 20 多万，形成了数量庞大的“斑马族”。

以 ideaPad U 系列形象为道具的“斑马人”在开心网上走红。在开心网这家中国最负盛名的 SNS 网站上，“斑马人”传递的，除了人和人之间沟通的桥梁，还有联想 ideapad U 系列无处不在的隐性营销。

联想“斑马人”网络整合传播成功的“道”与“术”

显然，联想的这次“斑马人”网络整合传播是成功的。有数字为证：

* 论坛热帖浏览总量：2 905 904，回复总量：5 394。

*UU 真人秀直播视频累计播放量：21 216 636，视频评论总量：19 144，引用总量：2 418。

* 开心网累计领养斑马的人次：87 320 074，领养斑马的独立用户数：46 108 940，“斑马人”账户独立访客：4 910 000。

但这种成功并不是偶然的，其成功之“道”在于采用了差异化营销，一开始就用“斑马人”的概念给产品赋予了精神灵魂和文化精神，这对之后推广产品理念以及对消费者的渗透起到了决定性的作用，这明显区别于哗众取宠和流于表面的网络营销事件，因而才会被用户记住得更长久、更深刻。

而成功的“术”，很重要的一点是在于传播得有节奏性：预热——话题的引入，植入——“斑马人”UU 美女 10 小时游城记，深化——开心网上的深入互动。

专家点评：

没有乐趣的日子不过，没有乐趣的宣言不算！联想斑马人的互动话题营销做得很有“味”，把互动做得简单好玩：“斑马人”漫画形象设计、入驻开心网平台、斑马人 UU 事件、“斑马人日记”爱情童话故事影像等。最时尚的数码产品，最热闹的 SNS 社区，最具童话气质的斑马人形象，赋予了一款冷冰冰的笔记本感情与性格，在热闹的网络 SNS 社区、电影、漫画、网络论坛迅速传播，吸引了目标受众 80 后、90 后年轻人的关注，完成了联想 ideapad 无处不在的隐性营销。

9. 李小龙复活？！

李小龙奇迹般地复活了！当然，复活的地址是在中国最大的视频分享网站优酷网上，短短10秒钟的视频，经历短短24小时，这个视频的观看次数就达到了700 000，转载链接更是不计其数。毫无疑问，李小龙是偶像中的偶像，借助偶像的力量，诺基亚N96的病毒奇迹般地引爆互联网。

螳螂捕蝉，黄雀在后

很多时候，病毒营销的困惑在于品牌以什么样的方式出现，如果很明显就让人看到，给人感觉就太过于广告了，对于网民而言根本无法得到最广泛的自发传播，反之如果太不明显了，传播就打水漂了，病毒扩散得再广，最终不能让网民联想到品牌，对品牌来说就毫无价值可言。

先来一个螳螂捕蝉——诺基亚N96李小龙特别版手机的做法很巧妙，先借助李小龙的势头，做一条不带品牌信息的悬疑病毒视频。这条视频是这样的：粗糙的效果，镜头左右晃，画面模糊不清，简陋的日光灯惨兮兮地照着，一张乒乓球桌，一边是一个人在打乒乓球，常常因为接不到对手的扣杀而狼狈地去捡球，而他的对手则是一个身穿带黑边的连体紧身衣的人，看他手中挥舞的不是乒乓球拍而是双节棍……画面是黑白的，挥舞双节棍接球的人像极了李小龙，这样一段视频引发了网民的兴趣。网友开始猜测是否是李小龙练功的隐秘视频资料流出，于是，不同的观点，有猜疑的，有觉得非常棒的，无数的评论表达出对李小龙的喜爱。

然后，再来个黄雀在后——当人们都在纷纷扬扬地议论这条病毒的时候，在最适当的时机推出完整版的视频，一举揭晓谜底。就在第二天，当一支标题为“史上最强双节棍打乒乓完整版!向李小龙致敬!”的长达1分12秒的病毒视频正式出现在网络上，所有网民恍然大悟，原来是诺基亚的病毒广告，但即使如此，网友也丝毫不会产生被蒙骗的感觉，反而因为喜欢李小龙而喜欢诺基亚N96这款李小龙特别版的手机，形成一种爱屋及乌的情绪。

先有广告，后有产品

通常做网络营销，先有产品，然后根据产品的特性来想idea，这是最普遍不过的事情，但是这次的campaign却很不同，是先有李小龙这个idea，后有李小龙特别版手机。一开始这个项目只是一个预算很小的promotion，因为众所周知大的预算都会投放到TVC上。幸好智威汤逊北京诺基亚小组想到了一个更好的解决方案：李小龙。恰好那一年（2008年）

适逢李小龙的忌辰，电视里也在热播李小龙的连续剧，有了李小龙这个创意概念后，自然就想到要做一款李小龙特别版手机，而低成本的病毒视频就成了小预算大回响的不二之选。

不要以为这个案例只不过是一条病毒视频，其实它已经将视频作为一个突破点往整合性的campaign去做，除拍摄了3条同样风格不同主题的病毒视频，还制作了精美的网站，另外本来设想的线下的活动，李小龙重现街头事件因为预算的原因最终取消，但就算没有街头事件，本次病毒营销在网络上已经有足够的影响力。

国际标准，国际赞誉

该案例获得当年Oneshow全亚洲唯一的金奖，它究竟是如何打动评委，触动人心的呢？究其原因，主要有三点：

1. 国际化的执行技巧。智威汤逊将丰富的TVC执行经验用于病毒视频的执行上，邀请的新锐导演朱津京本身就一个疯狂的李小龙迷，熟悉李小龙的影像风格，所选用的演员是中国公认的截拳道第一人石天龙先生，逼真地模拟成了一段未公开的神秘镜头效果；

2. 国际化的创意语言。李小龙不仅是国内及港台人心中偶像中的偶像，更是国际上最有知名度的华人偶像，像李小龙这样的话题，是放之四海而皆准的，从而很容易获得国际评委的青睐；

3. 国际化的传播渠道。广告在投放策略上也非常有意思，除了在国内优酷网上的传播以外，在国外的YouTube也进行了上传，甚至由于在YouTube上惊人的流量吸引到了国际媒体的关注，进一步将这种国际的关注再抄送到国内媒体上进行二度传播，因此使得整个传播效果更具说服力。

专家点评：

诺基亚N96不厉害，厉害的是李小龙。诺基亚，这款来自芬兰的手机和中国功夫似无干系，但是诺基亚人看到了机遇。《李小龙传奇》热播，诺基亚新品N96打粉丝营销牌，借机推出李小龙限量版，将N96强大的功能和李小龙“以无限为有限，以无法为有法”的拳法要义完美融合，借助网络的跨平台、跨时域力量，通过一系列李小龙病毒视频在网络上引起轩然大波。李小龙复活营销很好地抓住了社会热点和消费者心理，为诺基亚赢得事半功倍的营销效果，堪称偶像营销的典范。这个案例告诉营销人，病毒视频营销，创意为王。

10. 戴尔走中国特色的社交媒体之路

“社会化媒体将会成为大众关注的大事”一说，从当前社会化媒体的火爆程度可见一斑。以 Facebook 和 Twitter 为代表的社交媒体引导了一场全球性的媒介变革，越来越多的人选择通过社交媒体表达意见和获取信息。

但中国社交媒体的现状不同于国际上其他大部分的市场，比如美国。在中国，约有 4 亿用户活跃在网络世界之中。不过，他们使用的并非 Facebook，Twitter，而是中国市场上两个独一无二的社交网络平台：新浪网——信息娱乐和微博平台；人人网——社交网站。正因如此，中国市场中的厂商均面临着这样一个挑战，即如何在这个独特、复杂的社会媒体环境中实施有效的网络口碑宣传战略？

谋时而动，探索中国

在上述背景之下，戴尔针对中国市场，制定了自己的社交媒体的发展战略，戴尔也因此成为了计算机行业较早开展社交媒体战略的代表。戴尔在新浪微博和人人网开设了自己的企业账户。通过这些社交媒体账号，戴尔可以实现与老顾客和潜在消费者的更有效沟通，发布活动信息和优惠信息。截至目前，戴尔的人人网账户已经拥有 618 144 名粉丝。

掌控碎片化力量，戴尔社交媒体秘籍

1. 开展专门的社交媒体平台研究

戴尔有 Social Media and Community 部门，专门对现在在美国最流行的三大社交网站 Facebook、Twitter 和 LinkedIn 进行评估，分析这些平台的用户类别，以决定戴尔应该在这些不同的平台上采用什么战略、怎样实施。这些研究，成为了制定其中国社交媒体战略的重要参考依据。

2. 针对性的社交媒体平台战略

社交媒体的一大优势就是可以通过各个细分平台，有效聚合不同领域目标用户的意见，而且互动性更强，能对用户产生更多价值。据戴尔全球副总裁 Manish·Mehta 透露，目前戴尔在全球社交媒体上的总用户数已经超过了 350 万。

为了使社交媒体和戴尔的商务网站能够更好地融合，对于人人网和新浪微博，戴尔采取了不同的管理和沟通策略。在新浪微博上的各个戴尔账户都经过充分细分，比如设立了专门的营销账户 @DellOutlet 和新闻账户 @Direct2Dell 等账户，除了打折信息和新闻公开，还增加了头脑风暴、创意交流、新品发布等账户，在不同的地区、按不同的功能、用不同的账户发布，尽量细分消费者群体。而在人人网上，戴尔则设立了 Dell 潮流旗舰店，发布

优惠信息和产品信息，开展与电子商务相结合的尝试。

3. 统一各地账户管理

为了避免账户数目多带来的品牌形象混乱和对外声音不一致等现象，戴尔对于社交媒体平台账户，尤其是微博账户进行统一管理。戴尔制定了管理条例，规定如果有某个部门想在 Twitter 或 Facebook 上建立账户必须申请并遵守公司关于账户的命名和设计等管理细节的相关条例，对于更新频率和次数也有相关要求。在流程上，要在微博上建立账户需要向由各大部门代表参加的监管委员会汇报，通过他们的审批、培训后方可运行。

此外，戴尔还会对员工进行社交媒体的培训，并把培训分为三个等级，其中“101”是最基本的培训，帮助所有员工了解社交媒体活动的概念、需要注意的方面、需要遵守的法规、现在流行什么媒体、对公司的影响等。接着，员工可以根据自己感兴趣的范围选择（如新浪微博）进一步的培训，如“201”和“301”。

4. 不打压负面消息

很多企业在进行社交媒体的相关尝试时会担心用户的“负面”反馈影响自己的品牌形象，所以常常会删除相关信息。但戴尔在这点上采取了不同的策略，戴尔认为，如果用户有负面信息需要表达的话，那么无论通过何种渠道，用户都一定会表达出来。删除负面信息是无用的，重要的是通过社交媒体平台去倾听用户的意见、建议和抱怨，改善产品质量。所以对于负面信息，戴尔选择了不打压，积极倾听，尽力改善的策略。

5. 建立自己的社交媒体社区

网络是直接联系客户的一个理想平台。社会媒体提供了一种倾听、学习、与客户互动的途径，如博客、论坛和头脑风暴讨论区等。集中建立一个更紧密的综合体，将戴尔网站、戴尔支持主页、戴尔社区网与戴尔在社交网站上的行为进行连接。同时，将戴尔自己的社交媒体社区与外部社区更好地融合和联系起来。现在已有部分社区实现了平台信息的连接和整合，如新浪微博和开心网的连接，但要想实现全球大融合，尚需时日。

6. 鼓励员工在社交网站“亮明身份”

让戴尔的员工更多地加入到社交媒体对话中。除了评选新浪微博形象大使外，戴尔还鼓励员工到公司微博参与讨论，如果有表现出色的员工，还会收到由公司高层亲自发送的表扬信。甚至就连戴尔的创始人 Michael Dell 本人也加入了微博大军。

专家点评：

如果你密切关注社交媒体营销，你一定听说过戴尔通过微博服务（Twitter）销售收入超过 650 万美元的案例。没错，社交媒体就是具有抗衡 CCTV 的伟大力量，只要你驭之以道。显然，戴尔为把社交网络用于业务开拓了新鲜的营销思路。但是，并不是所有的企业主都适合采取戴尔的社交媒体战略，我们看到其他更多的社会化媒体案例是作用于品牌层面。所谓适合的就是最好的，切不可盲目模仿。

11. 爱在线，悲情病毒遍传网络

这是一个落入俗套的故事：

故事发生在一对热恋中的情侣之间。男孩主动提出分手，女孩子陡遭变故之后，发愤图强，逐渐成长为独立、自主的新一代女性。之后，一个很偶然的机会，女孩知道了真相：原来男孩得了绝症，已经去世，但一直在背后默默地支持她、爱着她。

就是这样一段故事，被电通的创意人员搬上了电脑屏幕，做成了为联想当时推出的“Ideapad S10”上网本的病毒视频《爱在线》。长达5分钟的短片，通过唯美的镜头语言和演员的精彩演绎，讲述了网络时代，一个从校园步入社会的大学生，经历感情、生活和工作的跌宕，最终懂得爱情真谛的感人故事。片中女主人公与男友的爱情经历，特别是男友甘愿为心爱的人牺牲，通过网络互联帮助女友直面困难，解决问题，陪伴女友慢慢成熟的行为，更诠释了所传达的爱情观：爱是不掉线的承诺。短片通过网络传播后，除了赚足了点击，还赚足了女孩子们的眼泪。

诉求女性消费者的情感要害

故事里的结局是悲痛的，但对联想来说，现实中的结局是幸福的。此案成功地改变了联想的广告惯常行走的轨迹，让广告主不再以严肃、保守的面孔示人。这对于联想来说可是个突破。而之后联想的营销传播活动则一发不可收拾。

当然，短片所宣传的产品S10上网本，对联想来说也是在产品线方面的革新。联想Ideapad S10，是一款较早推出的上网本，10.2英寸的液晶屏，注定了产品外形的小巧玲珑。而WiFi和蓝牙两种互联方式，方便用户使用高速移动宽带连接，又适合上班一族选用。钢琴漆外观，有珍珠白、星空蓝、可爱粉、宝石红，以及酷炫黑五色供用户选择，则看得出来是为女性量身定做的。这款笔记本没有光驱，也没有多少炫人的特性，产品卖点并不多，而当将它作为一款道具植入这段煽情的故事中时，效果斐然。像这种小巧的上网本，一般女性消费者会多一些。女生喜欢出去玩的时候，只要一个小包就可以装下笔记本。对女性消费群体来说，这是一个非常实用的产品。因此，广告的出发点偏于柔性一点、感性一点。

病毒视频现在并不稀奇，而大多数走的是搞笑路线，而像《爱在线》这样有些悲情的短片，也能被广泛传播。只能归结为，它直接触及了受众内心最柔软的部分。

“我们大多数记忆都是关于不好的事情，美好的东西经历过会被替代，而悲伤的东西会长存，我会记得我第一次失恋、第一次失去工作，我第一次碰钉子，全部都会记住，痛是刻骨铭心的东西。”“我们会从价格、造型来确定受众。然后再挖消费者脆弱的一面是什么，从哪地方可以切一刀进去。”于是，整个片子的基调就此而确定：喜剧中蕴涵着悲伤，悲喜交加。

故事中的女主角，在惨遭“抛弃”之后，频频遇到工作、生活上的难题，这些个“第一次”在网民心中产生了共鸣，尤其是刚参加工作的女白领们。而这样的人群，正是联想S10的目标消费者。而女主角遇到困难之后，频频通过网络向“前男友”求助的场景，不仅增加了产品的曝光率，也与短片《爱在线》的主题十分契合。

这些目标消费者的媒介接触习惯，和产品本身作为“上网本”的特质，让联想决定最终选择了网络作为传播媒介。因为，消费者在购买上网本等价格较高的电子耐用品之前，会上网搜索产品的信息。而通过互联网进行病毒传播，则会让信息以最快的方式到达目标受众。

有了想法你就喊

除了内容本身的煽情外，短片还执行了一些“花边新闻”类型的噱头，比如片中出现了产品代言角色——酷库熊，它是目前网络上火速蹿红的卡通形象之一；短片在上网之前，先提前公布了30秒电影片花，这种“钓胃口”的方式使得短片一经上线，便得到网友的热情关注，短短2天，点击率便近百万；歌星林俊杰创作的主题曲《always online》被广为传唱，而女主角形似女星周迅和李小璐的炒作也为短片增加了人气。

短片进行病毒传播的时机也很重要。当时正处于上网本市场的启动时期，而且一般的IT厂商更倾向于在专业媒体上打广告，比如最早推出上网本的华硕，当时主打的是简单易用，“易生活”，在推广上没花费太大力气。而这种采用视频病毒营销的方式几乎没有。因此曹丹认为，当时如果出现类似的东西，相信《爱在线》会被抢走掉一半的注意力。

而电通协助联想吃了一次螃蟹后，可以说启发了很多广告主：“广告也可以这样做?”类似的做法纷纷上马，徐克宣因此说如果是目前这个阶段做营销的话，“下的药可能更重一点。”的确，目前越来越多的广告主采用了网络视频的方式进行营销推广，因为视频本身的可看性较高，不会影响用户体验，消减了消费者对传统大众广告的心理抵触；精彩的视频还会被网友通过口碑传播，由网友上传也体现了网络媒体的互动性。

专家点评：

触及目标受众心底最软的部分，是病毒视频《爱在线》成功的关键。无论是酷库熊代言、演绎催泪爱情电影《爱在线》，还是由林俊杰倾力创作的主题曲《always nline》，联想以一种年轻人乐于接受的全新营销方式——网络病毒视频推广自己的首款Netbook产品，经典诠释了“爱是不掉线的承诺”的爱情观，赚足了目标受众（女性为主）的眼球，更赚足了银子：在联想淘宝旗舰店的预售活动中，6天就收获近1000台的订单量！

12. Work Smart Enjoy Life，司马 TA 呀

联想扬天 V450 笔记本电脑是联想在 2009 年新推出的面向商务人群的产品。联想抓住年轻白领一族在职场生活中的种种烦恼与困惑，与搜狐娱乐联手推出互联网首部职场轻喜剧《司马 TA 呀》，将产品特性及品牌特征植入其中，打造与目标消费群体息息相关的“活”的品牌，也实现了品牌从“满足消费需求”到“创造消费需求”的营销转变。

Work Smart，Enjoy Life 精神内涵

在 IT 产品近乎于饱和状态的竞争市场上，对产品性能、功能以及价格的简单描述与对比已经远远不能满足企业拓展市场、提升份额的需求。而越来越多的年轻人开始对自己使用的 IT 产品表现出更多的情感诉求。联想希望为其扬天系列笔记本注入“Work Smart, Enjoy Life”的精神内涵，而考虑到 2009 年，由《杜拉拉升职记》所带来的职场话题在 80 后族群走红，营销策划团队通过 smart 的谐音创意出司马 TA 这样一个智商 181 的年轻睿智的男性白领形象，继而引发出一系列生动有趣的职场故事，夏荷荷、星仔、无双、老夜，他的一干同事和领导，各具特色，演绎了现代职场人的方方面面。

而搜狐视频团队在打造中国首部网络办公室职场轻喜剧之前，就以“Smart”为基础构筑了当代80后白领的八大职场生存法则，最精彩的是对Smart所做的注解，S-Specific（具体的）、M-Measurable（可衡量）、A-Achivement（可完成）、R-Realistic（现实的）、T-Time bond（时间段），而这些法则巧妙地通过“司马TA”们的演绎融入到网络剧集中。

在八集的剧情中，成熟老练的“司马”与他的团队以轻松而幽默的方式演绎着办公室中为人所熟悉的一个个小故事，每一个故事均围绕着不同的职场人生哲理——“团队精神”、“沟通技巧”等，在剧情中将联想扬天V450笔记本的不同产品特性转化为职场人生中的应对技巧，在消费者关注剧情的同时自然而然地认同了联想笔记本产品的价值。

搜狐媒体原创娱乐脱口秀《大鹏嘚吧嘚》深入解读职场人生——作为国内互联网最早、最受欢迎的脱口秀节目，《大鹏嘚吧嘚》拥有上百万的忠实观众群体，同时，大鹏本人也是《司马TA呀》网络轻喜剧中的主角“司马”的扮演者，在《大鹏嘚吧嘚》节目中，通过对每集剧情的深入解读和台前幕后的制作花絮，帮助观众理解职场人生法则、树立人生价值观，这个过程又进一步增强了消费者对于《司马TA呀》轻喜剧本身的关注兴趣和期待程度。

整合多种媒体，打造流行职场短剧

将一个网络流行话题打造成一部流行短剧，将一则职场生存法则拟人化为一个虚拟人物，将一款IT产品附加上与消费者生活工作相关的心理价值，联想《司马TA呀》传播案例运用了多种媒介的不同特性：

媒体传播着重其影响力与权威性——互联网专业娱乐团队打造的视频轻喜剧《司马TA呀》以及配合其制作的《大鹏嘚吧嘚》专辑，相比传统的视频分享内容而言，具有更高的制作水平和更受信任的传播平台，在传播过程中能够最大程度引发用户关注并且引发情感共鸣，在引导网民舆论方面也发挥着重要作用。在这一平台上将产品的关键特性植入到内容之中是最安全、可靠的。

Web 2.0平台提供多元化价值观调和——在网民通过撰写博客、自制视频分享内容来参与《司马TA呀》的职场生存观讨论的过程中，网民从信息接受者转化为传播者，更重要的是这种“传播”还在原有内容的基础上递加了新的价值观表达，在其他关注的网民看来，这成为了一个越来越丰富的话题，而更丰富的话题必然具有更强的说服力，从而进一步提升消费者的兴趣。

联想产品官方网站——以联想扬天 V450 笔记本为推广重心，通过四格漫画填词征集等多种形式与网民互动，在保持与前述传播主题一致的前提下侧重于对产品的介绍与推荐，将前期网民对网络短剧和关注热情与职场生存法则的讨论汇聚到联想扬天 V450 笔记本电脑之上。

爆炒 80 后，媒体眼中垮掉的一代

网民原创表达多元化观点——在每一集《司马 TA 呀》播出后，均有大量搜狐博友撰写博文提出自己的意见和评论，这些评论被汇集起来与轻喜剧共同发表，网民不仅仅能够看到媒体所表达的观点，更能够看到身边网友的切身体验。不仅如此，网民还模仿《司马 TA 呀》制作更富有创造性的主题歌曲以及视频，这些内容与《司马 TA 呀》轻喜剧本身形成了多元化的职场价值观，从多个侧面加深了消费者对于产品及品牌的体验。

通过论坛上司马 TA 话题的传播，在 80 后群体中产生了很多感同身受者的帖子，一篇题为《不疯魔不成活，爆一爆办公室里的那些极品男女》热帖反应尤为强烈，文中对金融危机下的办公室生活有评论如下："我们 80 后的，基本什么好事都没赶上。上小学的时候，大学不要钱；上大学了，小学又不要钱了。没工作的时候，工作是分配的；该工作了，费死了劲才能找个饿不死的活儿。不能挣钱的时候，房子是分的；能挣钱的时候，拼命攒一年都不够买个卫生间。就这媒体还老说我们是垮掉的一代，怎么着都会被冠个负面的大帽子。在公司干了 2 年，上不着村下不着店，夹在中间两边不得好。"此帖一出不到一周时间，点击人气即刻飙升至 2 万人，并在各大 BBS 竞相转载，80 后如何适应职场，成为众多网民热议的话题。

热心网友将职场 Smart 改称为"司马他"，将身边充满 Smart 精神的同事朋友称为"司马他一族"，并总结该族群特点如下：白领，受过高等教育，睿智，时尚，内敛等。

目前，在白领活跃的一些 BBS 以及 SNS 网站上，"司马他"一族发起了"司马他"指数投票、办公室风水帖，十二星座讨好老板帖等趣味性职场话题，还有网友总结出自己的"司马他"语录：如果一个人说不是钱的问题，十有八九就是钱的问题；你的上司越忙，你的饭碗越危险；低调做员工，高调做工作等。

"司马他"语录

●西行路上，无论你是悟空还是八戒，都只是团队里的一个螺丝钉；

●自省和换位思考，是职场交际的秘诀；

●忍耐是人生的必修课；

●你可以不上学，你可以不上网，你可以不上当，你就是不能不上班；

●办公室里，千万不要吝惜你的掌声。

司马他女郎网络选秀，过过演员瘾

互动活动吸引网民参与——《司马 TA 呀》剧组推出网民选拔活动，聘请具有表演才能的热心网友直接参与剧集拍摄并担当重要角色，最直接地满足了互联网用户的参与热情。

当网络第一青春美少女璐茜参加司马 TA 剧的网络选秀后，更有她的粉丝为她拍摄了一组时尚职场 OL 大片为其造势，其清新亮丽的职场女郎照在论坛中传播无数。

以人际为索引的博客传播

《司马 TA 呀》在互联网博客中产生了显著的长尾效应，在剧集播出半年后，依然有很多博主在谈论司马 TA 现象、引述司马 TA 语录和职场秘籍，联想扬天品牌的娱乐营销策略的成功得到了时间的验证。

联想扬天 V450 笔记本抓住年轻白领一族在职场生活中的种种烦恼与困惑，从当下流行的职场生存法则“S.M.A.R.T.”为起点， 与搜狐公司专业团队合作制作互联网首部职场轻喜剧《司马 TA 呀》，配合互联网媒体脱口秀节目、博客人际传播、草根视频分享等多重传播方式，在帮助初入职场的年轻一代解决工作、生活中诸多心理问题的同时，将产品特性及品牌特征植入其中（BT 时代，必须照顾网民口味，Smart 变身司马 TA）

——IT 著名评论家炳叔

联想扬天 V450 笔记本抓住职场白领这一网络流行话题，与搜狐娱乐合作打造了 10 集职场网络情景轻喜剧《司马 TA 呀》，还原年轻白领在职场生活中的种种烦恼与困惑，从心理价值角度与这些目标消费群对接。

在《司马 TA 呀》中，成熟老练的“司马”与他的团队以轻松而幽默的方式演绎着办公室中为人所熟悉的一个个小故事，每个故事均围绕不同的职场人生哲理——团队精神、沟通技巧等，在剧情中将联想扬天 V450 笔记本的不同产品特性转化为职场人生中的应对技巧，使消费者在关注剧情的同时自然而然地认同了联想笔记本产品的价值。

——《V-MARKETING 成功营销》熊莉

专家点评：

比单纯的病毒视频营销有了营销境界上的提升，用病毒视频背后又在捆绑族群营销。司马 TA 一族的出现和针对司马 TA 一族的成功营销告诉我们，不管我们的选择如何，通过互联网，我们都能轻易找到许多与自己拥有相同品位或志趣的人，找到这些具有相同特征的人，是有效进行点对点式精准营销的过程。

《司马 TA 呀》将广告片变身系列网络情景剧，利用互联网的精准特质，将对情景短片和产品感兴趣的用户聚合在一起，并通过全方位的网络营销平台，引导用户主动关注，形成口碑，使得广告投放变得更有价值。

13. N8 全社交网络发布会——科技，因人而熠

近两年来，随着 iPhone 和 Android 系统手机进入人们的生活，NOKIA 似乎淡出了人们的视线，尤其是在崇尚时尚、技术的互联网世界。NOKIA 这次“全社交网络发布会”可以说是 NOKIA 在社交网络的全力“品牌突围”——面对全球市场占有率下滑的事实，这个曾经的巨人再也不能无动于衷，在面对无数 gPhone 和 iPhone 粉丝充斥的互联网，NOKIA 需要一个战役来赢得更多的观众和来自网民的声音——于是一场基于全社交媒体的在线发布会应运而生。

“NOKIA 搭台，你唱戏”的社交大 party

2010 年 8 月 25 日上午 10 点，NOKIA 公司在其活动官网、新浪微博、开心网、人人网和优酷几大社交媒体平台联合举办了一场历时 8 小时，主题为“科技， 因人而熠”的新品发布会，这是 NOKIA 在中国的首次纯社会化媒体发布，推出了全球首款基于 Symbian3 操作系统的智能手机 N8，NOKIA 自己称此举为“全社交网络发布会”。纵观这次 N8 的“全社交网络发布”，在几个社交媒体的选择和运用上，是经过精心策划和安排的。

1. 本次发布会的核心聚合阵地是 NOKIA 架设在新浪网上的一个 Minisite，在 Minisite 上，整个“发布会”过程中由 NOKIA 直接提供的内容并不多，主要是一系列视频还有产品的信息，更多的时候 NOKIA 就是一个主持人，不停地衔接着本次发布会的“灵魂”——互动——邀请嘉宾的互动、网友的互动。而参与这些互动的核心方式是通过新浪微博。

2. 优酷网作为一个视频分享网站，在 NOKIA 的官方专题上，优酷播放的视频与 Minisite 同步，同时优酷为 NOKIA 本次活动提供了最为全面的视频展示空间，也因此，NOKIA 特别在专题页面的设计上强调了分享功能，比如可以将视频直接分享到人人、开心和新浪微博；

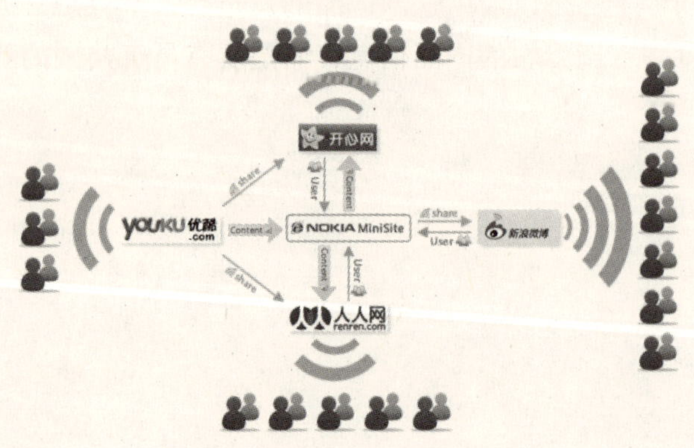

3. 开心网和人人网两个以关系为主的 SNS 平台在本次发布会的核心作用是让他们的粉丝随时了解发布

会的动态（这个动态不包含新浪微博的互动内容，主要是 NOKIA 官方微博的发言内容），当然 NOKIA 也不会放弃这次更好地拉近和粉丝关系的机会，并且积极地促使这两个平台上的粉丝去参与新浪微博上的互动。

总结来说，优酷成为了视频内容发布和分享的核心阵地，开心和人人成为了系列报道和广泛传播的阵地，而新浪微博则成了碎片化交互的阵地。而本次发布会的核心精髓“实时互动”则全权交给了新浪微博——与品牌互动不是 NOKIA 的首创，将微博互动信息与 Minisite 同步也不是 NOKIA 首创，但是花费如此大的精力，调动几乎所有 NOKIA 社交平台的关注力汇聚于新浪微博上确实是“大手笔”。

什么 U（users）在创造着核心的 C（content）

NOKIA 其实只是搭了个台子，充当了一把“主持人”，而演员其实并不是 NOKIA——但这恰恰是本次发布会最为核心闪耀的亮点，也正是这些“演员”，让这个历时 8 小时的发布会熠熠生辉。NOKIA 选择了一些不同领域的意见领袖作为嘉宾，由他们在这个舞台上与粉丝互动，借助他们与粉丝的互动和他们各自的影响力，使信息达到二次甚至多次的扩散。

1. NOKIA 员工的社交战术

在 N8 发布会的前一天，所有 NOKIA 中国的员工都收到一封邀请信，邀请参与这场全社会化媒体的发布会。

在社交媒体时代，消费者看待品牌更加的人性化也更充满好奇心，雇员是作为一个品牌必要和很关键的组成元素，他们作为企业员工与消费者对话，沟通他们对于企业的热爱以及他们的想法，对于消费者来说，企业员工比一个品牌 ID 去告诉他们这些更加有意义。员工是企业最好的形象大使，可以说员工在社会化媒体中的表现，侧面反映了一个企业的形象，同时也会涉及用户体验和感受。

NOKIA 在对全体员工的邀请信中这样写道：“我们特此邀请所有诺基亚员工一起加入我们这场网络盛会，和千万网友互动，一起分享和推广我们心爱的产品。这将是我们每一个人自己的 N8 发布会。”是的，相信 NOKIA 所有的员工都可以成为这款产品的发布者，不再是官方拿腔拿调发布的产品信息，而是所有员工共同的互动发布，这样一个将 social 精神渗透到企业文化里的品牌，我们有什么理由不相信他们对待消费者的态度也是开放且负责任的呢？

再加之 NOKIA 高层的亲自参与，进一步地激发了网民的参与及互动热情。其实对于一些品牌来说，企业的高层已经几乎可以代表这个品牌，成为其代言人，他们比普通员工更能代表企业形象。而企业高层的参与，是针对另一部分用户群体——他们是高端用户，他们对成功人士极度崇拜——高层亲自参与互动，更能满足他们的崇拜心理。从而进一步拉近用户和品牌的距离。

2. 明星的粉丝营销

观看本次发布会的人大概都有印象，每当一个明星发布一条微博“我在 N8 发布会现场”的时候，微博的数量是急剧增加的，每一条明星的简短话语都会引发数千次的转载，甚至有粉丝表示“我是来看韩庚的，我也在 N8 发布会现场”——明星的力量是强大的，这样一条简单的明星微博引发的粉丝热捧，借助粉丝对于明星的热爱而关注，谁又能说这不是一次成功的营销呢。

当然，本次发布会对于明星的使用，有两个层面的意义：

首先，NOKIA 邀请到了一些在微博上有高影响力的人，比如当红歌手林俊杰、韩庚，著名女演员颜丹晨等作为特邀嘉宾，通过他们各自的影响力将发布会信息在更大的范围内扩散。

其次，NOKIA 很聪明地没有选择在这次活动里过多地强调其产品功能的强大和技术数据的解读，而把更大的精力花费在了一种品牌调性的营造和时尚科技感觉的传达上，在这一细节上，明星的出场无疑是为 NOKIA 的时尚感增加了分数。区区 140 个字（真正网民自主发布言论的字数往往低于 20 个字）其实并不能沟通过于细致的产品信息，但却可以表达一种热爱和追捧。明星效应是最简单也最容易激发这种情绪的，NOKIA 此次没有选择手机行业内的专业人士进行互动参与，随着专业的智能手机 iphone 和 Android 手机在中国的进驻，商务人士、智能手机用户早已开始由 NOKIA 向 iPhone、Android、blackberry 转移，虽然 NOKIA 如今在国内手机行业市场占有率仍然第一，但是面对这样的市场局面，NOKIA 需要有新的目标用户群体的定位。而这些喜欢追求时尚潮流、跟随明星偶像的、生活条件优越的年轻化人群，正符合了 NOKIA 目前的用户定位。

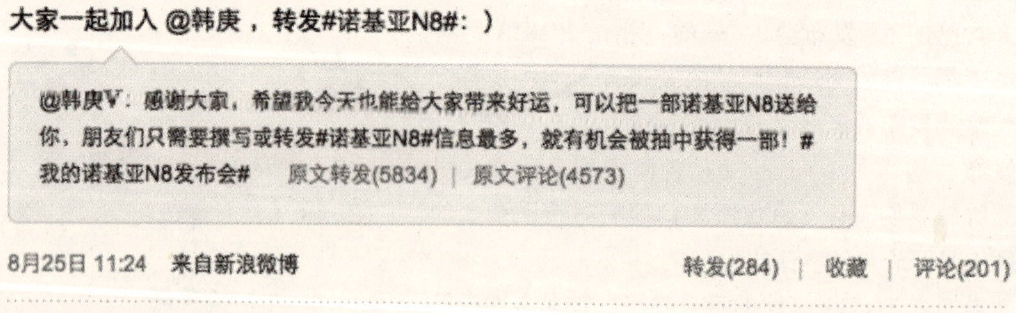

大家一起加入 @韩庚，转发#诺基亚N8#：）

@韩庚V：感谢大家，希望我今天也能给大家带来好运，可以把一部诺基亚N8送给你，朋友们只需要撰写或转发#诺基亚N8#信息最多，就有机会被抽中获得一部！#我的诺基亚N8发布会#　原文转发(5834) | 原文评论(4573)

8月25日 11:24　来自新浪微博　转发(284) | 收藏 | 评论(201)

3. 强势传统媒体的传播二次方

在“演员”的阵容里，有一类不得不说，就是传统优势媒体的新浪微博的参与。玩新浪微博的人都会知道“新周刊”与“三联生活周刊”在新浪微博上的自我营销是非常成功的。作为传统平面媒体，他们较早地洞察到了实时媒体的强大力量，成功地借助自身媒体品牌的影响力，在实时媒体上快速建立了强大的媒体品牌影响力，完全保留了其作为平面媒体的新闻敏感性、立体化了一个媒体品牌的内容、提升了媒体言论的高度和深度的同时，也让自己的媒体品牌具备了传播的“交叉属性”——即既具备实时互动、碎片言论的影响力和高传播力，也具备平面媒体的深度剖析力度和传播的长尾效应——也因此，这样的具备双重传播效力的媒体品牌成为了诸多品牌的营销新宠，在商业运作的效果上，体现出高复合型的营销价值。

NOKIA 本次对于这类媒体品牌的利用也别具特色，他们让媒体保持其媒体属性，在线采访 NOKIA 的高管，实现对话，并且让这些媒体在其微博上同时发布采访内容和新闻评论观点——借助这些媒体在微博上的媒体影响力为先，深挖这些媒体品牌的复合型价值、创造优质内容在后——可谓一招妙棋。

从“知道”到“下单”到底有多远

此次发布会的几个社交平台——人人、开心、诺米空间站，均设置了一键进入诺基亚网上专卖店的按钮，方便用户在参与发布会的任意时刻都可以直接进行购买。8 月 25 日当天，N8 的在线交易额超过了 1000 万元。

任何营销最终的目的都离不开销售，这次借助社交媒体平台进行发布的 N8，在社会化电子商务上的设计方面也是值得学习的。在信息爆炸的互联网时代，企业永远头疼一个问题——我的消费者究竟是在经历一个什么过程，看到了我们多少信息之后最终决定下单的？“3 clicks”黄金法则提到从消费者偶然兴起一个购买欲望，到他最终得

到这个产品中间的点击次数不要超过 3 次——这个黄金法则对于有些偏冲动的消费行为来说是非常必要的——消费者的消费购买决策过程在社交媒体时代已经不再是漏斗式的。

即便是一个再理性的消费者，都有可能在经历了漫长而复杂的寻找、比对、问询过程都无法最终决定时，因为某个人的一条评论而立刻形成了购买决定——有无数数据证实现在的消费者更愿意相信朋友的推荐而非商家的广告，但是我们无法控制消费者到底是被什么关系的朋友以什么方式推荐而打动的。

有一个办法可以彻底解决这个问题，就是不放过每一个可能引发消费者购买冲动的环节，把“购买”变成一件非常容易的事情（不超过 3 个点击的过程）——或许没有数据证实，当天所有 N8 购买者的购买原因到底是什么，但有一点不容置疑的就是 NOKIA 没有错过每一个可以放置购买按钮的地方。

专家点评：

本次发布会的亮点在于全社交网络的动用以及互动环节的巧妙设计。先是史无前例地在诺基亚官方网站、新浪微博、人人网、开心网和优酷网等社交媒体分享诺基亚 N8 的详尽信息；之后充分利用明星粉丝营销和“意见领袖”的作用，将信息达到二次甚至多次的扩散；网络话题“科技，因人而熠”互动活动激发了网友的参与积极性，将发布会变为了“我的 N8 发布会”，共同造就了这场前所未有的全社交网络盛会。美中不足的是中间不雅视频的出现，为这场营销盛会增添了一个“小甜点”。

14. “鲜”锋生活，时尚我创

2009年的盛夏之际，网络上开展的一场Flash制作大赛，为苦度灼夏的受众带来了一股酷爽、绚丽的时尚“鲜”锋。多角度的光影瞬间，全方位的声像姿态，所有这些新鲜的、快乐的、健康的、环保的、不拘一格的表达与主张，都源于热爱生活、自信自我的广大网友。

家电航母品牌建设在即，选择高端市场重点发力

海尔集团以白色家电起家，一直以专业、可靠、大气的形象和领先的市场销售份额在中国乃至世界家电市场占据领先地位。伴随着白色家电产品市场竞争的愈演愈烈，海尔虽占据着较大优势，但仍面临国内外诸多家电行业强劲对手的竞争压力，与他们的市场份额差距也在逐渐缩小。

近年来海尔主打的高端品牌卡萨帝，为海尔开拓高端家电市场，将海尔品牌形象提升至国际一线等级。卡萨帝品牌现在最主要的产品为卡萨帝意式三门冰箱、法式对开门冰箱等，因此树立好海尔卡萨帝高端品牌形象将直接有益于海尔自身的品牌建设。

卡萨帝——源于意大利语“家的艺术”，从产品外观、工艺质感到品牌名称，无一不彰显出特有的尊贵气质与卓越品质。但面对国内外众多知名家电巨头已有的市场占有率及良好口碑，如何顺利实现品牌突围；面对拥有海量信息与受众基数的网络媒体，如何能够更清晰、有效地传达品牌理念与产品特性；面对中国特殊的市场环境与消费习惯，如何在通过互联网获得广大受众的理解与认同，以上三个方面的问题均是需要攻克的重大难题。

实力造就品位，激情写意人生

高端家电市场的主流消费人群是对生活具有更高追求的高端人士。他们具有高学历、高收入、高品位，可谓是特定的“三高”人群。他们往往工作时间长、工作压力大，但也是更加自信、时尚的都市精英。这些消费者思维敏捷、开放，乐于接受新鲜事物，追求品质生活，具有强烈的品牌意识。尽管工作辛苦，他们仍乐观积极地发觉生活中的精彩，并且更享受突破常规束缚，创造精彩激情的过程。

这类消费人群需要的家电自然不是冰冷、呆板的带电“储物柜”，而是能够带给自己及家人健康、新鲜生活的保障，同样能够展现个人品位、激发自身灵感的源泉。而海尔卡萨帝冰箱大气时尚的外观设计与优越性能，让它可以优雅的走出厨房登上消费者的大雅之堂，融入他们的品质生活，将生活中的美学与营养在卡萨帝冰箱上得到了更为完美的体现。在研究目标市场消费者与产品结合分析之后，海尔在试图寻找那把能打开受众心灵之

窗的“黄金钥匙”。

“鲜”锋开拓品牌路，Flash 大赛聚网缘

产品的定位一般有三个层次：核心价值、有形价值、情感价值，层级价值逐渐提升。新意互动认为，情感价值是最终征服消费者，与其建立互动关系的重要因素。除了技术的不断创新，要想在消费者心中形成独特的价值形象，就必须从消费者更高的精神需求——享受、体验出发，进行产品更高层次的定位与传播。最后海尔采取了举办形式新颖、立意独特的网络 Flash 制作大赛，以此广泛吸引网友兴趣，高效传达品牌及产品理念诉求。

Flash 一直以生动、亲切的全方位视听体验广受网友喜爱。本次活动以 Flash 大赛为主体，突破了以往形式单一的图片或文字征集。融入四格漫画式的图文并茂表现手法，同时网友可任意上传配套音乐，使作品的表现力及感染力更为生动、鲜活。无论作者还是观众都会获得丰富的体验感受。另外，本次活动的题材也更加丰富、开放，无论何种表达或主张，只要有创意、够新鲜，都鼓励大家秀出真我风采，展现“鲜”锋生活。每个参与者都是最优秀的导演，在海尔为其搭建的舞台上，创造、编辑自己的喜怒哀乐，演绎自己的“鲜”锋人生！

本次活动 Slogan 打破以往传统家电业以产品卖点宣传为主的模式化语言，巧妙发挥“鲜”特点，“鲜”优势，以时尚“鲜”锋自居，当仁不让，雷厉风行。传达产品特性与品牌生活主张的同时，也高效引发目标受众群的心理共鸣。

整个活动平台设计简洁大气，金属感十足的主色调，使初次体验活动的时尚“鲜”锋们立刻找到归属感。合理的页面布局，便于网友轻松参与，自由浏览。另外，活动还特别设置“健康指数测试”版块，瞬间拉动与受众距离，尽显海尔品牌对消费者的全情关爱。同时，紧随潮流的卡萨帝系列高端冰箱与时尚数码大礼，也极好地诠释了本次活动的“鲜”锋宗旨，极大地刺激了众多网友的参与热情。

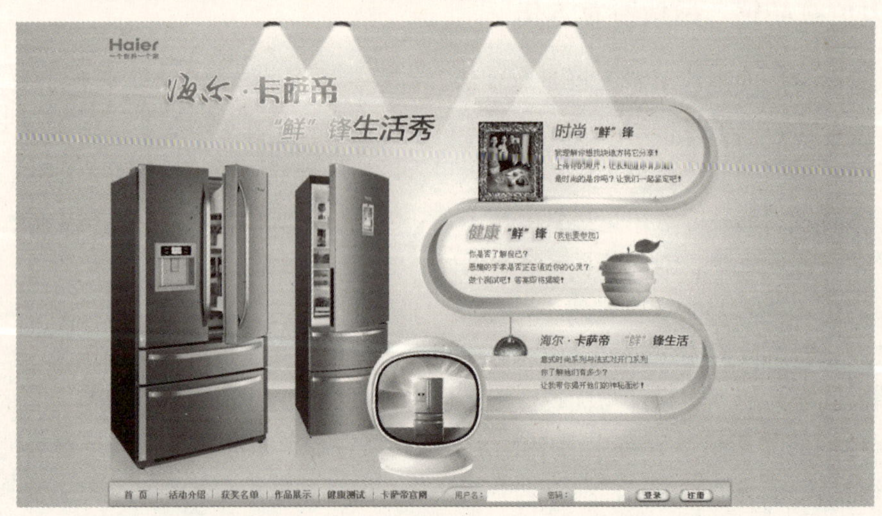

抢占优势网媒，抱得佳绩荣归

针对本次活动及目标人群的特点，海尔采用了全方位的网络传播方案。依托国内最大门户网站——新浪网的强大媒体优势，整合全站强势资源，分别选取了新闻中心、娱乐频道、新浪首页及汽车频道中的通栏、画中画、Button 等广告位予以传播。同时，精选新浪玩吧与新浪论坛两大互动平台设置活动专区，展开互动传播攻势。

通过一系列的广告传播运动，海尔卡萨帝冰箱也由此将自身品牌及产品打造成为“时

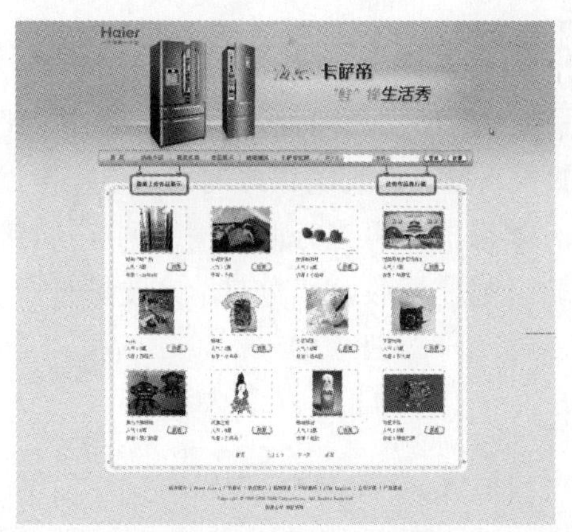

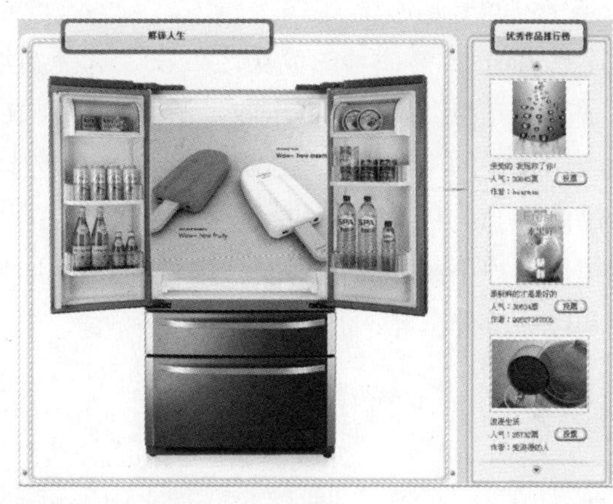

尚鲜锋”族群的代言符号。充分实现了海尔品牌与目标消费者之间的良好互动，有效提升了产品的品牌附加值。为品牌优雅大气的尊贵血统中融入时尚鲜活的精英气质！为期40天的“时尚‘鲜’锋Flash制作大赛”在近1 400位网友的热情参与中落下帷幕。活动总流量高达365 283，平均日独立访问数3 079人次。活动共上传作品826部，参与活动的投票总量为1 159 546张。本次大赛最终选出6名“鲜”锋大奖得主，同时有30名幸运网友获得了海尔送出的精美纪念品。

专家点评：

本次flash大赛活动的成功之处在于选择新浪——拥有庞大且较高素质用户群的门户，带来了高曝光与高参与的双丰收。活动本身选取了新鲜的形式及内容——DIY Flash，把海尔健康、环保的生活理念融入到活动中，在较少的投放量下达到了很好的活动参与度以及符合品牌理念、极富个性的网友佳作。补充一句，如果能够再充分调动网络的互动特性，比如提供用户下载和分享功能，这样用户可以将自己的作品收藏或分享给亲友进行观看、点评和进一步分享等，那效果就更好了。

第四章 日化时尚类

如果你为物品和有形的东西收费，你所从事的是商品业。如果你为自己开展的活动收费，你所从事的是服务业。只有当你为消费者和你在一起的时间收费时，你才算进入了体验业。

——《体验式经济时代来临》

日化时尚，流光巨彩

日化行业目前在互联网上销售收入位居前三甲，已然成为一个对网络应用非常成熟的行业。由于快速消费品领域的竞争较耐用消费品、高价值产品市场竞争更加激烈，新产品与新品牌的涌现更加频繁，因此互联网媒体及其受众的以上特性使得其在快速消费品市场营销中的独特作用和价值具有足够的吸引力和不可替代性，网络已成为日化行业重要的营销手段。

号称日本化妆品第一品牌 DHC，进入中国后短短数年，利用网络宣传所增加的品牌价值，甚至超过了众多投入巨资聘请形象代言人的化妆品品牌。宝洁、雅诗兰黛、玫琳凯等都开始试水电子商务。欧莱雅旗下高档化妆品兰蔻在网上开店销售的尝试成功，证明了互联网已成为欧莱雅的一个很好的分销渠道。

在中国日化行业竞争激烈，竞争现状呈三国鼎立之势，集国际品牌、合资品牌、国产品牌三分天下的局面。产品也分高、中、低 3 种档次。不同的品牌、不同的消费档次，对应不同的目标人群。但让人遗憾的是，我们看到的精彩的日化网络营销案例多来自于国际品牌、合资品牌。通过百度搜索关于日化类的网络文章，会发现在这个战场上国际品牌一枝独秀。大家都知道越多的“产品信息”、越多的“明星护肤心经”，越多的“消费者体验”，就代表着“洋老虎”越多。而国产日化类似的文章还比较少，出现最多的是一些赤裸裸的招商广告，就连措词几乎都是一样。国产品牌在营销费用上远不如外国大品牌，却偏偏要把大量资金花在央视、地方卫视上面。此类传统营销方式耗费的营销费用动辄以千万计，放弃的话钱就白花了，要再拼下去，却力所不逮。对于国产品牌来讲，可以说是以自己的短板对抗别人的强项，这正是兵法大忌。

互联网已经成为中国消费者的第二生活空间，也是日化品牌企业必不可少的重要的营销空间。尤其对于国产日化品牌，增强网络营销是迫在眉睫的必选项。在具体实施层面需要关注以下三点。

一、营销思维网络化

深入研究网络文化和网民的触媒习惯和媒体特点，绝对不能按照电视、平面的思维去思考网络营销，否则会事倍功半，甚至适得其反。长期以来依赖于传统主流媒体的快速消费品生产企业，采用的信息传播模式是“垂直传播模式”：企业传送信息到传统媒体，媒体传送信息到利益相关群体，这种模式在互联网时代的影响力已非常有限。面对互联网的时代，快速消费品生产企业应当变革其传播模式，由“垂直传播”转向“水平”传播，通过互联网更加快捷高效地与利益相关群体展开双向对话。

二、掌握优质网络资源

网络资源带控制着品牌与用户的接触点，优质的网络营销内容必须要嫁接于网络资源之上才能到达消费者。掌握超级软终端意义自然重大。同时，针对各类网络资源的不同特性要充分挖掘，在用户最感兴趣的网络阵地上用最恰当的方式深入人心。

三、营销战略规划

日化企业的网络营销不应只是一个宣传渠道上的配角，而应提升到战略高度。现在众多本土日化企业中，大部分领导人对营销战略没有清晰的认识，最多能提出营销计划，而且大多数还是非常模糊的计划，缺乏数据化、可行性的分析，以及执行的步骤和流程。在网络营销上的体现，简单、零散的点子很多，拍脑袋的决策也不少，没有体系性，结果做出来的东西往往与目标相去甚远。

1. 中华牙膏“相约星期兔”，非兔勿扰

“蒙面相亲、巨额相亲、演讲相亲、百变相亲……马诺、闫凤娇、凤姐算什么，兔子相亲，有见过吗？什么，不知道？没见过？听都没听过？那很不幸地告诉你——你 out 了！如果不想成为剩斗士一族，或者想从剩男（女）变盛男（女），如果你是时尚风口浪尖上的潮人，那千万不要错过 2010 最萌的‘相亲大对决’——‘相约星期兔’。”

非“兔”勿扰，相约星期兔！

上面这段极具煽动力的话是“相约星期兔”活动的宣传语。“相约星期兔”是由中华牙膏推出的一项大型的网络相亲活动，活动的目的在于推广中华牙膏的一个新品牌：魔丽迅白。

活动官方网站上的 Flash 视频

中华牙膏是联合利华（中国）公司唯一的牙膏品牌，兼有 50 年优秀品质和最新科技开发成果。其明星产品包括：魔丽迅白，健齿白，皓清，中草药，双钙防蛀等 5 个系列。牙膏作为最重要的日常生活用品之一，是人们每天的必需品。随着人们对健康和美丽的关注，牙膏从功效到口味也开始千变万化。谁都希望自己有一口洁白、健康的牙齿。特别对于爱美及时尚人士来说，一口白净的牙齿能使自己光彩倍增、自信十足。

中华牙膏结合大众需求，综合目标群体以及魔丽迅白的产品特点，在《非诚勿扰》全国热炒之际，为魔丽迅白推出了全方位的网络互动营销——相约星期兔。

制作自己的相亲 VCR，过把明星瘾

《非诚勿扰》是江苏卫视制作的一档婚恋交友真人秀节目，为“剩男剩女”提供了公开的婚恋交友平台，推出之后引起广泛的社会关注，因此走红了一批网络红人闫凤娇、马诺等。“相约星期兔”借《非诚勿扰》热议之际，通过当下十分流行的卡通 Flash 形式推出（当前的剩斗士们，基本上都是 80 后、90 后一代，是看着《圣斗士》和《花仙子》长大的读图一代，采取卡通 Flash 的形式，更容易引起他们的共鸣）。动画主要展现了一些卡通兔参加了类似《非诚勿扰》的征婚活动。动画构思十分新颖，设计也很巧妙。在动画

中，当一位美丽的“女嘉宾”被问到对于另一半的条件时，她要求对方必须牙齿洁白干净，这立即引起了在场男嘉宾的“牙齿洁白大行动”，最后被证明使用魔丽迅白牙膏是最好的方法。

通过上传自己的照片，用户可以亲身参与到相亲中

更有趣的是，用户不仅只是旁观者，而是切切实实地参与到活动中，过了一把明星瘾。用户可以通过MSN上传自己的真实头像，制作属于自己的VCR，分享给好友，同时邀请好友参与互动，获取积分。对于积分排名前五的用户，还可以获得价值2 000元的世博旅游大奖。真可谓是得了便宜还能卖乖，这样的好事很好地迎合了当下年轻人的口味。

借助长尾力量，网络视频病毒式传播

从人类传播历史不难看出，影像是最受欢迎的传播形式。当前，网络视频已经成为各大互联网企业的必争之地。曾几何时，打开电脑看视频，成为网络达人们的“线上必修课”，也是网友之间追逐、分享新事物的最流行和最便捷的手段。电影首映式、日全食全程直播、年度各领域风云人物评选盛典、明星最新唱片发布会，以及各类风潮事件，如果别人都看过而你还一脸茫然地摇头，那你就真的out了。

影像带给人们的视觉冲击，远超越了那些密密麻麻的文字和不得不随着鼠标下拉条慢慢滚动的图片。中华牙膏作为50年的老牌企业，自然不会忽略网络视频这一地盘：

首先，对于客户群体心理的准确定位：爱美之心人皆有之，年轻人尤为突出。而对于渴望爱情或者正处在爱情中的年轻人，一副洁白的牙齿无疑会给对方留下极佳的印象。中华牙膏在广告上采用了夸张的手法，更突出了这种心理需求。所以，对于客户心理的准确定位，无疑是本次营销活动取得成功极为重要的一个因素。

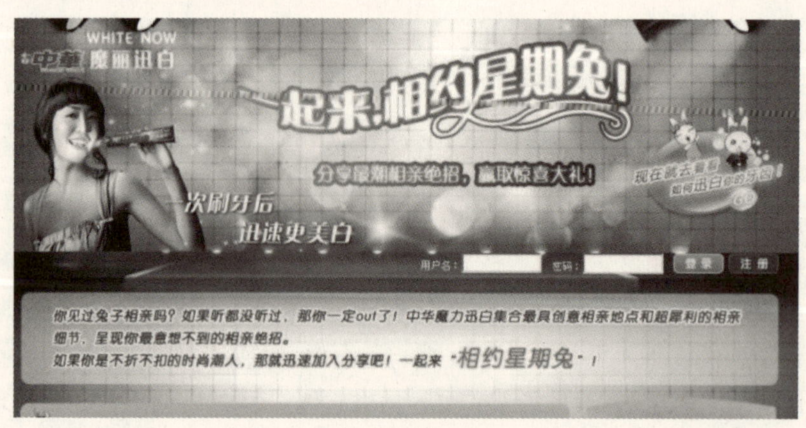

本次活动的宣传页面

其次，采取十分火爆的传播方式——病毒视频传播，通过利用 minisite、SNS 社区以及 MSN 工具等多种渠道的网络资源整合，让消费者在娱乐中同时成为参与者和传播者，这三者完美整合使线上活动的访问量、注册量节节攀升，在最短的时间内达到了最好传播效果。

第三，新颖的视频传播方式。与传统网站惹人厌烦的直接跳出视频的方式不同，本次的营销活动采用了一种新鲜的模式：首先，利用流行的动画与最新最火爆的电视节目《非诚勿扰》相结合，充分吸引眼球；其次，在投放广告上，充分调动网友网络传播的长尾力量，通过视频分享等方式快速地达到了广而告之的目的。

专家点评：

卡通视频是时下最火的传播形式，相亲是时下最火爆的娱乐节目。显然，相亲中，一口洁白的牙齿会给自己增色不少，中华魔丽迅白牙膏抓住了与这两个要素的结合点——网络卡通互动剧“相约星期兔”。

同时，结合产品特点和受众分析，将视频动画、互动游戏、MSN 好友参与、社区网络共享传播一体化紧密整合，大大提升了受众面、曝光度和参与度。受众玩得欢快，并主动充当了中华牙膏产品和品牌的传递使者，为中华牙膏获取了 80 后、90 后用户群体。

2. 《安与安寻》，于无声处透心智

安想是时装杂志《安》的编辑，天生丽质，生活条件也很优越，有一份不错的工作。但从25岁生日的早晨开始，她的人生发生了逆转。首先，她因为急于与男友约会而开车撞上了一辆自行车，继而发现汽车缺油而不得不打的，最后在路上堵车而迟到，男友认为她对工作太过痴迷而忽视自己，提出分手。落寞的安想被她的好友白可可介绍给白的表哥庞德，之后她又认识了程氏集团少东家程海涛，再加上同事吴晓仁、主编宋凯若、模特萱萱等人的掺和，在阴差阳错之间，陷入一连串感情与事业的纠葛中。接二连三地遭遇打击过后，她重新学习生活、享受生活，最终找到了自己的真爱。

这不是一部纯粹意义上的电视剧，而是法国出版企业桦榭集团与宝洁联合推出的第一部互动媒体短片，旨在对桦榭集团旗下的《安25ans》和宝洁集团的系列产品进行推广。

《安与安寻》互动剧，结局你来选

源自法国桦榭菲力柏契出版集团的桦榭集团，旗下刊物众多，包括《世界时装之苑ELLE》、《嘉人》、《健康之友》、《名车志》等。而每本刊物又有其特色，其中的《安25ans》，作为日系顶级女性杂志，为中国新名媛、金领新贵、明星名流以及渴望品位不断进阶的读者，提供了实用的时尚指南。

决策者所思考的是，要用什么样的形式，将《安25ans》一向追求的高贵典雅气质传达给高端女性，并面临着是选择电视媒体，还是其他大众媒体的抉择。并且，当时桦榭集团已经取得了同宝洁的合作，在宝洁产品在剧中植入的前提下，还必须最大限度地维护《安25ans》本身的定位。经过多部门的反复商讨、策划，中国首部跨媒体时尚圈的互动短片《安与安寻》最终诞生了。

《安与安寻》这部短剧共有12集，每集长度在7分钟左右。从上线第一天起，以每周一集的播出频率，覆盖了几乎所有的视频媒体和门户网站，如优酷、土豆、PPLive、酷6、新浪、搜狐等，以及包括郁金香户外大屏、分众传媒在内的户外媒体等，在《世界时装之苑ELLE》杂志的网络版、"ELLE中文网"上也有播出。另外每周五黄金时段在兵团卫视播出的《ELLE她风格》节目中，也会出现每集一分钟的报道。

在每集结束之后，都会有一个人生AB剧话题，结合该集的剧情、围绕女性生活中会碰到的问题展开，由观众进行或A或B的抉择。譬如，第三集的内容是关于主人公安想遇到了喜欢炫耀而又钟情于安想的富家子弟程海涛，最后的问题便是"安想会被多金男吸引吗?"让观众通过短信的方式选择"A.会"或"B.不会"，并在《安与安寻》官方网站上刊登问题，引发观众的思考、讨论。

一女多嫁，走好多重植入平衡木

为某项产品量身定做电视剧，已经有数个先例，比如百事集团同星巴克联袂推出的《晴天日记》、美国著名时尚鞋履品牌 Nine West 参与的《背着你跳舞》。但《安与安寻》宣传的重点之一，是《安 25ans》这本杂志，不可能直白地对杂志的内容进行广告宣传。事实上，在剧中，《安 25ans》除了在每一集的开始出现封面，并作为故事发展的背景办公场所之一外，出现的次数并不多。

全剧重点诉求的，是杂志所推崇的生活理念和生活态度，这也正是《安与安寻》得名的重要原因，即传达杂志一直以来宣传的“安”的真谛：发现并享受生活中的一切明亮。剧中的主角安想，即是《安 25ans》杂志的化身，她同《安 25ans》的目标读者是吻合的，即 25 岁左右的女性，中国新名媛、金领新贵、明星名流以及渴望不断品位进阶的读者、高级白领，年轻女性以及时尚人士。全剧的 12 集，象征安想的 12 段不平凡的遭遇，和她所面临的 12 道人生难题。在解决这些难题的过程中，她不断地追寻优雅，自信，内敛，平和的生活状态，在原则中学会柔韧，最终回归《安 25ans》所主张的，女人要找到自己的归属感。

而《安与安寻》也并不是一部简单的为《安 25ans》进行宣传的短片，其中也囊括了大量的产品植入，而植入的主角，自然是合作方宝洁公司旗下的产品，玉兰油、SK–II、潘婷、蜜丝佛陀、Orchiry、飘柔、伊奈美、沙宣、伊卡璐、海飞丝、吉列……尽皆包含在内。所有这些宝洁产品借助主人公具备年轻时尚女性 + 时尚杂志编辑的双重身份，很自然地穿插于剧集中，没有影响剧情的连续性，而且能提供消费者感兴趣的时尚资讯。

在第二集中，剧中人物白可可举着一瓶玉兰油说“男人就好像这个护肤品一样，虽然说你已经用惯了它，但不代表它就真正适合你。你一定要去勇敢地尝试，试到所有的品牌，真正找到一款属于你自己的品牌。这样呢，它的营养成分才能渗透到你每一个细胞。让你的肌肤完全地吸收，你就可以永葆青春、水嫩光滑了。”看起来似乎是剧中人物在介绍一种择偶的经验，但更像是广告主在告诫消费者如何挑选化妆品。“有了它，你的生活将不会平淡无奇、枯燥无味……”，伴随着这样的台词，白可可在镜头前很随意地摆弄化妆品，更像电视广告的画面。正是在这样的潜移默化中，消费者接受了广告主所传递的关于产品的信息。

对症下药好创意

正如大卫·阿克所言：“长期以来，大众媒体广告一直是众多企业创建品牌努力的基石，但是，这种传统做法正面临着被废弃的威胁。市场细分和不断上升的成本已经开始抑制那些通过传统的大众媒体（如电视）开展营销的方式，新的宣传渠道已经在使用。”而网络视频，正是新的宣传渠道的代表之一。其制作的低成本、如病毒般传播这一特点，一直颇受一些预算有限的广告主的青睐。而世界第一大广告主宝洁通过这样的尝试则希望以这种创新的模式打开另一扇与中国消费者沟通的窗户，聆听他们的声音、亲近他们的生活。

基于庞大的视频用户人群，如果创意再足够好，流行的视频将会被网友推荐转载而传播。《安与安寻》的成功之处，就在于它号准了当代女性白领的脉。迫于快节奏生活的压力，当代职业女性有在工作和生活层面上寻找精神导师的需求。这 12 集短片展现了一位知性热情的女性在工作和生活中遇到的一系列问题和困扰，实际上它折射出当代中国女性在时代的背景下自我发现、自我提升、积极追求美好生活的精神。所以，《安与安寻》在众多白领中获得了共鸣。

专家点评：

作为中国首部网络互动短剧，《安与安寻》从开播那一刻就受到网民和媒体的广泛关注，而关注的重点并不在剧情本身，而是该剧的幕后推手——宝洁。与其说这样一部汇集了时尚、情感、都市等元素的互动短剧是网络视频的新鲜视觉形式，还不如说这是宝洁植入式营销的新玩法。

网络视频需要有创意性、娱乐性的内容，更多年轻人并不愿意在网上看纯粹的言情剧。《安与安寻》由于剧本故事内容简单，演员阵容不够强大，使得 Ochirly 与 P&G 这两个领衔赞助企业都没有得到最好的推广效果，但是该案例的开创性值得肯定。

3. 清扬《无懈可击之美女如云》打造聚合落点营销活动

网络视频播放平台的影响力与日俱增，以联合利华为代表的广告主越来越重视网络营销。联合利华继多芬《丑女无敌》自制剧的巨大成功后，投资拍摄职场剧暑期档大片《无懈可击之美女如云》（以下简称《无懈可击》），重点推广旗下产品清扬。为达到最大范围的品牌曝光，该剧在2010年8月份通过五大卫视及主流网站接力播出，在媒介营销上形成“电视台 + 互联网”整合营销“非常5+1”的格局。

品牌融入剧情，观众很满意

《无懈可击》的成功标志着定制影视剧告别“雷人”广告植入，开启全媒体营销的“动人”新模式。该剧以影视定制剧的全新模式，成功升级了生硬植入式广告，将清扬广告创意过程以商战故事形式巧妙植入剧情中，让观众随着剧情深入牢牢记住清扬品牌及其特点。借助扣人心弦的职场故事，《无懈可击》不仅在电视媒体、网络视频上获得播放佳绩，更与观众在网络平台上深度互动，清扬品牌首次与互联网用户发生情感化学反应，拉近了品牌商与用户的距离，收获巨大营销回报。

《无懈可击》首创中国职场悬疑剧先河。打破以往时尚剧仅从情感、工作出发的简单模式，引入不同利益集团的明争暗斗，把真正商业战场上的竞争通过悬疑的方式讲述出来，自制剧的策划高度胜人一筹。

如何拉近与受众的距离，不让他们反感，又能让他们深入了解广告品牌的理念和文化，是广告植入的关键所在。植入广告本身没有好坏，而是取决于内容的贴合程度，像《无懈可击》这种巧妙的故事植入比起单纯Logo展示或者实物出镜效果要好得多。

网络整合营销深度挖掘，多层次提升

在《无懈可击》及清扬产品的传播中，电视平台是“第一落点”，网络平台是“第二落点”。据介绍，在此次网络播放平台的选择中，清扬品牌重点锁定搜狐视频，广告投放份额远远高于其他类型网站。

作为联合利华品牌宣传的战略合作伙伴，搜狐并未在“第二落点”停留，而是策略性地应用自身矩阵资源，将“第二落点”超越式地提升到“聚合落点”的层次。搜狐以全矩阵的丰富资源为联合利华量身打造了网络整合营销的一揽子解决方案，围绕电视剧对影像文化进行全方位的开掘，在“第二落点”上进行深挖和传播。搜狐本次整体执行的过程蕴含了四个核心阶段。四个阶段以职场为出发点，以“起、承、转、合”的立体思路贯通近

4 个月的营销传播活动。

第一阶段：起。病毒式话题营销的舆论蓄势——关键词：挑战自我

该阶段主体以营销造势为重点，进行开播前的舆论蓄势。营造全民热议、无限期待的氛围。搜狐娱乐通过该剧的演员阵容、制作团队、剧情解密、角色阶段、明星访谈、时尚潮流等备受关注的核心热点，陆续推出多个话题推广，并配合大量的媒体报道，从电视剧中发掘大量有吸引力的职场话题为电视剧和网络专题的推出进行预热。同时在搜狐和其他社区网站中抛出“史上最牛毕业生，演绎职场传奇”的互动话题讨论，掀起第一波与清扬《无懈可击》蕴含的职场挑战、时尚、升职、情感等关键词相关的舆论热点。旨在形成大规模的网络热议，汇聚网络热点引爆网络。

第二阶段：承。扩大内容营销的外延力道——关键词：自信自我

7 月 21 日，清扬《无懈可击》的首映礼及官网盛大启动，此时经过第一阶段的培育，首映礼已经成为网友们翘首以盼的时尚盛事，受到网友们的热议追捧，8 月 4 日五大卫视联合开播已成聚光焦点。

第三阶段：转。扩大内容营销的外延力道——关键词：突破自我

搜狐同步推出以“挑战职场无懈可击”为主题的《清扬在线——李晨战职场》脱口秀节目，该档节目充分诠释了内容营销外延的重要性。不仅是电视剧本身的内容植入才有价值，外延传播内容的打造一样是传播重点。《清扬在线——李晨战职场》对电视剧《无懈可击》内涵进行深层挖掘以深度展现品牌内涵，结合《无懈可击》剧情的热点话题，分主题全面张扬清扬无懈可击的精神，与植入电视剧中的清扬品牌理念形成呼应，强化并深化品牌内涵。该节目由著名节目主持人、搜狐娱乐《潮流实验室》主持人李晨担纲，他带领观众与职场专家交流，与《无懈可击》的主创团队一起分享 80 后一代的职场困惑，解决职场难题，搭建品牌与消费者沟通的精神桥梁，通过答疑解惑，最终传达“自信自我”的清扬品牌内涵主张。同步推出精心策划的“职场 36 计”，让观剧更有营养。搜狐娱乐频道的《NEW FACE》也推出《无懈可击》特别版，让观众全面了解剧中的俊男美女。《观剧日志》撷取每集精彩剧集和图片，吊足收看口味。

第四阶段：合。全面聚合营销落点——关键词：无懈可击

搜狐矩阵提供微博、SNS 等一系列 Web2.0 服务，如白社会制作互动游戏——“飞尘勿扰”；搜狐微博面向网友发起“清扬 48 小时挑战书”，如 48 小时内甩掉老板、48 小时内全英文对话等，围绕清扬品牌的四个核心理念，让网友在参与活动的同时深刻了解品牌内涵。“无懈可击——飞尘勿扰”互动游戏，结合《非诚勿扰》电视栏目的形式和《无懈可击》的剧情及角色评价，允许参与游戏的网友将剧中角色对自己评价的视频页面以多种方式转发给好友，以产生病毒传播的效果，增加网友的黏性，吸引网友在线观看电视剧。

可以说，首次作为联合利华的互联网重点营销平台，搜狐围绕《无懈可击》电视剧这一核心，充分利用了各种可控的媒体、活动、技术等多触点方式，采取连续步骤、多层维度、多元内容的整体规划，在宣传上实现了与电视剧播出的全面、无缝对接，从职场话题聚焦、互动话题讨论，到“清扬在线”脱口秀节目、“飞尘勿扰”互动游戏等，将品牌和节目的各类丰富内涵和元素展现并放大到受众面前，从不同角度增强了网络用户对电视剧及清扬品牌的认可度。

非常5+1全面开花，《无懈可击》旗开得胜

《无懈可击》的成功标志定制影视剧，告别“雷人”广告植入，开启全媒体营销的“动人”新模式。该剧在电视台取得火爆收视率，2010年8月1日开播后，该剧在江苏、安徽、天津等五大卫视的收视率始终直线上升，截至全剧播完，黄金时段平均收视率总和为2.41%，市场份额总和为6.4%，其中江苏卫视以平均收视8.2%的成绩占据省级卫视黄金档的头把交椅。

在网络播放平台上，《无懈可击》同样势不可挡。8月5日在搜狐高清视频开播，连续一周日播放量排名第一。同时，该剧也牢牢占据着各大视频网站的点播排行榜首位，网络累计播放总量轻松过亿。

第三方调研公司askform的数据显示，清扬品牌的认知度达到97.66%，远超出同期播出电视剧《丝丝心动》的赞助品牌；而且，94%的用户表示，相比过去提高了对清扬品牌的关注度；94.4%的用户表示在下次购买洗发水产品考虑选择清扬。

在上述网络整合营销活动中，我们看到，搜狐与清扬品牌携手本次的传播活动，通过“聚合落点”传播和对传播内容的创造性开发，已经成功实现了真正的内容营销的精髓，带领着中国电视剧接轨国际影视剧营销。清扬大胆地将自身企业文化融入到《无懈可击》的剧情中，让观众看到的不只是虚拟的故事情节，更是对企业文化的领悟。

专家点评：

植入广告本身没有好坏，而是取决于内容的贴合程度，巧妙的故事植入比起单纯Logo展示或者实物出镜效果要好得多。一贯喜欢进行自我突破的清扬并没有墨守成规，而是大胆地将自身企业文化融入到《无懈可击》剧情中，让观众看到的不是虚拟的故事情节，而是对企业文化的领悟。随着《无懈可击》在各大主流媒体的播放，清扬公司给观众的印象大大提升了。而且这印象，不仅仅是产品，更是清扬企业理念与精神和观众的第一次亲密接触。由认可清扬品牌，再到认可产品，让观众随着剧情深入牢牢记住清扬品牌及其特点。进一步拉近品牌与用户距离，收获巨大营销回报。

同时，影视剧要成为热门话题，需要通过媒体的全方位预热、讨论推波助澜，在这一点上，《无懈可击》团队也做到了无懈可击。

4. 雅诗兰黛，鲜活惊喜一触进发

如今的化妆品市场俨然已经演变成一个充满刀光剑影的江湖！各色化妆品的营销手段奇招频出，着实让人眼花缭乱，不知所措。而时下日益壮大的SNS社区，正让不少化妆品牌趋之若鹜，纷纷眼馋其庞大的访问量，打起了网络营销的主意。

一个账号畅游人人网，网络体验式营销

调研发现，时尚的白领女性在护肤品的选择上更趋理性。为了能买到真正实用和适合自己的商品，她们会在网络上做足功课。传统模式的时尚网站编辑推荐，各个BBS、Blog上时尚达人的使用心得固然必不可少，但身边朋友和姐妹们之间亲密的互动交流和讨论显得更为重要。网络，尤其是便于交流讨论的社交平台已经成为用户获取各种护肤品信息的重要来源。

一个账号畅游人人网与雅诗兰黛官网——直接邀请好友互动申领体验

正是看准了这一形势，国际知名品牌雅诗兰黛联合国内知名SNS社区人人网适时推出了“鲜活惊喜·一触进发”的活动。只要邀请好姐妹们一同参与抽奖，就能赢取雅诗兰黛明星产品“红石榴”系列的试用装和人人礼券，如果运气好的话，还能赢取石榴水的大瓶正装。简单的参与方式、现实的礼品回馈、聪明的SNS邀请、创新的CONNET官网连接技术，护肤品牌雅诗兰黛在悄无声息中成功实现了一次别出心裁的网络体验式营销。

红石榴献礼，邀请朋友一起试用吧

活动推出一个月，就在人人网上吸引了超过131万人参与，好友邀请数高达1 086万个，成功邀请好友10万多人。其中，近5 000份试用装在一天内被网友一抢而空，15万份人人礼券成功发放带动了明星产品“红石榴”系列的线下销售，惊人的效果让雅诗兰黛尝到了网络营销的甜头。

SNS社区聚集了大量在校学生和白领用户，强大的用户群体，真实的社交关系，良好的用户黏度，使得越来越多的化妆品品牌选择SNS社区进行网络营销。在校生和白领两大群体涵盖了高、中、低三档化妆品的消费群，年轻、有消费力、关注品牌、关注资讯是这类消费群的特点。SNS社区作为一种新鲜的网络形式，受众身份定位更加精准，参与性、互动性也很强。目前SNS社区有三种营销形式：硬广告、口碑营销、APP植入。当大多数高端化妆品还主要靠专柜进行销售、大面积平面广告笼络高端消费者时，雅诗兰黛选择了SNS社交网站，大胆地运用了最新技术、用户行为和传播机制，进行邀请式体验营销，取得了满意的效果。

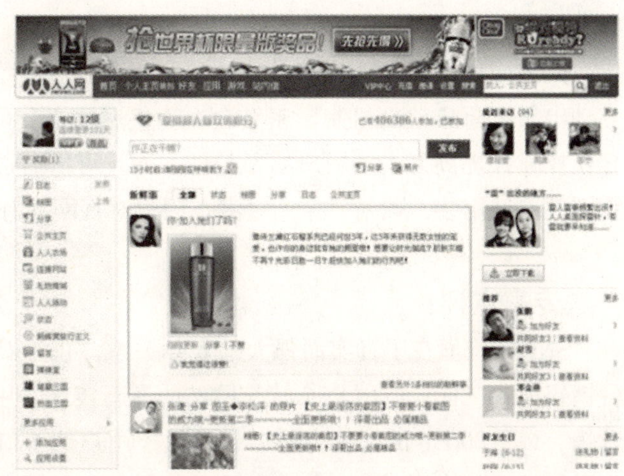

置顶官方新鲜事来提升本次申领互动的用户体验和口碑分享度

小世界理论带来的羊群效应

SNS社交网站充分发挥了消费者的自主传播能力，形成线上了解品牌、体验产品、分享意见、线下购买产品的成功联动。

与其他营销方式相比，SNS的优势主要在于，网友数量庞大、流量大和网友身份真实。此外，网友对SNS社区的从众心理也让其网络传播力度不可小觑。口口相传的网络、各种转帖……很容易让有共同喜好或话题的人（同学、同事、朋友等）在SNS社区中出现羊群效应。其迅猛的传播速度、精准的受众，正是化妆品企业所看中的。

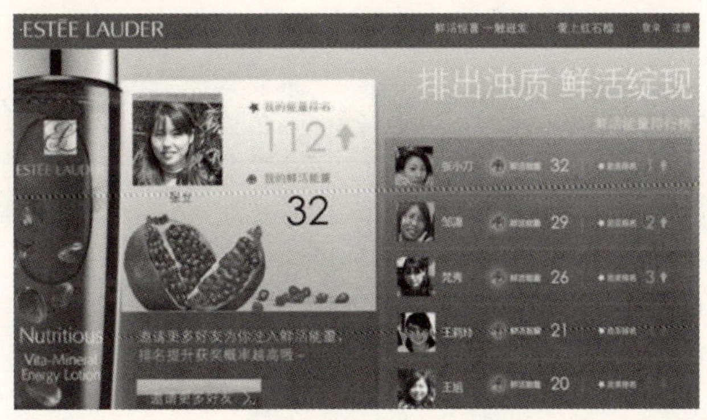

通过分享排名来激励用户的分享动力

借助SNS通路提升官网人气

面对化妆品市场的激烈竞争，雅诗兰黛更期望通过与目标消费者的深度沟通来提升其在年轻目标群体中的品牌偏好度。虽然官方网站能全面展示产品资讯和品牌新闻，但由于官网的访问量和注册量不足，加上现在年轻用户更喜欢随时发表评论、与朋友分享心得、更方便地将喜欢的产品推荐给好友等，这样官网在实现与用户的深度沟通上就显得有些捉襟见肘。

人人网独特的人人连接技术为雅诗兰黛解决了官网面临的窘境。使用人人连接技术，互动申领页面与 SNS 机制紧密结合，不仅邀请好友可以在活动页面“选择好友”下拉单中轻松操作，提高人人网用户的参与性，而且可以通过页面的直接跳转轻松实现到雅诗兰黛官网领取试用装，顺利引导大量潜在用户对官网的有效访问，提升了官网的人气。

专家点评：

SNS 的价值在于真实而强大的人际关系。正是看中这点，雅诗兰黛突破传统广告和柜台销售模式，创新运用 SNS 社交网站的最新技术、用户行为和传播机制，采取邀请式体验营销，以 5 000 分试用装为诱饵，吊足了用户的胃口，广大校内疯狂转发、分享，形成线上了解品牌、体验产品、分享意见，线下产生购买的成功联动，可谓一箭双雕。

有人会质疑，人人的用户是否适于雅诗兰黛高端用户群体？事实表明，这个担心在网络上完全是多余的，因为网络上有着四通八达的便捷通路。禁不住诱惑的人人用户最适于作传播的种子，因此，以人人为突破口，采取论坛、社区、官网等齐发力，雅诗兰黛的良好口碑被消费者带到了网络的各个角落。

5. 吉列锋速 3，情感妙计下的高效互动

宝洁公司旗下的吉列品牌于 2010 年春节发动市场传播战役，由颇受年轻人喜爱的体育明星林丹作为新的代言人进行演绎。该品牌所要针对的目标人群获取信息的主要媒体已经从电视逐渐开始转移到互联网。如何精准抓取电视 TVC 无法覆盖的人群，是品牌推广的重大挑战之一。

友情、爱情、亲情“妙计”，深度品牌互动

吉列锋速 3 品牌配合全新电视广告的播出，同时推出了活动网站，邀请消费者注册，并写下自己的友情、爱情、亲情“妙计”，配合发放淘宝 10 元抵扣券。如何改变电视广告单向沟通的特性，使消费者与广告互动，深度参与到品牌活动中去，这成为未来广告的发展趋势之一。

以友情、爱情和亲情为情感纽带的情感战役，在博得消费者情感认同的基础上，通过活动官网将个人情感共鸣转化为群体情感分享，最后在实现情感分享的基础上通过电子商务将情感分享转化为情感奉献，最终达成销售。这一完美的情感妙计最终将品牌内涵传播诉求转化为产品销量诉求，在不知不觉中实现品牌增值。

鱼和熊掌不可兼得，说出你的情人节妙计

针对吉列锋速 3 的所要针对的目标人群特征（80%的目标人群为 18~35 岁的男性；20%的目标人群为 18~35 岁的女性），分析并选择不同的媒体子网络进行全网络广告投放，以补充电视广告所未能达到的覆盖面，达成精而广的营销模式。

男性网络方面选择了高质量的游戏、体育、财经、IT、新闻与汽车子网络，选择的媒体有环球网，虎扑体育，央视网，太平洋游戏网等；女性网络选择美容时尚与娱乐子网络，选择的媒体有太平洋女性网，时尚网，瑞丽女性网，MSN 娱乐频道及土豆网等。

利用所针对的目标消费者的两个不同人群所打造的两组不同诉求点的创意“和她过，

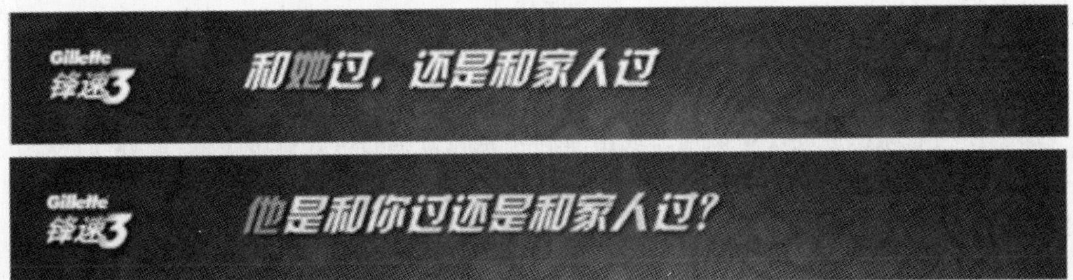

还是和家人过?”“他是和你过还是和家人过?”，分别在选择的男性网络上与女性网络上进行投放，这样可以第一时间与其对应的目标消费者进行沟通。

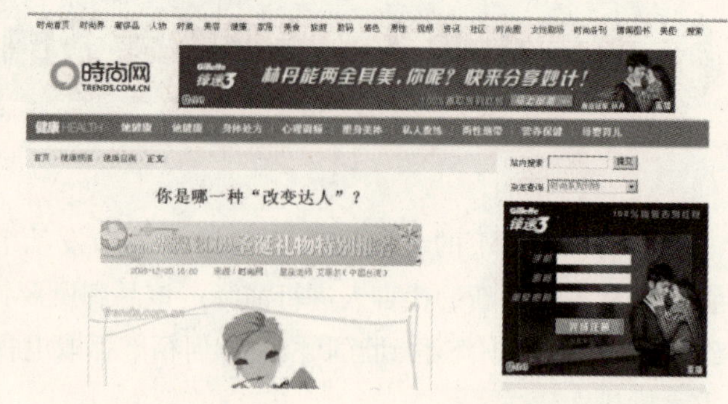

同时，通过互动 Banner 实时互动，请网友分享自己的情人节妙计。用户在广告位输入手机号码进行直接注册，即可通过手机即时接收到淘宝 10 元抵用券的短信。广告位的互动降低了用户通过点击广告位到活动网站的流失率，广告位和手机之间的无缝整合加深了用户体验，使参与活动的用户注册数最大化。

在投放上，利用地域定向的技术手段，仅针对主打城市进行广告投放；利用创意轮播的技术手段，使消费者按照广告主希望的顺序依次看到不同的广告创意；利用广告播放频次控制的技术手段，使每个消费者每日仅能看到 3 次吉列广告，以减少广告印象数浪费，并使广告活动效率最大化。

配合广告投放，通过实时监测不同媒体、广告创意、广告形式的表现，进行实时的媒体、创意和形式调整，最大化广告效果，使广告点击效果在投放过程中始终表现优秀的上升趋势。

投放后期，通过收集点击广告的用户 Cookie，用户在广告位注册的手机数据，用户点击到活动网站的注册信息等，为下一波的互联网广告投放做准备。通过分析用户信息，了解用户对品牌或产品的认知度、偏好度和购买倾向，从而在之后的活动中进行有针对性的投放，实现广告效率最大化。

制造热点话题，引发全民热讨

资深心理学顾问兼时尚杂志专栏作家徐莉说：“如何平衡家人与恋人之间的关系已经越来越受到 80 后年轻人的关注，而今年（2010 年）大年初一和西方情人节恰好在同一天，情人节陪谁过成了热议的话题。而商家就是利用了时下年轻人的困惑，在互联网上通过发布情人节陪谁过的话题，引发全民探讨并上传妙计，群策群力共同解决问题。”吉列锋速 3 本次网络传播很好地借助了这一双节冲突，制造网友关心的话题，引发关注。同时，采取明星效应，加深网友对产品的感情认知。

那个在羽毛球场上进攻意识强、攻击犀利和充满力量的矫健身影是谁？那睥睨众生、张扬自我、个性十足的人是谁？没错，他是林丹，千千万万粉丝眼中无与伦比的“超级丹”。2008 年北京奥运会过后，林丹在人们的视野中逐渐变得日趋稳健。正值职业生涯的黄金阶段，被选为吉列锋速 3 代言人，与费德勒、亨利这些世界级冠军并肩。

林丹"赢得珍贵时刻——吉列情人节宣言"系列广告在各大视频站点与网友见面，广告中林丹身着风衣、英气逼人，在大街狂奔，追逐女友，深情表白、浪漫求婚，最终有情人终成眷属。《林丹拥抱 NG 万次吉列视频广告花絮曝光!!》、《2010 新春情人节，寸爷们才是真男人》等视频被网友不断地点播与分享，林丹在视频中的不俗表现引来网友热议。

同时，西祠胡同、新浪博客、搜狐社区、天涯社区等主流知名论坛都转载报道了此次活动。网络社区中《林丹传授情人节"赢"秘籍——吼出男人求爱宣言》、《喊出你的"誓爱"宣言，赢取吉列锋速 3 大礼包!》、《林丹拍广告一天用完 20 年拥抱，狂奔向美女说求婚宣言》等帖子引起网友热烈讨论与关注。西祠胡同网友："前两天在网上看到吉列的广告，听说现在去注册还能拿淘宝抵用券？是真的吗?"搜狐社区网友："我正发愁今年这个情人节应该怎么过呢！正好看到吉列这个活动……"天涯论坛网友："这两天不仅在电视上能看到广告，在网上也常看到吉列的广告啊。原来超级丹也是演技派的哦，看不出来嘛!"新浪论坛网友："听说林丹很注重形象的呢，呵呵，比赛前都要刮胡子的，以最完美的形象呈现在大家面前嘛，他的球技也最让我们折服，喜欢林丹。"

活动上线 2 周后，各个指标的数据表现均可圈可点。广告投放总 PV 达到 950 余万，广告投放覆盖总 UV 为 500 余万，广告点击次数超过 10 万，在广告位注册及点击广告到网站注册的人数为 1 000 多人。林丹代言的吉列锋速 3 也随之深入人心，受到用户的热捧。

专家点评：

该案例很好地诠释了互动营销，尤其是在促进消费者行动上。例如利用手机号码即可注册并拿到淘宝 10 元券是一个很方便又快捷的做法。同时也利用科技给客户带来定点投放，减少浪费，这些都是营销人一直梦寐以求的与客户直接接触的手段。

从实际效果看来，广告的点击次数很不错。但网站上注册人数只是 1 000 多人，转化率不算特别高。会不会是 10 元太少?或者是广告点击数重复点算所致。吉列如果有跟进方法，例如让发表了意见的人群换领奖品,并跟踪淘宝抵用券的使用情况，可以造成基准，协助评估日后的同类型活动。

友情、亲情、爱情都是大家爱谈的题目，但可能有些用户不一定想到与吉列锋速 3 的关系，需要在文案和创意上加强和品牌及产品的关联，让效果更明显。

6. 欧治 OXY，创意视频引发无限关注

欧治 OXY 是属于曼秀雷敦旗下的男士护理品牌，正于日本热卖，曼秀雷敦 OXY（欧治）男士护肤系列于 2009 年正式登陆中国大陆，旗下包括 7 款产品。

欧治 OXY 作为中国市场上服务于年轻男士的化妆品新品牌，如何在激烈的市场竞争中快速提升品牌知名度和影响力以及以低成本投入带动产品销售，成为营销传播中的关键问题。在综合评估目标受众的网络媒体接触习惯和使用特征后，结合网络视频的超强互动和年轻男士的创意制作能力，推出了追女秘技创意视频的营销活动。

追女秘技大公开，从此没有追不到的女生

本次传播以年轻男生去油光的洗面产品为载体，拍摄追求女生不同秘技的创意视频，使产品信息点与视频情节巧妙结合、避免硬性广告植入的做法，受到目标群的高度关注。本次传播以时尚、青春、有趣为营销理念，将欧治 OXY 的产品特性与视频展示内容有机融合，期望用户在观看视频的基础上逐步认同欧治 OXY 的营销理念。

此次营销活动重点是带动欧治 OXY 的品牌好感度，拉近与目标用户群之间的距离，达到产品传播语“有了 OXY，清爽无油光，没有追不到的女生”在目标群中的广泛认同。在视频创意中，要求参与活动的男性网民以年轻受众感兴趣的追女故事情节为基础，拍摄制作 4 部不同类型女生追求方式视频，剧中巧妙植入欧治 OXY 的产品信息，在土豆网及其他媒体上进行病毒式传播。同时激励土豆网网友转发视频及参与扭蛋机互动抽奖活动。

除此以外，在具体的拍摄过程中，还可以拍摄与不同类型的女生相对应的男生应采用哪些不同秘技追到手的创意有趣视频，带动目标群关注“有了 OXY，清爽无油光，没有追不到的女生”（“爆！破！索女盟教你如何追女”，“学妹系教你如何追女”，“潮人派教你如何追女”，“御宅族

教你如何追女”）等创意主题。

营销效果与市场反馈

本次营销活动中，征集到的 4 集节目获得总播放量高达 1 285 891 次，赢得广大用户的肯定和支持。扭蛋机游戏互动活动，也获得网民的积极参与，专题页面访问量为 2 433 391 人次，互动参与人数达到 9 782 人次。在历时 1 个月的推广期内，通过硬广 + 内容式推广的密集投放，加深了产品在受众间的记忆，提高了产品知名度。活动硬广总曝光为 964 691 521 次，硬广总点击量为 2 548 597 次。

欧治 OXY 的营销案例充分利用了网络视频是年轻人所钟爱的网络服务的特点，通过简短的视频创意内容表达欧治 OXY 品牌内涵和传播诉求。恋爱作为年轻人学业之外的生活主线在视频中被充分表达出来，将欧治 OXY 洗面产品对男性个人魅力的塑造和展现结合在其中，在产品诉求表达的基础上圆满演绎了年轻人追求爱情和美丽的元素。这一点也是该营销案例成功的主要原因。

结合互联网应用的深入，在不同的发展阶段与主流服务相配合推出合适的营销产品，是该案例留给广告界的最大价值。纵观 2010 年的主流互联网应用，开心网游戏、新浪微博和团购服务成为三大亮点，其中也蕴含着巨大的广告价值。对于广告主而言，大胆使用新的营销媒体和广告形式，或许是创新营销效果的第一步。

专家点评：

男女都是为悦己者容的，品牌选择了一个恰当的信息去接触目标受众。语言生动,配合不同视频，软推产品，又有促销活动支持，洋溢了一片青春气氛。2.0 的互联网时代注重参与及分享，广告语，视频及促销形成了很好的话题性，与产品的最终利益息息相关。是一个很好的“方法——结果链 Means—Ends Chain”的示范。

在效果评估方面，除了一些曝光数字以外，可以加入促销方面的手段去跟踪真实的购买情况。更容易看到不同视频、话题以及网站带来的效果，也为下一次的推广计划提供更准确的数据。

7. 兰蔻小黑瓶掀起全球基因保养热潮

作为欧莱雅集团旗下高档化妆品的领导品牌，兰蔻一直是行业的佼佼者，其官网的电子商务运作也是成绩斐然，表现可圈可点。以“正品保障”，“超值套装”和“免费送达”等卖点受到消费者的认可和好评。

高端化妆品品牌的网络传播难题

1935 年，一朵含苞欲放的玫瑰在法国诞生，它就是来自法国中部鲁瓦卡河畔兰可思慕城堡的化妆品品牌——兰蔻。彩妆大师阿曼达·珀蒂（Armand Petitjean）做了一个华美的梦，梦的开端有一席厚厚的玫瑰铺就的地毯，因此，玫瑰成了兰蔻典型的标志。

作为领先的高端化妆品品牌，继 2004 年网络互动游戏《爱情玫瑰让昨日重来》成功之后，兰蔻因为看到互联网的潜力，不惜以重金投入到网络营销，从社会化网络媒体到网络视频……造就了兰蔻今天在网络上的盛放。

兰蔻在 2010 年上半年推出优质礼盒套装——兰蔻“小黑瓶”精华肌底液，希望借助网络优势覆盖全国各级市场，在线完成订单和销售。该产品面对的人群是全国范围内 25～45 岁的女性网民，她们具有高学历及高收入。因为该品牌和人群的特殊性，在传播过程中至少需要突破三个难题。

难题一：在兰蔻官网（www.lancome.com.cn）流量和用户相对稳定的情况下，如何更好更快地吸引新的用户尝试网络购买，最终在销售总量上取得几何式突破？

难题二：高端品牌相对人群受众较少，常规 CPC，CPM 式大面积网络投放，无疑造成很大的浪费和低水平的 ROI，面对细分高端人群的精准定向如何实现？

难题三：在电子商务以销售为目标的状况下，大多数电商习惯于低价促销疯抢，如何兼顾兰蔻品牌形象，不在创意上表现“打折”和“低价”等敏感信息，而又吸引消费者的眼球而达到广告销售的最终效果？

兰蔻小黑瓶聚万滴，基因保养一触即发

为了使产品迅速在用户群中传播开，兰蔻选择了以便捷、迅速、互动性强为主要特征的瑞丽新媒体作为传播的主要平台。首先，在瑞丽女性网的平台上，通过社区发炒作贴，从不同的角度来教

育受众基因保养这个概念，例如：懒人护肤法（强调肌肤底子的重要性），新娘美妆（突出兰蔻的高端奢华品质），代购（影响诱发购买），瑞丽美容编辑法国血拼实录（制造领袖意见），另外还有其他媒体转载瑞丽的帖子，增大了曝光率。如上所述等口碑传播引发了网友自发宣传，产品在广告宣传曝光前就达到万众瞩目的效果。通过网络炒作的预热，积累了受众对产品的期待与饥渴，为正式进行广告推广做了很好的铺垫。

同时，以权威性和导向性著称的瑞丽期刊群为辅助性平台，构思了多种创意性的传播机制，如：利用街头采访的趣味视频吸引关注并鼓励网友转发；邀请网友创新并分享新鲜有趣的使用方法；邀请朋友为自己“滴瓶子”以赢得产品使用机会等。以上所有的创意性传播最终目的都是将受众引导至官方购买网站，加入“小黑瓶”的订购名单。

其中，“滴瓶子”凭借其简单、参与性强等特点，以网友之间自发的一传十、十传百的病毒式传播速度，仅在活动开始前 3 天便聚集了超过 1 万多名的注册用户，这个队伍在后续活动中不断增长壮大。3 周内，有 7 万多网友为申领“小黑瓶”在 www.future-skin-care.com 网站上进行了注册，将近 4 万份产品试用装被网友申领一空。其中排名第一的网友共邀请了 2 万多名好友为自己“滴瓶子”！截止至活动第 50 天，官网完成了 2 万瓶价值 780 元人民币的“小黑瓶”的订购纪录。在得到广大网友口口相传的基础上，兰蔻进一步收集网友的使用反馈，并将这一部分网友进一步吸引至产品官方网站，进行更深度的品牌互动，超过 3 万名网友在网站上写下了钟爱小黑瓶的 N 条理由。

瑞丽旗下《服饰美容》、《伊人风尚》、《时尚先锋》3 本女性时尚杂志，在推广中充分发挥了实用、全面、权威的传统优势，一方面配合线上的话题性报道，一方面竭尽各种创意之所能为产品量身打造恰到好处的呈现形式。杂志为配合线上万人抢购申领“小黑瓶”的盛况，进行了多角度的创意性策划和报道，并附以关于基因话题的热议、海外基因话题风潮等的内容，如《兰蔻小黑瓶效果真神奇，在哪里能买到它?》、《国外美肤最前沿：人气 N0.1 的神奇小黑瓶》等，在本身就热爱时尚、关注潮流的瑞丽忠实核心读者群体中产生了强大的宣传效果和号召力，使更多的读者加入了万人申领和在线订购的队伍。线上、线下的内容真正成为了 360°互动的整体。

精准营销 +360°整合互动策略

运用网络营销技术平台，将精准定向投放和即时效果优化集于一身，针对兰蔻用户接触的网络渠道，如瑞丽女性、兰蔻官网，玫瑰社区等内容关联度高的女性垂直网站，采取精准定向技术，通过时间定向、地域定向、创意定向、频次控制、行为分析、消费者重定向等技术手段，保持动态数据库更新，采用即时监控的技术，针对目标人群的行为轨迹进行实时策略调整，提升整体 ROI 回报。

通过深度解析，了解到消费者工作日和休息日有不同的浏览习惯，点击与订单关系存在不对称性，不能单纯通过提高点击率来提高订单量。而且消费者的思维方式具有复杂

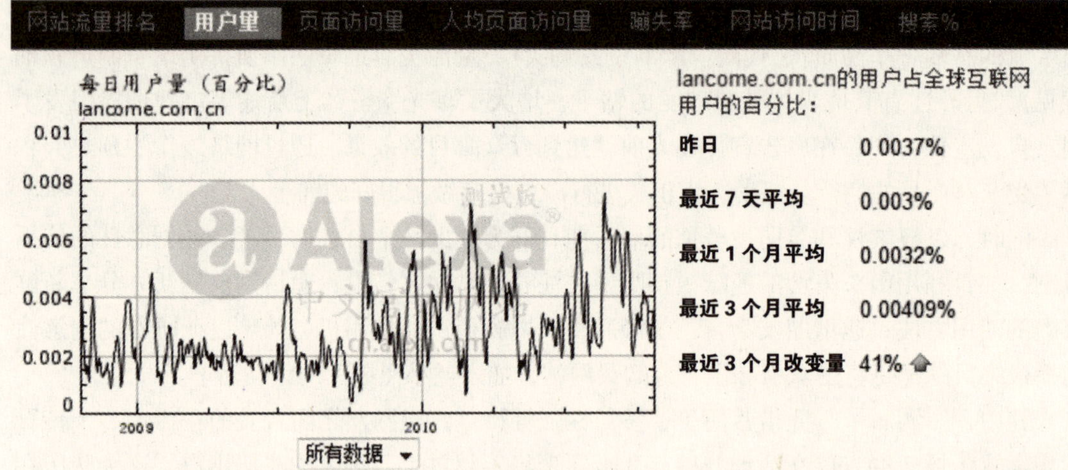

性，往往单次点击无法一次性完成对消费购买行为的引发，消费者随后还会出现在门户网站、垂直网站和搜索引擎等不同互联网媒体，所以对于处在不同阶段、不同需求的消费者，需要利用重定向技术引导用户回归，采用多组创意表现，在网络接触各阶段有针对性地进行定向投放，再配合合理的地域选择、流量切割和多次沟通后才能最终完成消费者的订单转化。

本次活动利用瑞丽女性整合营销、跨媒体有机互动获得了非常成功的口碑传播。整个过程以新媒体为前奏来完成病毒式传播，继而以平面期刊群为主舞台来塑造产品形象，再从平面杂志回到互联网进行深度互动，中间千丝万缕的联系完成了不同媒体受众的相互转换，并通过一系列线上、线下的体验将用户最终吸引至官网购买平台。从话题性的炒作，到产品形象的塑造，瑞丽期刊群同新媒体的线上、线下推广环环紧扣、有机互动，各种新鲜有效，富有创意性的手段及表达方式，使此次产品推广高潮迭起，帮助数万名读者完成了“听说 - 认知 - 传播 - 体验 - 决定购买 - 分享”的通路，使“小黑瓶”在瑞丽读者中不断保持可见度和话题热度。

其次是用户资料的整理与积累，为下次活动做准备。通过收集点击广告的用户 Cookie，用户在广告位注册的手机数据，用户点击到活动网站的注册信息等，为下一波的互联网广告投放做准备。通过分析用户信息，了解用户对品牌或产品的认知度、偏好度和购买倾向，从而在之后的活动中进行有针对性的投放，实现广告效率最大化。

神奇小黑瓶成人气名人，遭网友热抢

通过有效的用户管理，创意的优化调整，结合系统的技术定向和精准定向可以比非定向的常规投放订单转化率提升近 10 倍。基于互联网的特性，结合技术优势，使 CPS 营销成为可能，因此客户广告推广的每一分钱带来的效果都可以实实在在地看得见。精致创意有效地将目标受众引到互动页面，活动上线 3 天即达到了 25 433 人次参与转发。钟爱小黑瓶的前10名获得小黑瓶正品，其中排名第一的已达到26 090滴。

并非只有大众型客户或者品牌推广才能使用门户网站，高端小众奢侈品通过精准定向同样可以使用大型门户媒体，合理控制ROI。电商客户进行网络营销不是只能使用“打折”、“低价”等促销牌，利用深入的消费者洞察和细分，掌握用户特性一样可以保持品牌形象，提升品牌偏好度。求购帖与血拼帖分别吸引2 000多和1 500多人次浏览，通过网络平台，有效建立了受众对兰蔻品牌及对小黑瓶的认知度。在百度等主流搜索引擎中键入“小黑瓶”，即呈现“赢取小黑瓶”和“兰蔻小黑瓶”等相关搜索，并且相关网页大概有40 600篇之多，可见广告信息的覆盖效果非凡。

互联网作为一个快速发展及成熟的媒体平台和技术工具，基于消费者心理与行为的分析体系和跟踪机制，在不侵犯消费者隐私的前提下，兰蔻案例通过科学的多次展示和有效传播，提高了最后一次购买行为转化的可能性，也验证了多次广告展示的价值及促发最后购买行为的通路。

专家点评：

透过该案例可以看到品牌在了解消费者的过程下了很多功夫。互联网对营销人员最大的贡献是可以很细致地在思考及购买过程的每一个节点加入消费者在当时最需要的数据，不能硬销但可以影响目标群体的决定。通过对该目标客户的背景了解，还可以细分成不同的小群体。按照她们的需要和喜好选择不同的赠品、折扣或其他优惠，减少营销成本的浪费，同时把回报提升。

像个案里面说的，个案同时说明单一网站已经不能打动消费者，她们都习惯在不同的网站找资料，引证不同来源的真确性，营销人员也要跟着做出改变。根据同样的理由，兰蔻在未来也可以联结其他的名牌做活动，扩充接触面，也在更大程度上满足客户的要求，使自己网站的“黏性”更强。

8. 寻找时尚“街拍麻豆”，可伶可俐绝对模特大赛

作为青少女护肤领军品牌，可伶可俐的目标消费群体是大家热议的90后，面对这样一群对什么东西都“3分钟热度”的孩子，可伶可俐的挑战是：怎么样才能抓住她们转来转去的挑剔目光？结论是，这需要一个好玩又有趣的创意！一个轰动的话题！

追随目标人群，转战互联网

互联网正在成为人们尤其是90后获取信息、进行社交甚至完成生活、工作职能的场所。品牌与目标人群的沟通手段必须以目标人群喜爱的形式进行，才能促进整体的传播效果达到最佳。可伶可俐的新产品深层控油洗面乳的目标人群是12~24岁的青少女，以90后的女孩子为主体，她们喜欢去尝试新鲜的事物，喜欢在网络社区中和朋友联系,更喜欢大胆秀出自己。为了和这部分人群进行一个有效地沟通和互动，宣传新产品和可伶可俐品牌形象，可伶可俐选择互联网——这个目标受众每天要花3～8个小时甚至更多时间在上面的地方。

迎合“爱秀”心理，选拔时尚“街拍麻豆”

如何调动起目标人群参与的热情与积极性呢？很显然，90后是一群难以琢磨的孩子，她们爱美、爱秀、爱玩，乐于拍照与展示照片。可伶可俐想到了时尚杂志《mina 米娜》，如果成为杂志的“街拍麻豆”，或许是对这部分人群最有吸引力的一个奖励。

于是，可伶可俐和时尚杂志《mina 米娜》合作举办“R U ready 绝对模特大赛”，选拔优胜选手作为《mina 米娜》的“街拍麻豆”。用户通过在活动站上传自己的街拍照片进行参赛，最终按照人气值（页面浏览量）、票数和评委团建议综合评价选拔出10名优胜选手，在上海与“明星队”进行趣味竞技，并最终选拔出冠军作为绝对模特。

在宣传推广上，根据不同的网站的受众特点，进行不同形式广告的投放。除了专门宣传“R U ready 绝对模特大赛”的网络广告投放之外，可伶可俐还投放了另外三只广告。这三只广告同属“夏日清爽自信绽放”系列，形式、诉求和表现形式各有特色。依据

行为定向和内容定向的双重衡量，在网络平台中，瑞丽女性网、pclady、闺蜜网、妆点网、YOKA时尚网等网站比较适合可伶可俐新产品的投放（这些网站的主要目标受众都是年轻女性）。再根据不同网站的受众行为特点，在不同网站投放不同的创意广告形式，以迎合不同网站受众的差异性。

广告1：联动广告

在广告语“想无油无虑过一夏?”后，画面展现出一粒大米，把油光吸净，顿时众多米粒跳出，画面打出“净肌米”3个字，突出新产品特性，“8倍吸油力，8小时无油光”使受众了解产品强力吸油特点。

瑞丽女性、pclady、闺蜜网这类网站受众主要是女性，而且一般offic elady较多，因此投放形式是联动广告，突出产品特性，以特点来吸引受众。

广告2：疯狂广告

这是和杂志《mina米娜》的合作，画面展现摄影师街拍年轻女孩，广告语打出“你准备好当无油街拍麻豆了吗”，“快和好友上传街拍照”，杂志打开，闪现出杂志上各种街拍照片，“可伶可俐捧你当米娜麻豆”展现年轻女孩自信街拍，从而吸引年轻女性受众。

在妆点网、名品网投放的是疯狂广告，这类网站女性受众更加年轻化，广告投放主要突出杂志模特大赛活动，吸引年轻女性受众注意力。

广告3：扩展视频

通过杂志街拍照片，引出可伶可俐新产品，米粒跳出，碰撞出产品特点“净肌米精华”，加上吸油演示画面，打出广告语“8倍吸油力，8小时晶透无油”，推出新产品画面。最后画面回到杂志街拍照片上，并打出“绝对模特”广告语。在突出产品特点的同时，吸引年轻女孩受众。

在YOKA时尚、PPLive投放的扩展视频广告形式，这类网站比前两类网站受众范围更大，更具有综合性，因此用于投放扩展视频，既结合了产品特性，又展示了杂志活动，实现了吸引目标群体注意的目的。

媒体联动，扩大活动影响力

线上针对年轻女性目标群体选择女性受众网站进行可伶可俐新品洗面奶的广告投放，吸引了众多年轻女孩的注意，达到强针对性、直达目标受众的良好推广效果。

同时，可伶可俐与《mina米娜》合作举办的“R U ready绝对模特大赛”活动，从开始到最终的决赛选拔全程都有媒体跟进报道，而传统媒体的跟进报道进一步扩大了活动的影响力。尤其《mina米娜》杂志本身的时尚号召力，对于可伶可俐的品牌传播和产品销售更是起到了推动作用。当这些优胜女孩出现在《mina米娜》杂志上时，目标人群对于可伶可俐新产品的好感度又进一步增加。活动开展的2个月内，产品销量大幅上升37%，最终本次活动赢得了中国艾菲奖铜奖。

专家点评：

线上与线下是两种截然不同的推广模式，在营销圈掀起阵阵波澜，广告主也经历了一个反复调整的试水过程。事实表明，真理往往是在成功与失败不断交替上演之下面世的，线下弊病明显，但不可或缺，线上充满诱惑，但并非万能。因此，可伶可俐此次将线上和线下推广双剑合璧，以选拔时尚“街拍麻豆”为爆点，通过线上的影响力激活线下活动的开展，不仅仅提升了品牌的知名度，也成功抢滩了产品市场。

9. 杰士邦日全食营销，“雷”并快乐着！

2009年夏，太阳和月亮在苦苦等待了500年之后再次相聚了。此次相逢吸引了众多地球人的眼球，而营销人也开始琢磨如何利用这次难得的机会实现借势营销。毕竟，如果错过这次日全食营销机会，还要再等500年！奔驰、马自达、露得清等品牌的出手中规中矩，而世界最大的乳胶产品生产商Ansell Limited旗下的安全套品牌杰士邦的营销却异常生猛，很可能把人雷得外焦里嫩，不过相信一定是雷并快乐着！杰士邦日全食营销综合使用了事件营销、漫画营销、硬广、IM营销、图片病毒营销、口碑营销等多样化的网络手段，全方位地构建了网络整合营销体系。

国人对日全食兴趣浓厚，但是除了专业的天文爱好者，普通人并不了解全面的观测日全食的专业知识。正当大家在寻寻觅觅各种观测日全食的宝典时，知名动漫明星PP猪的一套活泼又“可恶”的PP猪日全食观测傻瓜攻略成为了网络追捧的热点。肥嘟嘟的PP猪用漫画形式，详细生动展示了日全食观测的正确方法、错误方法、相关工具以及注意事项，全面满足了一个普通人的观测需求，解决了观众的当务之急。而漫画最后一格，正如郭德纲相声的“包袱”一样，顽皮的PP猪正拿着杰士邦最新产品观测日全食，让人忍俊不禁。但在网民们哈哈大笑之时，却正中了PP猪和杰士邦的埋伏。这正是PP猪漫画为杰士邦日全食网络整合营销打响的漂亮第一枪。

漫画营销，携手动漫红星PP猪

IGA硬广告，自己长脚

在日全食发生的前两天，天涯、猫扑出现了Banner广告“为什么会发生日全食”，一句话就抓住了网民的眼球。随后运用网络互动游戏的形式来让网民体验用杰士邦制造日全食的惊喜快感：用鼠标移动杰士邦去套太阳，而太阳像个顽皮的小孩，四处躲闪，终于太

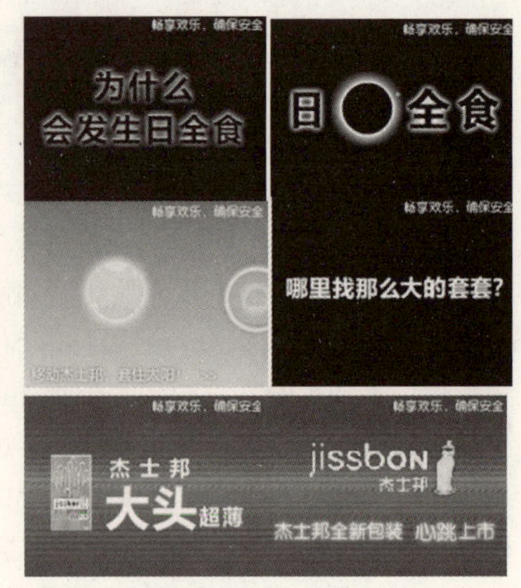

阳落网了。画面黑了下来，日全食发生了……IGA游戏植入广告的运用，激发用户来参与广告互动。如此“香艳”的创意，受到网友的热烈欢迎。

为什么硬广投放平台选择在天涯与猫扑？因为两者的文化属性更草根化、开放化、自由化，更容易激起网友们的共鸣。更有趣的是，这则硬广告竟然还自己长了脚：在天涯和猫扑的投放之后，竟然不少网友为了能长久体验，在博客或者论坛上大量转贴这则广告。而一些网站也为了能吸引点击量，也主动做了免费转载。作为硬广告投放，都是通过媒介购买方式实现的，而这则硬广竟然大受欢迎，获得免费、主动转载，究其原因是嫁接了全民热点日全食，并且创意诱人，网民和网站发自内心的喜欢。或许这带给营销人一个启示，优秀的创意完全可以撬动传播！因此说，营销人应该把更多的精力放在内容生产上，要相信优秀的内容是不愁嫁的。

IM 营销，表情也疯狂

在有重大事件发生后，IM 群组是网民们聚居并发生热烈讨论的另一个根据地。所以杰士邦也延伸硬广告的创意，设计了一系列恶搞 IM 表情。选择众多 IM 群组进行广泛地投放，诱发了网友的主动传播与讨论。

恶搞图片，诱发“类凡客体”病毒

PS 恶搞图片是深受网民们喜爱的另一种全民运动形式。针对杰士邦与日全食的联姻，杰士邦设计了无厘头的恶搞图片作为晶种，在网络上释放。这些晶种激起了网民们的热烈关注，并引导网友们自发 PS 杰士邦、日全食相关主题的图片，诱发了一次类似“凡客体”的 PS 恶搞大战。无数个渺小的草根加入，却聚合成长尾，释放出强大的 UGC 用户生产内容的力量。

用户对营销事件的参与大大强化了品牌在其心目中的烙印。

口碑营销，讨论这则广告！

该案例投放后，引起了网民的热议与讨论，成为了日全食期间的最大热点之一。杰士邦顺势利导，在各大论坛推波助澜，继续推动口碑热潮，甚至天涯等知名论坛首页加精、置顶了网友讨论热贴，利用网友的参与，达到了极大的关注度和最佳的 ROI。

现在的网络经济主要表现之一就是娱乐经济，恶搞、娱乐新闻传播得最快。杰士邦把创意发挥得淋漓尽致，连“日全食”也让它彻底地恶搞了一把。虽然杰士邦的这些创意大胆出位，初见时让人惊得合不拢嘴；但从网民反应的效果来看，此类文化大受欢迎。所以说，网络营销，可以玩得更野一些。当然前提必须是在道德许可范围内。

专家点评：

“杰士邦大头超薄，你说行不行？”“日全食，哪里找那么大的套套？”“史上最隐晦的广告”“杰士邦，你妈妈叫你回家吃饭！”恶搞的网络话，日全食的借势，使得杰士邦日全食营销在网络上病毒式传播开来。

生猛的创意，恶搞的手法，娱乐的元素，网络媒体的选择，草根群体的广泛发动，让我们不得不折服杰士邦创意团队的优秀网络才华。

如果未来的广告都是这种让我们的草根看了大呼过瘾的创意，相信我们的受众会争先恐后地充当传播志愿者，而不是对广告避之唯恐不及。不过，这种生猛的恶搞适合有点顽皮的杰士邦，并不适合所有的广告主。广告主需要寻找契合自己品牌的优秀创意。

第五章 汽车交通类

不要试图折中。在充满选择的世界里，没有人能做出最佳的选择。在网络的世界里，没有人会选择孤立。在透明的世界里，人们会避免欺骗。

——《肉丸冰淇淋营销学》

汽车网络营销，驶向未来

汽车行业的网络营销真正起步是在 2003 年。当时非典肆虐中国，很多汽车经销商门可罗雀，而这期间互联网适时发挥了重大作用，越来越多足不出户的消费者将互联网看做是最主要的信息来源渠道，他们通过互联网了解汽车的详细信息，查找相关评测文章，甚至提交试乘试驾及预订的需求。同时，2003 年汽车行业“井喷”式的发展后，中国汽车市场已进入狼烟四起、群雄逐鹿的“战国”时代，4S 店营销模式的经营成本高，难以建立反馈机制，售后服务满意度低等问题逐渐暴露。

可以说，汽车与网络有着天然的联姻，这里有四个原因，第一是汽车商品本身的复杂性和高价值，中国很多消费者对汽车不够了解。消费者在购买中非常谨慎，需要做大量的查阅。而网络媒体的海量信息空间，既消除了消费者的购买疑虑，也消除了消费者与商家之间的信息不对称。第二是网络媒体的特点，比如说主动阅读、表现方式多样、互动性和超大的信息存载量，可以全面演绎和彻底展示产品信息。第三是中国目前网络媒体受众的收入水平普遍较高，与汽车消费人群高度重叠。这种媒体和产品之间的高度联系，构成了汽车媒体的巨大优势。第四是汽车市场正处在一个放量增长期，每年在中国上线的新车型数量多，而且消费需求量也大，同时汽车这样的大件消费品的利润空间足够。

七年来，伴随着市场的成长，汽车厂商及其网络广告代理商经历了中国互联网普及与网络营销最重要的发展时期，汽车行业已经成了网络营销的核心客户之一。同时，网络环境与技术日渐增长，网络硬广、搜索引擎营销、网络公关活动、网络信息传播及危机处理、口碑营销、无线营销、SNS 及微博等新型媒体营销、区域网络营销、数据库营销等，也逐渐成为中国汽车市场网络营销的重要解决方案。汽车网络营销也呈现出了五大特征，以及三点需要提升与关注之处。

中国汽车网络营销五大特征

一、整合，整合，再整合

整合营销传播的最大优势在于以同一种声音说话，即运用多样化的传播手段，向消费者传递同一种诉求。在本年度入选年鉴的案例中，我们欣喜地看到，汽车企业已经开始学会综合运用多种网络营销工具，搜索引擎、视频、口碑、活动、新媒体技术……同时无论是宝马公司希区柯克式的悬疑营销，还是科鲁兹的疯狂越狱都让我们看到线下、线上也需要做到互动整合。需要强调的是，汽车整合营销需要以品牌为核心原点，到在不同营销形式上的声音和步调一致，而不是简单的水果色拉式的搅拌，要做到水乳交融的状态。

二、情景营销，跨界联姻

汽车作为工业品，本身是冰冷的。单纯进行技术层面的理性诉求显然乏善可亲。根据每款汽车的独特定位，融合目标消费者关注的汽车之外的概念、事件结合，制造情景营销，避开纯粹广告的突兀。比如本书在家居地产章节也介绍了奥迪 Q5 与高端地产金地跨界联姻操作的“一路向北”营销活动，再比如旅游车可与旅游休闲相结合，冠名类似的网络节目；定位为商务用车的车型则可以赞助一些财经类论坛。

三、借势营销

年度大事件、节庆是聚集眼球的热点。企业除新车上市的宣传推广外，也应在年度规划中安排常规类的网络互动传播活动，活动的噱头可以和年度大事件挂钩，比如世界杯、世博会等，切合时机做相关互动营销。smart 圣诞岛，“种树”传真情，通用汽车世博营销持久战即是此类的代表。

四、关注搜索

前文提到，由于汽车商品本身的复杂性和高价值，中国很多消费者对汽车不够了解。消费者在购买中非常谨慎，需要做大量的查阅。而消费者进入互联网海洋的灯塔正是搜索引擎。资料显示，汽车品牌的搜索攀升至搜索品牌前 20 名。汽车用户将网络搜索方式视为购买决策过程中的重要环节，因此搜索引擎为线上信息传播、线下销售都提供了重要支持。

五、新技术大胆尝试

汽车行业作为财大气粗的广告主，对于新技术也往往是最先的尝试者，第一个吃螃蟹的人。层出不穷的网络技术也自然成为汽车网络营销皇冠上的一颗明珠。《Smart DIY，为世博增添 Art》中运用了让人叹为观止的网络 DIY 技术，2010 年车展某汽车使用了最新的 AR 扩增实景技术等。新技术应用层面需要注意到与营销结合，与品牌诉求勾连。技术是最好的工具，为品牌服务，而不能为了技术而技术。

中国汽车网络营销三大发力点

一、打破墙纸效应

所谓“墙纸效应”，是美国传播学权威专家阿尔·里斯在其名著《公关第一、广告第二》中提出一个人们常见的现象：当把一个房间里 400 平方米的墙壁上一寸不漏地贴满壁纸时，进入这座房子的人们便不会注意到壁纸的存在了，这就是所谓的“墙纸效应”了。

汽车是网络关注的热点词汇，随着网络信息传播渠道的多元化、目标受众的散乱化，在汽车网络营销方面，墙纸效应也日益明显。不管是门户网站还是垂直网站都推出汽车板块；网民从不同的网站、论坛、SNS、微博等网络渠道接触到众多杂乱信息，变得空前的健忘和烦躁。怎么挤占独特传播渠道和吸引消费者有限的注意力仍是汽车营销活动需要创新解决的两大问题。

二、提升关联度

汽车营销要注意提高活动与产品的关联度，关键是营销活动的表现形式，采用适当的媒体，通过丰富的表现形式，表现得更到位，把汽车的特定信息与受众关注的内容进行有效的嫁接。而不是对他人成功营销事件的盲目复制，或是对新媒体的胡乱结合。说到底汽车企业要为产品量身打造营销活动，将营销传播活动与企业产品进行最大限度的匹配。

三、网络营销到电子商务

现阶段中国汽车网络营销虽然做得如火如荼，但主要集中在传播层面，如果能往下深挖，进行电子商务层面对接，将大有所为。在国外，汽车行业的电子商务已经成型。2010年李书福提出网络买车的畅想，虽然现阶段中国市场状况为时尚早，相应条件并不成熟；但随着网络媒体的进一步普及、消费者购买习惯、相应物流、支付等配套体系的不断完善，汽车电子商务必然会风生水起。

可以畅想，不远的将来，车商能在互联网开“4S店”、汽车综合服务贸易园（包括销售、维修、配件、二手车置换、汽车金融、汽车俱乐部等），网上服务在汽车维修、汽车租赁、二手车置换、汽车物流等方面为消费者创造全新的体验价值。

1. Smart DIY，为世博增添 Art

smart 只是一辆普通汽车吗？

不是。

smart 够个性吗？

当然。

我的 smart 可以展示真我个性吗？

完全可以。

每个人心中都有一台不一样的 smart？

smart DIY　告诉你“的确如此”。

Smart DIY 项目响应 2010 世博会“让城市生活更美好”的品牌理念，利用艺术家原创的 smart 个性化车贴，将涂鸦艺术与世博文化完美结合，让 smart 车主和广大 smart 爱好者尽享艺术之美，感受世博乐趣。

为 smart 定义营销背景，借世博大秀一场

世博会，作为最时尚的字眼之一，它带给人们的不仅是科技创新的最高档展示，更是不同文化之间碰撞与交融的盛会。如今，这一昭示着人类文明的盛大派对来到中国，作为城市生活的引领者，个性前卫的 smart 当然要把握时机，借助世博风潮大秀一场。

smart 自登陆中国市场以来，一向以灵动、时尚、都市为代名词。世博之年，smart 更是在全球范围树立了“Art”推广策略，直指 20~30 岁都市年轻白领，即 smart 消费群。

作为 Smart DIY 项目的策划者和执行力，计世在线（CCWOnline）提早洞悉了世博对 smart 的强大助推力，抓住这一契机，以世博为背景，“Art”为源泉，创意个性化平台，把用户和 smart 距离无限拉近，形成互动，实现品牌忠诚度，最终达到持续销售的目的。

开着自己设计的 smart 来一场环球探索吧

Smart DIY 融合了 smart 公社、myMB 社区、smart 官网、smart 博客、smart 微博等 smart 现有网络资源，以及新浪、开心、土豆等主流网络媒体资源，借助世博魅力，全面引爆消费者关注热情，并携手十几位青年艺术家，倾情上演了一场 smart DIY 世博艺术风潮。

此次活动中，计世在线（CCWOnline）以艺术营销推动文化营销。将创意内容取材于全球文化艺术，以三维全方位涂鸦车身的交互技术手段，打造出一个以世界城市艺术为基调的DIY互动平台。

打开Smart DIY首页，清新的设计界面简单又不失精致。踏着蔚蓝色地球的smart蓄势待发，一幅幅色彩斑斓的涂鸦作品呈现在眼前，展示着世界各地独特的文化元素。首页设计仿若一个通往地球各个角落的窗口，迎接着富有激情与创意的人们。开着自己设计的smart来一场环球探索吧。

经过简单注册后，便可轻松开始Smart DIY之旅。所有的车贴风格共分为五个部分：亚洲印象、欧洲印象、非洲印象、美洲印象、大洋洲印象，可谓集合了各种风格的艺术创作。仅仅是看到这些精美花哨的涂鸦作品，就已经让人灵感大发、跃跃欲试。无论是“亚洲印象”中的“水墨中国”、“盛唐古风”、“青花瓷”，还是来自异域的“北欧雪国”、“印第安传奇”、“扎格哈瓦”、“澳洲土著”，都凝聚了浓重的地域风情和脱俗的艺术美感。你可以选择中意的风格，尽情在smart上挥洒笔墨。

点击进入选中的风格界面，一辆精致的smart fortwo立即映入眼帘。你可以为自己的座驾选择车身颜色、车架漆色、轮毂样式和镀铬装饰。当然，这还不是smart世博专车的主要DIY内容。想大展身手吗？不要着急，页面上方就为你提供了对应风格的多种背景样式和别致精巧的车贴元素，只需轻轻点击鼠标，拖动心仪的图案，放置在喜欢的smart车身部位上，便可为爱车“纹上”独一无二的专属图案，多种元素的不同组合可以帮助你创作出千变万化的艺术效果。点击箭头，还可以360°欣赏自己的DIY作品。如果不满意，点击“撤销”、“重置”，或是干脆“重选风格”，保你最终提交上最完美的作品。

富有灵感的创作源于艺术的smart，本次活动秉承了smart一贯的时尚艺术格调，并将其推向新的巅峰。这些不断“繁殖”的艺术细胞，是“smart文化”的重要组成部分，也是消费者对其情有独钟的制胜法宝。

梦想照进现实，二次营销的喜悦

“让用户自己去营销”——提交自己的DIY爱车，点击“排名”，看看作品排位如何，

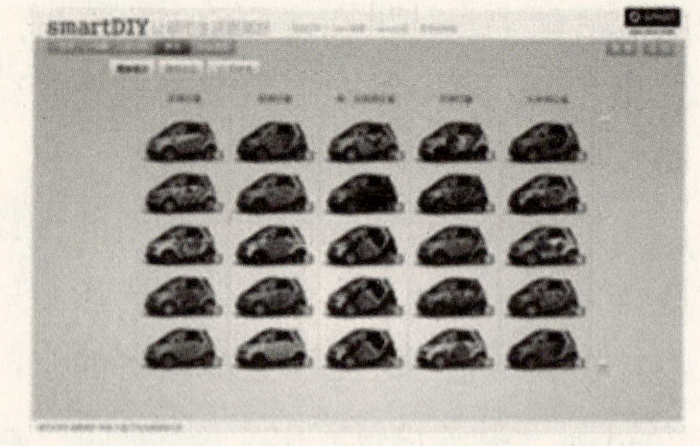

顺便欣赏一下其他车主的创新设计，为喜欢的作品投上一票，多结识几位志同道合的朋友。和好友分享自己的作品也是一种快乐，通过 Smart DIY 的分享功能，将爱车发送给好友，告诉他们，为你的爱车投票，就会获得奖励。活动期间，每周在五个大洲的 DIY 作品中，各选出一位获奖者，获得乘坐“smart 世博瑞士馆特快”游世博的至尊大奖。Smart DIY 运用上述评比、打分等奖励计划促使用户之间形成信息传播，把用户自身看成营销一分子，不断累积，形成一股自发性质的用户营销浪潮。

除了使用艺术家创作的元素进行 DIY 外，用户还可以上传自己设计的车贴图形，如果获得官方首肯并发布在 DIY 主页，那么你就成为 smart 艺术家群体中的一员，不仅有丰厚的奖品，而且你的创作元素也会被所有用户用于 DIY。这是本次活动的又一个营销亮点，我们将 smart 艺术家阵营开放化，形成比肩机制，更强调了原创性和独立性，从而满足当今用户追求个性化的急迫需求。

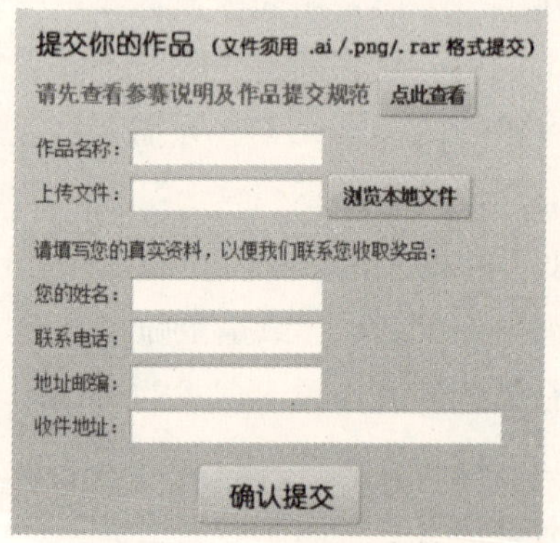

艺术家圈子助推营销——Smart DIY 在车贴创作方面，邀请了包括新锐插画师王承续、Nino 和苏伟宏（网名黑设绘）在内的众多先锋艺术家参与，他们或用天马行空的想象力，或用缤纷绚烂的色彩表达，或用颠簸混乱的异形世界，描绘出一种 smart 的城市美好生活。这些新锐艺术家的车贴作品，让 smart 倡导的个性化淋漓展现，为美好城市添加了斑斓一笔，城市生活更加绚丽多彩。这些先锋艺术家全部拥有自己的博客和微博，也是开心网、美空网等社区的使用者，

他们在艺术与时尚的领域涉足颇深，这些正是smart的主要目标人群。

Online互动产物成为现实产品——这么多精美车贴创意图只用于网上DIY实在可惜，为了能和线下推广做关联，所有在线创作的车贴数据都会被网站保存，用户可以通过smart官方服务实现真车定制。不仅如此，smart方面还计划甄选优秀DIY作品实施量产，以初探市场反馈。

世博Art，让我们走得更近

无论你的DIY是一个符号，是一个墨点，是一根乱线，或是一片色块，只要能够表达自己的心情就是最成功的作品。CCWOnline创作的Smart DIY活动持续近4个月（2010年5月1日~8月20日），截止到2010年7月底，总PV达到271 228次，已有近3 168件作品提交上线，总投票数为41 468。用户参与度也与日俱增。在用户的丰富想象下，一辆辆独具个性化的smart犹如精灵般，畅游在艺术熏陶的微缩世界中。世博让我们走得更近，我们为世博增添“Art”。

专家点评：

对于任何一款小型车，如果年销量难以突破10万辆，那么它将难以为继，目前Smart品牌正在面临这样的困局。在中国市场，这个销量日渐下滑的车型屡创单月销售纪录，网络营销成为Smart拯救者。2010年9月9日，淘宝网上演了一出疯狂的大宗团购，250辆奔驰smart不到4个小时被抢购一空。创造了世界上最快的汽车销售纪录，也宣告了一种新的汽车销售方式正走向成熟。

汽车品牌营销发展到今天，创意已经成为核心竞争力之一，Smart正是个中翘楚。从2010情人节种植浪漫玫瑰园、世博art的Smart DIY、淘宝团购到Smart自动售卖机等，其中无不充满灵动的新鲜创意与年轻时尚元素。互动营销更随性，加之全方位的网络营销发力，独具匠心的创意营销活动使得smart更加贴近中国客户，多彩个性的smart就像一个心仪已久的恋人，吊足了消费者的感觉和购买欲望，剩下的只有上缴钱包，把心仪已久的smart领养回家了。

2. smart 圣诞岛，“种树”传真情

为迎接 2009 年圣诞的来临，计世在线（CCWOnline）特别为 smart 品牌打造了奇妙无穷的“smart 圣诞岛”互动网站，以用户在岛上精心培育树种、装扮圣诞树为营销背景，带动“虚拟礼物”的情感营销策略，即用户将满载自己祝福的圣诞树，以圣诞礼物的形式赠予好友，从而吸引广大用户体验互动内容，达到体验 smart 品牌的目的。

够 COOL 够新送礼术

圣诞，让整个 12 月都染上了缤纷色彩，充满了闪亮、浪漫与美好。在这个特别的日子里，CCWOnline 揭开了“smart 圣诞岛”神秘面纱，并通过爱卡汽车、网易汽车等几大相关媒介，隆重发布。这座让人神往的梦幻小岛在圣诞期间变成了现实，为每一位喜爱 smart 的朋友献上了一个充满温情的圣诞季。

“smart 圣诞岛”互动网站发生在一个地形轮廓酷似 smart 标志的小岛上，岛上漫天白雪，随处可见装饰精美的圣诞树。网站的操作界面以用户的主视角呈现，也就是说当用户进入网站时，就仿佛置身于森林之中；界面左下角的窗口同时显示着小岛的俯视缩微图，用户可以一目了然地了解当前所在位置和森林的植被覆盖状况。当用户驾驶 smart 驰骋在圣诞岛时，可以通过键盘方向键自由控制前进方向，发现空地，点击即可开始圣诞树的种植。网站为用户提供了三种树苗：赤松、云杉和银枞。这三种树木同为松科冷杉属，耐寒又美观，是圣诞树的最佳选择，非常适合 smart 圣诞岛气候。

树苗入土后，用户仍然需要持续地悉心呵护——不时地浇水，修剪枝丫才能让自己的圣诞树茁茁壮成长。网站设计者充分考虑到用户们向往个性生活的心理，因此在修剪树木的过程中非常贴心地提供了两种类型的修剪刀，以形成不同的修剪效果，让用户能够充分发挥自己的想象和创意。经过精心的呵护，小树苗顺利地长成了参天大树。这时，用户可以为自己的圣诞树插上 smart 圣诞岛独一无二的树顶星，有了 smart 树顶星的装扮，圣诞树瞬间产生出

灵动气息，光彩夺目。再向圣诞树上挂满五颜六色的彩灯、礼物和纸花，smart 圣诞岛的节日喜庆气氛便烘托到了顶点，感染着每一位参与者。

忙碌的工作状态，相隔甚远的好友……值此圣诞之际，什么样的圣诞礼物才能一表真诚的祝福，似乎成为许多人的苦恼。“smart 圣诞岛”牢牢抓住用户实际需求，用“虚拟礼物”这一独具匠心的情感营销模式，吸引用户热情参与，将之前在岛上对树苗的种种情感投入转换成“果实”，并利用这颗带有 smart 印记的“果实”传达祝福，在圣诞时节形成马太效应，借助用户的力量，不断传播开来。

是参与者更是传播者

为了使品牌营销传播信息更为有效地进入消费者心智空间，从而实现品牌营销传播的目的，“smart 圣诞岛”将“虚拟礼物”定位成网站的终端体验，即用户将自己栽种培育并精心装扮的圣诞树保存在“岛”上，以链接发送的形式，让好友登陆“smart 圣诞岛”，领取这份饱含用户满满爱意和真挚祝福的独一无二的圣诞礼物。

虚拟礼物具备一般礼物的特点，它是人们表达心意的工具，更是年轻白领的时尚宠儿。网站利用 DIY 的形式，让用户种出多种不同的圣诞树外观，充分体现个性差异。不仅如此，网站还加入了积分有礼规则，使参与者有益可得，在加强用户在线黏度的同时，也让虚拟礼物更广泛传播。

种出自己的圣诞树，smart 圣诞岛喜获丰收

事实上，“smart 圣诞岛”互动网站的倾情推出，也带动了一系列 smart 圣诞回馈活动，例如飘雪圣诞球、smart 零利率 / 低利率金融方案等，这些线下活动均借助“smart 圣诞岛”的良好推广，取得不俗成绩，让这个如期而至的圣诞节充满了意外惊喜。

“smart 圣诞岛”在 2009 年 12 月 10 日正式发布，在新浪首页做了两天的广告投放，时段为 19：00~21：00。网站第一天便吸引注册用户 2 000 余人，参与种树 3 000 多棵。12 月 15 日，在交友社区开心网中做植入，在赠送礼物的应用中，添加了名为“smart 圣诞岛”

的礼物。

回顾“smart 圣诞岛”，在项目展开的 1 个月内（2009 年 12 月 10 日 ~2010 年 1 月 8 日），总 PV 达到 384 277 次，总赠送量为 18 963 棵，有近 8 673 人在岛上留下足迹，有 3 896 人种树超过 3 棵。在白雪皑皑的 smart 森林中孕育出“一棵属于自己的圣诞树”，为远方的朋友献上诚挚的圣诞祝福，“smart 圣诞岛”让你在 2009 年的圣诞节不再随波逐流。

Merry Christmas!

专家点评：

“搞推销 98%靠的是情感，2%才是对产品的了解。”美国直销大王乔·坎多尔福这样总结自己卖货的诀窍。情感营销的根本就是用产品跟消费者谈一场恋爱，让消费者像爱上自己的恋人一样爱上产品。在网络营销中，情感调动仍然是营销制胜的法宝。

忙忙碌碌的生活虽然充实但是总觉得少些色彩，少了些许激情。每天定时化的日程安排谁不厌倦？“smart 圣诞岛”借助圣诞节时机推出，很好地抓住了消费者的圣诞节落寞的心情和送礼许愿这一情感需求。通过 smart 圣诞岛，用户可以获取一片私人领地，种植圣诞树，圣诞树 DIY，并获取虚拟礼物，这个绝对的意外让用户振奋不少，“smart 圣诞岛”俨然成了用户的“世外桃源”。许多用户到“smart 圣诞岛”选择最中意的那辆 smart，开辟土地种上最特别那棵圣诞树，准备开上 smart 送给那个最特别的人。基于用户需求出发的网络营销，人情味足了，互动性强了，品牌理念和产品销售自然也上来了。

3. 爱抢才会赢，0元秒杀新爱丽舍

如果你在马路上碰到一个朋友说“秒杀你”的话，千万别紧张，那是他瞄上你啦。自从淘宝网开创“秒杀”的先河，如今秒杀早已不是什么新鲜事儿，从家电、服装到电子产品，比比皆是。但秒杀汽车，还真是件新鲜事儿，是哪个汽车厂家勇于如此大放血?

携手易车网，搭乘网购大潮

2010年1~4月，新爱丽舍销量达到24 579台，但4月份后车市转淡，各竞品也纷纷推出促销政策，新爱丽舍急需寻找可以撩拨消费者的方式，吸引意向用户、引发待购人群的购车决定，为即将到来的车市淡季积累意向客户。

据艾瑞数据显示，2009年我国网络购物交易规模达2 500亿元，2010年将达到4 900亿元，大量商家纷纷上网，抢夺网络购物市场的大蛋糕。为了搭乘网络购物的顺风车，有效争取目标客户，爱丽舍决定选择合适的网络媒体平台进行推广活动。

汽车类垂直媒体因为其用户属性明确，关注汽车资讯，且具有购车意向的用户比重较大等特征，成为爱丽舍进行营销推广的首选平台。最终，爱丽舍决定和汽车类垂直网站易车网合作进行爱丽舍的推广活动。

0元秒杀，制造那一刹那的快感

如何在易车网的用户中找到自己的意向客户，并且尽可能地与他们建立联系呢?需要设计一种机制，引导用户自发参与进去，并且将其购车意向暴露出来，再利用促销手段提升销售转化。

调查显示，80后、90后逐渐成长为汽车消费主体。作为网络的中坚力量，也是消费的前沿，他们的购买力碍于有限的经济实力，而购买方式和享受欲望却非一般消费前辈所能比。在众多网络活动中，秒杀和团购尤其令网友关注，尤其是秒杀活动，有些网友甚至乐此不疲，长时间坚守在电脑前，不只是为了得到实惠的产品，更是为了获得秒杀那一瞬间的快感：得与否就在自己轻点鼠标的那一瞬间。

爱丽舍的目标群体：25~45岁，对生活充满乐观向上的精神，阳光、务实；对车型有自己的判断能力；且具备家庭责任感。这一群体与网购秒杀的主力军团刚好一致，经过策划，爱丽舍和易车网最终确定利用当前流行的秒杀活动形式。报名参与的用户有机会通过爱丽舍在易车网推出的几次秒杀活动中，以0元的价格获得一辆全新的爱丽舍汽车。不花一分钱，就能把爱车开回家！这对于任何人都是巨大的诱惑，在易车网的用户中0元秒杀爱丽舍的刺激作用更加明显。

易车网用户可以通过易车网本身的成熟产品“有奖订车”实现活动的报名、下单和秒杀，这样很大一部分易车网用户中的潜在购车者浮出水面，并且将自己的购车意向等信息提供出来，从而使爱丽舍积累了潜在购车客户的相关数据。

蛋糕＋蜂蜜，多元奖励机制促进销售转化

除了 0 元车价大放血，让用户尝到蛋糕的美味之外，在秒杀爱丽舍的活动过程中，爱丽舍还设置了现金大奖，周周有奖，购车有奖等连环高奖励，使参与的用户在秒杀爱丽舍之外有了更多参与的理由和激情，形成对东风雪铁龙汽车的黏合效应。活动最终有 3 名网友获得秒杀大奖、4 名购车网友获得 5000 元现金大奖、30 名成功购车网友获得 500 元油卡、74 名成功购车网友获赠易车网 360 元道路救援卡、80 名参加活动网友获赠易车网送出的抱枕等礼品。借助这种多元化的奖励机制，爱丽舍获得了大量意向客户的资料。

活动采取了通过网络报名，到店领取参与验证码后参与秒杀的规则。这样既让客户得到了实惠，又增加了潜在客户的实际到店率，以及客户对爱丽舍汽车品牌的认可度，形成媒体、厂家、经销商的多方互动，以及线上、线下的双向互动，可谓一举多得。

在活动的 30 天传播期内，通过广泛而精准的多维度网络传播，专题浏览量高达 7 689 464 人次；吸引了 2 872 989 位意向用户参与，其中 16 377 位用户完整填写了个人信息，4 179 名网友参加了秒杀角逐。参加活动的用户与新爱丽舍受众高度契合。易车网共电话邀约后台报名及意向网友 18 633 人，经东风雪铁龙经销商处统计，有 1 485 名网友到店看车并领取了验证码。

通过易车网有奖订车系统，有效将网友意向订单转化为实际销量，拉动了以新爱丽舍为主的东风雪铁龙旗下车型的整体销售。

360°整合营销，提升东风雪铁龙品牌形象

以 0 元秒杀爱丽舍作为噱头，在网络上制造传播话题，通过易车网的整合传播渠道，实现推广活动的跨网站、跨平台扩散。

易车网在全国 348 个城市建设网站系统，辐射全国 1~5 级汽车消费城市，覆盖绝大多

数中国汽车消费人群。受众群体蕴藏巨大的购买潜力，96%的易车网用户是带有购车意向的深度浏览用户；85%的易车网用户对购车有刚性需求；36%的易车网用户是口碑传播者。而且，易车网与众多主流门户长期保持合作关系，具备广泛的受众来源。

东风雪铁龙引领了汽车网络营销的终极时代，“秒杀”的不只是车，更是所有爱车人的神经。在整个活动过程中，炒热关注度，赋予更多网友参与活动的动力，有好多潜在用户网上发问“0元秒杀新爱丽舍活动是真的吗？如何参加？”等，口碑互动部给予即时的在线解答和引导。活动后期，高调发布中奖者名单，形成饥渴效应，同时炒作秒杀攻略，形成长期话题，以话题带动活动，以活动激发话题，广泛提升了东风雪铁龙的品牌形象，为新爱丽舍提供了360°的口碑呈现平台。

专家点评：

秒杀在淘宝华丽诞生，并迅速蔓延，成为网络热点词。相对淘宝小额消费品的秒杀，爱丽舍此次秒杀带来的震撼完全不是一个数量级。秒杀的不只是车，更是所有爱车人的神经！虽说好像商家“赔”了汽车，但通过此方式，赚足了人气和关注，就是最好的营销回报！同时，值得注意的是营销操作中，企业容易犯的错误是，策划了优秀的活动，但是没有强力的宣传配合。显然爱丽舍秒杀，酒香依旧不忘狂吆喝。全方位地动用了宣传资源。

但秒杀虽好，也有瑕疵。即“第一只螃蟹”效应明显，或者说，秒杀，更像一次性筷子。当第一次听说汽车秒杀时，兴奋度120，心跳280，但当众多企业跟进时，变成司空见惯的红海策略时，边际效应必然导致用户兴奋度与关注度大大下滑。

4. 宝马，被好奇心驱使的世界

在这个资讯爆炸的时代，如何最大限度地抓住受众？如何让他们的目光在你的产品上多停留一会，甚至只要一秒？如何调动起消费者的热情？

“集装箱野兽”悬念出场

以下是一则广告发布时媒体的报道，看能否抓住你的眼睛呢？

在新浪视频、优酷、酷 6、土豆等众多国内知名视频网站的首页上，都出现了一段令人摸不着头脑的视频——在被称为“绿色地狱”的德国纽博格林的密林中，一名探险爱好者似乎发现了一只神秘的野兽，而他手中的摄像机记录下了当时的场景。乍看上去，视频很有些 Discovery 的风格，不过它所出现的位置却是各个网站的广告版面。

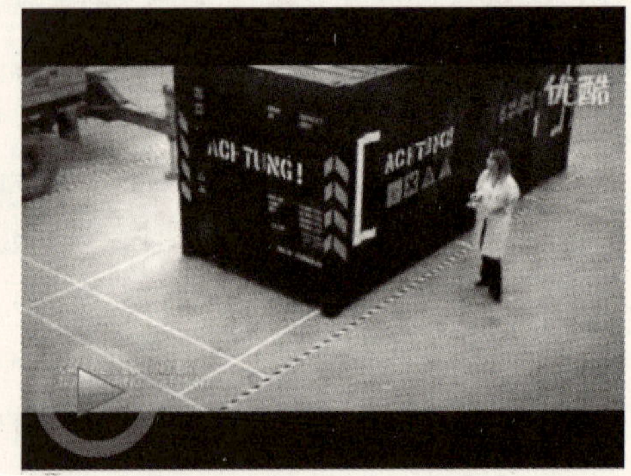

从“监控录像”中我们可以看到，这只“集装箱猛兽”的体积显然不小。根据集装箱的容积来看，装在里面的东西应该是个庞然大物；而从不时被强烈撞击的集装箱门推测，里面的物体应该有着不小的爆发力——也许它是一架直升机，也许它是一台汽车，当然，也许它真的是一只猛兽也说不定。

没准是真人版《史莱克 5》？

广告的背后究竟是何方神圣？从广告投放的媒体选择来看，能够占据国内大多数主流视频网站首页，必然是一家出手阔绰的品牌。那么，或许是某知名汽车厂商，或许是某大制作电影的预热片——没准就是真人版《史莱克 5》呢。

不得不说，现在的悬念广告做得越来越有味道了——相比过去简单地放上一张红布盖住产品的图片，然后写一句“你猜我是啥？”而言，如今的悬念广告在情节上有了大大的丰富——而且，美剧带来的影响看起来也是深入人心。

可见在当时，不只是视频网站的受众，众多媒体和广告人也被这个营销活动的噱头所吸引，毕竟，在中国这样充满创意的活动不多。

集装箱登陆王府井!

随后，片中的集装箱被运到了北京的商业步行街，人流量最大的地方。而且箱子里面不断地传出猛兽的吼叫声，相当地吓人。当然这也能够吸引人们好奇地围观，看看里面到底有什么。在集装箱上面开了一个小口，供人们从外面望进去。人们排着队去看看里面到底是什么……

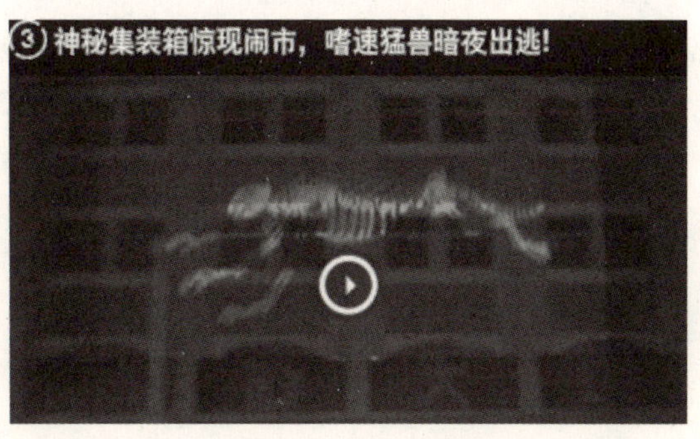

被挑逗网友很受“打击”

宝马的营销活动充分利用线上和线下相结合的方式，对注意力经济应用得恰到好处：

首先，它掌握了最贴近目标人群的传播方式——视频网站。虽然相对电视媒体来说，视频网站的受众要小一些，但是根据艾瑞咨询的调查显示，视频网站的受众更加年轻化，购买能力强，对新事物具有更多的热情，因此宝马在视频网站上投放广告无疑是一次非常精准的打击。

第二，制造悬念。就像美剧中悬念丛生的结尾一样，宝马这则广告的拍摄摒弃了以往广告片明确传达产品、品牌信息的手法，而是以讲故事的形式一步步将受众的好奇心挑逗起来，受众除了留下深刻印象之外，必然会期待谜底的揭开。

第三，线下活动很好地补充了线上的缺陷。虽然线上活动能够精准定位受众并且勾起他们的好奇心，但是对于汽车消费者来说，不可能根据一则广告就会有购买意向，因此线下的体验活动很有必要。选择在人流量大的王府井，让更多的人看到 M3，宝马将整个活动完美收尾。

专家点评：

此次煞有介事地把广告做成了发生在我们生活身边的事件！于是广告不仅仅是段子，而是我们的日子！于是成就了最高层级的互动！最牛的画不是力透纸背、高高挂在墙上，而是人在画中游。

21 世纪最贵的是什么？注意力！广告的本质是什么？注意力！因此广告不仅仅是一张报纸豆腐块、电视 TVC 插播，网络 Banner……只要实现信息传播，注意力的汇聚，就是好的广告！因此广告可以是任何形式，可以不是任何形式！打破形式，无法无天！广告人，Wake up！没有什么不可以！

这则广告不禁让人想起若干年前一个土生土长的案例。1994 年，太原有线电视台播出字幕："据悉'四不像'不久将从雁门关外进入本地区，不日将进入千家万户，请大家关紧门窗，留心观察。金鑫广告策划。"区区几行小字，即意外地引起了轩然大波。许多人奔走相告，互相传播，到处询问："'四不像'是什么？"以致引起一些不明真相人的恐慌："'四不像'已经在雁门关外吃了人。"以讹传讹的结果使个别孩子不敢上学，妇女不敢出门。几天后，太原有线电视台又连续 12 次播出了这样的字幕："四不像"是来自雁门关的系列产品。但是由于当时市场环境，民众的接受程度，却被批判并罚款。让人不禁扼腕，英雄生不逢时！但在新世纪互联网时代，营销人完全可以放胆玩！

5. 保时捷，蓝光品质高端体验案

如果有人问世界上最慢的跑车是什么？你的脑海中第一闪过的一定是那款人工驱动的保时捷。如果有人问世界上最快的敞篷跑车是什么？你一定会不假思索地回答“保时捷911”。是的，对于跑车而言，“保时捷”无异于一个全球意义上的代名词。它一直努力将种种可能性与看似不太可能的东西相组合，力求至臻完善，不断欣荣。在产品上如是，在营销推广上亦如是。

保时捷牵手第一网络电视 PPLive

保时捷在中国大陆进行品牌宣传时，遇到三个难题：第一，目标群体难以寻找；第二，符合品牌形象的平台如何寻找；第三，什么是能够影响消费者认知和美誉度的广告形式。很显然，作为汽车业的标志性品牌，“保时捷”这个标志代表了身份，保时捷粉丝群并不是很大，但绝对是最精于玩车的人。据统计显示，保时捷在中国的销售直线上升。不得不承认，中国的新贵群体将令全世界瞩目。基于这一认识，保时捷选择了新媒体视频媒体 PPLive 作为 2010 年背景车展的推广平台。

也许大家使用更多的是优酷、土豆等，对于 PPLive 还有些许生疏。实际上，PPLive 是 2004 年中国第一家做网络电视的媒体，积累了庞大的用户群，目前有 7 亿多用户安装了 PPLive 客户端，主力用户群体年龄从 20 岁左右到 40 岁，这正好满足 PPLive 眼中的“中国新贵群体”。并且 PPLive 首次采用蓝光高清的视频，继《阿凡达》之后第一家做 3D 电影。正是相中了 PPLive 庞大的用户群体，先进的技术支持，以及即时的互动功能，保时捷选中 PPLive 进行频道冠名赞助。

蓝光高清体验营销三部曲

在一般网络视频上，PPS 基本上集中在 300~400K，而目前 PPTV 的蓝光高清已经实现 400~800K 的 PPS。以 PPLive 技术直接加入到电视，清晰度非常高，这是在传统的网络电视里是很难实现的。高端蓝光视频与高端跑车可以说是门当户对。于是，为保时捷量身定制的蓝光品质高端体验案从三个方面展开。

1. 2010 北京车展专区合作。2010 年北京车展自然会聚集到保时捷最精准的一批消费者。借势车展，PPLive 为保时捷提供了（1）新车视窗、（2）车模宝贝、（3）酷车库、（4）冠军车型四个层面的展示。车展期间，保时捷在 PPTV 共进行了 10 天投放，保时捷频道植入的 VV：753 414，UV：606 184。冠军车型栏目保时捷三款车型的投票率中卡宴受关注程度最高，得票率为 18.3%，在与其他车型的比拼中也遥遥领先。由此带来的保时捷官网首页中通广告位 PV 达到 3 565 349 次，日均 PV71 万多，UV 达 2 888 622 次，曝光效果明显。车展带来的眼球效应，为保时捷的投放关注度提升效果明显。

2. 保时捷高清影院。同时，保时捷冠名赞助的 PPLive 高清影院频道里会出现不同的保时捷宣传片，这些完成的是品牌传播。而在播放条下面，还有可以让用户直接点击报名、参与的保时捷活动。与电视平台的剧场、影院冠名的区别在于，传统营销方式像电视、报纸、杂志、户外，很多基本上是品牌告知、品牌影响，但是有一点很难实现，就是交互式的影响。在 2 个月的高清投放中，整体获得了理想的投放效果和覆盖人数。

3. 26 路保时捷点播频道。网络视频与电视平台最大的区别在于用户控制播放的主动权。借助网络，用户不必等待自己喜爱的节目的排期。鼠标点哪就放哪，点播频道是最受用户欢迎的方式。因此 PPLive 与保时捷共建了点播频道 26 路。视频点播数据也相当可观——VV：753 414 次，UV：606 184 人。

专家点评：

视频画质是网民选择视频重要的体验点，到了蓝光画质的时候，网络电视甚至不会输于一般的电视机了，因为终端都是 LCD。但是，网络视频不仅仅是一个电视机的平移，更应做到升华。网络视频独有互动性、消费者主控性等等，如何把这种网络视频特殊价值探索出来，才算是抓住了网络视频营销的命门。

6. 和科鲁兹一起疯狂越狱

目前国内科鲁兹车的车主已经有二十几万了，这二十几万的车主大部分是以年轻人为主的。现在年轻人的生活方式可能不看电视，不看报纸，但是互联网绝对是他每天都会接触的一个媒体。所以在科鲁兹的营销层面上是非常重视对网络这一块怎么样利用的。

基于“跟中国当下年轻人有一个情感的连接”的营销目的，网络成为一个很好的载体，因为它富有很强的互动，因为互动这一块是年轻人非常看中的。另外当然从媒体的成本考虑，做那么多互动的话，通过电视是难以实现的。

科鲁兹越狱亮相，赢开门红

科鲁兹的目标人群是最主流的年轻人群。温特沃什·米勒这个名字对《越狱》迷来说再熟悉不过，但在国内也许他饰演的那位迈克尔·斯科菲尔德（Michael Scofield）拥有更高的人气。于是上海通用选择了米勒作为雪佛兰科鲁兹中国地区的官方代言人，配合《越狱》风格的广告片，加上大幅连环画似的广告海报，使科鲁兹一上市就拥有了超高关注度。显然上海通用的这招“借势”收效显著，成功赢得了目标受众群的关注和认可。

除了成功烘托、树立品牌形象外，科鲁兹的销量也取得了开门红。据厂家统计的数据显示，2010 年 5 月份单月科鲁兹销量达到 6 834 辆，而上市 40 天后总销量就突破了 1 万辆。作为一款新车，能够在如此短的时间内迅速获得消费者认同，占领市场份额，高知名度的代言人和有冲击力的广告宣传显然功不可没。

无间道式的尖峰对决

以《越狱》为核心亮点的市场推广，获得了良好的效果。为进一步挖掘该亮点的价值，获得延续性关注，科鲁兹与优酷继续合作，以《越狱》及其男主角温特沃什·米勒为主要招牌，推出一档以“澳门追击令”为背景，添加“间谍战”剧情，并开设多个网友参与环节的“真人秀”节目。

上海、西安、成都、北京……当科鲁兹“澳门追击令”的“特工”选拔活动正在全国各地掀起一轮又一轮“越狱”热潮时，科鲁兹

又迫不及待地为大家带来了另一项史无前例的新奇尝试——国内首档赛车网络“真人秀”！这档以“澳门追击令”为背景，添加“间谍战”剧情，并开设多个网友参与环节的“真人秀”节目，将用一种全新的方式，让坐在电脑前的车迷网友们，一起感受城市追击的急速飞奔，体验无间道式的尖峰对决。

此项以“澳门追击令”为蓝本的网络“真人秀”节目，不仅会全程跟踪拍摄各个城市站点的精彩赛车和优胜车手视频，而且会为整个活动加入“间谍”剧情，由网友来竞猜、推测，在这些优胜选手中，谁将是最后的去澳门抓捕米勒的“超级特工”，谁又是混迹其中的米勒“内应”？

有了这档“真人秀”节目，对于没有时间亲临赛道去体验比赛的用户，只要在家轻点鼠标，登录网站活动专区报名后，化身为活动中的一些重要角色，并直接影响“米勒”的生死命运，深度参与互动。

和科鲁兹一起参与全民“越狱”

从最早的“先锋试驾营”到现在的“澳门追击令”，再到这档网络赛车“真人秀”，科鲁兹不仅敢于尝试各种新奇、刺激的活动方式，而且坚持了一贯高互动性的全民参与理念。而这次的“真人秀”节目，同样也是用全新的模式，来让每一位车迷网友都能参与到这出“越狱”大片之中。无论是喜欢亲临一线做“超级特工”，还是喜欢坐在家中做“幕后推手”，科鲁兹总有办法，让用户一起参与全民“越狱”！

专家点评：

如同Michael·Jackson用他的天才创造力将MTV带入“胶片时代”，颠覆了人们对音乐电视的固有认知。雪佛兰科鲁兹亮相以来，也采取一系列新奇、刺激、充满挑战的先锋活动，为汽车营销开启了全新“玩”车时代。

此次整合营销科鲁兹充分发挥了热点美剧《越狱》和主演Wentworth·Miler的魅力，邀请Miler代言。明星的加入让科鲁兹成为娱乐时尚焦点，一亮相便风光无限。更让网友们兴奋的是，科鲁兹的现实版“越狱”，网友与Miler一起真实追逐——“澳门追击令”。代言人亲自与网友玩“飞车”，大大拉近了汽车与网友的距离，在汽车营销界可谓前所未有，这一平民化策略在网络迅速引爆了网友的互动热情。

成功的明星代言，平民化的参与机制，富有挑战性的新颖内容，加上娱乐的煽风点火，使得科鲁兹越狱像《越狱》一样全民玩转，将自己的品牌理念深深植入人心，获得了出奇的营销佳绩。

7. 斯柯达晶锐："嘿！顶一个！"

斯柯达晶锐为上海大众在2010年正式推出的新车型，是对原有的晶致版、晶灵版、晶享版三大系列车型进行了梳理和优化，新增极富运动气息的酷黑版，并对价格体系进行了优化调整，性价比也明显提升。如何开展针对这款硬派小车的网络营销呢？

期待再一次亲密接触

斯柯达晶锐自从新上市阶段的"相信生活"主题推广以后，没有举办过其他的大型互动沟通活动，借助2010年度新车型上市，希望通过一次大型互动，建立与消费者亲密接触的平台，再一次唤起消费者对晶锐的关注，塑造更为清晰的产品形象，给予用户更多玩味和增进对品牌的好感度的机会。

"嘿！顶一个！" 黑色经典复兴

为给产品上市造势，斯柯达晶锐希望通过深度体验和沟通等方式，提升用户对产品及品牌的认知度。所主要面对的营销群体为工作3~5年，事业刚起步的年轻族群和时尚潮流人士，男士比重超过60%。在创意设计中，将强势的媒体资源、丰富的媒体表现形式以及网络热点话题的创造相整合，以新技术、新平台、创意无限的趣味活动，结合媒体的互动合作以及利用网络自传播特征的活动，为产品及品牌推广打造全方位互联网整合营销模式。

本次营销活动在传播及项目执行具有如下亮点：

1. Fabia酷创新城 Campaign site

大胆创新，改变传统互动网站模式，由2D变成3D。运用最新互联网技术，让受众的体验变得新奇愉快。同时建立消费者认知标志，使Fabia新城成为品牌沟通的落脚地。让消费者可以通过新城获得晶锐最新信息，潜移默化地受到晶锐风格影响。

2. 酷创活动——"嘿！顶一个！"

以酷创活动——"嘿！顶一个！"作为与用户的深层沟通的切入点，在互动中增进用户对Fabia的关注。通过简单的游戏机制，利用网络的自传播特性，更广泛地获得网民分享价值。

3. 酷创媒体合作QQ魔法表情/POCO酷黑DNA影像展

充分利用带有娱乐性的主流时尚网站，借助媒体自身互动特性，选择符合晶锐品牌特点的进行合作。采用广大网民最常用的聊天工具，与腾讯QQ合作，制作潮流网络用语，将晶锐车型植入其中，在一系列流行用语前冠以晶锐的元素，用于传播。在时尚网站

POCO 发起一场“酷黑 DNA 影像展”，POCO 用户用影像唤起心中黑色情节，爱上酷黑、爱上 Fabia。整合黑色经典回顾、活动优秀作品、全新 Fabia 介绍等内容制作电子杂志专刊，并随 8 月底《POCOZINE》发行推广。

4. 酷创手机游戏 Mobile game

定制手机游戏，在 iPhone 等使用范围较广的手机上，开发了赛车和休闲两款游戏。将产品元素完美融合在游戏之中，潜移默化对潜在用户进行影响。

品牌时尚运动风潮，COOL

酷创新城 Campaign site 活动 1 个月吸引了 24 万用户注册参与，并通过媒体整合以及多元化的活动渗透，全面告知晶锐全系车型以及酷黑版的上市，通过酷黑版的上市进一步提升晶锐品牌运动时尚的形象。利用消费者网络黏性高的特点，结合产品特性与受众互动，塑造品牌差异，制造口碑，提高品牌偏好度。

与传统网络营销项目不同，斯柯达晶锐此次营销项目，大胆创新，打破陈规。根据市场需求推出了最受欢迎的 3D 网站，集娱乐和推广为一体，让受众在体验玩味的同时，深刻了解品牌的特点。“嘿！顶一个！”活动的开展，形成了一个强大的自传播体系，在网友中获得了广泛好评。一个集 3D 和互动专属等特性为一体的酷创新城，加上酷创手机游戏，酷创媒体等相结合，成就了一个完美的网络营销方案。“嘿！顶一个！”COOL!

专家点评：

虽然大众的不少新车在中国的推广都遇到了瓶颈，但斯柯达的车型虽小，选择的时机和营销方式都更为成熟，做到了弹无虚发。

斯柯达在燃油税和油价双双出现利好而国家政策又在扶持小型车的时候推出晶锐，显然非常明智。在营销策略上选择借助网络营销方式，针对目标受众对网络的忠诚度推出 3D 网站、魔法表情、网络游戏以及配合各种网络营销策略，也是非常明智的选择，使得这款小车成为拉动斯柯达品牌成长的又一重要力量。

8. 通用“零距离新引擎”，绿动未来

上海通用汽车启动“绿动未来”战略计划，三大品牌（凯迪拉克、别克、雪佛兰）均推出数款搭载全新引擎的新车型，在“高性能、低能耗、低排放”方面表现优秀。“高性能、低能耗”是汽车行业普遍诉求的产品卖点，如何从各大汽车厂商中脱颖而出，吸引广大消费者关注并参与，这是问题的关键之所在。

一款汽车的“高性能、低能耗”口碑需通过切身体验才能被感知，如何真实呈现体验过程并让数千万网民信服？此次营销活动运用了网络视频无线微波直播技术，将消费者在真实路况中体验的“高性能、低能耗”全过程实时传递给网友，而且引入 PK 机制，邀请汽车驾驶专家、普通网友分别完成指定车型指定路段的体验，同时通过有吸引力的奖品，鼓励网友竞猜每位挑战选手的平均油耗，成功打造了上海通用新车型“高性能、低能耗”的正面口碑。

零距离引擎，赢 7 辆新车大奖

此次活动上海通用希望通过创新的事件营销，引发网络与传统媒体的共同关注。以特定路线行驶的油耗量为活动核心，采取线下低油耗挑战、线上油耗竞猜相结合的方式开展活动。

在线上的策划中，活动以别克英朗等 7 辆通用新车为奖励，噱头十足，吸引了千万网民的关注，有将近 10 万网民直接注册参与。每期网友可在活动平台竞猜每位选手的最终平均油耗成绩和参与各类途中趣味互动。只要成功猜对平均油耗和趣味竞猜中的一项，即能参加抽奖，赢取大奖。

就线下来说，在酷 6 网的每场直播中，上海通用汽车力邀节油专家驾驶一款旗下新车，在指定线路和时间内立下平均油耗的标杆。只要选手在限定的时间内，在相同的路线上获得比专家更低的油耗数值，就能挑战成功获得一台 iPhone。

奖励的驱动让消费者能够主动卷入到酷 6 网为上海通用策划的营销传播活动之中，最终呈现出一场极具话题性，集竞技、互动于一体的大型网络互动传播活动。

网络移动直播，现场的感觉

在活动整体规划中，酷6网运用了网络视频无线微波直播技术，这在业内尚属首次，通过安装在每一辆上海通用汽车活动车型上的4个视频镜头，支持200万人同时在线观看。直播技术的使用不仅保证了活动的公正透明，增加传播的公信力，更是直观地呈现了低油耗的产品性能，重新成功树立了消费者对通用汽车的认知，谱写了汽车品牌传播的新篇章。

线上线下多渠道，气势非凡

2010年4月北京车展后，在公证机关的公证下，网友通过酷6网互动直播的竞猜环节，有300多人获得抽取汽车大奖的资格，活动人气迅速上升。继北京站完成后，上海站和广州站也陆续登场。

在三大城市最受网友关注的行车路线活动中挑战，通过“专家示范、网友挑战”形式真实地展现上海通用的各个车型在发动机先进性方面的优势，然后以“线下挑战”、“线上竞猜”的机制刺激消费者广泛参与，实现受众的充分卷入。最后通过论坛、SNS、微博、手机、B2C等多种渠道进行活动效果的口碑传播，实现传播效果的最大化。在上海站完成后，就已吸引超过11万人参与注册。

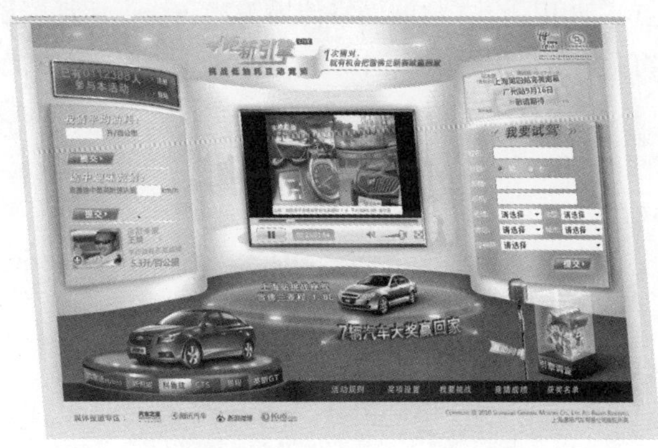

四拳共同出击，赢得全口碑

此次活动取得明显的传播效果，主要归功于以下四个方面的保障。

首先，是创新技术的使用。网络视频无线微波直播技术实时将活动现场最真实的情况，传送至活动网站power.shanghaigm.com，而网友只要登录网站，即可了解到活动的进程，增加了用户体验真实性。

其次，是贴近生活。城市综合路况的油耗测试，有助消费者实际购车判断，活动中测试道路选择，涵盖了北京、上海、广州三地的拥堵、畅通、高速、街道等城市综合道路，测试结果更有实际参考价值。

再次，物质刺激参与。活动全程送出 7 台新车 10 年使用权。活动总共分 6 期进行，每期送出 1 台雪佛兰赛欧，6 期结束后再送出 1 台别克英朗 XT；如此大规模的奖品刺激，大大增进了网友的参与活跃度。

最后，网络口碑传播。综合运用各类传播手段，打造低能耗口碑活动。除了选择目标消费者经常浏览的视频网站进行广告合作外，还采取内容营销通过新闻、论坛、博客、微博、SNS 等渠道渗透至目标消费者，将最真实最有说服力的上海通用汽车新引擎“高性能、低能耗”的口碑全面传播。

专家点评：

2008 年，随着“绿动未来”战略的提出，上海通用的营销模式也悄然发生着改变，从单纯的市场营销转向以社会责任为导向的发展模式。2010 年 6 月 12 日，在世博会上汽集团——通用汽车馆特别活动日，上海通用汽车正式发布了企业 2011—2015“绿动未来”全方位战略发展规划。战略分为绿色产品、绿色体系和绿色企业责任三大部分，是一个融入了企业愿景和核心价值观的全方位发展战略。

围绕“绿动未来”的发展战略，上海通用实施大营销理念，围绕“绿动未来”核心理念，采取营销载体多样化策略，即新老媒体有机结合。本次营销以“零距离新引擎”为基点，动用了全方位的网络传播策略和线下活动资源，以高额的物质奖励——7 辆新车为诱饵，成功吸引了目标用户的热情参与，将“高性能、低能耗”的绿色品牌理念深入人心。

9. 通用汽车，打赢世博营销持久战

曾几何时，全世界的镜头和灯光都不约而同地聚焦在盛装举行的上海世博会。对于企业来说，持续 184 天的世博会是企业的营销战场。如何在这场营销持久战役中与消费者建立更加紧密的互动和联系，让企业的品牌和产品赢得更深远的影响，是每个企业思考的重大课题。作为 2010 年世博会全球合作伙伴，通用汽车除了在世博会现场以非常精彩的主题——“直达 2030”的企业展馆呈现给世界一个未来的交通生活理念外，更借助互联网开启了广阔的世博营销平台。目前，中国拥有世界上最多的网民数量，互联网作为信息集散平台，连接着网民与世博，无疑成为企业不可忽略的世博会营销阵地。

整合资源，凸显世博会全球合作伙伴

上海通用汽车希望通过营销推广，全方位展现和凸显上海通用汽车作为上海世博会全球合作伙伴的价值；同时，借助互联网平台与受众深入的互动交流，提升通用汽车品牌形象及好感度。据百度数据研究中心统计，上海世博会、世博会门票、世博展馆等已迅速上升为网友关注的热门搜索词，每周在百度搜索“上海世博会”的网民达到近 30 万。凭借对互联网数以亿计网民搜索请求和关注点的聚集，以及对受众社区行为的深入洞察，上海通用汽车与百度联合建立了世博会专题网站，全面整合和调动百度搜索及社区资源，在世博会期间，分阶段举行丰富多样的活动，与网民深入持久互动，分享世博乐趣。

搭建网站平台，品牌航空母舰

当网友在百度中搜索“世博会、上海世博会”等关键词时，在搜索结果页面中即会出现“2010 年上海世博会百度专题”的网站链接。根据不同的投放阶段，有时在搜索结果页面顶端右侧，也会看到上海通用汽车与百度合作的世博专题擎天柱广告，点击即可进入上海通用汽车百度 2010 年世博会专题网站。可以说该网站是通用品牌的航空母舰，无所不包。专题页面以清新淡雅的绿色为主色调，契合了世博环保、低碳、简约的理念，也与上海通用追求绿

色、环保的企业理念相融合。“2010 年上海世博会百度专题”网站中共设置世博全景图、世博总攻略、世博全互动、世博百科馆、世博直通车五大板块，汇集游览世博的精品攻略及网友攻略，以新闻、视频、图片三种形式结合，全面介绍和展示世博会信息。同时，页面中设置了场馆热搜榜、展品热搜榜的世博排行榜，帮助网民及时了解搜索热点；增加的机票、火车票查询的功能模块，方便网友出行参考，打造出一站式的世博服务平台。在整个页面中，穿插上海通用汽车世博会官方合作伙伴的 Logo、通栏广告及世博期间的活动展示，让网民在查询信息的同时，增加上海通用汽车的展现与曝光。

敢问路在何方？世博出行我知道！

2010 年 4 月，上海通用汽车携手百度知道推出“世博出行我知道”系列有奖问答活动，邀请网友一起解答世博出行的各种问题。网友在报名参加活动时，需要先为自己获取参与图标——上海通用汽车 Logo，该图标将成为活动参与的标志并作为获奖的必需条件。提问和答题都可以获得奖励。提交问题有机会获取“精彩提问奖”，问题按照驾车出行、公共交通、地标直达等分为不同类别。回答提问的网友可获取积分并评选出最佳答案，有机会获取“精彩回答奖”。根据积分的最终排名，活动还将选出“世博出行知道专家奖”、“世博出行知道达人奖”，获得精彩大奖。同时，问答专题页面中还结合百度地图，推出“上海通用汽车推荐路线”，提供上海火车站、东方明珠、虹桥机场等十几处热点地段去往世博园的路线图，网友也可以根据自己的需求输入关键字进行路线搜索。

上海世博会团队 PK 赛，智慧大比拼

“城市让生活更美好”是 2010 上海世博会的口号。作为活跃在知道问答平台上的网友，可以做些什么能让我们的生活更美好呢？是智慧！基于百度知道平台的超大流量和用户的高活跃度，5 月，上海通用汽车联合百度知道继续推出了以“传递绿色世博，绿色分享智慧”为理念的“上海世博会团队 PK 赛”活动，邀请网友共同分享世博的信息和智慧。参与活动的网友要从“城”“市”“让”“生”“活”“更”“美”“好”八支团队中选择自己喜爱的团队加入，成为百度知道世博问答志愿者。回答百度知道世博分类下的问题并被采纳后，即可获得个人积分同时为该团队贡献积分，积分最高的团队获胜，赢取世博门票等丰富奖品。

消费者网络路径，引领创新搜索营销

根据消费者洞察，当网友来到百度时，他们会在百度地图查询世博会游览路线、在百度知道分享世博会知识、在百度贴吧交流世博会话题、在百度空间晒世博会游记……以搜索为核心，他们的足迹遍布了百度的各个频道。上海通用汽车与百度合作，联手百度百科、百度空间等更多重磅资源，构建以消费者关系为核心的整合营销平台，不断举行丰富多彩的线上活动，为网友提供饕餮世博盛宴。

此次的营销合作中，在建立上海通用汽车世博专题页面的基础上，百度全面整合并打通了知道、贴吧、百科、地图、空间五大频道优势资源，创造更多的时间和接触点，让上海通用汽车与消费者全面、深入互动。“世博出行我知道”系列有奖问答活动，截至活动结束，共有近 1.5 万人参与问答。“上海世博会团队 PK 赛”活动，截止 2010 年 5 月 25 日，已有 13 804 人参与团赛，已解决问题 3 839 个，涵盖了关于世博展品、展馆、活动、美食、住宿问题等。

专家点评：

在中国，事件营销一直是企业做梦都在追逐的魔力兔子。从早年的中原商战，到汶川地震期间的王老吉，事件营销不断地制造着神奇的商业传说。

世博来了！这只让全球汽车业追逐了一百多年的魔力兔子，通用自然不会放过。世博会是做概念营销、品牌推广的好时机。通用借助世博会大打概念营销战（“绿动未来”），通过打造“2010 年上海世博会百度专题”平台，聚集网友关注；通过“世博出行我知道”系列有奖问答活动，吸引网友参与；通过联动百度 5 个频道，制造更多接触点等，构建了以消费者关系为核心的整合营销平台，很好地引发了网友的全面、深入互动，将通用汽车“绿动未来”的理念传递开来，融入用户内心。

10. 新日世博宝贝，最惹火的世博营销

作为全民关注的年度大事件，世博会不仅仅是个世界盛会，更是引领未来生活的风向标。各种新奇的展品以及用于世博会服务的特许产品，都在通过这个平台悄悄地被人们认识并熟悉，并深入到人们的生活。

世博会上最红的明星

如果你细心观察，会注意到世博园内随处可见的电动车已然成为上海世博会最红的明星。世博会期间，由于时间有限，很多游客只能参观 100 多个国家展馆的十分之一。虽然游客所见所感各不相同，但他们无论走在世博园的哪个角落，都会看到随时随地服务的新日世博电动车，这种电动车成了“参观率”最红的明星。

新日电动车在世博会上的精彩亮相，使它变得家喻户晓，人们迅速地接受了它，低碳出行的健康生活方式迅速成为世博会开幕以来的新风尚之一。

借世博东风打响品牌战

借势，聪明的新日人一向懂得适时而运，借助时下最热点的事件，来提升自己的知名度和美誉度。新日人非常了解，世博与奥运会一样，不仅是全球科技展示的盛会，更是一次旅游盛会。更重要的是，电动车的节能环保正好与世博的主题契合。借赞助世博，是进一步使新日为人所知、为世界所晓的关键，这样廉价的世界级事件营销，必定令新日如虎添翼。因此，在圆满服务北京奥运会之后，新日电动车又投身到上海世博会，宣传低碳绿色环保，成为名副其实的电动车行业领军企业。

2009 年 12 月份，新日电动车正式成为上海世博会官方指定的唯一电动车服务品牌。新日电动车素有低碳、环保、节能、高销量的特点，上海世博会期间，新日世博急救电动车、新日世博警车、新日世博游览车、新日世博志愿者电动车等车型全部亮相世博会（前边我们看到的一幕就是新日电动车在世博会上的飒爽英姿）。

在赞助世博成功后，线下，新日世博电动车已成为世博会的一大亮点。线上，新日电动车急需借助一个网络事件得到网友的关注。为了能更好地吸引媒体和公众的注意力，新

日顺势在全国掀起了首届由新日电动车为主办方、上海世博会为背景的“新日世博宝贝”网络评选活动，差不多3个月的媒体造势，再一次使新日成为媒体和公众关注的焦点，从而更使新日震动九州，为亿万年轻人所熟知。

新日世博宝贝点亮世博网络

2010年3月26日，由新日电动车主办的“新日世博宝贝”评选大赛正式启动，活动在全国282座城市之间进行，与其他选秀类比赛相比，新日世博宝贝不同于普通美女，她们受过高等教育，支持并且坚持健康的生活方式和出行方式；她们不一定是激进的环保主义者，却一定是以身作则的环保倡议者；她们的美丽不是刻意装扮出来的，而是一种和谐自然的阳光魅力。参赛选手日常生活是否真的“低碳”、“环保”，是广大网友和大赛组委会评选和考量的重要标准之一。

新日世博宝贝活动初期，引来了全国各地的女孩报名，其中，来自地震灾区青海玉树的警花央金，成为了大赛第一阶段最热门的参赛选手。项目组也趁势以论坛、新闻、SNS转帖、微博转发等传播方式，将央金事件与新日世博宝贝联系在一起进行网络传播，获得了数十万PV的传播效果。

新日世博宝贝活动中期，腾讯、新浪、网易、猫扑、天涯……总共超过20家网络媒体争相报道一个叫做“世博黑桃QUEEN”的女孩，经核实，这个女孩正是“新日世博宝贝大赛”中的一名参赛选手，她正是通过个人宣传为自己拉票。

此外，通过借力明星效应，策划论坛帖《兽兽从良“新日世博宝贝”晒清纯》《“新日世博宝贝”发现一貌似金喜善的妞儿，求鉴定!?》以及曝光选拔过程内幕帖《奇尺大乳！世博会跟踪偷拍新日世博宝贝!》等，在网络上引起网友的强烈关注和猎奇心。更有许多网友在问答类网站发帖询问进程以及参与方法，引起广泛的网络关注度。

“新日世博宝贝大赛”获得了腾讯、天涯、新浪三大不同门户的网络媒体支持，三大门户中包括硬广投入、专题制作、新闻报道等，这使新日世博宝贝大赛得到了大量网民的关注。

世界杯火了，新日更火了

在新日世博宝贝网络推广期间，在天涯论坛上投放的征集帖《世博宝贝急寻伴游男

子》，短短1周时间，点击率便突破100万次，数万名天涯网友纷纷留言表示支持，这也是天涯论坛活动性论坛帖5月份关注度最高的一篇。

同时，为了形成持续关注。新日还精心策划了世博后营销，可谓把世博的价值利用到最大化。例如通过策划《盘点：后世博时代，你心中的会馆之最》等论坛帖，借力世博效应，引导网友对新日世博宝贝的持续关注。

细心关注会发现，新日在世博宝贝的营销推广可谓下足了力气，从世博前、世博中到世博后，从搜索引擎、新闻、软文、论坛、社区、贴吧、知道、百科等，只要能插入的地方，全部细心跟进，精心布局，创意策划，用心走好每一步，可谓世博营销的典范。

现如今世博火了，世界杯火了，新日也更火了。希望新日在以后多借借这样的“东风”，从而飞得更高，走得更远。

专家点评：

网络时代，人人都是自媒体，是新闻发布点，因而，媒体和厂商需要将品牌树立成一种“社会现象”，引起世界的关注和报道，从而达到一种双赢。

新日比较注重品牌公关活动所带来的事件营销机会。借助世博会的力量启动“新日世博宝贝“评选大赛”，找到跟企业所在行业、企业品牌的契合点——低碳环保，使企业新闻上升到了社会新闻的高度，成为社会关注的热点。

同时，很有先见地选择利用网络载体进行全方位的营销推广，挖掘互联网商机，品牌公关活动的策划、实施、传播形成了三位一体的立体事件营销活动，使新日电动车脱颖而出，被用户广泛接受。

11. 英朗 GT 火速上位，光芒投射视频营销风暴

“在空间中，加入生活的向往；在安全中，加入爱的责任；在动力中，加入领跑的信念。别克英朗 GT，用心超越的高档中型轿车！”这是通用汽车首款在中国首发并率先上市的全球车型——中型轿车别克英朗的广告语。

依托用户搜索行为数据，打包剧场营销

2010 年 6 月，上海通用汽车在中级车市场重拳发力，强势推出别克品牌“全球平台、欧美技术”的最新力作——别克英朗 GT 轿车，这是通用汽车第一款在中国首发并率先上市的全球车型。作为一款高档中型轿车，别克英朗 GT 以动感优雅的现代外观，以及在操控性能、安全性能和舒适驾乘上的越级实力，颠覆了现有的中级车定义。

通用汽车希望借别克英朗 GT 中国首发并率先上市的契机，强势曝光品牌，并吸引用户导入活动官方网站了解产品特点，基于推广目的与产品特点，提出与视频网站合作的需求。

基于客户需求，奇艺利用自身依托的百度搜索的优势，从百度搜索的后台数据中挖掘出别克英朗 GT 目标人群的搜索行为习惯和影视剧偏好，推荐了正在奇艺上热播的新《三国》作为投放建议，并推荐采取打包剧场的形式进行营销推广，得到了通用的认可。

借势新《三国》，打造品牌营销风暴

为了精准定向，通过百度的后台数据，奇艺发现两点：第一，关注英朗 GT 的用户在互联网上最感兴趣的类别除了汽车外就是影视视频；第二，搜索英朗 GT 的用户最感兴趣的电视剧是《三国》。基于这样的用户搜索行为数据，奇艺最终确定了选择热播的电视剧新《三国》为投放载体，采取打包剧场的形式，将广告传递给目标人群。

奇艺拥有英朗 GT 用户关注的视频内容——热映稳居收视榜首的鸿篇巨制新《三国》，新版《三国》5 月 2 日起在四家卫视播出，不到一个月的时间，新版《三国》就以江苏卫视的 1.3%收视率和安徽卫视的 1.05%收视率位居全国卫视收视榜前两名。

奇艺借势出击，打造品牌营销风暴：通过百度阿拉丁和视频搜索将绝大多数关注新《三国》的网民聚集在奇艺平台，再通过奇艺强大的站内推广资源，进行矩阵式传播。新版《三国》在奇艺 5 月同步首播后，关键词平均日检索量达到 80 万次，其中有 60 万被带到了奇艺。奇艺借助新《三国》的高关注度，联动百度贴吧，进行互动营销，达到品牌推广目的。

抓住 S.W.S 视频收看行为，实现多路径品牌强势曝光

奇艺紧紧抓住网络视频用户在影视剧收视上的“S.W.S.”行为模式，通过在“Search（搜索）- Watch（观看）- Share（分享）”的全行为路径上为别克英朗品牌实现品牌强势曝光，打造基于用户体验的视频营销新模式。

用户的 S.W.S 视频收看行为全路径品牌植入：

Search（搜索）：奇艺在百度搜索端截流用户——在观看网络视频的用户中，有 70%网民通过搜索引擎搜索关键词查看视频，这为别克英朗的视频营销带来了优势，奇艺在引入新《三国》之后，利用百度搜索引擎搜索新《三国》的客户有很大一部分被引流到了奇艺网中。

Watch（观看）：进入到别克英朗 GT 的主题剧场后，主题剧场首页首屏凸显别克英朗 GT 品牌形象；奇艺首页剧场固定文字入口，奇艺电视剧频道剧场固定图片入口以及奇艺电视首页焦点图均体现“英朗为您精彩呈现”字样；通过主题剧场内所有影视首页首屏的 Logo 嵌入 + 5 秒赞助广告+15 秒贴片广告+旗帜广告等形式传达给目标人群。同时，主题剧场内所有影视暂停广告。奇艺高品质的播放平台——超高清、全正版、大画幅，彰显别克英朗客户品牌。

Share（分享）：奇艺联合百度贴吧打造“上奇艺话三国”互动平台，以巨大的活跃用户数及灵活的推广手段，促使“上奇艺话三国”这样具有吸引力的活动迅速蹿红百度贴吧。满足了用户分享与沟通的心理需求，做到了最大化传播品牌。

借力搜索引擎，覆盖百度阿拉丁推广

通过百度的阿拉丁推广系统进行新版《三国》的搜索引擎推广，在所有阿拉丁展示的广告中，均体现别克英朗 GT 的赞助信息。通过 7 月 16 日 ~7 月 31 日新《三国》在百度阿拉丁的推广数据发现，该剧在卫视播完之后在奇艺继续保持了一定的播放量，同时每天十多万的阿拉丁展现也带上了客户赞助的信息，别克英朗 GT 的品牌得到更多次数的曝光。

话题传播，引爆口碑互动传播

奇艺互动活动，可以精准定位到相关的影视剧吧、演员吧、角色吧、地方吧等，在扩

大影响力的同时，直达目标受众，做到精准营销。通过百度指数、百度司南等后台用户分析技术，了解关注别克英朗 GT 的用户的偏好，知道目标受众最常去的贴吧和关注点，与百度贴吧结合，进行互动活动传播。

“上奇艺话三国”等话题活动在新《三国》上线 30 天内展开。用户在观看奇艺网新《三国》的同时，还可以参加在百度相关贴吧举办的“话三国，赢 iPhone”，“上奇艺话三国”等互动活动。形成了奇艺专区投票与百度贴吧联动，通过各关联贴吧之间转帖，打造几何级传播攻势，在极短时间内迅速升温，达到口碑传播的影响力。新《三国》放映期间，奇艺百度贴吧粉丝数量突破 60 万粉丝，并同时以每天增加 1 万名粉丝的速度持续增长；参与活动的主题帖达到 2 933 篇；吸引网友在贴吧中发帖数达 16 495 篇；有关活动的精品评论文章引发各大 SNS 网站、微博等传播渠道的转帖数量达到上万次。为客户制造了海量、良好的口碑内容。

新版《三国》在奇艺 5 月同步首播后，关键词平均日检索量达到 80 万次，其中有 60 万被带到了奇艺。奇艺借助新《三国》的高关注度，联动百度贴吧，进行互动营销，达到超越客户想象力的品牌推广目标。别克英朗 GT 投放期间累计获得了 22 642 940 次高品质品牌广告展现，数百万次在百度搜索平台和奇艺首页、电视剧首页的品牌冠名展示，386 455 次点击量被有效导入到官网，引导潜在受众进一步深入了解产品以及品牌信息，完美地彰显了英朗 GT 的品牌形象和产品信息。

专家点评：

2001 年，宝马率先试水网络视频营销。宝马集结 8 位世界级一流导演，拍摄了 8 部超炫网络广告短片，很好地实现了品牌信息的植入和产品特性的演绎，但是其“大导演 + 人制作”的运作模式为其他品牌的进入设置了过高的门槛，而且这种网络电影和电视广告一样依然是完全的“品牌导向型”传播。尽管人们会因为大导演制作或故事情节吸引而热捧网络电影，但是从视频内容本质上说这只是单纯的广告传播，不能有效调动草根力量，充分发挥 Web2.0 平台的共享价值。

英朗 GT 视频营销别出心裁，借势新《三国》打包剧场，抓住 S.W.S 视频收看行为进行多路径品牌传播以及制造话题引导草根互动等，打通了 Web2.0 平台的多个通路，带动了草根的参与热情，开启了汽车视频营销的新局面。补充一点，如果能够建立网络电子商务通路，引导消费者进行线下咨询与销售，那英朗 GT 本次视频营销风暴最终获得的将不只是良好的口碑，更有可喜的销售业绩。

12. 有你有未来，宝马腾讯“世博网络志愿者接力”

2010年世博会在上海举行，对于这样一个全球瞩目的事件，宝马当然不会缺席。2010年2月22日，宝马携手腾讯启动“世博网络志愿者接力”大营销活动，将世博精神、宝马及腾讯的品牌精神完美融合在一起。

BMW之悦，以人为本的品牌内核

宝马品牌一直强调驾驶乐趣，这是不可撼动的宝马品牌DNA。宝马的驾驶乐趣被演绎为“BMW之悦”，以用户体验为中心，把单独的乐趣延展到对社会贡献的喜悦、自我梦想实现的喜悦、对倡导和践行环保的喜悦。“BMW之悦”这个品牌核心理念贯穿于宝马产品开发设计、品牌传播以及社会责任实践的全过程。

作为一件全民参与的年度盛事，世博对网民具有巨大的号召力。本届世博会主题是“城市，让生活更美好”，宝马从环保和公益的角度出发，力图把宝马倡导的高效能源利用技术和驾驶乐趣，同世博联系起来，引起更广泛的关注和讨论。活动的关键就在于如何让用户参与世博，感受亲身参与世博的快乐和充实，从而实现广泛的影响和关注。

为了更好地契合世博会，宝马选择了作为2010上海世博会互联网高级赞助商的腾讯进行本次网络活动的推广。最终，宝马和腾讯通过“网络志愿者接力”这样一种形式和称谓，找到了普通用户参与世博的切入点，让所有腾讯的用户都有机会成为2010上海世博会的网络志愿者，这本身对于用户具有很大吸引力。

在腾讯的近5亿用户中，有6 000多万网友的QQ界面点亮了上海世博会志愿者标志——“五彩之心”。他们中间的大多数无法走进园区，一圆自己的世博志愿者之梦，但在“宝马-腾讯世博网络志愿者接力”中，每一个QQ用户都有机会参与，并获得世博网络志愿者的称号。QQ好友们在分享世博欢乐、传递爱心的同时，也在快乐地享受“BMW之悦”。

传递一对一，制造线路稀缺

活动开始，首先向4亿网民，遴选20 100名“第一棒”志愿者，历时近4个月，组织20 100条接力线路，打造迄今为止最大的网络志愿者行动。“有你，有未来”的活动口号、宝马-腾讯号召的公益行动以及“城市，让生活更美好”的世博理念，就是网络志愿者们在线传播的“接力棒”。20 100名“第一棒”形成20 100条网上接力线路，以一传十，以十传百，吸引更多用户的互动参与。所有成功参与传递的人，可获得网络志愿者身份，保证了世博理念完全融入到宝马的品牌体验中，把品牌体验融入到用户体验。

每棒网民只能向一个好友继续传递，“一对一”的规则保持了活动线路的稀缺性，调动起网民更大的参与热情以及荣誉感。

同时，广泛放大接力明星效应，开通了包括奥运冠军刘翔、林丹，名教练李永波、刘国梁，著名钢琴演奏家郎朗，演艺明星张靓颖、徐静蕾等12条明星传递路线，由这些明星作为第一棒传递世博主题。与“一对一”的传递规则结合在一起，明星线路的稀缺性更加显现，为此，腾讯在网络上专门设计了明星线路传递者的竞争机制，制造“万众瞩目的第一棒将交给谁?”等第一棒悬念，调动用户积极、主动参与的热情。

公益任务紧扣主题

从“擦亮地球”、“美好城市，每人多做一点点”到此次的“世博网络志愿者接力”，腾讯网针对2010年上海世博会精心打造的一系列公益活动已经全面铺开。宝马作为全球唯一连续5年蝉联道琼斯可持续发展指数榜首的汽车制造商，也积极参与到这次公益理念、环保理念和世博理念的接力传播活动中。

在互动营销策略上，通过一些简单、易操作并紧扣公益和热点事件的互动方式吸引更多网友参与，激发他们的社会责任感，并通过这样的方式让消费者更清楚理解宝马传递的理念。

此次活动的亮点，在于宝马公益任务环节的植入。所有接力者都要参与一项公益任务，如“对陌生人微笑一次”、“刷牙时关水龙头”等，这些举手之劳获得了宝马“你的行动正在改变未来”的评价。不仅仅增加了用户参与的热情，也使得宝马的公益理念得到更多认可。

“加入世博网络志愿者，支持环保公益”、“更好的生活，更好的未来，有你更精彩”……一句句世博公益宣言，构成了世博精神的“接力棒”。千百万腾讯用户向各自的QQ好友发出活动邀请，次第亮起的志愿者标志像一支支火炬，照亮一届绿色、低碳、环保的世博。

整合腾讯平台资源，扩大影响力

腾讯为宝马接力调动了全方位的资源，包括QQ客户端、TIPS推送、Qzone日志、QQ IM工具、红钻、黄钻等，为宝马打造了一个资源整合平台。为了更好地结合宝马的高效能源利用和驾驶乐趣的理念，腾讯在传递活动的官网上，围绕宝马环保科技、BMW Efficient Dynamics以及BMW之悦等核心品牌元素设置了宝马品牌展示和互动。这些举动，进一步扩大了整个活动在网民中的影响力，也将宝马“有你，有未来”理念诉求与世博会的“城

市，让生活更美好”主题联系在一起。

此次借力世博会，不仅让企业看到了世博这样一个品牌传播的契机，更重要的是，以人类文明传承、创新科技、社会公益为核心元素的世博精神，与宝马品牌深度契合。宝马世博接力活动把这个大的品牌理念通过世博会这个世界级的平台展示并传递给了广大的媒体和公众。

专家点评：

公益营销向来被评为最具亲和力的感性营销方式，也正是它这一颇具亲和力的感性特点让世界500强企业趋之若鹜。

未来的营销要创新，首先需在营销模式和营销策略等“软”性环节里寻找突破口。“公益”就是这个软性突破口，公益营销的核心是信任营销。作为全球知名的宝马，借助世博会做公益，把公益落到世博行动上，让所有受众都拥有了参与世博会的机会，颇得宝迷们的芳心，树立了很好的社会公益形象，从而获得社会美誉度、销售业绩、市场效益、品牌影响力等的多赢。

配合这次公益营销，宝马动用了新闻、网络视频、硬广告、IM、日志、社区等多方位的资源进行整合推广，将好事告知全世界。这种大手笔的大营销，颇具宝马王者之气，使得宝马成为受众永恒的偶像。

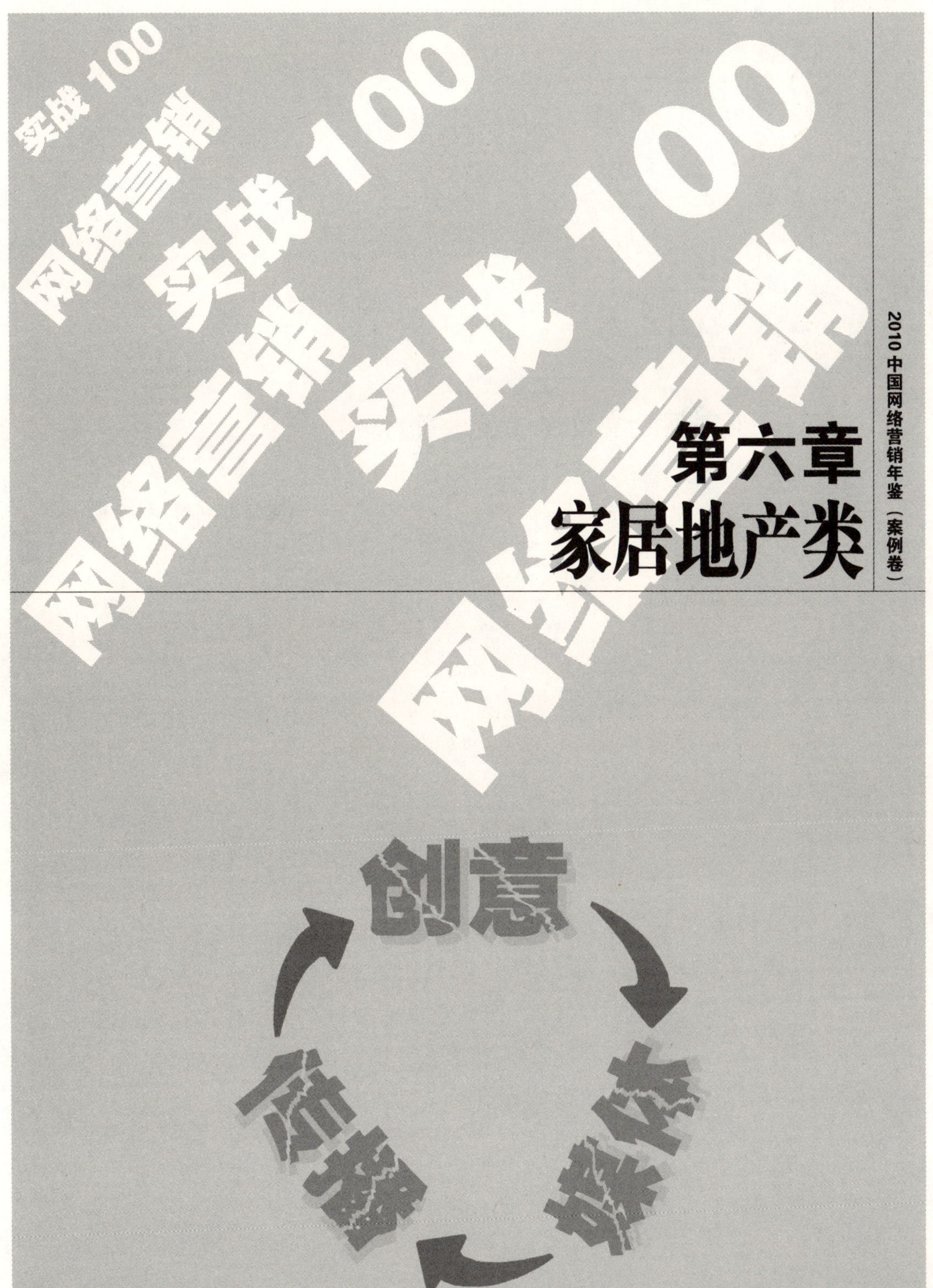

第六章 家居地产类

互联网没有改变营销本质。

——(美) 菲利普·科特勒

家居地产，自投罗“网”

结婚是人生的一件大事，而对业主来说，从开发商处买来一套房到成为自己真正的家，对中间过程的重视足以和结婚媲美。和将要装修的人们货比三家，一起和商家砍价、网上晒家、写装修日记……业主们对这些可以在网上轻松完成的工作乐此不疲，虚拟买房DIY游戏也因此流行。网络在目标消费群中的重度使用，形成了家居地产行业网络营销的温床。

目前这些自投罗“网”的家居地产企业，网络营销手段的运用主要集中在发布自身产品或服务信息、优惠活动上。而这些只能算是基本功，企业如果想不被这个网络化时代抛弃，应对网络营销手段的开发则需要不断探索：概念营销、知识营销、差异化营销、网络舆情监测等都是有效的方式。

一、概念营销

概念营销是以某种有形或无形的产品为依托，借助现代传媒技术，将一种新的消费概念向消费者宣传推广，赋予企业或产品以丰富的想象内涵或特定的品位和社会定位，从而引起消费者的关注与认同，并最终唤起消费者对新产品需求的一种营销策略。作为家居房产行业，如何从设计、材料、施工等方面进行概念的挖掘，应该顺应消费者需求变化趋势，推出新的消费概念，借助大众宣传媒介的大力宣传推广，使消费者最终接受这种消费概念，产生购买欲望。

二、知识营销

家居地产是一个相对冷的行业，由于信息不对称，客户虽然讨厌广告，但是需求相关信息。因此家居地产公司可以以普及相关行业知识的角度切入营销。比如家居行业举办装修课堂、风水讲座等公益讲座；在网络上发布《装修大全》等。知识营销如果能够成功提供给客户实用资讯，借助网络平台甚至可以实现病毒化传播。知识营销可十分有效地提升企业形象，加强客户关系。

三、差异化营销

网络大爆炸带来的是信息海量化，由于边际效应，消费者沉浸在信息海洋中容易产生疲倦。家居地产行业要在网络第一时间抓住消费者眼球，差异化营销势在必行。用心找不同，做万绿丛中一点红，就能引爆网络营销的button。

四、网络舆情检测

网络营销是一把“双刃剑”，给企业带来营销的机会，也给予消费者发言的权利。由于家居地产行业的特殊性，企业品牌需要将网络舆情监测提升到战略高度。网络的透明化会对服务、产品提出更高的要求，由于网络传播速度很快，所以一旦与客户接洽过程中出现问题，那么企业公司的反应速度、处理问题的态度都面临着巨大挑战。网络会成倍地扩大优点，也会成倍地扩大缺点，网络营销在给家装公司带来利润的同时，也把公司完全暴露在大众的监督下。家居地产企业应该布下天罗地网，时刻倾听客户发出的声音，并及时做出应对。

专家点评：

作为家装行业，借媒体热炒微博之际，元洲装饰率先发力微博，可谓四两拨千斤，劫持了媒体和网民的众多目光。同时，元洲装饰的高明之处是在于把此次微博互动定为“家装微博史上第一高楼”。

这个定位占了三个关键词，一是“家装”，二是“微博史”，三是“第一”。这种巧妙的定位使家装行业里的任何品牌如果想在微博营销上发力，不管是更大的投入，更精良的制作，更多的传播费用，都会成为元洲装饰模仿者和追随者。消费者和媒体都永远会记住第一。此案例成为微博营销史上的一个里程碑，获得无数次免费的二次传播与关注。

关于案例本身策划环节，虚拟沙发抢楼与真实沙发奖品的结合，彰显了网络整合营销4I原则的Interesting（趣味原则）、Interests（利益原则），Interaction（互动原则）、Individu-aliey（个性原则）。

1. 3A 环保漆族群营销，写就 3A 族传奇

这是一个容易缺乏认同感和归属感的时代。经济快速增长、物质文化极大繁荣，归属感却越来越缺乏；朋友数量不断增长，友谊越来越缺乏；高科技的发展，健康越来越缺乏；关心的增长，幸福感却越来越缺乏。

上天总是眷顾吃得苦中苦的人，A爸A妈所有的辛酸泪都变成了真金白银，房贷提前还完，油钱九牛一毛。3A族告诉我们只要为梦想付出行动，就一定能取得真经。

3A族，因爱更美

人们不断地寻求新的平衡，寻求一种自我被认同、被隶属的感觉，各种族群应运而生。各处奔走的“奔奔族”，蜗居城市一角的“蚁族”，追求精益求精、完美生活的高级白领“PL族”，而“置了房、买了车、孕育着小宝宝”中走出了“3A 族”。

挖掘族群营销影响力，追溯 3A 族

基于新经济背景下的企业，要想在传统的营销框架中找到新的突破口，必然离不开对顾客族群的分析、提取和应用，然后采取一系列的营销方案和工具来支撑企业探索、创造和传递顾客价值，于是，族群营销逐渐成为一些企业关注的营销策略。

恭喜宝宝获得“天真无邪搞怪 3A 宝宝证书”！A仔周岁生日这天，刚搬进新房子的 3A 一家开心地点燃了蜡烛，回想几年来的酸甜苦辣，A妈倍感欣慰。

3A族 • happy life

3A 环保漆的 3A 族营销密切结合目标消费群体实施了一场精准、整合、梯次、深度的营销活动。经过长期的客户分析和市场调查发现，3A 环保漆的消费对象包括年轻白领、商务人士、公务人员等庞大的都市生活人群，这一族群的特点是自由自在、张扬个性、交友互动、注重家居生活品质，同时具备较高的消费能力，在新房装修或二手房翻新时倾向于购买高品质的环保涂料。3A 环保漆倡导环保、健康、时尚、简约的 3A 品质生活，其高性价比、领先级的环保质量，是这一购买群体的上佳之选。

综合各种元素的分析，3A 环保漆结合自身产品服务特点，以及“A 级环保色彩 +A 级环保品质 +A 级环保服务”的品牌特征推出 3A 族，分别代表着 A 爸、A 妈、A 仔这样的三口之家，以及 A 爱情、A 家庭、A 事业这样的生活追求。3A 族以三口之家生活的点点滴滴为传播内容，演绎了中国千万家庭的喜怒哀乐、酸甜苦辣；而 3A 族代表着一个充满活力与承担压力的阶层，他们仍在不断地奋斗过程中，对未来充满着梦想和期望，同时又承担现实沉重的负担，比如房子、汽车、事业、后代的教育等，他们具有聪明的头脑和坚强的意志，怀抱着对美好生活的追求与向往。与月光族、蚁族有所差别的是，3A 族大多数已小有成就，置了房、买了车、孕育着小宝宝，一个三口之家正在成长中，分享体验着生活中的苦与乐。3A 族面世并流行后，3A 环保漆也让每个家庭熟记于心。

族群营销的深度把握，精准传播携手梯次传播

针对以上几点，3A 环保漆选择以最流行的漫画形式进行传播，围绕“3A”品质策划“A 爸”、“A 妈”、“A 仔”三种形象，塑造 3A 族的族群，以及通过“3A 一家”的工作、装修和生活以传递这个族群的信息特征。

在传播过程中，通过漫画、论坛帖子、新闻等形式探讨 3A 族如何工作、如何创业、应该购什么样的房、如何经营自己的生活、如何装修。而三个 A 又分别代表 A 级的环保品质、A 级的环保色彩、A 级的环保服务。

在这次 3A 族的传播中，重点选择了新闻、女性类传播渠道，辅以时尚、生活、家装、建材等传播平台，共覆盖 60 多家主流网络媒体、120 余家主流论坛，同时借助博客、微博进行了辅助推广。

完胜网络营销创意之战

从营销的创意角度来讲，3A 环保漆从目标消费群体出发，结合自身的品牌和产品特征，创建相应的族群推动营销工作，并且深度挖掘互联网的传播价值，堪称家居行业的经典案例。

自计划生育政策实施以来，大多数家庭都只是生育一个子女，最终组建成三口之家。3A 族以其 A 级环保色彩、A 级环保品质、A 级环保服务与 A 爸、A 妈、A 仔，以及 A 爱情、A 家庭、A 事业完全吻合，很容易在人们心中产生共鸣，留下深刻的印象。配合赢道顾问为 3A 环保漆所组织的持续传播，使得 3A 环保漆的品牌同样产生了流行效应，在各个家庭中广为流传，形成良好的社会传播效应。

3A 族自集中持续推出后，引起近千万网友和数十家平面媒体的关注，包括《北京晨报》、《国际金融报》、《长江日报》、《郑州晚报》、《浙中新报》、《烟台晚报》等地方主流报纸的关注，并且成为《新闻早晚报》（手机报）中的内容，“3A 族”的百度百科词条浏览次数近 3 000 次，“3A 族”的搜索频次位于 3A 相关词条的前列，同时赢得了上百

位网友在博客日志中主动提及 3A 族。“3A 族动漫”、“什么是 3A 族”、“3A 族是什么”等关键词相继进入 3A 相关关键词列表，加上各动传播的情况，传播量超过万条，经不完全评估所到达目标受众量已超过 800 万。

专家点评：

在大众原子化的社会中，族群像一根红线，将一粒粒的珍珠串起。它赋予现实社会中提和群体这样一种新联结的能力，让不同的人不同的地点能够迅速汇聚到一起的能力。未来的营销趋势必然表现为对于顾客族群的专注营销。一个中等规模的族群足以支撑起一个企业甚至一个产业的生存利基。

与针对某个现有族群展开营销的方式相比，3A 环保漆依照产品和品牌直接创造和划分 3A 族，更加生猛。族群传播的应用，很好地抓住消费者的心智，切中了现代社会忙碌打拼白领美丽的 3A 梦。漫画传播的形式使用也与朱德庸操刀的长安福特奔奔族有异曲同工之妙。

2. 朝阳大悦城真人日历PK，江湖再现“日历哥”

“朝阳大悦城门口邂逅日历哥，哥为玉树赈灾献身体了”，某日在猫扑看猫人帖，一下子被这个标题雷了下。今年哥姐特别多，不知这日历哥是何方神圣？

线下活动线上预热，人气“蓄水池”

网络媒体成为越来越重要的营销推广平台，尤其对于那些以年轻群体为目标人群的广告主而言，在进行线下活动时通过网络互动和广告投放进行预热和宣传的尝试越来越多。朝阳大悦城在开业之前，就开始进行网络互动和广告投放，宣传开业信息、传递品牌形象以及积累品牌关注度。通过线上和线下活动的配合，获取开业佳绩。

本次活动的一大亮点是创新性地引入了真人日历。真人日历是一种特殊的日历，日历上每一天都出现一名独特人物的肖像，通过不同的肖像表现不同的日期。真人日历在美国已成为时尚人士和高级自恋狂们的专属游戏。而朝阳大悦城“真人日历”活动除了时髦好玩以外，还将提供众多惊喜好礼，通过号召网友共同制作大悦城版本真人日历的形式传达朝阳大悦城“乐活生活”的品牌形象，并为朝阳大悦城的开业仪式积累人气。

互动营销，把受众变成企业“小喇叭”

网络营销最大真谛在于互动，即最大限度地开发每个参与活动的受众的传播能力，通过广大受众的力量扩大活动影响力，完成整个活动的传播。“真人日历”线上互动的访问量主要是由网站本身的页面共同传播产生的，每一个活动参与者都被有效地转换成活动的小型传播平台。

在“真人日历”活动中，线上互动网站共计获得超过3 000 000次的访问量及超过2亿次的品牌曝光，而这样一个流量并不是完全通过媒体投放得到的。线上互动为每一位网友准备独立的个人页面，通过每日任务系统的设计，使互动站获得很高的回访率，同时通过传播奖励的设计，使参与者主动通过个人的途径（QQ，MSN，开心网，人人网等）进行活动宣传。

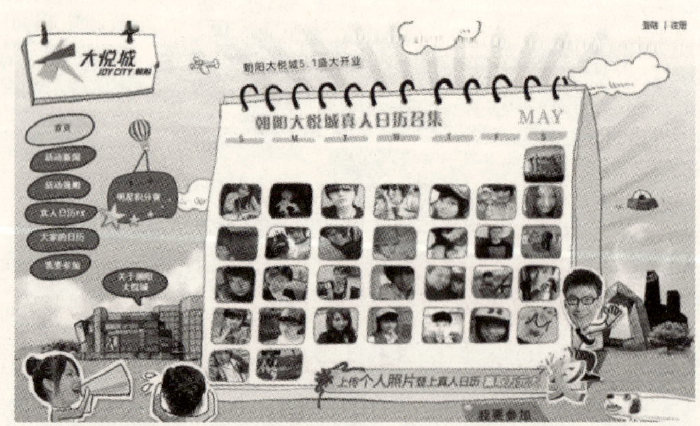

跨媒体合作，资源“大鱼网”

互联网媒体间的“合纵”在新时代的互动营销中将发挥着越来越重要的作用。通过整合应用多种不同形式的互联网传播媒介，从搜索引擎到内容网站，到社交媒体，全面覆盖目标人群的线上行为轨迹，从而获得最佳的营销效果。

在“真人日历”的宣传中，充分发挥合作平台的媒体资源，通过整合、联合外部媒体进一步扩大活动影响力，联合百度、人人网、猫扑、新浪女性、太平洋女性等21家互联网媒体共同进行宣传，覆盖从搜索引擎到社区论坛的多方媒体受众，把活动的种子撒满互联网。

社会化营销，互联网“炸弹”

配合“真人日历”活动，朝阳大悦城尝试了全面的社会化媒体营销，从传统的论坛口碑到开心网等SNS社区营销，再到新鲜社交媒体新浪微博。

社会化营销的一个重要内容就是制造易于传播的话题——犹如炸弹一样！为此，在活动中设计了“日历哥”这个人物。论坛营销和SNS营销围绕“日历哥”进行了深度和广度的传播，“朝阳大悦城门口邂逅日历哥，哥为玉树赈灾献身体了”，“你抢标签人物，我抢爱！真人日历争出来的真感情”，“朝阳大悦城真人日历引爆新一代红人‘日历哥’”等话题引起了广泛的关注和讨论，通过日历哥引起目标受众对“真人日历”的关注和参与渴望。并通过“【真人日历现场】朝阳大悦城10小时暴走，好多大品牌入驻，值得一去”等持续性话题，引发受众的长期关注和到现场一探究竟的欲望。由于话题所具有的社会性和延伸性，在活动结束后的几个月中，依旧被网友关注、媒体报道传播。

在新浪微博推广方面，配合相关口碑话题爆炒，引来大量的转载和关注。在将活动影响力扩大到微博的同时，也吸引了大量粉丝对大悦城的长期关注。截至活动结束，一个月内大悦城的官方微博（@朝阳大悦城悦活家）粉丝超过10 000名。这种全面的社会化营销进一步扩大了活动的影响力，并延续了通过网络互动和广告投放带来的持久关注。

专家点评：

哥姐年年有，今年特别多，这不，日历哥也姗姗而来。近年涌现的很多网络事件营销操作只是简单的吸引关注和流量，而与产品或品牌精神关联度并不大。日历哥与大悦城的联姻，不仅仅是肉体方面的结合，更有品牌精神的恋爱。

日历哥是网络娱乐精神的一个镜头，而朝阳大悦城致力倡导“快乐生活”的消费理念。在即将开业之际，也希望那些与朝阳大悦城拥有共同生活主张和态度的“快乐生活家”们（简称“乐活家”）一起为“快乐生活”开怀大笑！

大悦！

3. 东易日盛，水起《风声》

2009年建国60周年的献礼电影中，圈内一致推崇的两部电影《建国大业》和《风声》都找到了获得授权的婆家：《建国大业》与阿娇同学代言的手机达成合作，《风声》与高档家装品牌东易日盛达成合作。但是对比两者的海报，高下立现。《建国大业》的海报中，电影和手机是被硬生生地放在了一起，画面中两者左右分立，各自为政，就像虽然在水杯中将油水混合，但边界明晰。作为受众，浏览《建国大业》电影海报很难记住手机的品牌。而东易日盛则打造顺势推广的年度高潮活动："水起风声"——针对高档家居的目标人群，推出易学大师讲家居易学的线下活动，以及家装优惠活动。《风声》电影与东易日盛风声水起活动有重叠，对于电影授权元素的使用就如"水乳交融"，两者非常巧妙地融合在了一起。

值得一提的是，东易日盛没有向华谊支付费用，而是向华谊提供了18个城市近百家店面、500余块户外、各城市主流报纸、网络、小区活动多渠道的广告资源，共同使用。华谊省却了一笔不菲的推广费用，而东易日盛免费赢得明星归。此举操作可谓精彩双赢，而随后的网络推广环节则更加精彩纷呈。

巧设域名，互联网入口抢夺用户

东易日盛在官方网站建立了二级页面 http://dyrs.fengsheng.com.cn，放置充分的《风声》电影全面信息：演员、海报、剧透等，丰富多彩，应有尽有。同时更有东易日盛与《风声》合作信息以及免费抢票活动的预告。同时，东易日盛在百度购买了"风声"的关键词，当对《风声》电影关注的网民使用搜索引擎检索时，将网民在第一时间"抓住"。但是为了照顾网民的浏览体验，在百度的展示，并没有使用 http://dyrs.fengsheng.com.cn 这个链接，而是重新购买域名 http://www.fengshengdianying.com.cn 进行跳转，这是因为此链接没有任何企业信息，网友们更容易接受。

抢票互动，一起抓“老鬼”！

东易日盛针对消费者开展送票活动，邀请消费者一起抓“老鬼”（《风声》中的悬疑主角）。为了进一步激发网友的互动，采取了有趣刺激的抢楼抢票方式！东易日盛在多家论坛发布了赠票消息，但是票数有限，僧多粥少，到底谁才是幸运儿呢？论坛中网友可以自由回复，按照顺序会排出不同的“楼层”。于是，东易日盛规定了一个游戏规则，挑选一些吉利数字的楼层，作为中奖楼层。网友们可以通过回复帖子，自由抢楼。抢到中奖楼层，就能免费抓“老鬼”了。通过这样竞争互动的方式，使活动关注度大大提升。

论坛推广，自主创作 + 借鸡生蛋

论坛是网民们讨论大片的主要阵地，自然不可错过。但是简单直接地宣传东易日盛与《风声》的联姻消息传播，在论坛上显然不容易吸引起网民的兴趣，并且面临存活困难的窘境。因此东易日盛采取了迂回政策。站在“八卦”电影、明星的角度，自主创作大量帖子：诸如《2009 必看 10 部大片盘点》、《解密谍战大片 < 风声 > 五大爆点》、《史上最牛文言文真八卦影评》等，从娱乐角度全方位爆炒《风声》，吸引网民关注。同时在内文与图片中隐性植入东易日盛信息。这样既起到了良好的宣传效果，又受到了论坛、网民的欢迎。

其中《史上最牛文言文真八卦影评》最为出色。当时，娱乐界孙悦车震事件正红的发紫，嫁接此热点事件，东易日盛别出心裁，用文言文写就《风声》第一影评《史上最牛文言文真八卦影评》。大胆出位创意，疯狂恶搞了《风声》中各大明星黄晓明、王志文、李冰冰、苏有朋等车震用车，非常巧妙地宣传了《风声》与东易日盛的联姻。如此无厘头的《史上最牛文言文真八卦影评》被各大论坛爆转，达到 10 000 多条，累计浏览量高达 650 万次以上。甚至《城市画报》、《国际公关》等多家知名平面媒体，也对这篇被疯狂转载的影评进行报道。

同时，除了自主创意帖子外，为了提高效率、扩大效果，也广泛采用借鸡生蛋的模式，比如华谊的公关公司策划团队已经做了大量《风声》的宣传工作，东易日盛将这些现成的内容进行整合，通过内文嵌入与图片处理重新键入东易日盛信息，再次通过论坛进行广泛的传播。自主生产策略与借鸡生蛋策略的综合使用，真正做到了运用互联网媒体的低成本，做到了大营销。

专家点评：

《风声》与东易日盛水起风声的结合可以说是水乳交融；搜索引擎临门一脚的巧妙导引很有趣味。借鸡生蛋之法是双赢之策，《风声》得到了更多网络推广，而东易日盛的出现也巧妙，润物无声，不会招致网友的反感。《史上最牛文言文真八卦影评》很出位，但更出色！网络文化基调决定了其必火。记住网民，记住网络文化环境，忘掉其他一切营销的条条框框，那么就离网络营销的成功不远了。

很多做电影营销的企业容易犯的错误是生硬地向消费者们传播企业和电影联姻的事件，但是消费者凭什么关心！寻找影片本身的切入点，从网友们的体验出发，通过八卦帖子巧妙地隐含电影企业合作信息，站位很棒，没有变成生硬的广告推广。这对于其他开展电影营销的企业推广有很好的启示作用。

4. 家居也娱乐，皮阿诺橱柜试水视频营销

现在，橱柜行业正处在由行业品牌向大众品牌转换的阶段。要向大众品牌靠拢，如何打响品牌知名度成为橱柜企业在营销中所要解决的问题之一。一度，由皮阿诺橱柜打造的中国第一部家居生活喜剧《阿诺“受虐”辛格》在酷6网上热播，该剧致力于让皮阿诺橱柜成为不用装修的人也知道的品牌。剧中男主人公阿诺充满骄傲和自豪的经典台词“这叫受虐吗？这是男人的大智慧！”也成为流行语蹿红网络。

在娱乐中传递品牌内涵

《阿诺“受虐”辛格》分为“厨男篇”、“吝啬篇”、“奶爸篇”和“受气篇”四个视频短片。片中，阿诺对老婆宽容大度、疼爱有加，做到了老婆吃饭他做饭，老婆出游他后勤、老婆购物他刷卡、老婆瞪眼他下跪的贴心服务，一次次地化解了夫妻之间即将要爆发的战争。

《阿诺“受虐”辛格》视频是皮阿诺橱柜网络营销的三部曲之一。第一部曲是2009年3月皮阿诺橱柜联合几家网络媒体推出的“男人家庭责任感调查”，调查发现，现代人在家就餐机会越来越少，餐桌上其乐融融的家庭气氛也随之难得一见。于是在2009年8月8日，皮阿诺橱柜推出第二部曲，将8月8日定义为“中国丈夫节”，倡议在8月8日这天，所有的丈夫回家亲自下厨1小时，为妻儿烹饪一顿大餐，让全家共享一顿温馨的就餐时光，促进家庭和谐。

为了将皮阿诺橱柜“让男人爱上厨房”的理念进一步诠释和传播，皮阿诺橱柜将皮阿诺的品牌人格化，具象成一个具体的、被消费者喜爱和传播的男主人公。于是，视频短剧《阿诺“受虐”辛格》应运而生。“阿诺”的男主人公形象一来可以让消费者联想和记住皮阿诺品牌这个名字，二来则是通过塑造阿诺对老婆、对家的承诺，很自然地带出皮阿诺的品牌口号“爱的承诺皮阿诺”。

正是认识到网友不喜欢板着脸一本正经的说教，短剧中“阿诺”特意以一个极端受虐的男人形象娱乐了网民，抓住了眼球，同时也为皮阿诺品牌带来了病毒传播的机会。为了不“为了眼球而眼球”，从“眼球”进入到“心智”，让消费者在会心一笑的同时理解到皮阿诺品牌的主张和理念，2010年4月，皮阿诺推出《阿诺“受虐”辛格》第二季，建立“中国丈夫社区”专题网站，试水SNS营销，为消费者展现了一个富有情感和品位的皮阿诺橱柜，一步步地为“让男人爱上厨房”的品牌主张添砖加瓦。

携手酷 6 网 UGA

帮助皮阿诺橱柜制作这部视频短片的是酷 6 网的 UGA 团队。UGA（基于用户产生的广告）是酷 6 网独特的营销产品，即通过视频创意将广告主的产品诉求生动形象地传播给用户。皮阿诺之所以斥资 100 万与酷 6 网合作，看中的正是 UGA 的营销模式、创意和制作的高水准。UGA 合作模式是：酷 6 网的相关人员先和客户反复沟通，在了解客户的需求后，为对方量身定制视频剧本，并找来专业的导演、演员来拍摄，拍摄完后在酷 6 网上推出。而视频的播放数和网友的评论数则是评估 UGA 效果的两个重要指标。

为了提升皮阿诺橱柜在大众心目中的品牌偏好度，酷 6 网的 UGA 团队从“爱的承诺”这个品牌主张出发来创作剧本，不仅剧情故事本身和皮阿诺橱柜的品牌概念、内涵吻合，在选择剧中的一些场景时，也特意将皮阿诺橱柜的产品植入其中，片尾还有一个皮阿诺橱柜的贴片广告。意在让网友在观看视频时，从剧情、场景到最后广告，都会对皮阿诺橱柜有一个更深的认识。

要进一步扩大视频的影响力，就要充分利用网友的分享机制。酷 6 网在每一个视频下面，都有一个转帖功能，可以将视频复制到开心网、人人网、QQ 空间、新浪视频等。网友在看《阿诺“受虐”辛格》这部剧时如果感到非常有意思，可以把链接发给其他好友，或者发到一些网站、论坛等。

从皮阿诺橱柜携手酷 6 网 UGA 不难发现，比起电视广告和传统网络广告，UGA 定制类的广告优势更加明显：在制作审核上，网络视频的时间更短，范围更宽；推广周期上，网络视频不受约束，时间持久；在制作成本和推广费用上，网络视频价格较为低廉；传播范围和受众群体则会更加广泛；而传播模式上，视频广告更是模式多样，易于转载流传。

建立全通路的传播矩阵

在推广《阿诺“受虐”辛格》短剧的过程中，皮阿诺建立了种子视频、论坛炒作、新闻公关互动的全通路传播矩阵。先与酷六网的 UGA 团队合作，制作种子视频作为病毒源，接着通过论坛进行话题炒作，引发网友关注和再次传播，并在一些报刊上发表软文促使没看过的网友搜索观看视频。在这种推广模式下，视频的播放量节节攀升，截止 2010 年 1 月底，酷 6 网上该短剧的播放量已突破 600 万，评论超过 5000 条，并引发了网友对传统“男尊女卑”价值观念的激烈争论。

要形成网络病毒传播，“病毒源”的质量很关键，要有争议和话题才能形成很强的传染性，让网友成为病毒传播的“自媒体”。韩锋认为，“阿诺”若是传统意义上的爱家、爱老婆、有责任感的好男人形象，可能就不会被网友喜欢和争议，更谈不上广泛传播。只有把“阿诺”推向极端，才可能有突破。最后皮阿诺橱柜把“阿诺”定位成一个极端受虐的男人形象。从之后网友的反应可以验证这个形象定位是成功的。

令人遗憾的是，虽然有线上全通路的传播矩阵，但线下却没有全参与的互动模式。终端促销活动也没有将“阿诺”拿出来炒作，短剧提升了皮阿诺的品牌知名度，但消费者与品牌缺乏“亲密接触”让这次营销活动打了折扣。

专家点评：

橱柜是个集成产品，几乎3 000多家橱柜企业生产出来的产品都是由板材、台面和五金功能件供应商提供的原材料加工组合而成。每个橱柜品牌可以在供应商那里批量购买到一样的材料和功能配件，所以橱柜品牌在材质上没办法进行区分。同时在产品设计上因为橱柜只能申请“外观设计专利”而无法申请“发明专利”，所以橱柜品牌再面对“山寨版”无计可施，维权非常困难。一般某款产品形成热销后，“山寨版”便会充斥各大卖场。各种品牌材质和设计无法差异化的市场环境下，在理性诉求上很难有突破。

皮阿诺橱柜《阿诺“受虐”辛格》从夫妻关系入手，选择以消费者的心理情感需求为突破口，抓住现代社会生活下人们的心灵渴望而进行情感营销，从关注人们的“眼球效应”进入到“心灵需求”获得人们的认同，从而实现品牌营销，同时与其他的橱柜品牌进行区隔，开拓出广袤的市场空间。

剧情的极度夸张也带来了巨大的争议与讨论，不过，争议就是最好的关注！关注就是传播！对于处在“半哑巴”行业（品牌众多、消费者知之甚少、消费者平时关注度较低的行业）的皮阿诺橱柜来讲，品牌知名度就是硬道理。

5. 老鼠嫁给猫，金地奥迪跨界营销

老鼠嫁给猫？没错。这个词用来比喻跨界营销再形象不过。跨界（crossover）现在已经成为国际最潮流的字眼之一，从传统到现代，从东方到西方，跨界的风潮愈演愈烈。跨界营销，意味着打破传统的营销思维模式，避免单独作战，寻求非业内的合作伙伴，发挥不同类别品牌的协同效应。跨界营销合作对于品牌的最大益处，是让原本毫不相干的元素，相互渗透相互融合，通过不同品牌在用户体验上的互补性从而给品牌一种立体感和纵深感。

高端地产、顶级豪车跨界谈恋爱

2010 年 6 月，金地上塘道 R 系即将开盘，为了迅速蓄客，并进一步提升金地的品牌影响力，金地策划了一次名为“一路向北”的活动，选拔选手北上前往可可西里。之所以取名“一路向北”，是因为上塘道地处深圳北部，金地在深圳的发展一直也是沿着深圳的中轴线一路向北。因此，金地希望通过“一路向北”活动，获取中产人士对深圳北部未来价值的关注，同时又能很好地诠释金地集团深圳公司的战略发展取向。

由于金地的目标受众是深圳的中产人士，这与奥迪 Q5 的目标人群相一致，所以在“一路向北”活动中，金地引入了奥迪作为合作伙伴，在“一路向北”活动中，选拔出来的选手驾驶奥迪 Q5 汽车前往可可西里并最终返回深圳。通过这样一种跨界的合作，将金地上塘道 R 系品牌与奥迪 Q5 建立起来的中产人士的进取形象联系起来，形成一种立体的品牌形象。

金地与奥迪的这种跨界营销合作本质上就是对金地上塘道 R 系的受众定位，通过这样一种合作，金地传递给目标人群一个明确的信息就是金地上塘道 R 系是房地产楼盘中的 Q5，也就是将金地想要建立的品牌形象一下子明确清晰地展示给目标人群。

垂直媒体，锁定乐居

房地产和汽车行业的一个显著的消费趋势就是消费者由于需要专业的消费知识往往通过互联网媒体获得这些知识，这使得网络成为消费者作出购买决定的第一站。基于对潜在客户的这种消费行为的理解，金地集团选择了房地产媒体——新浪乐居进行营

销推广的合作。

在活动开始的初期，通过新浪乐居平台在深圳招募“一路向北”体验者，合格体验者将驾驶奥迪 Q5 向可可西里行驶，体验者北上将经过广东、湖南、湖北、四川、青海、西藏等六大省份，十多个城市，南下将经过敦煌、张掖、西安、武汉、韶关等。整个活动也在新浪乐居的业主论坛得到了全程的转播。

金地通过媒体选择，保证了营销推广的针对性，金地上塘道 R 系的品牌形象通过营销活动传递给新浪乐居的受众，而他们中的相当一部分人正是金地上塘道 R 系的目标人群，这在一定程度上实现了精准营销。

微博直播尝尝鲜

除了在新浪乐居的业主论坛进行全程报道，在此次营销活动中，金地还设立了专门的新浪微博账号对活动进行跟踪报道。

在车队出发后，官方微博和每位队员的微博将有丰富内容发表并会逐渐火热，直至推动此活动进入高潮。由于社交媒体信息的实时性，带来了更多人的参与，进一步扩大了活动影响。

公益活动，树立社会责任形象

此次旅程还经过了玉树灾区，金地“一路向北”活动的体验者代表金地集团向玉树灾区学校捐赠车辆一部，每一名队员还通过实地走访家庭困难的学生，为今后一对一帮扶收集资料。公益活动穿插在整个活动过程中提升了金地的品牌形象，从而在通过业主论坛、新浪微博和其他媒体渠道关注“一路向北”的人群中，树立了金地的社会责任感。

专家点评：

豪门联姻总是能最大限度调动网民的神经。奥迪、金地的高端牵手对受众进行了精准的区隔。看似老鼠嫁给猫的跨界营销背后，月老的红线正是锐气精神、对进取人生的探讨以及不断进取的天性。网络媒体传播方面选用垂直媒体乐居、微博直播的尝试相得益彰。

6. 慕思寝具，四位一体，全面出击

中国传统睡眠文化一向崇尚一种自然的养生文化和健康文化，但是却往往忽视寝具对睡眠的重要影响。在洞悉了中国传统睡眠文化忽视寝具的不足之处之后，慕思开创了寝具产品量身定做的先河，致力于满足不同身高、体重、年龄、睡姿甚至是夫妻二人对于同一张床的不同睡眠要求，形成了一个科学、合理、有效的现代人睡眠系统和科技产品。同样，高品质的产品的目标消费者也非常高端：一二线重点城市，年龄25~50岁，月收入5 000元以上。他们追求高品质时尚生活，追求较高的睡眠质量，关注自身和家人的健康。如何影响这批高端人群？他们是中国互联网最早的一批用户，习惯通过互联网获取信息。因此网络成为慕思的重要营销阵地。慕思建造立体化的网络整合营销：最优媒体组合＋创意广告投放+eCRM技术保障＋网络公关，四位一体，全面出击。

最优媒体组合，精准打击目标

1. 按天采购全流量广告与按CPM购买两种方式结合进行，减少浪费。与搜房网等用户集中度高的媒体合作，按天采购全流量广告。在CPM层面，通过活动网站和广告端收集来自不同购买方式的受众Cookie，为后续投放CPM广告积累用户行为数据。整合全流量广告追踪到的Cookie和易传媒数据库中投放积累的CPM广告Cookie，精准定向投放CPM广告。选择目标用户活跃度高的汽车、财经、新闻、时尚美容和生活方式等媒体类型，将其中较有代表性的新浪汽车、和讯、中华、时尚网等27家媒体整合成一个大媒体。通过地域定向、创意轮播、实时优化等技术，追踪目标用户网络行为，保障创意表现和投放效率最优化，最大程度减少曝光浪费。

2. 将慕思的eCRM系统与易传媒AdChina广告位注册技术进行结合，通过本次活动再次扩大了活跃数据库eCRM系统，形成良性循环。

创意广告投放，四大层面网住受众

具体投放广告的创意又分为四个层面。第一层面站在品牌高度，以国际化、健康睡眠理念作为诉求点；第二层面极力突出“慕思唱享健康睡眠——欢乐中国行”活动的文化品位和重量级明星参与；第三层面极具诱惑力地推出宝马车和慕思寝具等高端礼品；第四层面体现直接注册功能，吸引网友马上参与。

在具体创意呈现形式方面，则采用富媒体、飞扬视频和震撼富媒体三种广告形式，具有极强的视觉冲击力和创意表现力。广告位之间可以互动，可以直接在广告位注册获取门票，减少了用户流失，保障了活动信息的有效传递。

软硬兼施，网络公关

除了精准有力的硬手段，慕思寝具不忘软硬兼施，同时展开立体化网络公关软性营销。

首先，慕思在各大网站上发布软文，达到慕思品牌活动最大化的曝光与活动信息及时的更新；其次，通过 BBS 营销凭借“欢乐中国行”明星的号召力，利用意见领袖证言法与网友互动沟通，扩大慕思品牌影响力。第三，启动网络公关监测系统对含有慕思相关信息的网站论坛做了全面监测，总结网络舆情状况，跟踪效果，为调整 BBS 传播策略提供科学依据。

（第一阶段 宁静致远）（第二阶段 群星荟萃）
（第三阶段 奖品吸引）（广告创意结尾具有注册功能）

eCRM，一对一数据库营销

慕思为一对一定制产品，所有用户均有手机数据库。而通过易传媒广告位注册数据对接慕思的 eCRM 系统，利用注册用户手机后 6 位分辨新老用户，进而展开数据库营销。

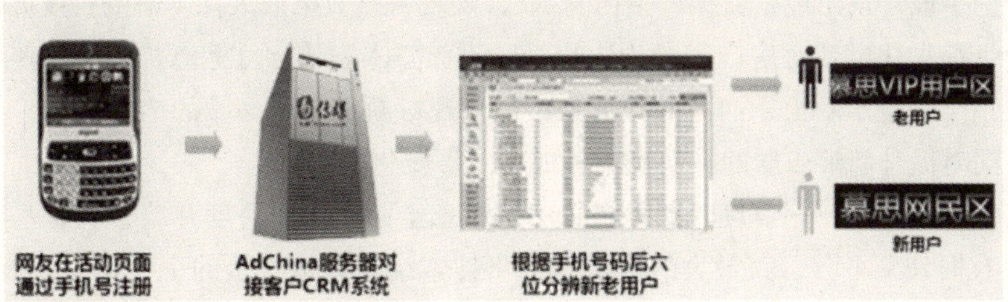

专家点评：

该案例的最大的亮点在于按天采购全流量广告与按 CPM 购买两种方式结合进行硬广的投放。即做到广泛覆盖，又保证了精准有效。根据消费者浏览行为定向的广告会越来越被广告主认可。

网络硬广创意层面可谓清晰，但有些中规中矩，没有完全释放网络硬广告的灵动创意，还有更高的空间可以提升。

7. 新浪乐居、百度祭出搜索营销“独孤九剑”

一直以来，人们对房产的需求热度有增无减，房产家居也随之成为大家关注、探讨的火热话题。新浪乐居以领先的网络媒体影响力和强大的信息服务产品平台，为消费者提供买房、卖房、租赁、装修、居住、生活等服务，为广大网民创造一个全面、便捷、专业的信息发布平台和互动生活社区。那么，如何让更多的用户深入认知新浪乐居平台，引导其使用并逐步形成品牌依赖，成为新浪乐居营销推广中需要解决的重要问题。

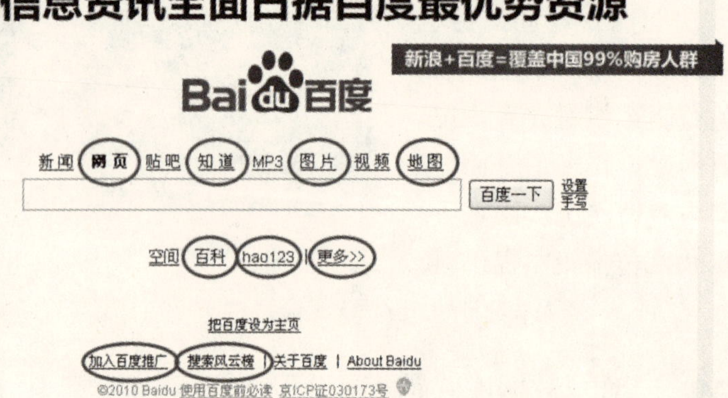

此次，乐居选择了与搜索引擎公司百度合作。搜索推广是百度营销最常见的方式，此次新浪乐居的营销推广，不只局限在搜索推广层面，而是在此基础上，融合了更加多样化的搜索营销手段，祭出搜索营销“独孤九剑”，实现营销效果最大化。借助百度庞大的搜索数据平台，最大化网罗对房产家居关注的目标消费群体；结合目标消费人群的搜索行为习惯，在搜索全程提示新浪乐居的品牌形象，以实现对新浪乐居品牌的全面认知，扩大品牌知名度；同时提升新浪乐居的页面流量，提高广告转化率。

搜索营销第一剑——百度开放平台，房产信息全面整合。百度开放平台是基于网页搜索开发的数据分享平台，其最大的优势是可将搜索结果以最直接的个性化方式展现出来，减少重复搜索的过程环节，缩短消费决策时间。百度从网民的搜索体验出发，针对家居、新盘以及二手房信息等设定产品关键词，并将搜索结果以清晰的表格或图片形式呈现在受众面前，充分满足目标受众的多方需求。譬如，当网友搜索“合立方”时，百度开放平台可直接将合立方楼盘的价格、位置、开发商信息以及价格趋势、业主论坛、最新图片以及最新消息等链接集中展示在一个区域内，在搜索结果前 4 位呈现。百度开放平台，不仅让受众拥有良好的搜索体验并引导其对新浪乐居有更深的认知与了解，同时也为新浪乐居带来更多有价值的流量。

搜索营销第二剑——百度地图，实用性提升用户体验与品牌好感度。百度地图是一项功能性极强的搜索服务，覆盖国内近百余城市，可任意查询街道、商场及楼盘的地理位置。新浪乐居的多数服务与百度地图功能有很紧密的契合度，因此，百度为新浪乐居在地图频道专门定制个性化的搜索页面，按分类进行地图搜索，每个分类下设置不同选择条件，以保证搜索结果的精准性。譬如，在新房地图的分类项内，筛选楼盘的限定条件包括物业类型、楼盘均价和销售状态等，条件选定后，搜索结果直接在地图上显示楼盘的地理位置，同时涵盖楼盘图片、价格、物业电话等详细信息。这种推广方式不仅实用且功能性极强，可大大提升新浪乐居的品牌好感度。

搜索营销第三剑——百度百科，专业 Web2.0 编辑。百度百科可谓一个互联网大智囊，充分调动网民的力量，汇聚上亿用户智慧，进行分享交流。通过专业机构或知名商业品牌对词条进行专业认证的方式，能够保证词条内容的权威和真实性，给用户提供高质量的专业解释。新浪乐居在百度百科合作编辑词条，不仅可以帮助受众全面系统地了解品牌网站，同时也使信息更具品牌信服力。

搜索营销第四剑——知道专家团，专业互动提升专业形象。为全面提高百度知道平台的问答质量，帮助广大网友快速解决有关房产家居方面的实际问题，百度为新浪乐居专门打造了知道专家团，从不同领域和角度开辟 6 个专家 ID，提供专属类别的权威专家为广大网友解答。知道专家可以和网友形成第一时间的良性互动，专家在回答问题时会显示其专家身份及合作企业 Logo 等信息，点击企业 Logo 可直接进入新浪乐居专家团的专属页面，里面集中所有专家回答的具有代表性问题，形成庞大的知识库，可信赖度强。

搜索营销第五剑——图片推广，提高转化率。除了网页、知道、百科等搜索及关注度比较高的频道外，提及楼盘房屋，真实的图片实景更能让人信服，因此百度图片频道也是目标人群的又一聚集地。在百度图片频道，投放与房产相关的高关注度关键词，如用户在图片频道搜索“房贷”关键词，在搜索结果首位呈现出的“新浪房屋计算器”图片，可直接将用户导入到新浪乐居的房屋计算器页面，为搜索用户带来极大的操作便利，用户评价非常高。

搜索营销第六剑——知道关联，问答中体验品牌专业性。百度知道平台一直以来备受青睐，选择在百度知道生活栏目下的“购房置业”和“家居装修”两个分类里投放新浪乐居关联广告，将品牌影响力形成最大化扩散。当用户在百度知道中提出有关房产、家居等问题时，无论是在待解决问题页面还是在问题回答页面，都将集中呈现新浪乐居品牌，这样既可达到品牌广告如影随形的影响效果，更能将目标消费群分类区隔，进行精准广告投放。

搜索营销第七剑——搜索风云榜，购房专业参考。百度以每天上亿次的搜索需求打造的权威中文搜索风云榜是每日网民关注热点信息的聚集地，与百度搜索风云榜相结合，将新浪乐居的热门楼盘排行、二手房关注排行、家居关注排行等以展示广告的形式展现在百度搜索风云榜页面，供目标消费群参考和比较，同时还提供购房指导，使新浪乐居成为购房的首选指导之地。

搜索营销第八剑——百度 Hao123 上网导航，流量转化。大多数人有将网站导航页设为浏览主页的习惯，便于常用网址的快速查找。Hao123 也是最专业权威的上网导航，及时收录众多包括音乐、视频、小说、游戏等热门分类的知名网站，与百度搜索的完美结合，为数千万网民提供着简单便捷的网上导航服务。将“乐居房产”、“新浪房友在线”“新浪家居”等词条分别投放在 Hao123 首页和二级页面的分类栏内，并以飘红标注，在同类网站中脱颖而出，第一时间抢占受众目光。同时也为新浪乐居带来大量的流量转化。

搜索营销第九剑——搜索推广，精准营销。当网友有购房或相关家居服务需求时，如若目标不是非常明确，常会到搜索引擎上用通用词来寻找答案，譬如房产、家居、装修等。此时便是大范围挖掘新浪乐居目标消费群体的绝佳时机，而搜索结果页面的首条链接更是能够引发受众关注的战略高地。让“房产主流媒体 - 新浪乐居”的链接出现在搜索结果页面首位，可增大目标受众的第一选择几率，帮助精准锁定目标消费人群。

双雄联袂，1+1>2 协同效应

新浪作为门户网的领导者，和中国最大的搜索引擎百度第一次大规模创新合作模式成为历史上最大营销创新。不仅是门户网和搜索引擎紧密合作的标志，更具有深远的意义。为了提高房地产家居行业用户体验，百度开发了房地产家居开放模式，也是百度开放平台成立以来，第一次以十万数量级的展示，也是百度开放平台最大规模的应用，和以往的开放数量不可同日而语。网民在百度搜索楼盘词或者家居品牌词的时候，就会在搜索结果里出现配以图片及关键描述的开放结果，为广大网民提供精准优秀的房地产家居内容。这是基于互联网的一站式房地产家居信息服务，最简单可依赖的互联网需求交互模式，用户只要在框中输入房地产家居服务需求，搜索引擎就能明确识别这种需求，并将该需求分配给最优的应用或内容资源提供商处理，最终返回给用户相匹配的结果。搜索推广 + 开放 + 百度图片 +Hao123+ 百度地图 + 百度百科 + 百度知道，综合 ROI 比采用某种单一营销渠道更为划算。在此创新逐渐铺开后，来自百度的房地产家居流量快速增长，达到了开放之前的 2 倍，成功实现了新浪 + 百度覆盖中国 99%的房地产家居网络人群的营销目标，最终让新浪乐居品牌深入人心。

专家点评：

非常全面！不愧独孤九剑！相信很难有消费者能逃过这九剑。这则案例对于搜索营销引擎营销的企业有很大的启发意义，百度可以给你更多！好的营销需要依照消费者的网络浏览路径，全面撒网，无处不在。新浪和百度依托强大的资源和完善的挖掘策划，做得相当完美。

8. 业之峰软性营销，其实我懂你的心

3 000余套装修案例、30 000余张精美的装修图片，供网民在线免费欣赏，并可用来参考自己的居室设计，这样的好事儿，通过新浪乐居大规模推广，一时间成为家居行业的大热点，一个多月时间内的点击量竟突破1 000万！

以内容传递品牌的软性营销

有用性是网络整合营销4I原则的基本原则之一，这里的有用性包括有用的信息。这不仅仅指将商家的品牌信息传递给目标人群，实现销售，同时广告受众也可以从广告中获得他们想要的内容信息。显然，目标人群对于自己想要获得的信息（内容信息）具有更高的主动性。

传统媒体的广告形式由于版面资源的稀缺性，难以在实现制造广泛影响的同时装载更多目标人群想要的信息。而网络，则可以通过链接等形式将品牌信息和内容信息一并传递给目标人群。所以，在一些需要专业消费知识的领域，网络媒体的这种优势更加明显。

2009年，业之峰装饰决定进行品牌营销推广时，选择了新浪乐居这种互联网垂直媒体，并确定了以内容信息传递品牌信息的推广策略，引导“先定装修后买房”成为潮流指标。

立足网民需求，跑马圈地

当80后、90后成为主流消费群体之后，家居行业将面临许多未来新客户，谁能抓住这些年轻群体的需求，谁就将抢占先机。

80后群体追求个性，不喜欢千篇一律的室内装修和标准统一的家具建材。现在“先定装修，后买房”已成潮流指标。随着人们对房屋的设计与居住条件越来越挑剔，单纯的户型图已经不足以成为人们选择买房的决定性因素，顾客关注更多的，是他们买到的这个户型能否装修成他们心目中满意的样子。结合消费者的这个心理需求，业之峰装饰公司进行品牌营销推广时，决定通过与新浪乐居合作搭建家装案例库，为目标人群提供他们想要获得的信息和知识——对于购房后装修效果的直观感受。

案例库中包含的是销售期住宅楼盘主力户型家装方案，囊括多种风格，涵盖全国70多个城市，每一款户型都由业之峰装饰公司的设计师为该户型量身定做的，这些平面图以及上传的经典案例效果图，可以为消费者装修提供有效的借鉴。

通过这种方式，吸引目标人群自己主动进入案例库，并在浏览、借鉴的过程中，将业之峰的品牌形象和设计实力传达给目标人群。

激励相容的机制设计，创新之源

激励相容是进行机制设计的一个重要内容，指的是通过利益刺激充分调动机制中的主要参与者的积极性。体现在业之峰的营销推广中，就是对有装修需求的年轻群体以及提供设计案例的设计师的激励。

因此，业之峰通过“设计大赛”的形式激励设计师，设计师的案例也就是他的参赛作品。设计师的积极性被调动，保证了案例库更新的速度和质量，也更好地吸引了推广活动的目标人群进行点击浏览。

业主在购买房子之前，可以先从新浪乐居的家居频道上登录“最新楼盘家装设计”栏目，找到自己的心仪楼盘、心仪户型的装修案例。业之峰装饰为每一套户型装修方案提供了至少6张效果图，并且为每一套户型提供了三种不同风格的方案供业主参考，帮助业主做出最后的选择。

配合营销进程媒体报道，持续曝光

软性营销的一个风险就是硬广告的缺位导致活动没有引起广泛的关注，为了避免这种情况的发生，业之峰和新浪乐居配合案例库的上线和推广，通过进行一系列的媒体报道和推广，来扩大活动的影响力。

首先，在活动开始阶段举办了签约启动仪式，在新浪的家居频道发布新闻稿，引起注意。

案例库上线以后，伴随着每次点击量的量级提升，也举办了发布会等活动，制造新闻话题，包括破千万的发布会以及破亿发布“暨设计大赛颁奖典礼”等活动的开展。2009年7月3日，“新浪乐居业之峰全国家装案例库”点击量首破1 000万，新闻发布会在峰格

汇隆重举办。2009 年 8 月 23 日，装修案例库点击量突破 4 000 万。新浪乐居联合业之峰装饰，发起“完美家装”座谈会，邀请著名演员金铭，装修版主汪华，以及都芳漆代表，畅谈如何把装修做得更完美，并将在此次座谈会上抽出 100 个幸运者，享受装修免 4 999 元工程款的机会。同时为参与此次活动的现场客户送出《非常完美》电影票等礼品，保证所有来参与的客户 100%能中奖，以感谢他们对“家装案例库”的支持和关注。

除了这些签约仪式、发布会等活动的举办，在案例库频道也实时更新一些有关业之峰和业之峰此次营销推广活动的新闻稿，强化案例库和业之峰品牌的联系，促进目标人群对于业之峰品牌的认识。

案例库 Web2.0 新版上线，好事做到底

2009 年 12 月初，案例库 Web2.0 最新版本隆重上线。新改版的案例库在页面色调、整体视觉、版块安排上都做了更加人性化的调整，同时还增加了“业之峰论坛”和“在线报名”系统等互动栏目，更进一步地拉近了与消费者的距离。目前，案例库中的装修案例已经增加到了 1 万套，平均每个月都有上千万的网友浏览案例图片。如今已经有许许多多网友通过案例库找到了他们梦想中的装修方案，将一个个梦想中的家变成了现实。

上线短短 1 个多月的时间，就突破了 1 200 万点击量，3 个月时突破 4 000 万点击量。截止到 2009 年 12 月 22 日，案例库的点击已经突破了 1 个亿。为了不断迎合消费者心理需求的变化，2010 年还将增强案例库的公益性和互动性，把好事持续做下去。

专家点评：

在网络上，网民才是真正的上帝！他们的鼠标掌握着信息的生杀大权，因此打猎式的硬营销可以 say goodbye，钓鱼式的软营销上位！我们不能再试图向消费者生硬地打击广告信息，而应该给予消费者好吃的鱼饵——他们需要的利益！

业之峰的案例库正切中了家装人群的需求，自然受到热烈追捧。一个亿的点击量可以说明一切，无需多言。

9. 有爱才有家，《我爱我家 2.0》视频营销

我爱我家一向善于采取新鲜的网络营销方式，从 2000 年成立时就重视网络营销，开始做网站。在一手房方面，做网上销控。二手房方面，从 2000 年就开始推照片，推网上看房，同时做了很多搜索。2010 年 8 月 13 日起，一部名为《我爱我家 2.0》的网络剧开始热播。不错，这是我爱我家又瞄上了新鲜的营销模式——视频营销。

首部定制网剧，初战告捷

“在 2010 年之前，每 10 美元的互联网广告投放中就将有 1 美元分流给视频广告。”美国市场调研机构 eMarketer 的分析师大卫·赫尔曼（Davidv Hallerman）这样说。该机构的一份关于网络视频的研究报告表明，2006 年美国网络视频广告的市场规模已经达到 4.1 亿美元，2010 年将增至 29 亿美元。2009 年大约有三分之一的美国人每个月至少会观看一次网络视频。在中国，使用网络视频的网民高达 1.6 亿，相当于每 1.3 个网民中就有一个网络视频用户。

在国外，像可口可乐、帝亚吉欧和联合利华这样的大公司都加入了网络视频营销大军；在国内，向来善于使用新鲜营销方式的我爱我家也迅速觉察到了这一动向。

伟业、我爱我家集团受植入式广告营销模式的启发，考虑到网络的迅速发展以及视频网站对原创网络剧的迫切需求，萌发了定制网络剧，借鉴情景喜剧的样式，通过在网络剧中植入广告的方式来进行房地产营销的想法。目前虽有不少公司在做“定制网剧 + 植入广告”的尝试，比如比亚迪、康师傅等，但是这些网剧大都为单本剧，而且大都由网剧制作方发起，赞助方只是简单地在剧中打出广告。《我爱我家 2.0》是一部由赞助方主动发起、把广告进行精心设计和隐蔽植入的网络剧，从人物角色到人物对白，从故事情节到拍摄场景，赞助方和制作方进行了详细的交流和精心的设计，最终打造了这部日均点播量 50 余万次的优秀网络剧。美式情景剧的样式、贴近 80 后年轻人真实生活的故事情节，好听的原创音乐，吸引了大批网友成为网剧《我爱我家 2.0》的忠实观众。

互动圣火，助推《我爱我家 2.0》

之所以叫《我爱我家 2.0》，第一，这是原来 1993 年版的升级版，第二，这次的网剧采取了全程互动 Web2.0 的形式。该剧讲述的是发生在都市合租房里的北漂一族的生活，倡导我爱我家“有爱才有家”的生活理念，是一部基于 Web2.0 的网络都市情景喜剧。

《网络整合营销兵器谱》指出，未来的产品将是半成品，一半由企业来完成，另一半由消费者参与来完成，把受众从旁观者转变为参与者，激励用户参与、创造、贡献、评论

以及病毒式传播。为了激发起网友参与网剧的热情，伴随网剧热播，网剧的制作方、赞助商和出品方合力通过网站访谈、网站专题、宣传稿件、博客、微博、社区论坛、SNS、网剧纪念海报、纪念T恤等各种手段从线上和线下围绕网剧展开了一系列的整合推广活动。

同时，举办了许多线上和线下互动活动。充分发挥网络平台的互动性，一季一季的放，每一季播放完后，利用网络平台的互动性广泛征求网友的意见和建议，让尽可能多的网友都能参与到网剧内容情节和人物塑造的创作中来。观众可以参加演员海选，参与备选演员投票，通过投票决定下一步剧情走向，比如司徒家在剧中跟原来的马诺藕断丝连，跟响响也有点暧昧，他应该跟哪个女生发展下去，大家都可以投票发表意见；向制作方提交好故事、好剧本；通过演员的个人微博与自己喜欢的剧中人对话；通过发起话题功能组织观众展开针对剧中某一内容的激烈讨论。

《我爱我家2.0》之所以受到网友推崇，首先是选取了精彩的故事情节和网友关心的热点话题，更主要的是得益于Web2.0的互动式传播——通过网剧，不仅满足了互联网人群的观看习惯，也使整合营销、跨媒介营销、互动营销、植入营销等各种营销手段都能通过网剧得到有效实现。网剧上线1个月，网剧制作团队就收到网友有价值的评论和建议近千条，网剧的影响已经超出了我爱我家8家分公司所在的城市范围，甚至美国、日本、德国等境外网友收看该网剧的人数也相当可观。

专家点评：

《我爱我家2.0》的大胆尝试非常值得肯定。量身定制的网络剧形式，植入效果的杀伤力媲美冯式电影植入广告。作为与电视剧血缘关系的“胞弟”，网络剧与电视剧还是存在巨大区别的。

一、在制作方式上，网络剧一般都不是全剧制作完毕后借助互联网平台连续播放，而是采取的正是欧美流行的边拍边播的模式，一边通过网络互动搜集观众的意见，一边改写剧本，进行快节奏拍摄。这样做的好处，是每一个网民都有可能是编剧，就连导演也不知道最终的结局将会如何。一切尽是未知，未来充满想象，这正是网络剧最大魅力所在。

二、网络剧的另外一个优势就是互动。受众由旁观者变为参与者，激励用户参与、创造、贡献、评论以及病毒式传播。《我爱我家2.0》在线上和线下举办了许多与广大网友互动的活动内容。观众可以参加演员海选，参与备选演员投票；通过投票决定下一步剧情走向；向制作方提交好故事、好剧本；通过演员的个人微博与自己喜欢的剧中人对话；通过发起话题功能组织观众展开某一内容的激烈讨论。

三、播放方式差异。电视剧的播出有固定的时间，错过了，就只能等到下次播放时再看，此外地点也很受限制。而网络剧播出和收看的时间和地点更加灵活，每集首播后，网友可以在任何时间随意再次点播，收看次数也无限制，收看地点也更为灵活，只要有台能上网的电脑或手机就能收看。网络剧点播式的收看方式决定了其影响面要比电视剧更大，影响时间也要更长。

10. 宜家睡眠革命

人生三分之一的时间都在睡眠中度过，睡眠质量的好坏直接影响到人们的生活品质。但国人似乎没有考虑过睡眠的装备。在很多人看来，只要一张床、一个枕头和一床被子就足够睡一场舒坦的觉了。对于这样的看法，瑞典家居品牌宜家说了“No”。宜家和它的广告代理商灵智精实认为，这样的睡眠只能称为“Good”而不是“Great”，而满足于现状的“Good”则是精益求精的“Great”的敌人。因此，他们发起了一场“睡眠革命”。

体验店提供消费者接触点

1943 年，17 岁的瑞典人英格瓦·坎普拉德创立了宜家商业公司。从诞生伊始，宜家就意味着“非比寻常”。纵观宜家的历史，你就会发现宜家不是一个遵循传统的企业，它会从实际出发，走出传统思维。宜家品牌的真正核心是让顾客成为品牌传播者，而非硬性的广告。就像英国一家媒体评价宜家的评语：它不仅仅是一个店，它是一个宗教；它不是在卖家具，它在为你搭起一个梦想。

这也体现在宜家的营销策略上。通常情况下，消费者很难在大众媒体上看到宜家的广告。不仅如此，宜家在中国实行“每城一店”的策略，在已经进驻的北京、上海、广州、成都等城市，都仅仅设立一家旗舰店。这样，宜家集中力量，对店内的顾客提供精准服务，同时通过消费者的口耳相传，吸引更多的销售。这些是宜家进行“睡眠革命”活动的前提。

在宜家的产品线中，枕头分为侧卧枕、俯卧枕、仰卧枕和外套枕，每一种枕头又有不同的子品牌以供顾客挑选；被子则按照 1~6 级的保暖等级分为不同类型商品。如此细致的分类，说明宜家对顾客使用产品的重视。但中国的消费者，还没有在购买的过程中，考虑是买个侧卧枕还是俯卧枕的习惯。因此，需要将这样的信息有效传达给消费者，让他们知道什么是精益求精的睡眠。

宜家在全球做过了大量的调查，发现每个人都想睡得更好，但很多人并没有认识到好的床品对舒适睡眠有多大影响，尤其是一些传统的中国观念，比如“床越硬越好”、“床垫越贵越好”、“别人睡着舒服我也应该睡着舒服”、“两个人睡在一起就得互相将就”，存在着很大的误区，针对这些，宜家家居提出了舒适、平价、个性化的理念，希望每个人都能睡得更好。

活动开始之前，宜家通过网络进行了一次大型调查。共有超过 15 000 次点击量，并得到了超过 5 000 份的消费者真实反馈。基于这次的网络调查结果，宜家在其北京、上海、广州、成都等地的卖场建立了“舒适睡眠体验中心”，力求推广“舒适、平价、个性化”

的睡眠新理念。人们可以在这里随时体验，根据自己的身高体重和睡眠习惯等情况找到软硬适中，最适合自己的床垫，枕头和被子等床品，找到真正适合自己的睡眠方案。

网站营造温馨环境

在进行店面体验营销的同时，宜家也采用了网络营销的手段，让更多的消费者了解到自己的需求与宜家可以提供的服务。并且，宜家把此次活动的目标受众集中在年轻消费群体，他们与互联网更为亲密。

实际上，在构思营销策略的时候，灵智精实就设想了两种传播手段：一是设计微型网站，作为“睡眠革命”行动的载体；同时整合线上和线下的活动以推广创意。而整个营销活动所面对的受众，则确定为以下三种人：不认为他们有睡眠问题的人；不理解睡眠质量对生活很重要的人；以及不了解睡眠环境会严重影响到睡眠质量的人。

于是，“宜家睡眠革命”的微型网站就这样诞生了，页面设计遵循了宜家一贯的简洁明快的色调，版块也很简单。首页上有“床垫”“被子”“枕头”三种与睡眠有关的产品项让消费者选择，然后可以输入身高、体重、是否容易出汗等指标，网络会告诉你，当你具有上述这些要素的时候，应该选择什么样的睡眠用具。最后，根据参与者选择的尺寸，网页上会出现一系列的推荐产品，供消费者选择。

除此之外，网站内容还包括了“你真的睡好了吗”，“你为什么睡不够好”，“你的个性化舒适睡眠方案”，“睡眠话题讨论”，“店内睡眠革命”等。网民可以在站点上进行有趣的游戏测试，了解自己的睡眠状况和小知识；另外还可以在网上参与睡眠话题的讨论，并了解商场的相关活动以及宜家与央视合作的睡眠节目；通过问卷还可以获得针对游戏结果设计的睡眠方案。“宜家睡眠革命”网站的内容，在提高这些消费者认知的同时，也带给他们实实在在的利益——更好的睡眠。

类似“宜家睡眠革命”这种微型网站是企业为特定的产品或业务专门设计的，用于配合网络推广的网站。因为微型网站内容简单、设计精巧，可以针对某个特定目标，发起更为精准和灵活机动的活动。与企业官网比较，微型网站可以使受众了解到更加详细、直观的产品和活动信息，也可以促进产品的销售。这样就能精准地抓住更加细分的特定目标人群，规避了企业官网中的信息有限性传播，实现了信息的个性化定制，增强了信息到达率。同时，在效果评估方面，也便于统计营销效果。“宜家睡眠革命”从一开始的2007年9月至2008年2月，微型网站的点击量就超过了46万人次，注册用户达到3.6万多人。另据统计，活动开办后的短短3个月内，在宜家购买了睡眠产品，并参与了睡眠革命的消费者数量已经超过了30万。可见微型网站已经起到了信息中转站的作用，将宜家惯常使用的口碑营销移至互联网上，扩大了传播的效果。

专家点评：

宜家可谓深得菲利普·科特勒真传，“顾客购买的不是钻头，而是墙上的洞”。宜家minisite 并不是从寝具角度出发，而是以消费者需求、消费者体验为圆心，紧紧围绕“睡”核心做文章。

而网站的内容呈现方式也跳出了枯燥文字的窠臼，充分发挥网络的互动性。无论是有趣的游戏测试、网友自发讨论，还是央视合作的睡眠节目、个性化设计的睡眠方案，都让消费者在愉悦体验中刻下宜家的品牌烙印。

11. 元洲装饰，边装修边升职

美女 + 才女徐静蕾自导自演的改编自《杜拉拉升职记》的同名电影 2010 年 4 月炫目上映，作为文艺女导演的转型之作，该片备受瞩目。由于有原著积累的人气作为铺垫，电影自开拍之日就得到了广大影迷的高度关注，很快就引爆票房沸点。而更值得营销人注意的是该片的植入营销。开拍伊始徐静蕾就曾坦言：“商业大片肯定会有广告植入，但是肯定会视剧情的需要而定。”据说该片凭广告植入收回了三分之二的成本。影片中杜拉拉几次升职，得益于几次成功的装修。《杜拉拉升职记》电影中的装修环节的植入权花落谁家？元洲装饰笑得最甜。元洲装饰大手笔向电影娱乐营销抛出的绣球，与电影情节关联性最大，得体自然。

PP 猪漫画预热，引爆蓝海传播

《杜拉拉升职记》未映先热，网络中塞满了大量宣传。元洲装饰自然希望前期预热过程中，就进行相关曝光，喝到头啖汤。但是常规的宣传如剧透、演员等内容已经属于红海类的内容。如果再生产此类内容传播，难免淹没其中。那么还有其他方式吗？在《蜗居》热映之时，动漫红星 PP 猪运用了漫画的方式来对《蜗居》经典情节与对白再创意，引发了漫画版《蜗居》热潮。其能够大热的原因之一就是漫画还属于稀缺型内容，无论是网站、网民都会给予较大的关注度。毕竟，能够敲键盘写影评的人不知要比能拿起画笔绘制网络漫画的人多多少倍！

那么承袭这一思路，用漫画形式与《杜拉拉升职记》结合，是否可以突破宣传内容的红海？于是，元洲找到了 PP 猪漫画，将电影中的精彩情节抽取出来，创意了一套《PP 猪杜拉拉是怎样炼成的》。漫画中对杜拉拉进行了重新解读，对职场生态精彩演绎，对职场秘籍精准把握。当然，更有对元洲装饰聚光灯式的突出表现。漫画超现实的表现手法，PP 猪一贯幽默的风格调性都令网友们耳目一新。漫画被 800 余家主流网站、社区论坛疯狂转载，获得 300 多万次的点击浏览，50 余家站点推荐，百度检索值达 7 000 余条。值得一提的是，仅在 PP 猪的千万名博上，浏览量就突破了 10 万，并得到了推荐加精。物以稀为贵，杜拉拉漫画在彼时可谓“蝎子拉屎独（毒）一份”。正是如此的蓝海站位，撬动了传播雪球的疯狂滚动。

杜拉拉职场秘籍秀，撩拨白领心弦

元洲装饰做出赞助杜拉拉的决定，一个重要原因是元洲的目标客户正是杜拉拉们这群努力向上、阳光乐观的白领。人们蜂拥进入影院，因为他们就是杜拉拉，或者正在努力成为杜拉拉。其实，观众在电影中看到的正是自己。元洲装饰洞察到了这一独特的心理世界，配合赠票活动举办了“杜拉拉职场秘籍秀”。相信每个白领都有自己的职场辛酸，也有一份独到的职场心经。元洲鼓励白领讲述出自己的“杜拉拉”是怎样炼成的，试图从内心情感层面撩动白领们的心弦。由此，杜拉拉不再是一部只能远观的电影，而变成了人人可参与的活动。白领们的热情投稿在网上流传，跟网友们自身非常相似的草根经历更容易让人动容，在网络上形成了讨论杜拉拉的又一次热潮，很好地抓住了元洲的目标消费群。

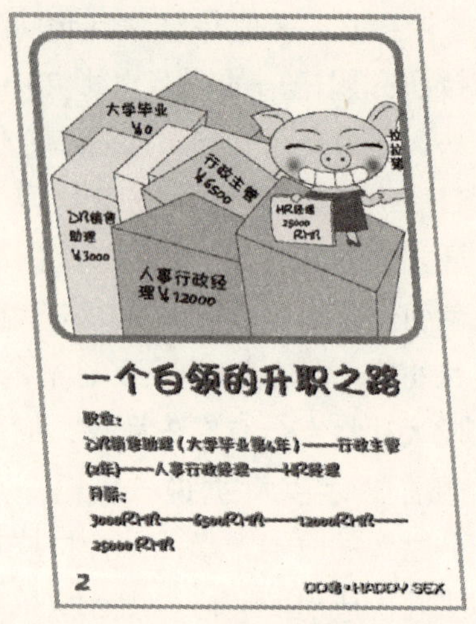

八卦八卦，巧傍大款“杜拉拉”

除了以上两个重磅炸弹外，元洲还启动了“八卦”的天罗地网，通过软文与论坛的方式，对杜拉拉与元洲的美满姻缘巧妙展现。其中有走明星路线的如“《杜拉拉升职记》监制张一白元洲家装馆谈杜拉拉”、“元洲装饰，像杜拉拉一样知性”。有走影评路线的如“八一八杜拉拉植入的名牌”、“剽悍的杜拉拉植入式品牌 LOGO”。也有走办公室装修知识路

线的如“升职加薪风水布置秘法”、“合理室内布局为你开运添‘薪’”等。为什么要这么八卦？中国互联网现阶段的基本属性还是娱乐化的，只有用娱乐化的鱼饵包裹品牌相关信息，消费者才能快乐地吞下这些“糖衣炮弹”。

专家点评：

《杜拉拉升职记》中最具关联性的植入归元洲装饰莫属，杜拉拉的升职重要节点是装修，元洲装饰的植入很自然。PP猪漫画很给力，用漫画这种形式来宣传电影的确很少见，但的确让人喜闻乐见。300多万次漫画点击证明了元洲明智的选择。而免费借势了动漫红星的力量，老徐也应该偷着乐。网络互动活动的设计紧扣了目标消费人群，诱发网友的互动，让元洲真正入侵了白领的内心。

12. 元洲装饰盖家装微博史上第一高楼

碎片化，秒时代，长尾……这些词汇成为人们谈论的焦点。“未来的营销是属于社会化的，是针对人的营销，而不是针对机器的。”业内专家如是说。而微博正是一个茁壮成长中的社会化媒体。从美国的 Twitter 到国内的新浪微博，从小马哥利用微博成功当选“总统”到正当红的瑞利来微博摆摊，我们看到，微博真的火了。作为一个新生事物，微博成了时代的宠儿，媒体助推，商家借势，个人追风，整个网络微波荡漾。由于新鲜、简短、快速、黏着度高等特点，微博使公司与消费者的沟通真正变得“个性化”“7×24 小时”“全透明”“面对面”，这非常接近服务的最终追求，微博由此成为企业必争的营销战场。2010 年国庆期间小月月一夜爆红，元洲装饰则创造了中国微博史上企业类微博营销推广的神话。

元洲国庆节寻找国庆

国庆假日是黄金季，新浪微博在国庆期间推出国庆主题活动，国庆、假期上升为新浪微博的热门话题。500 强装饰公司——元洲装饰公司巧妙借势国庆热点，借助网站和网友对国庆的关注热潮，推出庆祝祖国 61 华诞，寻找 61 名叫“国庆”的人享受特惠家装。

2010 年 9 月 28 日，一条内容为“【# 元洲寻找国庆 #，网友抢沙发，盖微博第一高楼】庆祝 61 华诞，元洲寻找 61 名叫“国庆”的人享受特惠家装。凡转发并回复 # 元洲寻找国庆 #+ 评论的第 5 000、8 000、10 000 名网友获赠‘波适’沙发，另有 6 000 元沙发抵用券。与元洲一起盖微博史上第一高楼，演绎国庆 7 日传奇”的博文。在脖友间迅速传播开来。原来，这是元洲装饰为了配合线下活动，让更多叫国庆的朋友找到组织，在新浪微博同时开展的营销活动。不少脖友不但自己分享国庆心情、国庆趣事、国庆典故，更是发动自己身边的亲朋好友转发、评论来寻找叫做“国庆”的朋友来享受优惠家装，形成了微博信息的二次有效传播。

【#元洲寻找国庆#，网友抢沙发，盖微博第一高楼】庆祝61华诞，元洲寻找61名叫“国庆”的人享受特惠家装。凡转发并回复#元洲寻找国庆#+评论的第5000、8000、10000名网友获赠“波适”沙发，另有6000元沙发抵用券。与元洲一起盖微博史上第一高楼，演绎国庆七日传奇http://sinaurl.cn/h4qwbk ~@统计评论

查看大图 | 向左转 | 向右转

9月29日 11:45 来自新浪微博　　转发(10254) | 收藏 | 评论(10333)

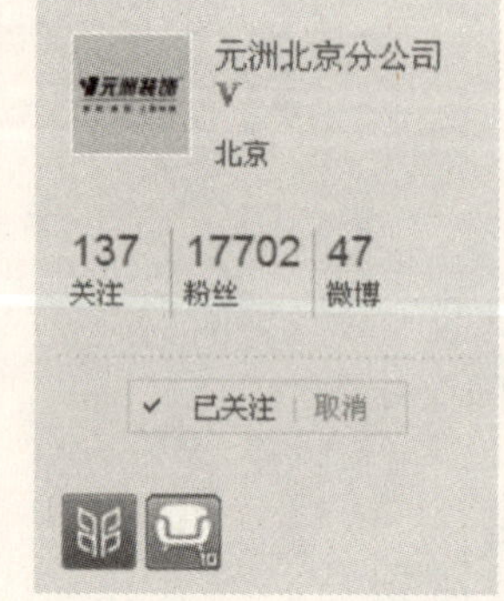

真沙发、虚拟沙发巧妙相得益彰

消费者讨厌广告，但是他们不拒绝利益。Interests 利益原则是微博营销的一大法宝，诸如抢奖品、中彩等都很受网友的喜爱。元洲装饰公司巧妙借助“沙发”的双重含义，脖友通过“转发 # 元洲寻找国庆 #+ 评论”抢微博沙发，即送价值千元的真实沙发，还有数千元的沙发抵用券，累计赠出价值逾万元的沙发。

利益刺激策略不但激发了潜在客户，更重要的是引起大范围的传播与互动。有装修、购房需求的脖友开始发动自己的亲友团来抢沙发；有的脖友长期埋伏，等到快到奖品楼层就呼朋唤友开始疯狂转发、评论，最后不管沙发落谁家，大家都抢得不亦乐乎。脖友们在抢沙发中分享国庆心情、国庆趣事以及装修心得，甚至寻觅自己的天涯沦落人，互诉衷肠，大有找到组织的快感。

互动和沟通是微博营销的关键词。成功利用微博进行营销的公司有许多共同点，其中一条就是企业要作为一个有血有肉的真人，而不是冷冰冰的官方口吻，和用户亲切交流与沟通。元洲装饰亲切加入大家的讨论热潮中，“我喜欢在你身上爬来爬去，喜欢抚摩你的每寸肌肤，喜欢躺在你的怀抱，我一刻也离不开你，我爱你——SOFA，沙发！呵呵，# 元洲寻找国庆 # 专职抢沙发的机不可失啦!”诸如此类的语言风格让脖友们如沐春风。

盖家装微博史上第一高楼

相比于传统 SNS、BBS 和博客，微博的传播速度和范围都要大得多。微博的即时、快速、简单等特性以及便捷的评论、转发功能为快速盖楼营造了天然条件。元洲装饰在国庆前夕打出盖家装微博史上第一高楼的活动。信息发布当天，即有百余名网友转发、评论信息。截至国庆结束，2010 年 10 月 8 日，信息转发 10 254 条，评论 10 333 条，成功抢占家装微博史上第一高楼的位置。

同时，据新浪家居微博官方监测，9 月底元洲装饰新浪微博的粉丝只有区区 1 000 余人，而截至 10 月 10 日，该微博粉丝已经突破 17 000 余人，短短 10 天左右粉丝数量增长了 1600%。

螃蟹效应，双重获益

作为微博盖楼创意的“第一个吃螃蟹的人”，除了该案例本身吸引了巨大成功，完成了元洲品牌营销外，此案例还得到额外的超值大礼包。微博作为一个新新事物，本身具有新闻价值，微博平台要推，媒体要报道，企业要挖掘，个人也要赶时尚。作为微博家装史上的“第一”，则又得到了媒体的巨大关注与主动报道转载，从而又吃到了丰盛的免费公关大餐。微博营销发展历史上，这个案例被永远定格。这就是第一个吃螃蟹的勇者获得的双重收益。

专家点评：

作为家装行业，借媒体热炒微博之际，元洲装饰率先发力微博，可谓四两拨千斤，劫持了媒体和网民的众多目光。同时，元洲装饰的高明之处是在于把此次微博互动定为“家装微博史上第一高楼”。这个定位占了三个关键词，一是“家装”，二是“微博史”，三是“第一”。这种巧妙的定位使家装行业里的任何品牌如果想在微博营销上发力，不管是更大的投入，更精良的制作，更多的传播费用，都会成为元洲装饰模仿者和追随者。消费者和媒体都永远会记住第一。此案例成为微博营销史上的一个里程碑，获得无数次免费的二次传播与关注。

关于案例本身策划环节，虚拟沙发抢楼与真实沙发奖品的结合，彰显了网络整合营销4I原则的Interesting 趣味原则、Interests利益原则和Interaction互动原则。

第七章
金融证券类

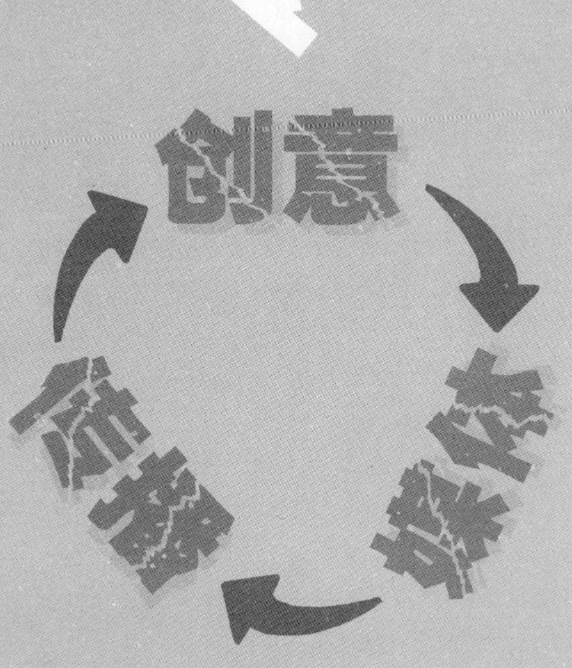

洛克意识到在潮流涌动的互联网时代，传统的把顾客当做“活死人”的营销理念在今天肯定要四处碰壁。营销的关键是人与人的沟通，而这种沟通可能和产品没什么关系，人生不仅仅只为产品，而是兴趣和交流。这就是网络时代的刚左精神。

——《刚左营销》

金融网络营销“阿凡达”

金融企业利用网络营销提升 ROI，已经赢得越来越多的认同。目前国内金融网络营销的营销份额比较大，但是做得出色的案例尚为数不多。很多互联网平台还仅仅局限于帮助金融企业投放广告，或者只是简单地通过网络向终端用户介绍一些政策性的常识和提供营业网点的信息，或者是进行一些名词解释，即缺乏互动性。这对金融营销来说并没有新意，而目标用户对此类营销也提不起兴趣。随着大众化消费时代向个性化消费时代的转轨，一贯以理性、严肃和深奥形象示人的传统金融业，如何创新营销方式、经营金融品牌，才能更好地为受众所接受？

阿凡达附体

或许我们能从阿凡达身上得到神谕。阿凡达是一个完美的跨界结合体，金融证券对于用户来讲，可能是一个枯燥乏味的行业。有效吸引消费者的网络营销方式可以将枯燥的行业信息与网民们最感兴趣的事物有机地“阿凡达”。如此一来，金融企业不仅可以在网络海洋中第一时间吸引消费者，还可以在轻松愉悦的状态下增进人们对于金融业务的了解，影响和培养潜在的客户群体。譬如在本章收录的案例中，蚂蚁微股妙施“美人计”，用人肉搜索事件把一个专业金融软件变热；银华基金借势世界杯，打响“黄加李泡”；交通银行联姻世博，转嫁无数关注；中国银行则跨界网络漫画……可见，这种跨界模式创造了畅享网络资源的格局，对金融业营销起到了良好的示范效应。

开启金融网络服务

除了营销推广，对于金融证券行业来讲，网络营销还别有一番风味。随着金融产品的日益完善，网络已不仅局限于作为宣传推广的渠道，更应将其视为为客户服务的重要组成部分，或是为客户服务的主要平台。以网银、网络证券服务为代表的金融网络工具正在被越来越多的都市白领接受。甚至招商银行就借网络之势，以互联网代替传统的渠道网点，确立其在中国网络银行的领先地位。面对激烈的金融竞争，如何把握消费者心理、准确定位网站服务内容，进而优化服务方式、迎合现代消费者的需求和口味，也是金融证券网络营销需要研究的一道重要课题。

小弟领跑，巨头奋起直追

另外一个有趣的现象是，相比大金融机构，新崛起的非国有商业银行和中小金融企业反而会更多地利用网络营销寻求创新和突破，比如兴业基金、招商银行、民生银行。我们的行业中的巨无霸们是否也该奋起直追了呢？

1. 黄加李泡世界杯，欢乐的一泡！

为泛球迷"炮制"欢乐

世界杯无疑是足球运动的顶级盛会，32 强争夺大力神杯。然而，这不仅仅是球迷的节日，为数更多的泛球迷也被世界杯牵动着眼球，他们同样有着"世界杯消费"需求。正是出于对泛球迷娱乐需求的洞察，新浪与银华基金推出了互联网原创节目《黄加李泡世界杯》，邀请争议性和娱乐性都比较强的足球解说员黄健翔和体育评论员李承鹏作为主持人，每期邀请不同的明星点评世界杯，辅以大众化的娱乐性交流，让外行看热闹、内行看门道，为泛球迷提供了一道世界杯娱乐大餐。

泛球迷和球迷的需求不同，所以《黄加李泡世界杯》定位做快乐世界杯、美色世界杯、娱乐世界杯，让泛球迷以更多的方式参与世界杯。针对"黄加李泡"的节目定位，就是既保持专业性，又把趣味性和娱乐性做足。对于泛球迷来说，正是由于《黄加李泡世界杯》娱乐性世界杯节目的出现，使其同球迷一样，可以参与到世界杯的快乐中。

黄健翔：著名体育评论员，"新时代体育解说"风格代表

李承鹏：著名足球评论员。以泼辣、诙谐、犀利、幽默著称...

"黄加李泡"横空出世

自 2010 年 5 月 17 日开播起，黄健翔就以一副嬉笑怒骂的面孔坐在新浪的演播厅里，主持一档名叫"黄加李泡"的世界杯视频节目。在被布置成酒吧的演播厅，他和另一个足球评论员李承鹏每日迎来送往郝海东、章子怡、海清等专业体育圈嘉宾或非体育圈嘉宾，讨论的话题从预测进球到世界杯观赛趣事，从"足球圈内的红粉佳人"到"足坛奥斯卡"。

与以往的足球解说员身份相比，他现在“很不专业”。“他不专业，不窄众，纯粹是一种文化消遣。让不懂足球的大爷大妈看着高兴，知道足球世界也有这么欢乐有趣的表达。”黄健翔说。然而，就是这样一档有娱乐精神的“体育脱口秀”，却征服了无数球迷和伪球迷的心。

反哺传统媒体，互联网跨界传播

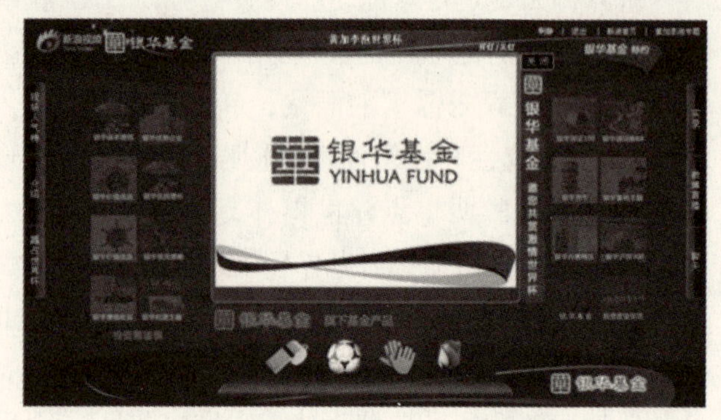

作为一档互联网颠覆性报道南非世界杯的节目，“黄加李泡”开创了原创视频节目之风潮，还将原创内容输出给传统媒体，反哺传统媒体，为传统广电媒体提供素材和内容。除了在新浪网播出外，“黄加李泡”还通过 20 家电视、1 家 I P T V、17 家电台、5 家户外媒体等 43 家媒体共同发行。首次实现了互联网从电视获取节目——向电视提供线索（拍客、互联网 UGC 视频）——向电视输出节目的颠覆性转变，这是中国互联网原创视频节目历史上的一次重大飞跃，开创了互联网与传统媒体在网络原创视频节目上，实现跨媒介传播的合作典范。据 CTR 央视市场研究数据显示，目前这档节目仅覆盖电视观众就达 2.48 亿人次；另据不完全统计，有超过 4 400 万人次网友在新浪在线收看这档节目，创下由互联网公司制作的同类原创视频节目收视新高。

除了跨媒介传播内容的成功，在市场推广方面进行了前所未有的创新。过去有人说互联网做市场推广往往都是在砸钱推广告，但这次推“黄加李泡”采取媒体合作、资源互补的方式。我们并不是在单纯推一个节目，对新浪自身的品牌也进行了一轮出色的传播，这是一轮整合品牌传播的过程。

互动、整合一个不能少

互动性始终是网络内容的优势之一，为了增加“黄加李泡”的黏度，微博发挥了巨人的威力。每期节目前，黄健翔都要在自己的微博上发出微博竞猜，让博迷猜比赛结果，节目的嘉宾是谁。此外，为了把球迷的经典语录在赛事期间与新浪网友共享，“黄加李泡”可以通过官方微博与黄健翔、李承鹏进行现场互动，与自己喜欢的明星共同讨论世界杯的精彩赛事。同时，为了活动参与方式能够很好地提升网友参与度，使用 Widget 形式，让用户在页面直接参与活动。并且，网络视频在直播的过程中，网友可以参与讨论，可以送上鲜花，也可以扔瓶子。总之它比较符合网络视频用户的阅读习惯、使用习惯和互动习惯。与其他网络节目相比，“黄加李泡”的用户参与度创造了个小纪录，浏览量和互动点击重合度达到了 92.02%，这意味着超过九成的浏览都引起了点击和参与。

营销价值全渗透，银华基金乐开花

基于以上用户价值和互联网跨界传播的影响力，世界杯期间，“黄加李泡”长达 52 期的视频脱口秀系列节目，毫无疑问成为极具价值的营销重地。而企业利用该档的黄金位置进行宣传，在世界杯期间无疑是最佳亮点。作为“黄加李泡”的总赞助商，银华基金不仅让用户接触到其产品，而且找准银华基金与赛事精神的契合点，增强球迷互动，并与之产生情感共鸣，借此深化提升品牌形象，让球迷产生高记忆度。在这一过程中，银华基金轻而易举地实现了宣传品牌、提升知名度的目的，使银华基金的品牌深入人心。

除了在“黄加李泡”视频节目中推广，银华基金还积极参与新浪的世界杯“囤礼”活动。“囤礼”是新浪针对真球迷、伪球迷群体打造的贴合其在世界杯期间竞猜、分享需求的一项网络互动活动。活动包括“赛果大猜想”、“球星大猜想”、“净胜球大猜想”这三个竞猜部分。其中，赛果竞猜环节设置了邀请好友帮忙填写机制，净胜球竞猜环节设置了一键转发到微博功能，扩大了传播范围，形成病毒式传播。由于竞猜活动性质，“囤礼”在世界杯开赛前的较早时候就已开始，因此银华基金选择冠名此活动，在世界杯频道首页、“囤礼”专题页面、二级页面等优势位置均有曝光，在世界杯开始前就抢先占领市场。据统计，参与“囤礼”用户数超过 60 万，中奖率接近 50%，银华基金品牌得到了大量曝光。“囤礼”活动、“黄加李泡”齐头并进，均达到理想的营销效果。

通过“黄加李泡”和“囤礼”活动的交叉整合推广，银华基金利用新浪平台优势及用户数据积累进行活动传播推广，获得极好效果，吸引了大量网友进行参与，并将其引导到活动站中进行更深层次的参与。

专家点评：

在中国互联网视频混战的今天，原创有价值的互联网视频内容，正在被越来越多的媒体和广告主所重视。作为一档互联网颠覆性报道南非世界杯的节目，“黄加李泡”开创了原创视频节目之风潮，并将原创内容输出给传统媒体，反哺传统媒体，同时，通过新媒体微博进行传播互动，都是本档节目的亮点。银华基金通过冠名赞助的形式获得了大量的品牌曝光和知名度提升。

然而银华基金在整个节目中只是冠名赞助和简单展示，与传统电视节目的赞助方式类似。如果能再深入找到银华产品和节目的契合点，并充分发动网络视频的互动特性为银华基金服务，营销效果就能更上一层楼了。

2. 交通银行“世界的，我的”世博音乐达人大比拼活动

在信用卡消费逐渐成为一种时尚消费方式之后，银行也开始走上更加时尚和新潮的营销道路。然而，各大银行为了争夺客户，送积分、送礼品的营销模式已经泛滥成灾，不能有效激发消费者的购买欲望，甚至骚扰推销招致用户反感。因此，银行必须选择更容易被接受和记忆的方式进行整体品牌形象、知名度和美誉度的塑造。

跨界营销，交通银行携手酷我音乐跨界

作为2010年上海世博会的全球合作伙伴，交通银行利用这次千载难逢的机会，对自我品牌形象进行了一次全方位的包装。在世博会期间，专门为配合世博会制作了一个名为“世界的，我的”的主题广告。一时间“世界的，我的”这句广告语成为风靡一时的流行语。

根据 iUserTracker 数据，19~35 岁、受过高等教育的用户是酷我的主力用户，占到50%以上，与交通银行的目标消费者 20~35 岁的目标群体正好契合。为了使交通银行“世界的，我的”的品牌理念及主题曲更深入人心，结合交通银行作为上海世博会的全球合作伙伴的契机，酷我音乐盒为交通银行定制了“用世界的旋律，飞扬我的节奏——交通银行信用卡世博音乐达人大比拼”活动。

活动以“世界的，我的”为主概念，“用世界的旋律，飞扬我的节奏”为活动口号向全国乃至世界各地的音乐爱好者发起号召，用音乐的方式传达对世博的期待、向往以及参与、奉献的热情。酷我用户可以选择在不改变原 TVC 乐曲曲调和歌词的基础上进行各演唱风格和语言的翻唱，也可以在原乐曲基础上，对交通银行广告歌曲——“世界的，我的”进行填词，上传新的 TVC 歌词。这使原本并不搭界的金融和音乐形成跨界，让交通银行原本趋于理性主义的金融气质融入了时尚浪漫的气息。

交通银行作为金融机构，自身不可避免地带有权威、严肃、严谨的色彩，这次选择了与酷我合作，打造音乐体验平台，无疑是一项非常亲民的营销方式的跨界营销，不仅有效地塑造了交通银行的品牌亲和度和公益化形象，更和目标人群取得了情感共鸣。

借势营销，借势者善生存

长江商学院的办学理念是取势、明道、优术。取势被放在了第一位，足见其重要性。网络营销里的势，一个是借势，一个是造势。交通银行和酷我都很好地借助了上海世博会

这一千载难逢的大事件。我们看到，所有相关行业在承载世博会缤纷色彩的同时，也在运用世博会这个斑斓的舞台，树立更加积极向上的品牌形象。交通银行作为世博会的合作伙伴，更要借此机遇让大家因为上海世博而记住交通银行。

20~35 岁的年轻群体热爱音乐，但是并不单纯局限于欣赏别人的音乐，他们渴望参与、展示自我、共同分享，平等自由的精神已经成为一种新的音乐享受。而交通银行和酷我音乐合作的“用世界的旋律，飞扬我的节奏——交通银行信用卡世博音乐达人大比拼”活动正完全契合了这一受众的内心需求，借助上海世博会的影响力，活动一经推出，就在酷我近 2 亿的用户群中引起强烈的反响和积极的响应。整体活动历时 30 天，近 10 万余人参与了活动，并且有 3 773 个 K 歌作品上传成功，2 778 个翻唱作品上传成功，形成了一个巨大的关于交通银行与上海世博相融合的歌曲库。

体验营销，体验经济时代的必然选择

体验营销已经成为今天体验经济时代的必由之路。作为衣服、饰物、食品等具体物件，可以让用户体验试用，而对于一个金融产品——信用卡，如何来进行体验营销呢？经过一番考察，交通银行选择了与酷我 K 歌联手异业合作。酷我 K 歌是一款专业的在线 K 歌客户端软件，可以带给使用者录音棚的录歌感受。通过 K 歌大赛，定制客户专版 K 歌软件，植入企业品牌信息，在与用户的互动中，达到潜移默化将企业品牌主题植入用户内心的效果。

交通银行的音乐体验、参与之旅为爱音乐、爱生活的人展开了一个瑰丽绚烂的舞台，这次音乐跨界体验式的营销策略，从更加亲和的角度吸引目标人群的关注和参与，用户体验到的不仅是交通银行推出的信用卡的优势，而且从更深层次上拉近了与目标消费群体的距离，让大家记住的不仅是一张信用卡，而是一个银行的整体形象。基于这次与酷我音乐合作的亲民的关怀和音乐体验，之后交通银行形成的知名度和信赖度将以更强的黏合度储备大量潜在用户。

在活动网络推广策略上，本次活动首先采取了常规的网络广告形式，如 MV Loading 富媒体广告、客户端 TIPS 弹窗、通栏 banner 等与植入式营销（如贴吧、频道首页推荐、交行定制版酷我 K 歌客户端等）相结合的方式，实现了与用户的充分互动，将交通银行的理念渗透到用户。另外，为了激励网友的参与，配合推出了参与活动赢“四天三晚五星世博豪华游大礼包”的现实奖品激励策略。酷我 K 歌用户在享受酷我 K 歌的激爽时，也体验到了交通银行的品质和快乐文化。而且，在自己随意吼两嗓子，分享自己的原声歌曲参加世博音乐达人大比拼活动的同时，还有机会赢大奖，谁会不心动呢？

专家点评：

这次音乐达人大比拼活动之所以受到音乐发烧友的如此关注，一个非常重要的基础是上海世博会，一个非常重要的要素是携手酷我音乐的跨界体验营销。“用世界的旋律，飞扬我的节奏”既给平民提供了一个接触世博会、展示自我的机会，更给交通银行提供了一个接触平民的平台，大家各取所需，和谐共赢。

携手酷我 K 歌是个非常不错的创意，但是受不同传播平台的限制，很多目标群体并没有获知活动消息。如果这次活动能够接触社区、博客、微博、SNS 等 360 度的网络整合资源进行全方位的传播，那么营销效果更是不可估量。

3. 美女晒办公桌，惨遭人肉搜索

人肉搜索与刺青、美白、护肤、减肥等直接在人肉上施行的种种行为无关。顾名思义，人肉搜索就是利用现代信息科技，变传统的网络信息搜索为人找人、人问人、人碰人、人挤人、人挨人的关系型网络社区活动，变枯燥乏味的查询过程为一人提问、八方回应，一石激起千层浪，一声呼唤惊醒万颗真心的人性化搜索体验。人肉搜索不仅可以在最短时间内揭露某某门背后的真相，为某三某七找到大众认可的道德定位，还可以在网络无法触及的地方，探寻并发现最美丽的丛林少女，最感人的高山牧民，最神秘的荒漠洞窟，最浪漫的终极邂逅……人肉搜索追求的最高目标是：不求最好，但求最肉。下面我们要看到的一个“人肉”的案例，就是一位无辜的美女被同事晒了晒几张办公桌照片，就“惨遭”被搜索……

“狄仁杰”接龙“人肉”，挖掘头牌美女

一位网友发帖，说他们公司的头牌小美女买了个杯子，特炫。他就偷偷拍了几张办公桌照片发上来给网友们看看。

看似平凡无奇，但接下来，戏剧性的一幕发生了。可能是“头牌美女”的字样、闪人眼睛的奥迪钥匙，iPhone 插座以及股票软件等的诱惑，诱发了不少网友对桌面主人身份的猜测。“狄仁杰”小分队出动了，大家你一言我一语，开始接龙推断，而美女主角的身份也像洋葱一样被层层揭开……

第一，狄仁杰推理第一季，锁定美女与股票有关。

1 楼

有钱的女人，哇，奥迪，IBM X201，iPhone……，很想知道长什么样子，贴张照片呀。

2 楼

说实话，杯子很土！电脑也不太会吧？还用 IBM 预制的桌面，呃 ~~，可惜了一个好本儿。

3 楼

此照片必定拍于 2010 年 10 月 10 号以后，嘿嘿那本 VOGUE 是 10 月 10 号以后出的 11 月号。看 VOGUE 很小资嘛！

5 楼

此人炒股，国信开的户，我看见国信客户端了，用 MSN、Firefox、蚂蚁微股，没看见 QQ，必定白领，传说中的杜拉拉？富二代？小月月？

6 楼

楼主什么公司啊，上班炒股吗？难道是传说中的私募？

第二，狄仁杰推理第二季，首位总结帝现身。

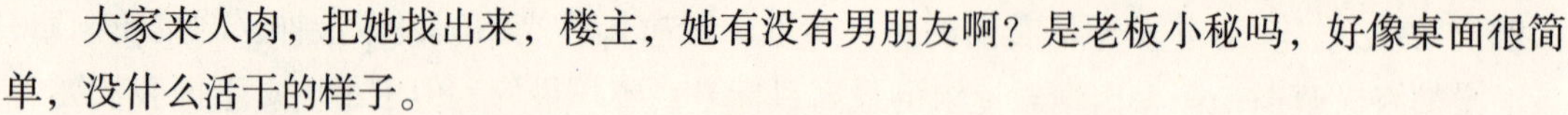

8 楼

大家来人肉，把她找出来，楼主，她有没有男朋友啊？是老板小秘吗，好像桌面很简单，没什么活干的样子。

9 楼

我感觉应该是金融咨询机构，要不就是国信的。

10 楼

罗技的无线鼠标耶，小 100 块的，真 FB。车子不是自己的，男银的，百分百小秘，杯子太地摊了，应该本人没什么品位。就一个长得还行的村儿。

14 楼

我觉得有几种可能性，男朋友或者老公有钱，或者直接就是小三，再有就是富二代，或者炒股挣钱了，这几种几率较高。

20 楼

总结帝现身：女，25 岁以下，不然楼主不会称其小美女，家境的确不错，这个年龄开奥迪必然家庭资助（当然还有另外一些情况，你们懂），应该是奥迪 A4，符合身份，职位不高，用工位，不是单间办公室，办公桌陈设简单，工作应该比较清闲，没有座机，应该不属于客服一类，不是做技术的，这种小本子，技术做不了。可能定位是行政，秘书，销售，咨询分析等。此人炒股无疑，国信开户，刚才楼上有人说是国信的，这个就外行了，一定不是国信的，用蚂蚁微股，这个是新生股民社区，比较时尚轻松的社区，这个年龄懂得理财不多，两种可能，家里传统或者单位业务有关。看 VOGUE 并不代表很小资，现在大多数白领都看，没见到 QQ，而只有 MSN，纯白领作风，当然人家可能没有把 QQ 放在桌面。后面那个粉红 S·H·E 的熊，看起来应该是别人送的礼物，没有拆封，经本人查证，是个存钱罐（很巧，我在别处看见过），送存钱罐当礼物，可见该女给人印象不是腐败女，会理财。电脑屏幕右上角和右下角分别有个图标，可惜看不清楚，这两个很重要，应该能暴露主人身份。大家请继续，我暂时就看到这么多。

第三，狄仁杰推理第三季，通过蚂蚁微股找到美女 QQ。

22 楼

美女隔壁座位好像没人，谁能知道这是哪个城市，我分析北京、上海、深圳等可能性较大。

23 楼

炒股挣来奥迪？你们想什么呢，既然年龄不大，这两年股市能挣辆奥迪？你们 YY 吧！我看就小三，老板给的，替老板炒股。呵呵。还有这个老板很土，因为那瓶香奈儿 5 号香水一定是他送的，超级俗气呀，证据证据！！！

24 楼

北京，北京，看见那个纸抽了吗？易初莲花自产的，应该就北京有吧！

27 楼

哈哈哈，我找到了，先佩服一下自己，鄙人花了半夜的功夫，终于被我找到了，请听我一一道来：我想楼主和此女为同事，能否从楼主出发，看看有没有线索，楼主在这个论坛的昵称叫云淡，而且这个论坛是股民论坛，猜想楼主也炒股，可能也用蚂蚁微股，我试着猜想楼主在蚂蚁是否有同样昵称的号，专门注册蚂蚁上去一看，果然有，再查楼主在蚂蚁的好友，发现除了一些财经专家，关注的好友不多，有个叫小朴的女孩，再查小朴也关注楼主，小朴基本资料符合分析，立即到 51，开心，QQ，人人，My Space 去搜索小朴，找到若干，经逐个分析，发现 QQ 空间上基本情况符合，进空间看相册，发现有相同照片，我认为 99%是此人！附 2 图解释过程。请各位继续人肉！嘎嘎！

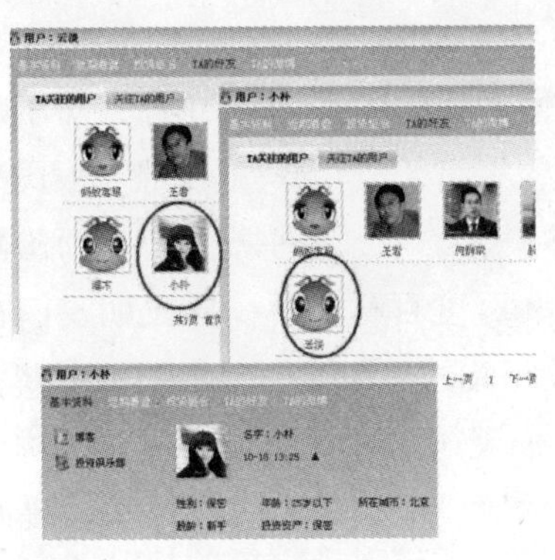

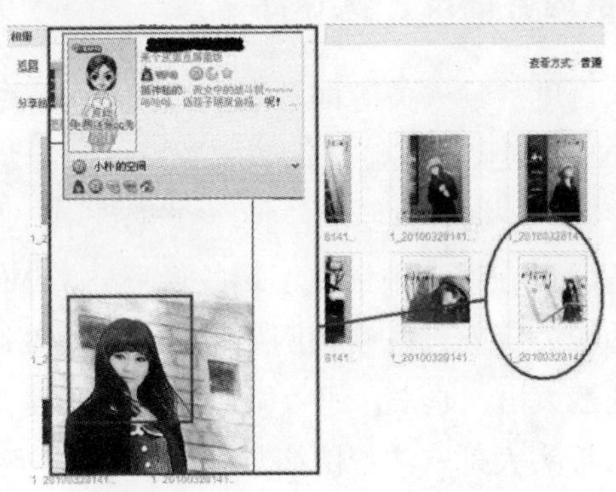

第四，狄仁杰推理第四季，大晒美女照片

37 楼

神探出场，女主角是个大美女，看图（上几张图片）

38 楼

39 楼

40 楼

哇噻，极品大美女啊！

看到此时，你是否感到很神奇。两张简单的办公桌面照片竟然能找到美女的 QQ 号、蚂蚁微股的账号以及照片。看到美女的漂亮 PP，是不是有种冲动，去加下 QQ 或者蚂蚁微股的账号呢？不过，蚂蚁微股是什么，还真不太清楚呢。那就赶快检索查询下吧。

搜索内容铺设，就等你来搜！

进入百度，输入关键词“蚂蚁微股”，相关的信息扑面而来。1. 在各大知名财经网站中，《SNS 型股民社区旋风来袭，散户抉择计划的收集路径》、《蚂蚁微股，股民专用辅助炒股软件》等占据着重要的位置。2. 论坛中，《炒股之二十二条军规》等轻松幽默的风格的帖子让股民在爆笑中记住了蚂蚁微股。3. WIKI、百度百科有不少股民朋友们在讨论蚂蚁微股的相关信息。4. 视频网站也有大量蚂蚁微股相关的炒股、财经类视频。噢，此时的你可能恍然大悟，原来，蚂蚁微股是一个股民朋友们聚居的 SNS 社区。不是机构，不是私募，没有带头大哥（注：网络炒股第一骗），纯粹的股民的讨论群。在这里，爱好相投的股民们可以结朋识友，海阔天空地畅谈炒股经验。嗯，的确不错。在炒股的朋友们可能有些心动了，更重要的是，蚂蚁微股里面还有一个漂亮的头牌美女呢。嗯，赶快注册加入吧……

蚂蚁微股请君入瓮，幕后解密

看到此处，作为营销人的你是否能恍然大悟了呢？整个美女的人肉搜索事件正是由蚂蚁微股精心策划的一场局。首先，通过晒美女照片，激发网友兴趣。随后引导网友发起对美女主角的人肉搜索。同时在人肉搜索的过程中，不断提供重要信息引导，给网友们正确的指示，并不断提及蚂蚁微股的线索作用。最终，帮助网友找出美女主角，并给出美女的蚂蚁微股账号。当网友们为胜利欢庆之时，肯定希望能跟蚂蚁微股中美女联络，会去搜索蚂蚁微股相关信息。而蚂蚁微股提前在百度中设下天罗地网，从软文、新闻、BBS、WIKI、百科、视频等。最后，当网友们全面了解蚂蚁微股之后，必然会自愿入瓮。巧借人肉搜索的趣味性和互动性，激发网友们自发去查找蚂蚁微股的信息，可谓用心良苦。如此好玩的营销方式，牢牢吸引了用户进行关注，也成功地给蚂蚁微股带来大量注册用户。

专家点评：

在草根化的网络媒体时代，网民的力量，一石能激起千层浪。人肉搜索引擎最早起源于猫扑网，是在一个社区里面提出一个问题，由人工参与解答而非搜索引擎通过机器自动算法获得结果的搜索机制。

刚开始人肉搜索是网友的自发行为，并未嫁接营销功能。蚂蚁微股看到了人肉搜索的营销价值，“美女晒办公桌”很好地嫁接了人肉搜索的力量。并将美女的信息巧妙设计到蚂蚁微股上，引导用户到蚂蚁微股进步挖掘美女信息。如果能够配合人肉搜索，进行系列的新闻、社区、博客等的传播，将会获得多倍的营销价值。

4. “新浪葱动金牌见习生”，就让你冲动

“葱动金牌见习生活动”的主体内容，是面向全国大学生搜寻营销牛人、网络编辑大仙和网站技术大师。选拔活动分为全民实战和模范学院两大阶段，参与者通过线上笔试、职场训练营等，逐级提升就业力，竞争“十大金牌见习生”。获胜者将正式实习和入职新浪网，竞得浙商银行就职机会，分享数万元成长基金。

浙商银行作为众多新兴商业银行中的一员，学生群体对其关注及认知度相对较欠缺，通过为其品牌传播量身定制的青葱计划之“新浪葱动见习生”活动，成功实现了品牌在目标用户（大学生群体）的深度传播与认知。

“葱动一族”信科比

无论是在国际还是国内市场，篮球明星科比·布莱恩特的名字已足够形成一个品牌，他吸引着广大年轻人的注意力。在接过科比中文官网的大旗后，新浪不希望仅仅将科比作为一个篮球明星来让中国球迷们认知，“科比精神”由此诞生，新浪将其归纳为四字箴言：“信，不认输”、“信，拼全力”、“信，心够坚”、“信，苦当甜”。凭借科比的影响力和对目标人群的洞察，新浪提出了一个创新性概念“葱动一族”，象征着这一代面临经济迷局亟须拼搏精神的大学生。由此，新浪发起线下活动“2009 青葱计划——科比大弟子葱动篮球争霸赛”，用科比勤奋、拼搏、不畏艰难的“81 精神”（2006 年 1 月 23 日，在湖人对阵猛龙的比赛中，科比砍下 81 分，成为佳话）鼓励大学生迎接挑战。最终胜出的总冠军队伍受封“科比大弟子”，接受科比当面传授球技。

为了实现更生动的传播影响，新浪在各个学校招募了“篮球线人”，充分调动学生的创造力和策划能力，使线上的宣传内容更加丰富、新颖。在传播执行中，新浪重点挖掘聚焦信息，爆料现场美女、帅哥、赛场动态，提升关注度，并迎合年轻群体口味策划了创新的宣传方式，如科比快闪、定格等，以前卫的形式带动传播，强化活动亲和力，带动大学生始终保持高涨的参与热情。通过视频、图片，新浪的线下活动和线上平台实现了实时互动。网友对“科比精神”接力棒的热传、大学生对“葱动”高校赛的热情，都是这种共鸣的体现。而新浪也在这种精神布道中吸引了更多年轻用户，将精神力量转化为信仰优势，

进一步巩固了“葱动一族”品牌的影响力。

互动求职盛宴火爆高校

葱动，该词来源于新浪对互联网所做的长期跟踪调查。调查发现，当前还在学校就学的大中专学生，喜欢将崇尚个性、展示自我风格以及敢于拼搏、敢于表达自我的生活态度，概括为“葱动”。“葱动一族”象征着这一代面临经济迷局亟须拼搏精神的大学生。

在“葱动一族”已被广泛认同之后，新浪网针对大学生关注度非常高的求职主题策划这个“葱动金牌实习生”活动。本活动在北京、天津、济南、南京、成都、武汉、广州、西安、上海、杭州等10座城市，推出“新浪葱动金牌见习生”活动，倡导大学生树立“快乐成长与自我成就”的人生理念。活动参与者将在“知己知彼”、“学以致用”、“突出重围”三个阶段进行选拔，最终的优胜者将获得“金牌见习生”头衔，并可进入新浪、浙商银行等知名企业就职或实习，给“葱动一族”提供了实实在在的利益。

在个性与利益的双重驱动下，各高校的学生参与情况火爆。新浪充分发挥出了Web2.0的优势，借助博客、博客圈、互通专题页等营造出了一场年轻互动的求职盛宴。在活动开始不久，主题活动页面流量就飙升到77万，独立访问者55万，回访率38%。

“葱动金牌见习生”花落浙商e银行

“葱动金牌实习生”活动可谓席卷高校，不论是线上还是线下，其传播的深度和广度可谓深远。浙商银行作为众多新兴商业银行中的一员，学生群体对其关注及认知度相对较欠缺，凭借此活动，进行赞助冠名，成功吸引了同样充满朝气、预示着未来的目标人群当

一个年轻的群体，一个年轻的品牌，共同成长！

代大学生对浙商银行的关注和了解，进而推动了这一群体对浙商e银行的尝试和使用。

“葱动金牌见习生”活动参与者通过填写简历、线上笔试、职场训练营等环节，逐级提升就业能力，竞争“十大金牌见习生”。通过这一活动，新浪网帮助浙商银行从受众的广度与核心人群的深度接触两个维度均达成甚至超出了预期效果，在经济不景气的背景下助力浙商银行达成品牌传播的高认知。

专家点评：

在金融危机的大背景下，浙商银行联手新浪网络平台推出“葱动金牌见习生”活动，为全国各级城市的高校毕业生提供了一次难得的同场竞技的机会，获胜者将正式实习/入职新浪网，竞得浙商银行就职机会，分享数万元成长基金。

大学生就业问题是近年社会关注的焦点。“葱动金牌见习生”打就业平台招牌，吸引数十万高校学生关注，可谓为浙商银行和新浪带来了企业责任良好形象和品牌高认知的双丰收。

5. 兴业基金，精准营销之旅

19世纪末，美国百货零售业之父约翰·华纳梅克（John Wa namaker）——亦是第一个现代意义上的广告主——发出了困惑之叹："我知道我的广告费浪费了一半，问题是我不知道到底是哪一半被浪费了。"时光进入21世纪，随着网络营销大潮的兴起，数字化的基础给完成"找到被浪费那一半"这个不可能的任务带来一线希望。

基金恋上互联网

兴业基金管理有限公司至2003年成立以来，每年都有新的基金对外公开发行，旗下的基金年年被各大财经媒体评为"最佳投资回报基金"。此次兴业基金推出的兴业合润分级股票型证券投资基金具有较高风险，较高收益的特征。但大量新基金的密集上市，直接导致了新基金在发行之时所能募集到的资金规模逐渐减少，基金公司不得不采取更具有吸引力的营销手段，开拓更多的渠道来博取受众的青睐。在整合营销和跨媒体营销日趋火热的情形下，基金市场急切呼唤以互联网为传播平台的新营销时代的来临。越来越多的基金客户将通过对互联网领域的渗透，来挖掘更多的潜在客户。

兴业基金的此款产品是为追求高风险、高收益的投资者、较资深的股票基金投资人士而设计的，针对重点地区（北京，上海，广州，江苏，陕西，辽宁，山东等）进行广告投放促进消费，在选择其他主要媒体进行投放外，还借助了传漾的精准投放技术为总体投放计划做有效补充，吸引更多受众购买此基金产品，增进受众对兴业合润分级基金的品牌印象。

三大定向，不浪费一颗子弹

兴业合润分级股票型证券投资基金的目标用户具有专业性强、聚集程度高的特点。传漾通过IP和Cookies技术的精准定向，在广阔的覆盖下收集到的海量Cookies信息。然后进行数据的监测、追踪、清洗、分析，挖掘出对兴业合润分级基金类型产品感兴趣的人群，进而针对这部分受众进行锁定，实行精准投放。具体地说，通过行为定向、地域定向、频次定向三大定向方式，实施对目标用户的"精准打击"，力争做到不浪费"一颗子弹"。

1. 行为定向是指从研究受众的基本属性到受众的行为、兴趣等来定向广告的投放。从受众的基本属性到受众的行为属性，定向范围是从粗放到精细化的过程。用户行为分析从数据挖掘到统计分析，本身就是复杂的系统过程。而通过对兴业基金目标客户的网络行为分析，将广告重点投放在关注国投瑞银瑞福、长盛同庆、国投瑞银、瑞和300、ETF套利等关键词的专业级人士。

2. 地域定向，顾名思义，就是通过地域区隔来锁定用户，根据广告主指定的区域进行排他性的投放。此次兴业基金的广告重点投放锁定在上海、北京、广州、江苏、陕西、辽宁、山东几个重地。

3. 频次的广告传播实践由来已久，从传统广告的有效频次到有效到达，频次都是非常非常重要的一个维度。这不仅仅是在单个媒体广告的频次限定，而是受众群体完整的上网轨迹行为的跨媒体频次控制。兴业基金的投放中运用频次定向后大大提高了传播效率。

媒体优选 + 新颖创意

在充分洞悉用户需求，精准聚焦目标消费群体后，还选择最具曝光度的广告位置并通过有趣的创意吸引用户的关注，用创新的思维模式吸引消费者参与其中。

1. 优质媒体选择。鉴于基金投资的专业性，传漾选择了有针对性的 SamMax 财经媒体圈做广告推广（例如新浪财经、网易财经、MSN 财经等），精准“打击”潜在目标人群。

2. 新颖创意。本次投放采用了联动及视频两种创意手法相结合，创意新颖，视觉效果强烈，吸引了大量用户对兴业基金的产品关注，用户的黏着度非常高。

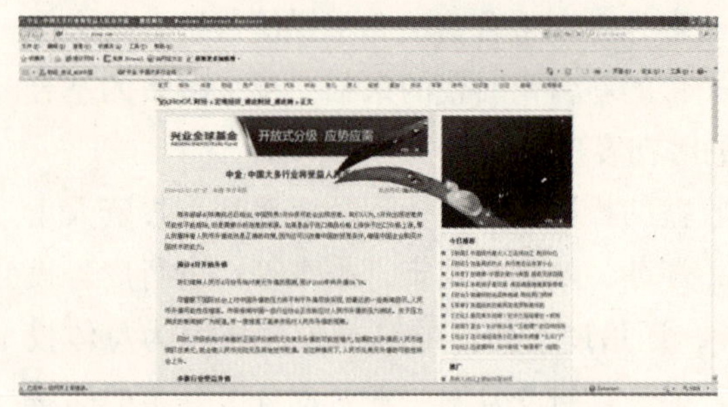

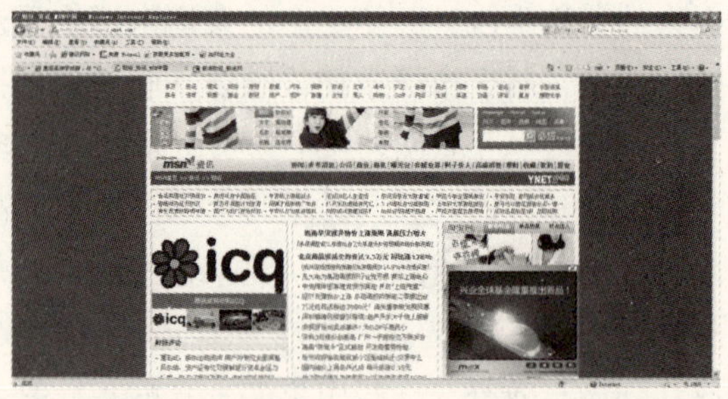

全程追踪，万无一失

传播策略拟定后，只有确保准确无误的投放过程，才能实现广告投放效果的最大化。传漾通过实时的数据监测分析，排除一切可能导致广告效果出现偏差的问题，通过全程监测让广告主随时掌握广告的显示、点击、点击率等。如果在此过程中发现任何点击率下降的原因，传漾都会根据分析后的结果对创意、媒体进行科学严谨的调整。除此之外，运用数据技术，在投放过程中，传漾也采集了大量受众数据资料。

专家点评：

营销的核心，就是将品牌信息释放给目标消费人群。要实现这一点，精准营销就显得非常关键，而精准营销要能够实现，必须基于精准化的技术手段和精细化的决策，从而做到最优的广告营销的服务。网络营销具备这个先天优势。1024 数字化的生存，让网络营销可以像导弹一样精准制导。互联网精准营销平台这个方向还是大有所为的。

6. 中国平安低碳 100，绿色营销风暴眼

2009 年是引发全球思考的一年，从哥本哈根气候峰会到世界各国应对金融危机的积极举措，环境问题和金融改革成为大众持续关注的热点。“低碳减排”与金融业有着什么联系？以信用卡为例，截止 2009 年初的统计，中国信用卡共发行了 1.7 亿张，如果将这些卡片叠加起来，相当于 20 个“珠峰”那么高。同时，这些不可降解的塑料卡片被丢弃后将成为污染垃圾。不仅如此，信用卡的对账单普遍采用纸质，1.7 亿张信用卡一年平均需要递送 20.4 亿张纸质账单，需要砍 50 万棵大树。跨入 2010 年，为践行绿色承诺，履行环境责任，中国平安由此提出了“绿色金融”的企业理念，并以之作为 CRS（Corporate Social Responsibility 企业社会责任）公益营销的主题。在此理念导引下，“绿色承诺，平安中国，中国平安低碳 100 行动”闪亮登场了。

绿色理念，品牌发力点

“绿色承诺，平安中国，中国平安低碳 100 行动”，策划提出了 100 条实效环保低碳措施，并努力将 100 条低碳举措贯彻和落实到公司经营管理、业务发展、员工日常办公等具体工作中，实现低碳运营，推动绿色金融，促进可持续发展。“低碳 100”广泛涉及日常办公、采购环节、业务环节外，还包括了多项绿色金融项目，涵盖中国平安保险、银行和投资三大业务支柱，包括保险领域的环境污染责任险、电子保单等，银行领域的绿色信贷及信用卡电子账单，投资领域的投资环保产业、IPO 保荐项目环保审查等。

除 100 条具体举措外，中国平安还从运营、业务和公益等方面，全方位、多层次地开展绿色行动，致力于建设中国绿色金融的领先企业。在恰当的时机，中国平安做出了明智选择——紧扣热点话题，树立起差异化的营销理念，在金融行业的营销惯性中找到了有力支撑品牌的发力点。作为传播环节，网络媒体是此次 campaign 的重镇，如何将中国平安的绿色理念通过网络媒体广泛的传播，搅动绿色营销风暴之眼？

绿色活动对对碰

网络媒体与传统媒体的一个重要的区别在于 Interactive 互动特性，网友们可以通过网络与企业和品牌双向沟通。如何将“低碳 100”变为企业“自编自演”，网友也能“载歌载舞”，丰富多彩的网络活动是激发网友参与互动的有效手段。

“地球一小时”是 WWF 世界自然基金会为应对全球气候变化所发起的一项可持续性的全球活动，号召个人、社区、企业和城市在每年 3 月最后一个星期六 20：30~21：30 熄灯 1 小时，旨在通过一个小小动作，让全球的民众共同携手关注气候变化，倡导低碳的生活生产方式——小小改变就可能成就深远影响。2009 年，“地球一小时”活动来到中国。北京的鸟巢、水立方，上海的东方明珠塔、世界金融中心，保定市政府大楼、中国首个太阳能光伏大厦——电谷锦江国际酒店，大连的星海广场，南京玄武湖、新街口，香港的维多利亚港湾等全国性的地标建筑都在 3 月 28 号 20：30 开始熄灯 1 小时，向世界传达中国应对气候变化的决心。2010 年，中国平安“低碳 100”选择携手 WWF，共同推广中国“地球一小时”。取势，明道，优术，是企业成功的秘诀；站在 WWF 这个巨人的肩上，自然看得更远。

签名活动是一种司空见惯的公关活动操作方式，效果也不错。在线下活动中，签名往往受到空间与时间的限制，效力、规模显然有瓶颈。借助一根网线，却可打破一切限制，让常见的签名活动在网络上“重生”。来根网络来点电，签名活动可以漂浮在地球的任何一个表面。“低碳 100 百万网友签名”隆重登场了，中国平安号召网友在线注册签名，选择自己的低碳方式，共同倡导绿色生活。百万网友，在网络上有底气地说出心声。

在“和刘翔玩赛车”中，则设计了网民喜闻乐见的在线赛车互动游戏，并且约请了广受年轻人喜爱和关注的刘翔代言，让网民在娱乐的过程中体验低碳理念。巧妙“借光”刘翔，更极大地提升了活动人气和参与度。

另一个亮点活动即是“低碳车主”。中国平安携手由气候组织、中国绿化基金会及联合国环境规划署联合发起的“百万森林计划”发起“低碳车主”活动，旨在倡议平安车险客户及网友参与网络捐赠植树，抵消汽车碳排放。该活动先由平安代表 60 万车险 VIP 客户向气候组织发起的“百万森林”公益项目捐赠 60 万沙棘树苗，再由车险各渠道向客户赠送主题为倡议低碳出行的车贴，并在网上搭建碳排放测试平台，与“百万森林”网上捐赠平台实现链接，号召网友测算其车的碳排放情况，同时，倡议其通过网络捐赠树苗，抵消碳排放。

媒介平台驻阵新浪、凤凰

在媒介选择方面，主活动平台放置在新浪网，与 WWF 世界自然基金会打造的“地球一小时”专题页面置于凤凰网下。在新浪网平台，用户可以参与“低碳 100 行动”的绿色承诺和互动游戏，依托新浪的巨大流量，扩大品牌曝光。而选择凤凰网作为专题页面平台，是因为其在新闻网站排行中的领先地位，活跃着大量关注财经和社会新闻的高端用户，与中国平安的目标受众比较吻合。两网互设入口，整体配合，起到联动作用。除此之外，还利用新浪官方微博（http://t.sina.com/pingan）作为传播媒介，配合国内其他知名 SNS 网站，增强活动互动性的同时，把活动的信息迅速广泛传播，吸引更多受众关注。并邀请名人带头分享转载，最大限度地增强传播效果。

硬广投放分步走

硬广投放采取分媒体，分阶段的策略。投放媒体选择凤凰网和新浪网，利用凤凰网各大频道资源进行投放，对其高端用户传播中国平安的低碳环保理念，增强用户对中国平安“低碳 100”项目的关注；利用新浪网国内第一门户网站的优势资源，使中国平安“低碳 100 行动”在网络上大量曝光。根据活动整体时间，采用不同告知形式的网络广告激发受众参与。活动前期，以“低碳 100 行动”启动的信息告知为主的推广手段，采用与线下海报同一风格的风筝篇广告创意。活动后期，以植树篇的互动创意形式，同时将文案更改为获奖信息提示，吸引更多用户参与活动。

百万绿色达人乐开怀

在不到 3 周的时间，共吸引 122.9 余万绿色达人有效参与了此次活动。新浪网和凤凰网两个广告投放平台获得了巨大的曝光度，每天有数十万流量进入活动平台。中国平安新年度网络营销战役开了个好头，对中国平安的公益形象和品牌形象的进一步塑造起到点睛作用。中国平安作为世界级的金融企业，在熟谙自身品牌价值的前提下，不断探索创新的营销方式，为国内金融行业网络营销树立了新的标杆。

专家点评：

通过基于公益活动的网络整合传播，中国平安塑造了低碳品牌形象，将企业社会责任与自身的核心业务有效结合，增强了其在行业中的竞争优势。

我们看待基金、银行企业已经开始瞄准网络营销并纷纷试水，但是大部分企业不能改变原先的硬汉形象，而中国平安做得很娴熟，像柔情女子一样走进了人们心里。

7. 中行网银："我们都是网络银儿"

随着80后、90后步入社会，他们逐渐挑起社会大梁。他们曾经宠爱过的卡通、动漫也开始重返历史舞台。广告行业很快捕捉到了读图长大的这两代人的喜好，推出了迎合年轻人口味的动漫营销"我们都是网络银儿"，被誉为中行网银年轻营销的里程碑。

活泼光标小子，亲和第一

网上银行管理系统的完善和业务的多样化发展，通过网银实现了从个人信息查询到个人账户转账等各方面服务，既能够帮助使用者时刻掌握自身最新的财务状况，又大大节省了银行的业务办理成本。随着社会生活节奏越来越快、工作压力越来越大，人们总是希望在有限的时间内做更多的事情，因此对网银的使用需求也明显提升，吸引更多用户选择使用网上银行服务成为各家银行业务争夺的新热点。随之而来的问题是，在越来越激烈的市场竞争环境下，各类网银产品和服务都面临着从稀缺到饱和的趋势。

在这种情况下，通过有效的营销活动，让目标消费群更好地认知自身品牌、产品和服务的差异化优势，显得尤为关键。因此，网上银行营销最重要的目标，就是与客户建立起良好的互动关系，但这是传统单线式营销手法所望尘莫及的。同时，仅靠交易营销也很难获取关键客户的高忠诚度，唯有建立持续且牢不可破的关系，才是维持目标客户必由之途。

中行网银在充分研究信用卡市场目标受众（80后、90后）的特点后，于2009年5月18日推出"动漫DIY征集活动"，活动一上线很快便得到广大网友的积极响应。活动推出的全新卡通形象——光标小子具备丰富的人物性格，他来自外太空，开朗活泼，办事效率高，专长维护网络安全。他的口头禅是"我是网络人，我用网银"，价值观是"用有限的时间做更多的事情"，而最憎恨的事物则是网络病毒。这些性格设置与中行网银的目标客户群存在一定的契合，而其可爱的形象更是有效地拉近了与受众之间的距离。

互动设计、利益刺激引发网友动漫DIY热潮

成功的网络互动活动，活动专题的创意及互动运用，是吸引网民关注及参与的重要因素，而这些要素在中行网银的活动设计上得到了充分体现。中行网银"动漫DIY征集活动"很好地运用了网络整合营销4I原则的趣味原则、互动原则和利益原则。首先，使光标

小子更加人性化、特征化。活动通过“虎老板”、“阿银”及“阿丽”三位形象来演绎有关使用网银的故事。通过这些形象，让银行服务变得更加鲜活，更容易理解、掌握和使用。

其次，将活动互动的门槛做到最低，在参与形式上力求简单、新颖、并充满乐趣。网友可以在线选择三位人物形象，利用新浪提供的工具制作可爱的动漫故事与广大网友分享，还可以选择在线制作符合网银特色的四格漫画来参与活动。参与者无需掌握设计软件，只要动动手指，将三个光标人物的形象、表情、背景、道具等随意拖拽，并加入自创的人物对白，即可生成相应的动画或漫画作品。

第三，参与者在充分享受创作乐趣的同时，还可赢取丰厚大奖，这进一步激发了网友持续的参与热情。根据活动的规则，评审专家综合考虑提交作品的创意、与活动主题关联度、制作技巧、台词设计等因素，并结合网友投票结果，评出获奖的动画及漫画作品，其作者分别荣膺月度冠、亚、季军以及最佳参与奖，并将获得主办方颁发的数码相机、手表及 MP3 等奖品。活动于 10 月 18 日评出最终大奖，大奖获得者将有机会获得高端笔记本电脑、单反相机、手机等丰厚奖品。

活动上线 1 个月的时间，就收集到有效视频以及四格漫画作品近 1 500 个，独立参与人数近 10 万人，总流量近 150 万人。

精准营销，提升品牌知名度和美誉度

中国银行网络银行“动漫 DIY 征集活动”选择新浪作为活动平台，借助新浪长期聚集的大量活跃用户，通过轻松有趣的形式激发用户互动参与。良好的活动效果充分体现新浪强势媒体的影响力，尤其是三个光标人物的形象深受网友喜欢，借助新浪网提供的在线工具：表情、背景、道具等，网友随心拖拽，加入自己的想象和人物对白，生成一幅幅别具

特色的作品，达到在活动初期引发网友关注和参与的目标。

在轻松、愉快的背景下，网友用自己的智慧创造符合网银特色的作品，围绕中国网银的优势，将中行网银的品牌和服务植入到自己的作品，既拉近了目标用户的距离，又有效地传递了品牌及产品信息，中行网银的品牌形象在互动活动中变得有血有肉、生机勃勃。因此本次活动的推广非常具有精准性，达到了提升品牌知名度和美誉度的目的。

中国银行大力推行自身优势业务，借助新浪网的影响力，加之独具特色的营销创意，从第一阶段的反馈来看，新浪多层次的网络传播达到令客户满意的效果，覆盖了更多的目标受众，吸引了众多网友的持续参与，贯彻了精准营销的策略。

整合营销，360 度品牌推广

此次动漫 DIY 征集活动全方位调动了新浪平台的各种网络营销手段，主要从三个层面来实现持续推广：第一步，是通过视频曝光、话题炒作、论坛表情、漫画曝光和博客表情等，充分曝光炒作层面，最大化吸引网友关注；第二步，是通过博客 Widget、网友体验等各种互动活动来让越来越多的目标网友参与；第三步，是注重延伸传播，提供网友更多的奖励机会，将网友上传漫画作品集结成册，让参与者分享成就感。

专家指出，网上银行的客户需求往往具有隐蔽性和特殊性、消费特性变化快等特点，对于银行而言，其动态性复杂尤其明显。中行网银的此次营销活动借力新浪平台，增强了与客户间的学习型关系，受众对中国银行网上银行的优势有了更广泛、更深入的了解。随着活动的持续深入，受众与网上银行间的学习型关系随着互动次数的增加而变得更加智能化。中国银行对于客户的个性化需求和消费偏好也会有越来越详细的了解，这有利于将更多的信息订制到客户专属的页面之中。

中行网银“动漫 DIY 征集活动”自 2009 年 5 月 18 日上线，历时 5 个月，得到广大网友的密切关注和积极参与，活动站点的总 PV 数超过 300 万，共征集有效动漫作品近 3 000 幅。通过光标人物的形象、表情、背景、道具等的随心拖拽，加入自创人物对白，即时生成动漫画作品这一创新活动形式，搭建了中行网银与网友沟通互动的平台，满足了广大网友对中行网银“认识、了解、体验、诉说”等不同层次的需求，取得了很好的宣传效果和互动体验，并荣获第 16 届中国国际广告节“2009 中国媒介创新营销奖”铜奖以及网赢天下金鼠标最佳整合传播奖。

专家点评：

网上银行的客户需求往往具有隐蔽性和特殊性、消费特性变化快等特点，对于银行而言，其动态性复杂尤其明显，借助传统营销显然很难满足网银的营销需求。中行网银的此次营销活动借力新浪平台，通过轻松有趣的动漫 DIY 互动参与形式，增强了与客户间的学习型关系，受众对中国银行网上银行的优势有了更广泛、更深入的了解。

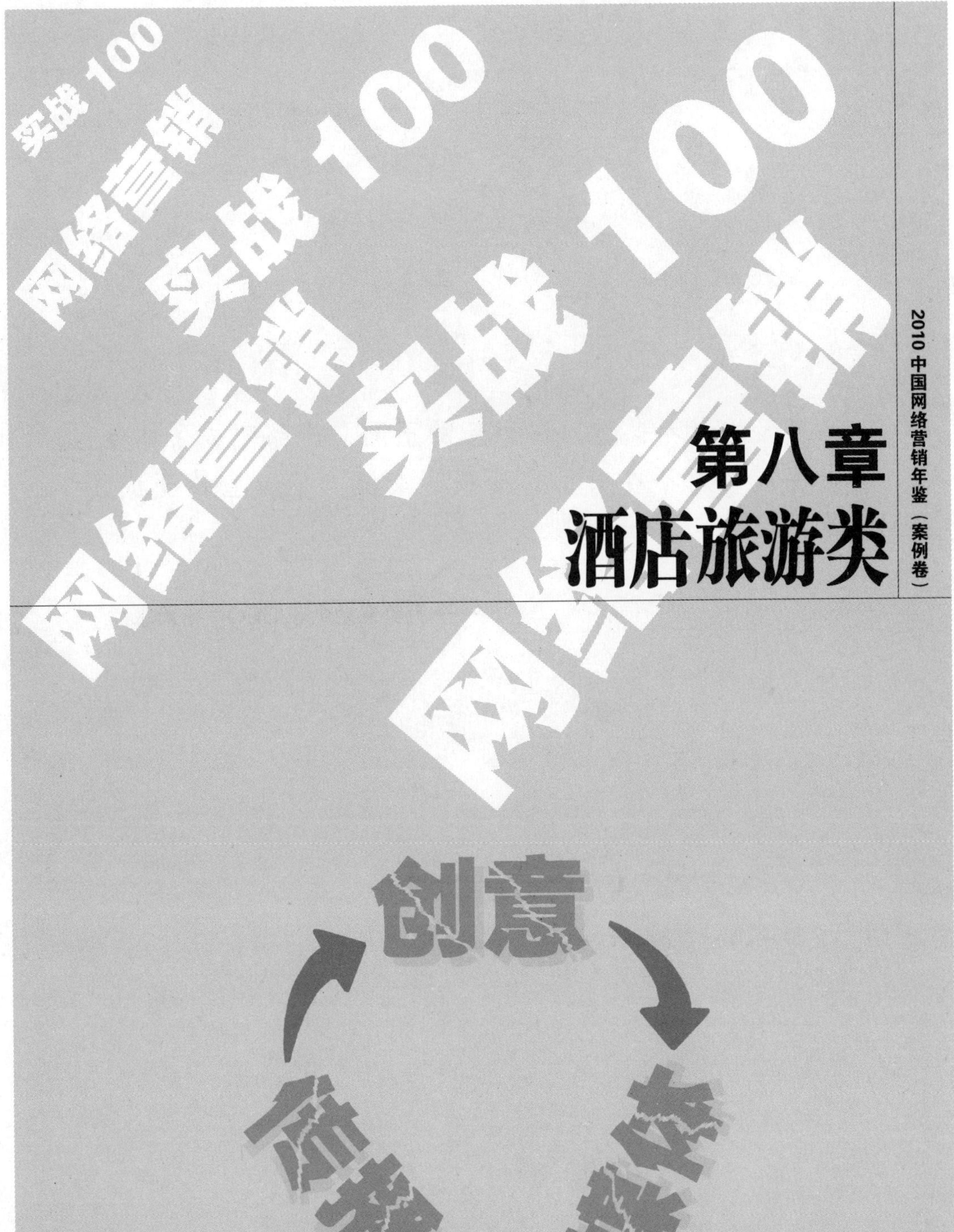

第八章
酒店旅游类

今天的世界，进入一个新的王国，产品变成了体验，地点变成无所不在，价格变成了交流交换，宣传变成了宣传福音。

——奥美互动全球 CEO　布赖恩

酒店旅游业，你妈喊你补补网络营销课

酒店旅游，网络营销鸿沟

目前国内酒店旅游业在服务、品牌、营销等核心竞争力方面与国际型企业存在着很大差距，甚至可以说是巨大的鸿沟，总体信息化水平落后于国际水平 10~15 年。

从营销技术工具层面上看，国际旅游业的网络化运作水平很高，大型连锁酒店集团已基本上实行了无缝数字化管理和运营。目前整个欧洲有 40%左右的旅行社拥有 GDS（Global Distribution System 即“全球分销系统”），这个比例在法国高达 85%。美国则所有的旅行社都在使用 GDS。但在中国，拥有 GDS 的旅行社仅占 17%左右，且基本上是三星级以上酒店。而即便是在目前旅游信息化发展相对较好的广东省，全省 7 000 家宾馆酒店中建立网页的只有 1 035 家，有独立域名的只有 28 家，能够实现在线订房的只有 18 家。

在营收层面 2009 年美国在线旅游销售收入占旅游市场总收入的 39%，但 2009 年我国的这项比重仅为 4.95%。

在具体网络营销方式上，国外旅游业已进入多媒体营销时代，包括网站、视频、短信、博客、微博都已纳入到旅游营销中。这些先进的营销工具带来的是国外旅游休闲、酒店度假业创新式的上下游合作关系。而目前中国酒店旅游业已经开展的网络营销还多是以第三方中介方式为主。这种模式的主控权在平台方，也就导致了酒店旅游行业的利润被大量分割。对比全球酒店业状况，均以酒店自主网络营销为主：酒店掌握了互联网营销的主动权，就可以帮助酒店快速获得来自互联网的客源。显然，酒店旅游业在第三方互联网中介模式下，需加强探索自主网络营销，建立一套高效可行的网络营销实施方案。

分账，只是冰山一角

需要提醒的是，当前环境下很多酒店旅游业的经营者，特别是刚刚接触网络营销的，因盲目投放网络广告获益甚少而感到气馁。由于长期沉浸于酒店旅游业在第三方互联网中介模式中，转向丰富多彩以酒店自身为主体的网络营销活动，难免不适应。最容易犯的错误就是还简单沿袭分账思维，投入多少营销费用，带来多少订单。在线预定只是网络营销的功能的一部分，网络营销更多的作用体现在能够协助酒店树立良好的品牌，网络声誉，以及客户关系管理。酒店旅游行业已经开始从产品竞争层面步入品牌竞争层面，网络品牌价值甚至超越简单订单的价值。酒店旅游行业如果不能够转变此意识，无疑是过分的短视，会被竞争对手后来居上赶超。

酒店旅游网络营销已成为行业发展不可逆转的趋势。面对这个“数字化的赤脚”市场，“网络鞋子”的上升空间不容小觑。酒店旅游行业需要有所作为，酒店旅游行业必将有所作为。

1. 塑料木乃伊“雷”动事件营销

哥本哈根峰会之后，低碳环保的生活概念广泛进入人们的生活和已经成为了新的时尚，并且为企业和个人所追捧。越来越多的广告主通过公益活动的形式将自身品牌和环保以及低碳联系起来，从而在目标人群心中树立正面的品牌形象。而那些把环保作为企业文化一部分的广告主，更是不断实践着环保主题的公益营销。

杭州街头惊现塑料木乃伊!

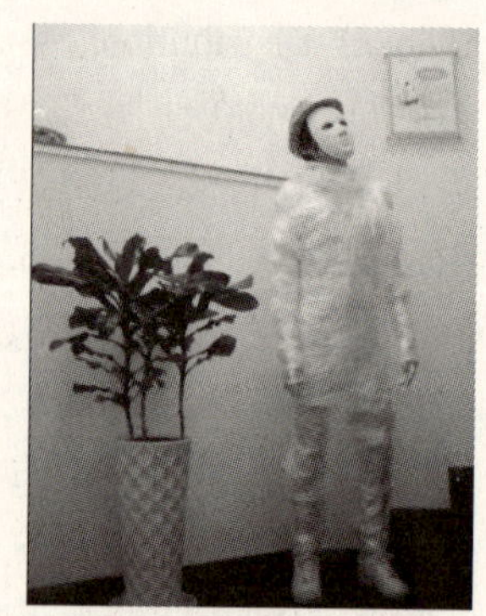

雷人！雷人！还是雷人！2010 年 4 月 22 日地球日，杭州最繁华的高银街，全身塑料包裹的木乃伊塑料人惊现闹市，让人一下子想起了游戏《植物大战僵尸》，很白很雷人！如此奇异打扮，立刻吸引大量路人驻足围观。随后，塑料木乃伊来到了一家酒店，在酒店门口招呼大批尾随的粉丝，进行环保宣传。谜底揭开了：这是一次真人行为艺术!

塑料木乃伊如此“痛苦”地出现在杭州闹市，是想用自己的身体警示大家减少白色垃圾，多用环保袋！因为现在地球已经被淹没在白色垃圾中，如果再不制止，现在的塑料木乃伊就是城市人类的未来！无论是街上的行人还是布丁酒店的宾客，都不禁为这样震撼人心的环保宣传竖起大拇指。

那为什么是布丁酒店？布丁酒店是一家以大学生、年轻白领为主要消费群体，倡导乐活、环保理念的经济型连锁酒店。所以此次行为艺术的宣传，恰恰最精准地传达了布丁酒店的环保品牌。

网络传播，能量二次方

在该事件以巨大能量引起现场的骚动与爆棚的同时，布丁酒店还通过全程的摄像和拍摄，将这些影像信息传播到了网络之中。由于塑料木乃伊的雷人风格与疯狂的网络文化基调符合，相关的信息也如鱼得水，迅速扩散，更成为网友热议的话题。布丁酒店也有组织有规划地运用新闻、软文以及论坛、博客、SNS、微博等全方位的社会化媒体形式，进行推波助澜。由此，该事件营销的能量得到了二次方的释放，在网络搅动另一片风云。

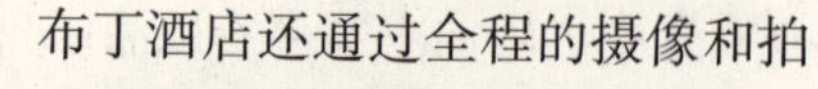

事件营销，想想还是“活”的好！

布丁酒店木乃伊塑料人这个活动，运用了最低的成本，吸引了观众和媒体的极大关注。究其成功原因，一个核心要点在于运用了网络事件营销的爆炸元素。环保是2010年最常见的公益广告主题，低碳成为了商家竞相追逐的热点词。一组惊人的数据，几句口号，一场环保小活动——很多企业的宣传手法都难免让人觉得千篇一律，似曾相识。红海效应和边际效应，消费者难免产生审美疲劳，平静的心潮难再起涟漪。

布丁酒店的“塑料木乃伊”这个创意，如果仅仅像其他企业一样，以平面海报方式表现，或者是电视广告的形式表现，可以说只能够吸引消费者注意而已。而如果将之搬到杭州街头，按照事件营销的方式展现，将一个创意“活”色生香地秀出来，这种“活”的广告威力立刻倍增，就犹如一枚超能量“深水炸弹”！这就是事件营销（Event Marketing）的魅力。这个案例带给我们营销人的启示是，广告营销的创意应该是多元化的，是否可以尝试将你的平面广告创意、电视广告创意转化为万人瞩目的事件，为其注入全新的动力呢？

专家点评：

事件营销，想想还是“活”的更雷人。这个事件营销把大家已经熟于心耳的环保宣传用真人体验的形式表达出来，大家在被雷到的同时，也被深深地刺激了一下，非常有震撼力的环保行为艺术创意。

美中不足的是，这个一流的创意行为并没有得到全方位的宣传。酒香也怕巷子深，在信息爆炸的互联网海洋中更是如此。如果能调动全方位的宣传资源进行持续、深度宣传，轰动的将不只是这个塑料人，更是对布丁酒店环保节约的美誉。

2. 史上最舒服的工作，去哪儿万元招募试睡员

史上最舒服的工作：上班不限时，酒店轮着睡，还能拿万元月薪……不要想歪啦，我说的可是正儿八经的工作——酒店试睡员。

聪明你的旅行，去哪儿功能转换

随着近年来全球商务活动的增多，伴随着中国消费者整体消费能力的提高，仅在中国内地各大城市间的商务行程、旅游度假比例就比往年有了大幅度的提升。数据调查显示90%的酒店在线预订用户都会查看论坛、点评或博客等 Web2.0 网上的酒店相关评论内容。知名顾问公司麦肯锡在《2009 年中国解读报告》调查中发现“经济低迷时期，中国消费者们开始通过亲自访问店铺和在网上进行研究来更加谨慎地购物。从 2008 年第一季度到 2009 年第一季度，互联网的使用总量增加了 39%，而访问产品评价网站的消费者增加了50%以上。”

正是基于对这种市场趋势的洞察，去哪儿网希望将自身旅游媒体的价值从简单的比价网站进一步扩大到评价功能平台。正如去哪儿网的口号“聪明你的旅行”一样，去哪儿网希望不仅仅赢得更多“贪便宜”的用户，而是真正的聪明的旅行者。去哪儿网需要进行一次营销推广活动，吸引独立用户点评酒店，为其他用户选择酒店提供中立可借鉴的酒店信息，突出去哪儿网的酒店点评平台是客人与客人、客人与酒店之间沟通交流的纽带，更是旅行者作聪明选择的最佳途径。

事件营销，创意为王

事件营销推广活动成功的关键，在于营销创意对于受众的吸引力以及超乎想象的真实性。2009 年年初，澳大利亚大堡礁招聘“岛屿看护员”，这份号称世界上最好的工作引来全球范围内众多人士应聘，并且获得各地媒体的广泛报道，成为营销推广的经典。受到这次营销事件的启发，去哪儿网结合平台功能转换的需求，打出“万元月薪招聘酒店试睡员”，瞬时引起了广泛关注。

虽然在营销创意上与大堡礁招聘岛屿看护员具有很大的相似性，但是大堡礁招聘岛屿看护员毕竟离我们太遥远，只可远观，而去哪儿网的酒店试睡员是实实在在掉在我们身边的馅饼，真实可及。去哪儿网的酒店试睡员巧妙地与去

哪儿网的营销推广目的——吸引独立用户点评酒店——相结合，最终将招聘本身引起的关注度转化为了用户对于去哪儿网酒店点评平台的认知，切实增加了去哪儿网独立用户对酒店的点评量。

营销传播三步走

去哪儿网“万元月薪招聘酒店试睡员”活动在传播过程中，以层次分明、目的明确的方式逐步推进。在传播的第一阶段，主要任务是让受众相信招聘信息的真实性，减少因为是企业推广所引起的反感和抵触。去哪儿网的策略是让网友主动发现信息，主动传播，自发参与。通过正常职位招募活动最相关的招聘网站（Zhaopin.com、ChinaHR.com、51job.com 等）发布职位信息。对于招聘信息真实性的保护是整个活动成功非常重要的一部分。

第二阶段是以广告宣传、事件营销为支撑，推动“酒店试睡员”活动向高潮发展。去哪儿网除了充分调动了线上与线下媒体资源、招聘网站、搜索引擎等，还在基于 Web2.0 元素的博客、论坛、SNS、微博、知道、百科等进行全面覆盖，最大限度地将信息传递到平媒读者、网媒读者、求职者、Web2.0 社区的所有潜在消费者。一时间，这次招聘活动成为了舆论的焦点，引导更多用户关注、参与活动。从营销传播的广泛度和垂直度看，去哪儿网本身通过“雷人职业 + 创意营销策略”获得了极大的知名度与美誉度。

第三阶段是酒店试睡员真实分享试睡体验。通过酒店试睡员真人秀、Minisite、视频病毒传播等方式推动事件发展。去哪儿网顺应用户需求举办第二期酒店试睡员活动。酒店试睡员在互动媒体上分享自己的试睡体验，图片等相关资料，与网友互动，回答网友提问等，通过自己的粉丝，人际传播、口碑传播迅速扩散活动信息，很好地帮助去哪儿网达成拓展酒店用户“自产生”内容这一营销主题。

“万元酒店试睡员”招聘活动通过产品差异化竞争策略，使去哪儿网从同类企业中脱颖而出，摆脱了因产品同质化而引起的价格竞争。同时，给消费者提供了很好的服务质量信息参考。更重要的是，赢得了消费者对去哪儿的品牌认可，培育了客户忠诚度。最佳的产品 + 最佳的服务 + 口碑传播 = 品牌价值。“酒店试睡员”招聘活动投入超过百万元，事实上获得的价值回馈又何止百万、千万呢？

很多媒体在去哪儿网的公关计划之外主动报道了酒店试睡员——一门新职业的诞生，包括 CCTV4、中国之声、台湾东森电视台、台湾三立电视台等，还有很多网络媒体大量转载，这些免费的媒介覆盖大大超过了计划中的公关操作。

这两个阶段的传播活动大大刺激了用户对于酒店试睡员活动的关注度，同时也大大提升了酒店频道的用户访问量和酒店点评量。

去哪儿网很好地利用了目前市场宣传的空白点，巧妙抓住了网络病毒营销的关键，利用出色的活动创意取得了巨大成功。这个事实证明：网络传播的力量深藏于网民心中，一种不但有趣、有意义、有可信度而且有强互动性的营销活动才是网络营销的特色，抓住网络人际传播才是区别于传统广告营销的特点所在。

专家点评：

噱头打得很棒！史上最舒服的工作，谁人不想？更重要的是，去哪儿通过多方位的营销宣传把这个噱头整得像“全球最好的工作”一样尽人皆知，竭尽所能让所有人都知道在去哪儿可以找到最舒服的工作，这项最舒服的工作和去哪儿有着天然的血脉——点评。由此，达到炒作的真实意图——去哪儿，专业的点评网站。

然而，美玉有瑕，去哪儿对来应聘这份史上最舒服的工作的应聘者设置种种门槛，导致一些负面评论，这些负面评论并没有受到去哪儿网的重视并积极处理，在一定程度上影响了去哪儿网的公信力。

3. 如家打响玩遍中国攻略

在竞争日趋激烈的酒店业市场，如家酒店除了要保证目前的市场地位外，更需要争取更多的市场份额，树立正面且年轻的品牌形象。2009 年，如家酒店集团重点推出的一项以征集旅行攻略为主要内容的网络活动——“玩遍中国·游我所好”。此次活动充分利用了 SNS 的互动性，以 Qzone 挂件及网友日志的形式，吸引了大量的网友关注及参与。这次发动全体网民打造覆盖全国所有城市、具备实用性的旅游攻略征集活动，在短短的 2 个月内，活动网站访问量惊人，注册参与用户及上传攻略作品远超预期，更值得一提的是促进如家会员卡注册及在线订房销售的快速增长。

发布旅游攻略征集令，精确锁定目标人群

一座城市，一幅风景；一种性格，一段旅程。携手如家，感受不同城市的万般风情。“玩遍中国·游我所好”，畅快秀出你的旅行攻略；精确找到最适合你的旅游专线。根据你的专属性格定制个性旅程，引领全新的个性旅行体验！

这是如家借助腾讯平台发布的旅游攻略征集令。应该说，征集活动是非常常见的一种营销活动，尤其是随着互联网的普及，利用网络平台发布征集信息更加常见。如家这次利用腾讯平台征集旅游攻略也是顺应时代潮流的一次举动。然而值得肯定的是，在这次征集活动中，如家对酒店消费人群进行了周密的细分，梳理出商务出差及休闲旅游人群的特征，同时考虑到国内巨大的旅游住宿市场，以满足目标人群在商务活动及休闲旅游途中的不同需求为导向开展了这次旅游攻略征集活动。比如在活动中，“玩遍中国·游我所好”将攻略分类归档，有“山水奇观”类；“美食每刻”类；“时尚玩乐”类；“商务休闲”类等，这样在互动活动中紧密锁定旅游人群和商旅人士，告之他们如家无处不在。

融入地图新功能，呈现旅游新攻略

此次征集活动最大的亮点，就是打破了传统旅游攻略局限于文字与图片的固有模式，融入专业地图搜索引擎图吧的景点精准标注、连线等地图绘制功能，为网民呈现全新的图文一体的旅游攻略形式（攻略路线地图展现 + 景点说明 + 景点图片），使旅游攻略最大程度成为网民旅游出行的具体指向。也就是说，网友在制作自己的旅游攻略时，除了使用文

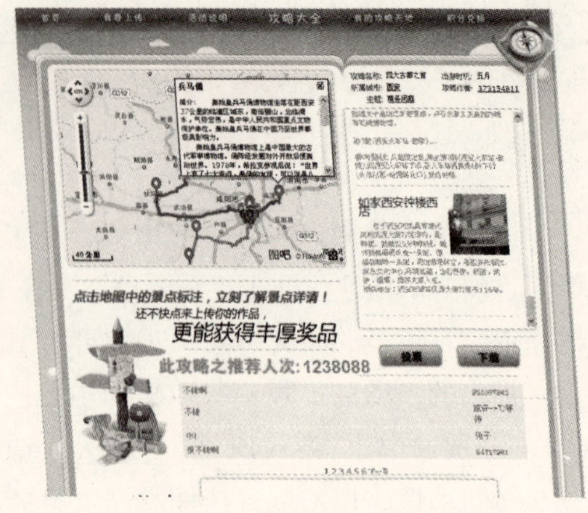

字和图片来描述外，还可以使用网络地图绘制功能，这样大大提高了旅游攻略的可读性。

如征集案例中的人气王攻略——四大古都之首西安旅游攻略如上图所示。在右侧有文字和图片形成的传统旅游攻略。而左边充分利用了网络地图绘制的创新功能，可以在景点处标注，两点连线，构成线路图。而且只要用鼠标点击景点，还可以出现景点的文字介绍。这样的攻略展示不仅在形式上别具一格，而且还可以很容易在攻略重点地区植入如家酒店的信息。

牵手腾讯高互动，传播效果超预期

此次征集活动在推广上，主要依托腾讯广覆盖度资源及高互动性用户体系，以腾讯虚拟奖品作为诱导，同时充分利用腾讯 SNS 系统，以 Qzone 挂件及网友日志的形式，吸引更多关注及参与。发动全体网民打造覆盖全国所有城市、具备实用性的旅游攻略征集活动。

具体来说，此次征集评比活动除了最后评出攻略大奖，还设定了许多其他奖项。整个过程采用积分、积分兑换和抽奖等形式展开：首先，活动参与积分，如每成功上传一个攻略获得 30 积分，每天最高获得 60 积分；每成功邀请一位好友加入活动获得 5 积分；每为攻略投一票获得 1 积分，每天最高 20 积分。其次，攻略得分，计算公式为：得票数 × 70% + 专家评委会评分 × 30%；再次，下载攻略用户随机抽奖。获取积分后，可以兑换各种奖品，这包括《中国国家地理》电子杂志、如家家宾卡＋40 元房券、尊贵红钻资格、如家酒店一间 / 夜免房券等。而且凡是参与的都有参与奖，即上传旅行攻略后即可领取一套如家 Qzone 挂件，该挂件显示在参与者的 QQ 空间中，上传攻略并通过审核的用户同时可以获得腾讯会员资格等。

这样的互动推广以及 100% 获奖的刺激，使本次征集活动在短短的 2 个月内，活动网站获得 13 427 385 次浏览，注册参与用户 704 344 人次，上传攻略作品 154 142 篇；同时，促进如家会员卡注册及在线订房销售迅猛增长，传播效果大超预期。

专家点评：

以“黏住消费者”为营销策略的如家这次更是通过网络强大互动能力紧紧抓住了消费者。“玩遍中国·游我所好”是个完全讨好消费者的互动活动，再加上低参与门槛，新鲜互动形式以及诱惑的物质奖励，极大激发了网友的参与。

更重要的是，如家此举非常巧妙地获得了大量的营销素材，可惜的是随着活动终止，这些素材也浪费掉了。如果后期能够对这些素材进行巧妙包装，升华二次营销，将获得更好的营销效果。

4. 凌燕微博带你游世博

2010年6月11日，上海世博园内，一群靓丽空姐的亮相吸引了大量游客驻足，她们身着统一制服，打着世博志愿者的旗帜，周围围着兴奋激昂的游客。原来，这是口碑互动与东航联合举办的“凌燕带你游世博活动”。

微博抢票，赢空姐一对一服务

作为国内三大航空公司之一，东航的客舱服务一直都处在国内领先的水平，但是在乘客的整体印象上，却没有与之相匹配的口碑形象。2010年5月，口碑互动为东航策划了一次“凌燕带你游世博”活动，利用新浪微博传播东航优质服务的活动。

网友可关注新浪“东航凌燕”微博，了解导游团成员的消息和活动规则，成为10位“世博导游凌燕”的粉丝，对消息进行转发或者评论。每位“凌燕”将挑选出一位粉丝作为参加本次活动的幸运网友。这10名幸运网友可以获得免费往返机票、免费世博门票、免费食宿机会，并由10位凌燕空姐全程陪同游览世博园。

微博互动，连锁传播

结合“凌燕带你游世博”线下活动，线上抢票活动通过新浪微博进行召集，聚集人气关注度、展开互动。作为东航空乘人员优秀代表的“凌燕”已成为东航客舱服务的标签，“凌燕”在新浪微博已经有一定人气。

微博抢票活动开始后，东航凌燕在微博上发布消息，10个“凌燕”微博与粉丝展开互动。网友加入10位“世博导游凌燕”的粉丝，对“导游凌燕”发布的“凌燕带你游世博”消息进行转发评论；同时，凌燕在微博上与网友即时互动，聚集人气，选择幸运网友。

新浪微博互动中，年轻用户表现出强烈的兴趣，活动1周，凌燕各微博累积评论和转发数量超过万条，成为新浪微博热门话题之一。实现了非常热烈的互动效果，很多凌燕粉丝表达了对“凌燕带你游世博”强烈的参与欲望。通过微博互动的环节，凌燕和东航的品牌实现了非常良好的品牌曝光，提升了凌燕和东航品牌在网络的知名度，以及在目标人群中的品牌影响力。

全网口碑铺设，分享传播体验

配合在新浪微博的品牌传播，在活动启动前，通过新闻预热、论坛号召等形式，将活动即将启动的消息广泛地传播出去，吊足网友参与的胃口。为后面启动微博活动召集时聚集人气埋下伏笔。线下活动启动后，全面调动网络新闻、新浪千万级名博、国内著名论坛大范围传播活动进程，在各种信息中，植入东航高品质服务形象。

“凌燕带你游世博”的10位凌燕空姐对参与活动的粉丝进行过滤和筛选，邀请参与最活跃、互动最频繁的凌燕粉丝进行免费世博游。获得机会的粉丝也愿意积极与更多人分享他们游世博的体验，他们把在“凌燕”一对一陪同下游世博的经历，比如观看航空馆4D电影、驾驶模拟机，品尝东航航食世博大餐、游览浦江两岸场馆等发布在自己的微博、博客和论坛中，成为网络口碑营销的源头。

传播高品质服务形象，塑造东航凌燕品牌影响力

“凌燕带你游世博”的微博活动获得了非常好的传播效果。忠实的粉丝成为本次活动的传播大使，微博活动不断被网友关注、转发到博客、论坛上，一些微博草根名人获得活动信息后也进行了转发、点评，吸引了更多网友的参与。“凌燕带你游世博”的精准服务和东航对世博的服务形象得到了很好的展示。

从5月28日活动启动到6月10日公布结果，参与“凌燕带你游世博”活动并对凌燕微博转发的用户数已经超过6 000，评论次数超过5 000，以参与用户人均拥有50个粉丝算，实际覆盖新浪微博达到30万人次。10位“凌燕”的粉丝增长数量，合计超过6 000人。

6月11日线下活动当天，10位凌燕空姐陪同10位幸运网友游览世博园，通过他们各自的微博，共发出图文形式的近百条世博园游览信息，转发次数超过2 000，实际覆盖新浪微博受众超过10万。

6月11日，“凌燕带你游世博”现场活动受到了30家平面和网络媒体的关注，共发出30多篇针对现场活动的新闻报道。

围绕“凌燕带你游世博”的微博活动，通过新闻、博客、论坛传播策划并执行了23个传播话题，覆盖了200多个网站、论坛、媒体的300多万目标受众人群。有效的后续传播也引发了网民对在世博园内开展的线下活动的关注，网民讨论“凌燕带你游世博”的相关内容超过3 000篇次。

创新法宝成东航凌燕制胜秘诀

1. 聚集微博粉丝人气。本次活动调动了新闻、论坛、贴吧等各种网络营销方式整合推广，从前期预热、中期配合到后期延伸推广，都为微博凌燕带来了极大的人气。

2. 微博名人呼叫。微博便捷的呼叫功能为凌燕聚集了更多人气。凌燕空姐亲自@（呼叫）一些微博领袖后，粉丝数量与活动关注度明显提高。一些微博意见领袖对空姐的@内容进行回应，从而影响到几十万的微博粉丝，报名参与活动的人数猛增。

3. 微博互动。微博的一大功能就是方便了博主与粉丝的互动，“凌燕带你游世博”活动启动后，在不呼叫名人的状态下，与粉丝展开互动最多的“凌燕”，其微博被转发、评论的数量也最多、最快。

4. 创意引爆。空姐一向是公众关注的焦点。本次活动，东航凌燕成功利用了空姐的魅力，使得大众能够和空姐零距离，不仅满足了大众的好奇心，更是吊足了受众胃口。尤其是十位微博幸运儿，不仅赢得往返机票、星级酒店、世博大餐、东方尊享、世博贵宾室的礼遇，更是获得空姐一对一导览服务，甚是过瘾。也让其他垂涎的网友羡慕嫉妒恨，从头到尾，把关注进行到底。

专家点评：

航空公司要想成功利用 SNS 进行品牌推广，必须对发布的信息有所掌控。对于东航来说，微博最主要的作用就是与客户建立更加亲密的关系。所以东航凌燕从开始就做了一个准确的定位：半官方的互动平台。

表达与窥视，是人类本能。东航凌燕世博活动通过微博这一营销平台，满足了人的这一本能需求，同时通过巨大的奖励诱惑以及“微博找手机”等互动事件大大激发了博友的参与热情。

东航凌燕创造微博营销的神话，但是并不是每家做微博的企业都获得了好的效果，微博是把双刃剑，需用之以道，方可达之以力。

5. 捆绑 SNS，酒店营销快乐 7 天

近几年来随着 SNS 社区网站的崛起，酒店行业内具有前瞻性的酒店看中了这一绝好的宣传推广机会。因为 SNS 社区网站的会员信息真实有效，会员数量庞大，同时是开放的滚雪球般的传播，很多酒店开始利用 SNS 社区网站，增强用户的黏度、增加知名度、吸引更多的人成为会员。

7 天于 2009 年 8 月推出其 SNS 社区“快乐 7 天”（现名“7 天社区”）的试用版。7 天 SNS 社区的推出，有效增强了 600 万会员的品牌黏性，同时依靠已有会员的口碑能量和虚拟游戏吸引更多的会员。“快乐 7 天”不仅有酒店虚拟经营的在线游戏“快乐酒店”，同时还有和出行相关的帮助工具，如天气、地图、城市生活互助等。目前多数 SNS 网站主要以娱乐为先导，而 7 天配备的 SNS 将提供强大的差旅服务解决方案，如租车、机票、保险等涉及具体出行的在线配套服务。

7 天捆绑 SNS，突破运作思路

互联网风光的背后总有说不尽的苦，国内众多的 SNS 网站就是典型的例子：表面上访问人数很多，抢车位、卖奴隶等小游戏抢尽眼球；背后每一个 SNS 网站都迫切地寻求将“眼球”变成金钱的方法。这是因为目前大部分 SNS 社区做法是先积聚人气再实现商业销售目的。通过网站的运营，访问量和用户黏性的高涨并没有带来多少实际的盈利，运作模式急待突破。

就在一些门户网站不再看好，甚至选择关闭 SNS 社区时，7 天连锁酒店却在其官方网站上推出了名为“快乐 7 天”的 SNS 社区。这是因为，与那些专业的 SNS 网站不同，“快乐 7 天”没有盈利的压力，甚至可以把它看做是一种增强会员黏性和发展新会员的网络客户关系管理工具。7 天本已经有了丰厚的用户资源，而这些用户资源是认可 7 天酒店，认可 7 天酒店提供的各种产品的，他们是直接可以为 7 天酒店带去消费的，7 天不需要利用他们讨好广告主的青睐，从而实现最终的广告销售目的。

另外对于酒店业来说，盈利的关键并不在于规模的大小或是软硬件水准的高低，而是如何能够持续保证客源，例如携程通过呼叫中心将大量习惯通过电话预订酒店的客户掌握

在自己手中，从而成为比酒店利润更为丰厚的中间环节。7 天引入 SNS，无疑有助于增强其官网的用户黏性，对此前积累的 600 万会员资源进行更深一层的管理与价值开发。可见，7 天"快乐 7 天"社区的推出，可以称得上是 SNS 运作思路上的一次突破和创新。

虚实结合　IT 重构运营模式

"快乐 7 天"是一个强调以"出行生活"为社交核心的 SNS 社区，它与现有的大多数 SNS 社区一样，试图打造一个人气旺、活跃、开放的虚拟空间。但与此同时，"快乐 7 天"又努力将酒店预订等人们的实际需求融入其中，做到虚实结合，重新构造出了一种新的酒店旅游运营模式。

"快乐 7 天"的主打产品游戏"快乐酒店"，参照了最流行的开心网的"争车位"、"买房子"、"开心农场"等 SNS 游戏。游戏玩家通过邀请自己的好友入住自己"经营"的酒店，游戏玩家在接下来的游戏进程中便能获得多项具有吸引力的游戏权限，所形成的游戏积分可兑换 7 天酒店的积分。在"快乐酒店"中，也有一些带有明显酒店服务特征的游戏，如隔音升级、喝牛奶等，还有特有的消毒包装毛巾，也会成为游戏里面某个道具。在游戏中嵌入带有服务特色的内容，具有一定的教育客户的作用，能够在无形中让会员更熟悉和习惯 7 天的服务。同时，还可能会吸引和发展一些新的会员，实现用户规模的扩展。

线上互动，提升顾客忠诚度

"快乐 7 天"社区会员间的交流、互助的特征非常明显。这主要体现在两个方面，首先是旅行帮助类内容，在"快乐 7 天"里，大家可以像小型维基百科一样，搜索一些问题的答案，或是为别人解答。比如去某个分店的最佳路线进行分享，由用户自己评价最佳答案，类似旅行类的百度知道。另外，还会有衣食住行等涉及旅行地城市的信息。当会员贡献信息后，会有社区内的积分奖励。当会员在这里找到一个需要的信息，他也会把自己知道的补充进去，这样有用的信息会越来越多。

与此同时，在"快乐 7 天"社区论坛，会员可以给酒店提供更好的建议，以往这些是通过留言或者论坛形式来实现，比较单向。而在"快乐 7 天"，将会由店长出现在社区，和会员交朋友。另外，"快乐 7 天"中还有"找人"这样的模块，这也是一种低成本吸引更多会员的途径。

"快乐 7 天"的上线是主动打开了消费者与企业信息沟通的一条通路，而不是让酒店消费者继续处于自发、单向的状态。7 天凭借现有 600 万会员的感召力，可以聚合更多的受众注意力，通过聚焦和专注的平台化带来可观的规模效应。

专家点评：

虽然“快乐7天”似乎有赶时髦之嫌，我们依然看到7天酒店的良苦用心和7天社区的战略意义。厂商与实名制SNS网站相结合将是一种全新的运营模式：用SNS为电子商务做嫁衣，用户可以直接通过SNS社区实现订房、反馈等需求，同时7天也可以向用户推荐更好的产品和服务；诠释众包理念，打造用户智慧的孵化器；主动打开消费者与企业信息沟通的通路，提升会员忠诚度。

作为业内第一家深耕电子商务平台的经济型酒店，“快乐7天”将为7天酒店顺利导入电子商务，获得更多商业机会夯实基础。

6. 国航，高效垂直搜索引擎营销

作为中国领先的航空公司之一，国航一直致力于开拓电子商务业务，吸引更多的旅客通过互联网、呼叫中心和手机客户端订购机票。

强强联手，拓展渠道销售能力

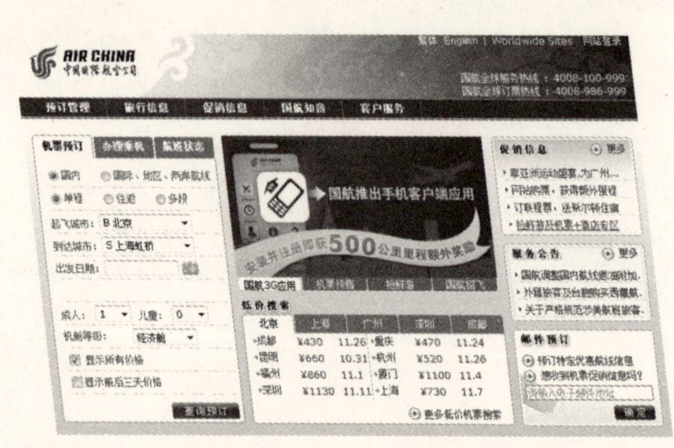

国航网站（www.airchina.com.cn）作为国航机票销售的重要渠道之一，提供机票实时查询、最低票价搜索、在线机票预订、航班状态查询等一站式服务，旅客根据提示点击出发地、到达地、出发日期、票价等选项，通过银行转账购买电子客票。与传统购票方式相比，网上购票 7×24 小时开放，3 分钟内就可完成，省去了问询、取票、送票等环节。

去哪儿用户群是中国最具有消费潜力的新一代消费者。他们是受过高等教育的专业人士与白领，拥有相当强的经济能力和购买力，而且经常进行商务和休闲旅游。

因此，为快速提升网站流量及扩大用户覆盖范围，国航选择与国内最大的旅游搜索网站去哪儿进行营销合作，意在提高国航互联网渠道的销售能力。

垂直搜索引擎带来高效转化

本次营销合作以增加品牌曝光率、优化机票组合产品、降低搜索投放费用及提高订单转化率为目的，利用系统监测及分析功能，实时优化投放策略。综上所述，本次营销策略主要体现在以下五个方面：

1. 信息曝光和机票预订流程设定：当去哪儿用户查询国航的航班信息时，可找到国航网站的最新信息，并在点击后直接到国航的网站上完成预订。

2. 推广国航品牌：为了突出国航的品牌，在信息栏中展示了国航的 Logo，增强了国航品牌曝光率。

3. 最大化在线销售：在广告语中增加优惠信息说明（如“票价直减 3%~5%”，“每消费 10 元送 1 公里程奖励”等），从而吸引用户点击，提升点击率和在线销售。这些优惠信息的展示，提高了国航网站广告对目标顾客的吸引力，增强了目标顾客点击国航网站链接的动力，增强了国航网站对终端市场目标客户的争夺能力。

4. 深度的技术合作：国航利用去哪儿领先的机票搜索技术，在国航的网站上组合展现了更多的机票产品以满足旅客更多的旅行需求，如“周末游”，“15 天预售”，“低价搜索”和“邮件预约”等，使其产品更加丰富。

5. 优化效果：国航利用去哪儿的平台，对国航票价与市场票价水平进行实时监控，测试价格弹性水平。同时，国航利用 Omniture 工具对在线营销进行跟踪管理，有针对性地投放产品并监控投放效果。去哪儿数据分析小组也定期和国航分享行业趋势和数据分析，从而优化推广的产品和广告语等。

多重营销价值显现

国航与去哪儿旅游搜索引擎的合作，不仅为国航电子商务以较低的成本带来了大量的销售，还增强了国航网站产品展示的有效性，为消费者提供了更多有价值的旅游产品，同时也帮助航空公司实现了技术上的提升，推动了国航电子商务信息化水平的提升。从具体内容看，本次的营销效果主要体现在如下三方面：

1. 优越的转化率和 ROI：当顾客进行机票预订时，去哪儿向他们提供最为相关的、更有针对性的机票信息，从而帮助目标顾客更加容易地进行选择。对于国航而言，去哪儿为其带来的网站访问者机票预订需求更为明确，所以预订转化率大大高于通过其他搜索引擎带来的访问者。

2. 销售额得到有效提升：去哪儿已成为国航最重要的营销渠道之一，对国航网站的收入贡献达到 13%~15%左右。

3. 技术革新带来产品创新：通过与去哪儿公司进行深度合作，国航电子商务开发了多项机票信息动态组合展示专区，为顾客提供了更多的机票产品选择，更为有效地满足了消费者需求，同时提升了国航网站的价值，增强了国航网站的产品展示和预订服务功能。

专家点评：

在大搜索发展如火如荼之时，垂直搜索也开辟着一片全新天地。垂直搜索除了给搜索用户完全不同的搜索体验，同时也给希望在网络营销方面有突破的个人和企业展示了一个全新的渠道。

垂直搜索能够提供更为集中的受众群体，从而提高搜索引擎广告的实用效果，这也符合现阶段正在发生着变化的营销传播理念——从最初追求传播最广泛的“广而告之”到“定向传播”，进而发展到现在的“精确传播”。

7. 到到网，迅速抓取高质量旅游流量

到到网上线后，当产品与技术平台初步稳定后，所面临的挑战是迅速吸引到中国互联网上对旅游与酒店感兴趣的高质量流量。在旅游网站这个领域，已经有很多强有力的竞争对手，包括携程、去哪儿，以及对这块市场感兴趣正在准备进入的潜在竞争对手，包括淘宝机票、大众点评等。作为一个初来乍到的新网站，怎样在中国这个火热的市场用有限的市场费用争夺到一席之地变成了一个极大的挑战。

兼顾整合营销，主攻效果营销

到到网（www.daodao.com）作为全球最大的旅游点评网站，希望通过高效的网络营销活动提升网站流量，采用多种组合的网络营销策略。到到网制定了整体的品牌营销策路，以媒体公关与市场合作为主，尽量避免昂贵的展现类广告的投放。绝大部分的投放预算放到效果营销上，选择在效果营销方面质量最高且最容易规模化的媒体上做投放，包括百度经典竞价排名、百度凤巢竞价排名、谷歌竞价排名、谷歌内容网络以及领先的网址导航站，包括 Hao123，114la，360 等。

到到网信奉的营销理念是，如果产品真的好用，应该利用效果营销带来优质流量，让用户自己体验产品与服务。如果产品令用户感受到了所期待的价值，那么这种用户的转化方法应该比品牌广告更直接，因为不会面临从展示到产品体验的转化问题。

在执行的过程中，到到网组建了一个 4 个人的效果营销团队，自己研发了一套搜索引擎营销（SEM）投放系统，与百度与谷歌的 API 做数据接口。这套 SEM 系统的自动化程度与模型的水平在国内处于领先水平。依靠到到网在谷歌与百度上投放的数百个关键词，每个月带来几百万个高质量点击。这些点击的效果，由许多因素（包括在站内的广告点击、酒店点评提交数、新用户注册数等）线性组合后算出，并跟踪到每个词，从而算出每个关键词的 ROI。在导航网站投放上，到到网也可以跟踪到每个位置、文字创意和锚文本颜色的 ROI 并从这些纬度做优化。

极栈精品酒店
去到到网看1000万旅友对极栈精品酒店的真实评论,超过2500万条酒店点评任您查看,为您提供全面,公正可信的北京市酒店点评信息,立即登陆到到网查看酒店评价信息!
www.daodao.com 2010-06 - 推广

极栈精品酒店 赞助商连结
www.daodao.com 去到到网看看1000万旅友中对 极栈精品酒店的真实评论

优质营销效果与市场反馈

本次营销活动中，到到网取得了良好的营销效果。截止到 2009 年 12 月，到到网的整体流量已经达到每月 600 多万的独立访问量。

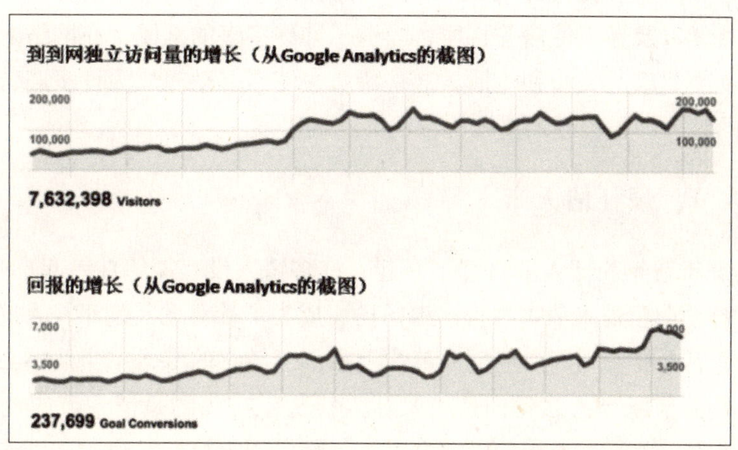

专家点评：

以媒体公关市场合作、效果营销为主，尽量避免昂贵的展现类广告的投放的整合营销策略是本案的重点操作手法。专门组建效果营销团队，并对每个关键词的 ROI 进行测算追踪，都是能保证高效营销的重要基础。

8. 布丁酒店 PP 猪疯狂情人卡

网络漫画是 20 世纪的新贵，也是 21 世纪的朝阳产业。在网络内容产品中，网络动漫因为其简单、有趣以及易于传播等特质，吸引了许许多多的网民。在网络上，富有创意的动漫产品很容易引起广泛关注和传播。这些特质，使网络动漫成为许多广告主尤其是定位于年轻人群体的品牌广告主逐渐重视的营销推广的手段。

白色情人节，疯狂情人卡

2010 年，虎年新年和情人节挤到了一起，许多情人没有能够在一起享受浪漫情人节。所以，3 月 14 日的白色情人节被炒得沸沸扬扬，成为了社会尤其是年轻人群体的广泛关注的话题，许多情侣也准备利用白色情人节浪漫一下。敏感的广告主当然不会错过这样一个机会。但白色情人节既令人激动向往，又让人挠头。挠头的是情人节的礼物可能千篇一律：鲜花、巧克力、美酒、戒指。以大学生、年轻白领为目标客户的布丁连锁酒店洞察到了这一需求，决定利用白色情人节进行营销推广，推出别致的白色情人节礼物，将布丁酒店乐活品牌形象传达给目标人群。布丁连锁酒店联手诙谐幽默著称的动漫明星 PP 猪漫画推出别致的白色情人节，让女友疯狂的布丁酒店 PP 猪情人卡。

情人卡大小如同银行卡，制作精致可人。每张卡片标明了一项情人之间的权利：如讲笑话、捏脚、后悔一次等。情人收到该礼物就可以行使该项权利。卡片全套 21 张，甜蜜寓意“我爱你”。作为贴心别致的节日礼品，只要白色情人节前后入住布丁酒店，即可获赠全套情人卡。

试想，白色情人节的浪漫夜晚，拿出一套精心准备的情人卡，让女友来抽取一张。哈，唱小曲卡，就可以享受小曲服务一次。当然还有可能是“邪恶”的鸳鸯浴卡……而画面上的标语更让人哭笑不得：节约水资源，多洗鸳鸯浴。小情人们正沉浸在情人卡的甜蜜中时，布丁酒店乐活理念已渗入其心。

网络爆传，取势行远

由于创意动漫在传播中能够调动受众的自主性和积极性，在营销媒介的选择上，布丁选择了年轻人群体更愿意接受的网络媒介作为主要的传播渠道，放弃了昂贵的硬广式投放与专题合作。通过网络论坛渠道扩散，选择了150家大众型论坛、旅游类垂直论坛、大学生论坛等进行投放。网络动漫富有创意地表现了现代情侣关系中的种种乐趣，让网友们主动转载乐此不疲。

PP猪白色情人卡的广泛主动传播另一重要因素是巧借白色情人节噱头，实现了与社会话题和目标人群心理需求的一致，撬动了营销。荀子在《劝学》中娓娓道来："登高而招，臂非加长也，而见者远；顺风而呼，声非加疾也，而闻者彰。假舆马者，非利足也，而致千里；假舟楫者，非能水也，而绝江河。君子生非异也，善假于物也。"借助外物的力量，是聪明人做的事情。

网友DIY，接触点无限量

在这次漫画营销的传播过程中，也发现了一定的问题。卡片虽好，但如果仅仅是线下的卡片发放，能够拿到实体卡片的人数还是有限的。一位疯狂的粉丝来到PP猪官方博客上留言：看到网络的情人卡好诱人，但我暂时不需要住酒店，可迫切需要可爱的情人卡，跪求Psd大图，我想自己打印送老婆！一句话点醒梦中人，其实网络媒介不仅仅是宣传、

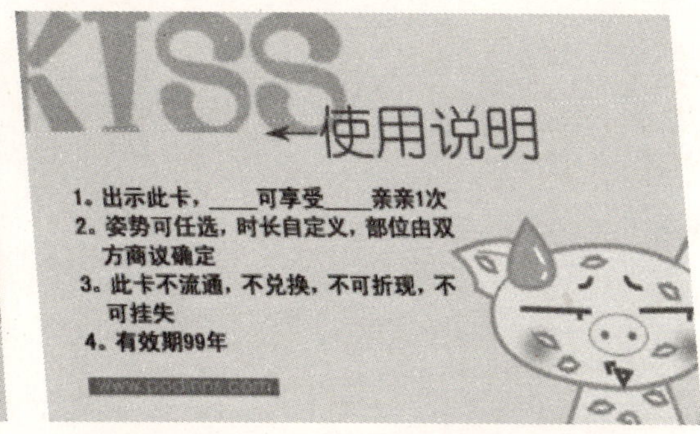

告知的渠道，更可以直接撒播种子，让网友们自行操作，获得更多的落地接触点。于是布丁酒店又通过 PP 猪官方博客、论坛等渠道发布了 Psd 版大图，供网友们随意下载。由此，通过网络这个无限量的播种机，网友们 DIY 自助服务，实体的 PP 猪情人卡陪伴更多的网友们度过了甜蜜的情人节。

专家点评：

疯狂情人卡太有才！这是一套所有网友看到都会嬉笑怒骂一番的美妙创意卡通图片，在网友驻足过程中传达出品牌信息——时尚乐活布丁酒店。精彩！这套搞笑卡片的调调显然很对布丁酒店目标受众的胃口。

从这套情人卡可见布丁酒店的营销战略之高明。国内酒店营销还多停留在简单促销以及酒店产品层面宣传上，而这只能算是酒店营销的低段位。酒店功能层面的宣传大多雷同，又让人味同嚼蜡，很容易陷入红海。而该套情人卡站在“乐活生活”的角度与目标消费者进行品牌精神层面的沟通，无疑给布丁酒店营销带来了一片蓝海。借势知名漫画 PP 猪也是获得网络病毒式传播的重要支点。

第九章 网站网游类

消费者将对消费品的生产过程施加更多的影响，从而演变成“生产消费者”。

——《第三次浪潮》

网站自我营销，打通任督二脉破解孤堡效应

网站孤堡效应困扰

很多网站，尤其是企业官方网站容易犯的一个认识性错误是，网站本身是具备强效传播力的媒体！有了好的内容或者服务，就开始天真地幻想网站车水马龙，但实际上的结果却是门可罗雀。“有的网站活着，它已经死了”是一个真实可悲的写照。为什么出现了这种情况？在这个信息爆炸的e时代，网络的发展处于过饱和的状态，全球有1.6亿之多的网站，正如浩瀚无边际的沙海。而一个新增的网站上线后,即便内容、设计、形式、服务都很棒，也不过如同茫茫大漠中建设好了一座富丽堂皇的却无人往来的城堡。如果没有强大的推广信息引导，充当领路人，网民们就不能有效地知晓、到达堡垒中，这种现象被称做“网站孤堡效应”。

大部分网站都受到“孤堡效应”的困扰，“孤堡效应”揭露了一个严酷的事实：投入巨资兴建的网站仅仅是一个内容或者服务的载体，而我们还需要投入大量的外力来助推这个载体，才能达到需要的传播效果。建好网站，仅仅是万里长征的第一步。

打通网站营销任督二脉

那么如何做好网站的自我营销呢？打通网站任督二脉就能有效破解网站孤堡效应。任督二脉归属奇经八脉：任脉走行腹部，总领阴气和气血；督脉走行人背后，督领阳气和真元。武侠小说常将打通任督二脉当成功力提升的一大要件。

对于网站来讲，任脉就是指网站自身的服务、内容，这属于网站运营的内功。网站自身的产品和服务就是最好的营销，也是外围营销的基础。有的网站投入大量的营销费用，前期的确带来了不少用户和流量。但流失率非常高，网站注册用户只是潇洒走一回，就如同漏斗一样。网站自身的内容与服务是网站自我营销的起点，也是回归的终点。做不好这一点，任何强有力的营销推广方式都是无效的浪费。

酒香也怕巷子深，除了自身的服务和活动外，外围丰富多彩的营销推广手段也需要广泛地采用。外围多层面、多角度、多方法的推广正是网站自我营销的督脉。在本章的案例中，我们可以看到，好乐买全方位动用了搜索引擎，从互联网入口处把握住了用户。《由我世界》则联姻《网络整合营销兵器谱》制造中国第一例虚拟世界图书发布会。阿里巴巴请来恶搞之父胡戈，借势布什鞋袭，研发了病毒视频营销秘密武器。新浪微博则在全国发动了声势浩大的微博快跑的活动……对于网站营销来讲，与品牌、产品营销并无本质差异。所有可以应用到品牌、产品方面的网络营销方式均可以一试身手。

1. 摇篮首创网络 AB 剧，嘉宝品牌再提升

“宝宝的吃喝拉撒，饮食健康，每一步都引发着家庭内新旧观念的大冲突，婆婆和媳妇这两个深爱着宝宝的人，各说各的道理互不相让……”这是摇篮网（www.yaolan.com）为全球著名婴幼儿辅食品牌嘉宝特别制作了一期网络 AB 剧《我的宝宝谁做主》。

摇篮网作为母婴类垂直网站，近几年一直通过不断创新尝试新的营销模式，使其产品营销的范畴不再局限于母婴用品，而是扩大到了整个市场消费领域，从而一改传统母婴媒体行业在营销范围上受到局限的状态。嘉宝公司具有 80 年婴幼儿辅食研制历史，在全球各地拥有最专业的婴幼儿营养研究中心，80%的美国妈妈都信赖嘉宝，其产品销往全球 60 多个国家。

在国内传统喂养观念的差异，以及婴儿辅食这类产品不易为广大中国家庭所接受的背景下，嘉宝与摇篮网合作，结合现实家庭生活中颇受关注的婆媳关系展开，创造出观点对立的 AB 两个角色，以婆媳二人在孩子喂养问题上的观念分歧来进行话题营销，巧妙将婴儿辅食以及嘉宝辅食优点结合到活动中，让参与话题讨论的朋友走出婴儿喂养的误区，同时也提升了消费者对嘉宝辅食的认知度及产品美誉度。

何谓网络 AB 剧

在搞清楚网络 AB 剧之前，我们需要对 AB 剧有一个认识。简单说，AB 剧就是多分枝的小说，共三节，第一节与第二节、第二节与第三节之间分别各有 A、B 两个选项，对应不同的情节发展。而网络 AB 剧，顾名思义就是指通过网络形式传播的多分枝的小说或者故事。

本次活动中 AB 剧的主体内容如下：

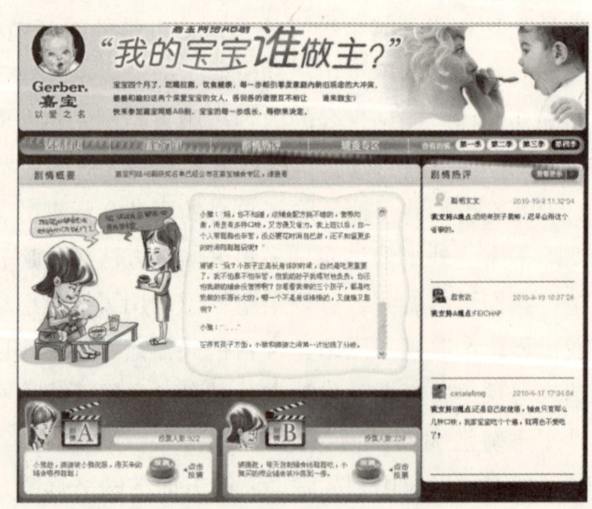

小雅是一家互联网公司的美编，结婚后与老公过了两年甜蜜的二人世界，之后便迎来了计划内的小宝宝。在小雅怀孕期间，婆婆特意从东北老家赶到北京，照顾小雅的生活起居。婆婆不仅把家中里里外外的活儿全包了，还想着法儿地给小雅做好吃的。小雅打心眼里感谢婆婆对自己的照顾，与婆婆相处和睦融洽，传说中的“婆媳大战”在小雅家里并没有发生。

经历了甜蜜而辛苦的十月怀胎，小雅的宝贝儿子聪聪出生了。从孕期开始，小雅就翻阅各种育儿书籍学习科学育儿知识，也喜欢上网与网友切磋讨论各种经验心得。聪聪出生后，小雅一直坚持纯母乳喂养。由于小雅的用心和细心，再加上婆婆在一旁帮忙和辅导，聪聪各方面发育指标都很棒，抵抗力也很强，从没生过病，这一点让小雅和婆婆倍感欣慰，在育儿方面，小雅与婆婆基本达成了统一战线。

日子过得很快，转眼间小雅休完4个月产假该上班了，这个时候，也到了聪聪该添加辅食的时期。考虑到商业辅食方便且口味众多，还不用婆婆辛辛苦苦自制辅食，这样小雅上班后婆婆也不用那么累，小雅便去商场买了一箱子嘉宝辅食。可没想到，这时候婆婆却不乐意了。

婆婆：“这玩意你买了干吗，是浪费钱。聪聪的辅食由我做给他吃就行了。”

小雅：“妈，你不知道，这辅食配方挺不错的，营养均衡，而且有多种口味，又方便又省力。我上班以后，你一个人带聪聪也辛苦，没必要花时间自己做，还不如留更多的时间陪聪聪玩呢！”

婆婆：“玩？小孩子正是长身体的时候，当然是吃更重要了。我不怕累不怕辛苦，但我的孙子我得对他负责。你还怕我做的辅食没营养啊？你看看我带的3个孩子，都是吃我做的东西长大的，哪一个不是身体棒棒的，又健康又聪明？”

小雅：“……”

在养育孩子方面，小雅和婆婆之间第一次出现了分歧。

这样，网页给出两个观点：A. 小雅胜，婆婆被小雅说服，用买来的辅食喂养聪聪；B. 婆婆胜，每天自制辅食给聪聪吃，小雅买的商业辅食被冷落到一旁。

让用户投票并发表自己的观点。

婴儿喂养与专家嘉宝的完美契合

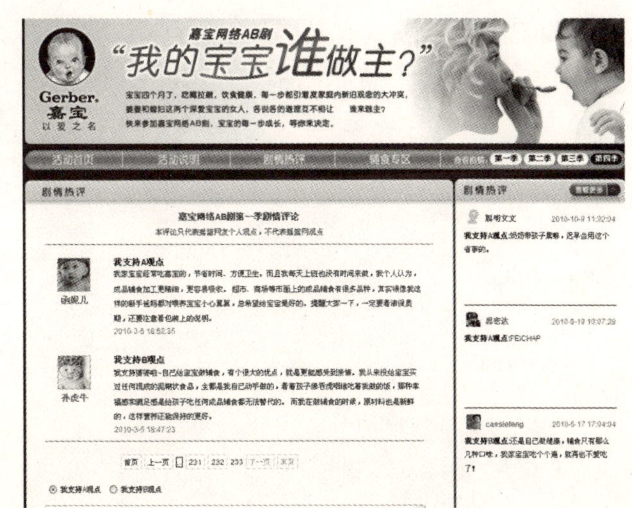

在这个剧情中，双方都是出于对孩子的关爱，可是在孩子的喂养方面出现了冲突。其实这在许多家庭中是一个比较普遍的现象，许多人都有自己的经验和观念，非常容易引起受众的兴趣和分享。如右图所示，仅第一季，就有数千人参与投票，同时绝大多数用户还留下了详细认真的评论。

而在此时，嘉宝作为一个有80年婴幼儿辅食研制历史的专业公司，它的观点无疑在这次讨论中起到至关重要的影响。在围绕婴儿喂养这一话题，巧妙将婴儿辅食以及嘉宝辅食优点结合到了活动中，一方面让参与话题讨论的朋友走出婴儿喂养的误区，另一方面也提升了消费者对嘉宝辅食的认知度及产品美誉度。

网络 AB 剧营销新思路

网络 AB 剧《我的宝宝谁做主》活动使用漫画和文字结合的情景剧方式，分为 4 季图文结合生动展现家庭喂养中婆婆（传统喂养观念）VS　媳妇（现代科学喂养观念）的 4 个小故事，故事围绕辅食的营养科学以及健康理念等内容展开。并在活动的每季节尾留下婆媳针对喂养问题的矛盾，并引导网友针对传统喂养观 VS 现代科学喂养观念进行投票并留言讨论。每季的讨论都会评出有理有据的最佳答案，通过网友的答案进一步推广科学的辅食喂养概念。

嘉宝 AB 剧活动共持续 4 周，参与人数 4 000 余人，引发 4 000 余“楼”网络热评，活动效果远超客户投放预期目的。嘉宝 AB 剧活动的成功，表明话题辩论式营销模式对于母婴行业比较适合。这一营销模式经过提炼，已经成为摇篮网运营的一种特色营销模式。例如，随后摇篮网又为东方爱婴“抱抱熊”产品的推广进行了一次网络 AB 剧活动，同样取得了成功。

有业界学者认为，凡是涉及观念冲突的行业，其实都可以尝试使用网络 AB 剧营销，通过以上的分析看来，不无道理。

专家点评：

网络 AB 剧增加了线上线下的互动，采用网友的力量来增加内容，类似维基百科的概念，可以最广泛地吸引人气和丰富内容。

摇篮网首吃螃蟹，将 AB 剧的形式用于容易产生分歧的育儿问题，迎合了当下年轻人的实际问题，同时充分调动了长尾的力量，共同参与故事的完成，让用户在亲自体验故事中的苦与乐中体验产品带来的种种好处。

2. 新浪微博快跑！

2010年8月28日，由10辆造型各异的Minicooper微博车队，载着新浪的特色礼物和8名网上征集的微博用户，从新浪公司出发，穿越北京的大街小巷，途经五道口、鸟巢、朝阳公园、天坛、西单、南锣鼓巷等北京地标性场所，将微博随时随地分享的精神传递给每一个路人，路人还可以将车队拍下发送微博赢取大奖。这一活动能够被称为“微博快跑”，这是新浪为庆祝微博开通1周年而组织的活动，是国内微博产品第一次大规模从线上延伸到线下，充分利用了微博互动创新的特点，大胆突破了常规的活动模式，以活动造事件，让博友自己创造内容并帮助传播。

吉时出师，师出有名

回望过去，距2006年Twitter现身美国已有4年，但在中国，微博真正进入人们的生活才不过1年多。许多中国微博先驱者进行了不懈探索，但大多以倒下告终。直到2009年8月新浪微博正式开通，新浪沿用博客推广的成功经验，短时间内迅速掀起国内微博风潮，“你围脖（微博）了吗?”成为很多人寒暄的第一句话。

作为国内最早由门户网站推出的微博，新浪微博已成为国内微博领域的领先者。《中国微博元年市场白皮书》数据显示，随着用户数的不断增长，新浪微博上每天都会产生海量信息。2010年7月，新浪微博产生的总微博数超过9000万，每天产生的微博数超过300万，平均每秒会有近40条微博产生。

2010年8月28日新浪微博上线1周年的日子，这一天既是对一年来微博取得可喜成果的总结，更是一个新的开始。因此，从某种意义上来说，这不只是一场成功的庆生秀，更是新浪微博跨越发展的新起点。选择这一时机策划一个具有如此影响力的活动，有助于引发各大媒体高度关注和报道、更多的网民的关注，有助于用户品牌好感度、忠诚度大幅提升，可谓选时恰当，师出有名。

香车+美女，城市焦点

“微博快跑”活动当天，10几辆崭新的Minicooper成为了当天最具吸引力的焦点，搭载着最幸运也是最有说服力网友的车队向五道口驶去。网友们通过手机拍下了沿途的景观、行人，并发表新浪微博记录着自己的心情。

沿途行进过程中，微博车队在鸟巢、朝阳公园、三里屯都有与网友的交流互动活动，每到一站，无论是车内的网友还是现场的网友，都会通过新浪微博展现和记录活动中的精彩趣事，并第一时间内分享给自己的亲友。通过裂变式的传播，“微博快跑”的信息瞬间传递到了更多的网民，成为了新浪微博最走俏的话题之一。另外，当天新浪微博车队还在欢乐谷和三里屯分别举行了两场盛大的狂欢 Party，通过微博大屏幕与在场的朋友们互动，分享大家对新浪微博的生日祝福以及自己真实生活中的点滴发现。

本次活动最大的亮点之一无疑是随行的微博美女团，微博美女们的热情带动，吸引了大批路人，甚至老人、孩子参与活动现场互动。一名参加活动的网友在新浪微博中写道：“现场来了很多媒体记者，有报纸、杂志和电视台。与他们相比，我们就是微博的记者，我们以最快的速度将活动中的趣事传播给关注我们的每一个人！”

线上线下，双剑合璧

本次活动取得巨大成功的最重要的原因之一是，充分利用微博即时分享的特点，实现了线上线下的高度紧密契合。通过线下活动造势、吸引眼球，通过线上方式进行活动组织、话题分享、信息裂变传播，线上线下，双剑合璧起到了很好的传播效果。

早在 8 月 20 日，“微博快跑”活动的官方微博上就发出了对微博达人的征集令，迅速吸引近 10 万粉丝的热情参与，多条与活动有关的微博被网友上千次的转发。而在活动当天，车队每到一站都会组织车内、现场和线上的网友进行互动，共产生 30 000 多条微博内容，引发各大媒体高度关注和报道。活动结束后第三天，百度搜索“微博快跑”可获得 71 万条相关结果。通过裂变式的传播，“微博快跑”的信息瞬间传递到了更多的网民。

新浪“微博快跑”活动，带动微博达人们穿梭于北京最时尚、最欢乐、最能反映现代人生活状态的地方，又通过微博直播草根文化和草根们的生活趣事，还原了最原汁原味的微博原生态，这本身体现了微博平台的有效利用需要线上线下的高度融合。

微营销，新思维

新浪微博快跑活动的成功，给营销者一个很重要的启示，那就是：微博提供了一个企业与客户直接交流的互动平台。微博迅速发展壮大，正成为一个有影响力的资讯发布和社交关系维护平台。由于微博兼具 IM 的个体性和即时性、博客空间的个人信息发布和分享性、社区论坛的话题讨论性，以及 SNS 社区的人际关系纽带性，使其成为一个天然的口碑传播平台。每个人既是传播者，又是受众，两种角色纵横交错，构成了强大的信息传播系统。

企业对消费者不再是经过雕琢的“有板有眼的官方客套”，而呈现出一种最自然、更人性的沟通形态。企业的态度、措辞和语气都接受着消费者的评判。甚至有观点认为，在微博上，企业和消费者之间甚至不再是单纯的买卖关系，而是可以培养出超越买卖的情感关系。

专家点评：

落地的微博更鲜活，更刺激。在大部分企业踌躇如何开展网络营销的时候，新浪微博面临的恰恰是另外一个问题“如此火爆的新浪微博如何能够与用户贴得更近?”

新浪“微博快跑”从线上延伸到线下，以活动造事件，让博友制作内容，充分发挥了微博互动平台的价值。将新浪微博的影响力拓展了到线下，融入到大众生活中。

3. 淘宝秒杀，卷起橙色风暴

2009年9月，看电视的时候突然发现新闻联播之后杀出来一条促销型的广告，仔细看看，是说淘宝秒杀。惊讶！要知道，央视什么时候开始播出促销广告！而且还是在这样的黄金档上……不久后网上一场秒杀风暴席卷互联网，才知道，彼广告是淘宝联手CCTV，准备发动一场覆盖全中国的“秒杀”橙色风暴。“淘宝秒杀”也跃居2009年互联网十大热点词语。

寻根“秒杀”

根据百度百科上的解释：秒杀就是以压倒性优势一招致命或者指在极短时间（比如1秒钟）内解决对手。词语源自网络游戏，形容一瞬间杀死一个游戏角色之快。用在网络购物上，秒杀就是指某价格极具诱惑的产品，在规定时间内上架，瞬间被买家买光的购买方式。

最先开始带来秒杀的，应该算是不少网络红人对产品的展示，尤其是非常时尚的搭配引起的时尚潮，随后该商品即被买家疯狂抢购，形成了短时间内销售一空的情形。比如2008~2009年初在淘宝网上红极一时的呛口小辣椒、水煮鱼皇后、大C等。这群如花似玉的姑娘通过自己展示在某个店铺购买的服装并且进行搭配发布出图片，立刻引起网民的追捧，进而引起该商品迅速售罄下架，形成淘宝上一派欣欣向荣的秒杀之势。

秒杀就是这样的一个活动。那么，淘宝以淘宝商城的名义发起一场史上最大规模的秒杀与C类店铺的秒杀活动又有怎样的区别呢？C类店铺的秒杀活动，基本上带着浓厚的草根气息，不管什么冠级的店铺，总会让人感觉比较个人化。但当商城发起的活动就带着很明显的官方标签了。其次，淘宝商城作为大品牌的电子商务平台，不论提供的商品还是提供的服务，都比淘宝C类店铺更具诱惑。拿这次的秒杀活动来说，商品不再是服装，而上升到了例如戴尔笔记本电脑、三星平板电视这样的高端商品。再次，作为财大气粗的淘宝商城店铺，拿出来的秒杀力度更是C类店铺不可比拟的。1元钱的秒杀价，对网友来说实在太勾魂了。

病毒营销+事件营销，双拳出击

那么如何助推这场皇冠级别的秒杀，让活动产生更大的影响力呢？整个秒杀活动推广被分为了两个阶段。首先是先期预热，对受众完成一场信息的告知；然后是高潮引爆，线下制造相关事件关注，结合线上传播，辅助以央视黄金档广告，形成整体性的线上线下关注。

1. 《秒杀大业》病毒视频给力造势。彼时，正是建国60周年前，电影《建国大业》红极一时，各大媒体竞相报道同本电影有关的新闻。一则立足本次淘宝秒杀、恶搞特质的《秒杀大业》视频短片，形成病毒式扩散，造成初步的关注。

2. 包下网吧秒杀，带动事件营销高潮。选择某二线城市作为活动地点，网络发帖征集秒杀大军，重金包下某大型网吧在秒杀开始的第一天，集体秒杀一台笔记本电脑。同时辅以视频直播一场雷人的网吧秒杀，综合运用各类传播工具造势。

9 月 26 日之前的 1 周，真实进行网络征集秒杀大军，获得第一批志愿者；

9 月 26 日晚 7 点，重金包下集中在包下的网吧里进行准备，所有参与秒杀的成员都佩戴易于识别的秒杀标志；8 点整，秒杀开始，一场竞争激烈的争夺真实发生。

秒杀标志

秒杀现场

9 月 26 日晚 9 点，秒杀视频上传至网络；

9 月 27 日，其他整合传播工具跟进推广。

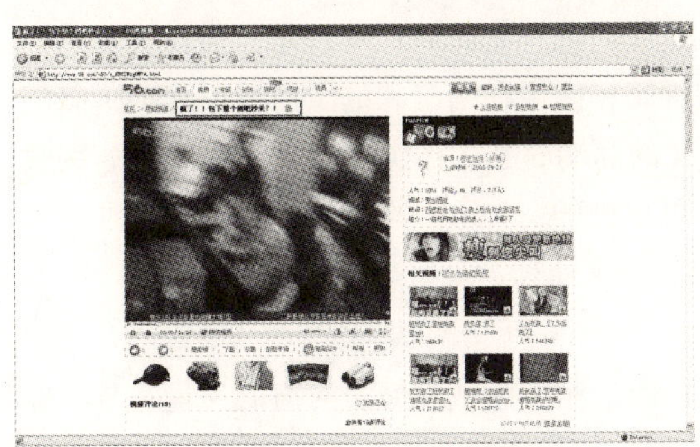

及时将秒杀视频上传至网络

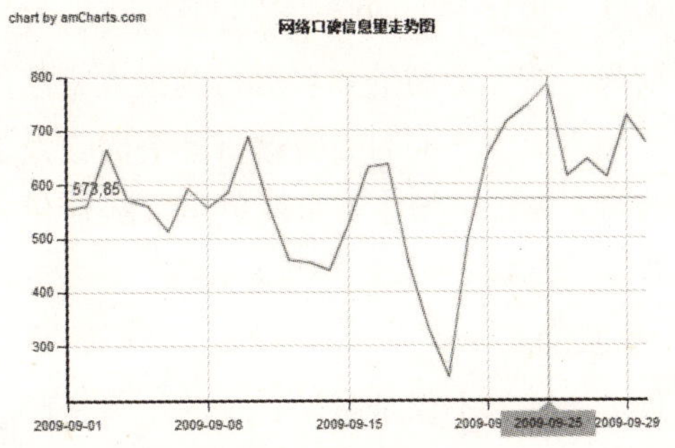

秒杀硕果累累

3 周后，2009 年 9 月监测系统共监测到本段时间淘宝网络口碑信息达 172 760 条，平均每日在网络上会出现 575.87 条有关淘宝的网络信息。

其中，在9月25日，淘宝重点推广的央视秒杀活动开始前一天达到口碑信息峰值，央视秒杀广告和淘宝商城秒杀活动得到很好的传播。

论坛传播——论坛传播39次，总PV达5 302 000；

视频传播——创作视频3个，PV约1 200 000；

视觉传播——E-face图片剧，话题单帖最高PV102 110；

IM病毒传播——自发传播5 000余次；

线下事件炒作——进行"网吧秒杀"事件的线下炒作，总PV达10 400 000。

淘宝央视秒杀得到《华西都市报》、《经济晚报》、《新快报》、《江南时报》等数十家传统媒体及数百家网络媒体自发报道；

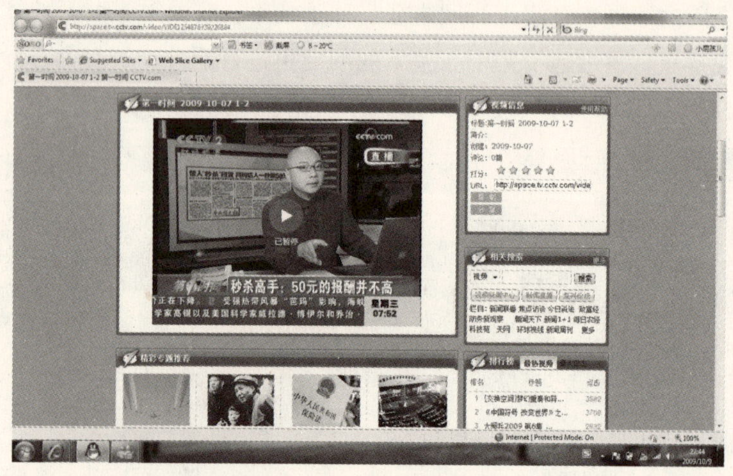

央视二套《第一时间》2009年10月7日报道

活动推广结束后的1周内，央视知名节目《第一时间》读报栏目报道，报道长达3分钟。

通过线上线下的结合，将淘宝秒杀的概念进行了一场普及，尤其是和央视广告的配合，成功地打造了2009年互联网热点词"秒杀"。同时，让受众将"秒杀"与淘宝自然地联系起来；淘宝商城的知名度得到很大程度的提高；淘宝在网购和电子商务发达的一线城市的影响力更大，同时更将这种影响力波及了二线城市，扩大了淘宝品牌的覆盖面，为接下来淘宝占领二线城市的市场奠定了基础。

专家点评：

秒杀，秒的不仅是时间，杀的不只是产品，而是淘宝商城。借力网络的力量，秒杀在淘宝商城华丽地诞生，并迅速蔓延至各个购物网站、各个行业。

概念造势在网络上尤其容易成功，这一点从近几年不断出现的网络语言可见一斑。淘宝网非常敏锐地嗅到网络语的病毒营销价值，从病毒制作、事件炒作到网络整合营销，使得秒杀与淘宝密切联系起来，在用户心中打上了秒杀＝淘宝的烙印。

4. 盛大《龙之谷》精准营销，玩家联动口碑传播

网游行业广告费“潜规则”：平均花 7 块钱才能让一个玩家注册账号，花 14 元才能让玩家下载安装客户端，花 25 元才能让玩家登录，花 100 多元才能让玩家开始付费……《龙之谷》有办法节约如此昂贵的玩家争夺成本吗？

精准营销，找回浪费掉的那半广告费

百货商店之父、广告大师约翰·沃纳梅克提出“我知道我的广告费有一半浪费了，但遗憾的是，我不知道是哪一半被浪费了”。营销界一直致力于解决的就是如何将广告更精准地推送给目标人群，从而减少“浪费的一半”，即精准营销。

互联网的出现，为精准营销的实现提供了一个蓝图，它带给营销界的启示甚至远不止于此。通过互联网，与精准定位的目标人群进行双向互动，不仅提升营销推广效果，更会反过来促进产品改进。尤其对于纯数字化的产品而言，这种优势更加明显。

2010 年 9 月 9 日上午，盛大游戏与《龙之谷》成功合并，盛大宣布全资收购《龙之谷》开发团队 Eyedentity Games。《龙之谷》是韩国新锐网络游戏开发公司 Eyedentity Games 与盛大在经历了 3 年零距离“恋爱”之后，“结婚生下”的“第一个孩子”。

《龙之谷》是 Eyedentity Games 成立后推出的第一款网络游戏。2010 年 3 月，《龙之谷》在日本开始运营，取得日本 MMOAction 类游戏排行第一名的优秀成绩。在中国大陆地区，《龙之谷》由盛大游戏代理运营，在进行了 5 个月的内测之后，于 2010 年 8 月 5 日正式启动全民公测。随着《龙之谷》游戏封测、内测、公测三个阶段，网站推出了一系列硬广和软性的宣传配合，以求为《龙之谷》吸引更多的韩服老玩家以及新玩家。

在《龙之谷》封测、内测期间主要是提高用户对游戏关注度、聚集游戏人气，为公测时有效扩大同时在线人数奠定基础。

在进行公测的过程中，需要从中找到游戏目标人群的行为特征和媒体习惯，为改善产品质量和提升营销效果积累经验。同时，基于《龙之谷》目标玩家的网络行为特征，以最低市场推广成本带来更多的玩家，在精准定位的基础上提高龙之谷曝光率，有效扩大《龙之谷》同时在线人数。

精准识别双向互动，形成玩家模型

精准识别的第一个难题是给消费者一个准确可识别的身份代码，并且可以使其在网络上变为可识别。盛大对于进行公测的玩家提出邀请，玩家可以自主选择安装受众测量工具——讯点通 ComTracker。通过这样一种方式，既可以轻松地识别到目标人群，又能减少因为潜在的触犯隐私所带来的玩家抵触以及社会、法律风险。

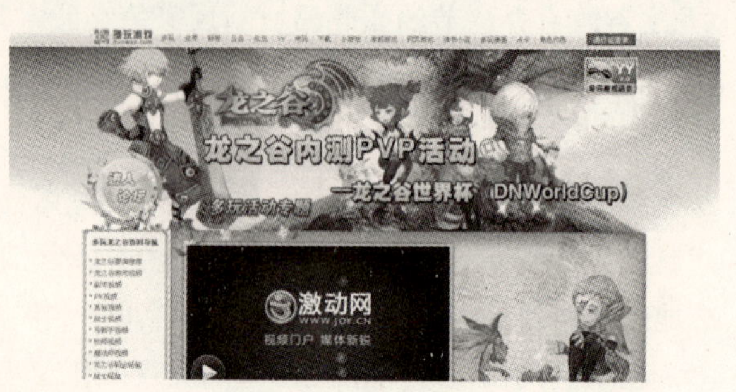

安装受众测量工具的玩家，构成了《龙之谷》营销改进的样本玩家，《龙之谷》通过受众测量工具记录样本玩家计算机的软硬件环境、线上行为轨迹以及游戏行为数据，这些数据最终通过几个记录的信息采集点表现出来，包括：玩家登录《龙之谷》及竞品游戏的前后 5 个动作分析；《龙之谷》及竞品游戏玩家访问人次及时长分析；玩家搜索《龙之谷》及《龙之谷》关联关键词分析；网页访问分析；软件使用分析；玩家游戏环境分析，终端 CPU、显卡、内存配置信息以及其他更多分析等。

通过将采集分析的玩家行为数据形成映像点标记。将映像点标记数据导入数据模型，形成玩家模型。通过玩家模型，《龙之谷》可以了解到玩家放弃《龙之谷》转向其他竞争对手的原因，并借以改进产品。同时通过玩家模型找到样本玩家所具有的相同的行为特征，然后通过其主要的媒体接触点投放广告吸引目标人群。

挖掘优质长尾媒体，为玩家口碑传播创造条件

80 后、90 后是《龙之谷》游戏的主要受众，他们的线上行为十分分散。《龙之谷》通过分析玩家在垂直、长尾等网站访问行为，经常浏览的综合门户、游戏资讯网站二级页面访问行为，以及在不同类别网站访问行为，精准定位目标玩家，降低广告投放成本。通过分析玩家经常访问的十大网站发现：

综合门户：QQ 是所有玩家最经常访问的网站，其他综合门户访问行为《天龙》喜欢 Sohu，《魔兽》喜欢 163，《CF》喜欢 Sohu，《龙之谷》喜欢 Sina；

游戏资讯：《天龙八部》玩家钟情于 5173、《魔兽》玩家钟情多玩 178、《龙之谷》钟情于 17173；

搜索引擎：百度一家独大，WOW 使用 Google，《龙之谷》使用 soso；

在线视频：优酷是玩家最喜欢访问网站，同时《天龙八部》玩家还喜欢土豆，《龙之谷》玩家喜欢迅雷。

同时，通过分析玩家自发传播的对象、渠道，为网游客户提供口碑营销的条件和方

向。通过玩家网络行为可以得出，玩家与同伴交流除了IM聊天工具外，还通过了多玩论坛、百度贴吧、百度知道、QQ空间、开心网、人人网等渠道与同伴交流。因此，为了更好配合玩家进行自主口碑传播，《龙之谷》推出QQ空间背景，QQ秀，QQ头像，以及开心、人人《龙之谷》有爱传播大冒险以及官网“传播火炬大接力，我是光荣的火炬手”以及结合世界杯的IM表情等传播素材，协助玩家自主传播，向潜在玩家渗透。

龙之谷主题 QQ 空间

在聚拢少量的优质媒体的基础上，选择那些具有更鲜明内容特征的长尾网络。长尾网络相比流量较大的媒体具有媒体投放成本低、用户群特征更鲜明的特征，与定位识别技术结合在一起，可以有效实现网络营销的低成本推广。《龙之谷》应用在测试中积累的玩家的线上行为习惯，在用户线上行为必经的长尾网络中精准投放广告，从而实现了低成本的精准营销。

通过有效、充分地挖掘和利用数字营销机会，《龙之谷》网络营销取得了不菲的战绩。《龙之谷》广告的CTR（点击率）有效提升了35%，游戏公测期注册玩家达到8 000万。《龙之谷》公测后3分钟内同时在线人数达到30万；公测后第三天最高同时在线人数突破70万；《龙之谷》百度指数创下业界史上最高的80万检索量纪录，远超《永恒之塔》1年前创造的50多万检索量历史；截至8月4日游戏下载次数上升至第三位；《龙之谷》在最受网吧用户欢迎游戏迅速上升至第六位。

专家点评：

在网络上，只有想不到，没有做不到。《龙之谷》显然很懂网络，也很懂得自己的目标受众。精准识别双向互动、挖掘优质长尾力量等都很好地发挥了网络的精准、互动效果。

或许在未来，品牌与产品要做的已经不只是广而告知，而是与消费者打成一片，不断满足消费者多方位的需求，为消费者自主传播制造优质素材，让消费者带领品牌以及产品自主的传播。

5. 尚邮“PUSH爱”引爆珍珠港式情书营销

曾几何时，我们没有网络，没有电话，爱情靠小纸条、书信传来传去。每当收到那带着个人印迹的文字，内心的那份激动、感动与幸福，难以言表。那时候，我们不关心房子，不关心汽车，只关心那颗心。今天，那个纯真年代的朴素爱情方式似乎已经远去。

“PUSH你的爱”，新媒体时代网民“真”互动

一个事先并未声张的活动，却在短短2天的时间引发500人以上的积极参与，并且参与人数每天呈几何级迅速增加。是什么样的活动有如此魔力？

随着手机终端以及3G业务的普及，越来越多的消费者有了通过手机接入移动互联网的机会和条件。同时，伴随着手机终端的智能化，越来越多的新应用也开始出现在手机上。但是，这种技术条件的成熟很多时候超出了消费者接受的速度，导致一些新应用难以被市场理解和接受。这就要求创新厂商在推出手机终端应用的同时还要注意与目标人群的沟通策略。

尚邮是一项基于Push Mail技术的手机邮件服务，虽然邮件服务在互联网上已经有了一定的普及度，但面对移动互联网人群，尚邮还是需要加强与目标人群的沟通。尚邮首先面临的困难是，目标人群还没有完成养成使用手机收发电子邮件的习惯，并且对于Push Mail技术本身并不感兴趣，必须通过一种目标人群容易接受的方式告知他们尚邮是什么。

最好的途径莫过于把尚邮的手机邮件服务与目标人群过去的生活经验和行为习惯联系起来，对尚邮进行类比定位。许多人可能没有使用过手机接收电子邮件，甚至可能很少使用电子邮件，但是几乎每个人都有过用纸条、书信进行沟通的经验，而书信恰恰是电子邮件的前身。通过把尚邮和书信联系起来，目标人群会更容易理解和接受。

寻找到了根据目标人群过去行为习惯的自身定位，接下来要做的就是采取合适的沟通策略将这一定位信息传递给目标人群，激发起目标人群的参与热情。通过触碰人们内心中的敏感部分，实现情感上的联系最能与尚邮现代书信的定位相契合。于是，尚邮选择把爱作为核心诉求，借助七夕传统情人节，推出“2010 PUSH你的爱”活动。创意原点是一种爱情的返璞归真，快餐文化成为社会的主流，大家对爱的表达早已经没有那种真挚和感动，通过情书这种形式容易激发都市

尚邮 2010 PUSH 你的爱

男女沉睡的爱情愿望。在宣传上，尚邮采取了网民真互动 + 隐性技术显性化 + 情感导入营销的策略，使目标受众在参与活动的美好体验中理解尚邮业务。

小感动引发大回响，一个支点撬动世界

目标人群是更愿意写情书呢，还是更愿意收到情书？对于这样一个小问题，尚邮也进行了小心的求证。首先，在 BBS 上对这两个问题进行了草根反应测试，结果发现愿意收情书的用户占绝对优势。因此倾听消费者的意愿，如果你愿意收情书，好吧，尚邮帮你实现。

活动以情书为主题，设计了三个环节，写情书、收情书、代发情书。正在恋爱中的你文采飞扬，来给心中的另一半写一封情书吧，或者你不善于用文字表达感情，只要出自内心，最简单的文字也能表达最丰富的情感。在活动中留下地址、电话，还可参加香港双人游大奖的抽取。对于正在等待爱情到来的网友，只需要留下一个地址和对于爱情的向往，就会收到网友发来的情书。另外，活动还设计了一个代发情书的版块，只需要把情书、发信人地址、送信人地址留下，活动主办方将在指定的时间将情书代为发送给收信人。

“2010 PUSH 你的爱”，爱她，就给她写封情书吧。活动从爱情的小角度出发，分析当下人群对爱情的表达和获取方式，结合客户产品的特点将“Push Mail”技术提炼出网络流行语“Push”，衍生成一种“传递、表达”的含义。从而促动了超过 300 万人的关注，实现了新媒体时代的网民深度真情互动。

当“PUSH 你的爱”成为支点的时候，整个世界都为之震动。1 家媒体合作、6 篇 BBS 主题、30 频次 EPR 发布，如此微薄的宣传量在信息过量的网络时代不值一提，但因为尚邮找到了爱的支点，最终影响了 2 000 多万网民，实现了阿基米德的设想。

借力传统文化，唤醒都市男女沉睡的爱情饥渴

忙碌的现代社会，快节奏的生活抢占了人们思考爱情的时间。拜金女、宠物女、闪婚族等网络热词背后所包含的婚恋观多多少少反映了年轻人面对现实世界的无奈。

我们用短信、用电话、用 QQ 来表情达意，标准的字体、图片、视频，形式越来越丰富，个人的印迹越来越少。面对另一半，我们或者选择结婚，只为有个人陪着，或者选择单身，等待理想的对象。我们都选择了妥协，有的因财富妥协，有的因家庭压力妥协，有的因寂寞妥协，于是，有的成了一对儿。而那些剩女剩男们，或者无力应对爱情带来的种

种压力，比如不自由，比如家庭责任，也或者是使用某些条件去框选另一半，自我妥协。

对于真正的爱情、传统爱情的向往深埋心底，造就了都市年轻人群中的“爱情饥渴症”。抓住这一情感诉求，尚邮借助传统情人节——七夕这一营销契机，将尚邮“爱”的主题传递出去，用独特的方式回归传统、展现爱情的真谛。

7 天时间，尚邮以“2010 PUSH 你的爱”为主题，发动了一场全民参与“写情书、收情书、爱情邮局”的“情书复兴”，运动巧妙嫁接年度交友类热点话题和中国情人节“七夕”时机，为广大网络男女搭建了一条“真爱”沟通、倾诉的渠道，其背后所蕴含的社会价值不仅仅是写情书本身，而是一种当代都市人“表达爱、追求爱”的精神追求！

本次活动很好地结合了尚邮产品特点——电子邮件虽然是网络时代的产物，但相对于IM、微博等网络通信产品，可以更好地承载书信文化和爱情。Push Mail 技术也让表达成为一种快速、有效、直接的方式。另一方面活动抓住了目标受众 80 后人群对爱情的渴望和期待，以及害怕失败、不敢表达的心理矛盾，让更多无法说出口的爱可以用 Push Mail 这种现代情书的方式来交流，捕捉其从写到收的微妙心态，激发广大网友“想爱的力量”，让活动“2010 PUSH 你的爱！”自己“活”了起来，其中仅豆瓣网展示就达 1 623 900 人次，活动被点击 7 947 次，引起广泛的社会轰动效应，堪称话题营销的一大经典。

专家点评：

爱情饥渴，这个点抓得很准。加上简单的参与机制，颇具吸引力的话题，使得“PUSH 你的爱”活动迅速抓住了年轻人，情书在像轰炸珍珠港一样的同时，也将尚邮品牌很好地打了出去。

美中不足的是，尚邮的安装使用似乎有点繁琐，导致部分感兴趣的网友不得不望而却步。因此，企业在做好前段的网络营销活动的同时，一定要保证产品也像网络活动一样易于参与和使用。在网络上，消费者有更多的选择，稍微一点不适就可能导致消费者转而求其他。

6. 泡泡杯："我的世界杯"，球迷圆梦足球的舞台

2010 年南非世界杯过后，在大家还在为巴西、阿根廷等传统强队的过早离去而感到遗憾，想找一个能施展自我球技的平台时，泡泡网实时推出实况足球大赛，成为一个众球迷圆梦足球的舞台。

捕捉受众心理进行事件后营销

世界杯激起了许多人对于足球和体育的热爱，这种大型赛事所带来的媒体广泛的传播效果往往会给受众造成一种事件参与感。而这种参与感在世界杯结束之后就产生了一定的心理空档，造成受众对于世界杯的怀念以及再次参与其中的需求。

泡泡网及时捕捉到了受众的这一心理变化，迎合广大的网民想参与、想体验世界杯的真实需求，从 2008 年开始推出泡泡杯实况足球大赛，进行了世界杯后营销。2010 年已是第三届。

虚拟化现实元素，制造真实体验

制造目标人群的真实参与感首先要做的是对于现实场景的重新构筑，利用虚拟的现实元素将世界杯的氛围构建出来，营造真实环境体验。泡泡网结合市场上足球爱好者偏爱的足球仿真游戏——实况足球，以"我的世界杯"实况足球大赛为载体，通过对竞赛环境的重新模拟，给广大网民一个重新体验、重新参与世界杯的机会，并借此实现活跃用户、传播品牌的效果。

除了利用实况足球比赛这一形式模拟世界杯竞赛氛围之外，实况足球大赛现场设置了赛场颠球体验不同风格的中式足球的环节，调动参与者的参与热情。泡泡网还适当利用了 2010 年南非世界杯的独有元素，如章鱼帝保罗等（世界杯期间章鱼保罗出尽风头，此次泡泡网实况大赛现场同样能一睹章鱼保罗的风采），强化实况足球比赛与南非世界杯的联系，并且在这个过程中增强参与者的真实体验。

线上线下"noline"营销

营销发展的一个重要的趋势是整合营销传播。这一点在互联网时代，体现为一定程度上要减少线上营销与线下活动之间的不一致性，达到二者同步，协同发挥营销功能。泡泡

网在举办“我的世界杯”实况足球大赛的过程中很好地贯彻了这样一个策略，就是“no-line”营销，在线上和线下开展无缝的整合营销推广。

首先，泡泡网实况足球大赛活动的主要对象是泡泡网网站和论坛的用户，所以开始阶段，泡泡网在自身网站内部为主的互联网线上媒体上发布了宣传活动版块和图形广告，吸引用户的关注度和参与热情。“我们对年龄没有限制、我们对职业没有限制、我们更不会有性别歧视。无论是耄耋之年还是垂髫稚子，只要是热爱足球、懂得实况游戏如何射门、传球就符合我们的参赛标准。”低参与门槛，线上线下双重热情邀约机制，很好地契合了目标人群体验参与世界杯的心理需求，活动报名收到了很好的效果。赛前线上招募短短1周内吸引上百名网友参与报名，其中还有往届实况足球比赛冠军，线上推广取得成功。

其次，伴随着线上营销推广，线下的相关活动也在紧锣密鼓地配合进行。实况足球比赛现场选在了人流量大而密集的中关村e世界进行活动，一方面，观看驻足的人群容易带给参赛选手更多的竞技体验；另一方面，活动现场影响人数上千人，慕名前来观看比赛者更达到上百人，现场要求报名者也达到了上百人。泡泡网此次营销推广的效果也由参与者群体辐射到观看者群体，并进一步传播开来。

第三，在线下活动激烈紧张地进行过程中，泡泡网发动网络媒体和传统媒体平台对比赛进行了跟踪报道，发布在相应的频道和论坛内，满足更多网民的知情要求，为广大足球爱好者打造了一个“我的世界杯”众人圆梦足球的舞台，延伸、扩大营销活动的效果。

专家点评：

活动营销一向是提升品牌影响力的重要方式之一。显然，对于活动营销来说，好的活动选题是关键。世界杯作为一项全民关注的体育事件，一向是企业营销的黄金时机。泡泡网把世界杯搬到了网络，配合四年一度的世界杯举办网络世界杯，将泡泡杯打造成了球迷圆梦足球的舞台，打造成了一个泡泡网的品牌栏目。

或许中国的球迷们对全球的世界杯已经没有了多少奢望，但是对于这场没有任何限制，自己亲自参与世界杯的机会还是满怀激情的。

7. 好乐买，让消费者爱上品牌秀场

网络购物已发展成为现代都市人生活中自然而然的一种习惯，这使得垂直领域网络购物企业的竞争也日趋激烈。好乐买作为一家销售品牌正品运动鞋的电子商务平台，其直接的目标就是能够有效影响广大消费者，提升网站的品牌美誉度，进而提高网站产品的销售量。然而，面对乐淘、卡路里等同类电子商务平台的竞争威胁，除了产品种类、价格、服务等影响因素外，谁能够让消费者在“网路”上满意，谁就能占据消费者心中“品牌空间”的高地。好乐买选择与百度合作，进行精准的广告投放，在互联网上增大品牌与消费者之间的接触点，提升品牌关注度与好感度，更好地促进了广告投放的转化效果。

掘金计划，品牌与销售双面提升

通过搜索引擎营销，在互联网上增大品牌与消费者之间的接触点，提升品牌关注度与好感度，更好地促进广告投放的转化效果。基于电子商务平台产品品牌众多、目标受众较为分散的特性，单一的广告展现很难吸引更多关注的目光。为此，百度专为电子商务客户提供了一套直观、系统化的营销“掘金计划”，好乐买率先进行了尝试。百度“掘金计划”通过导入好乐买所有的商品信息，依托百度行为分析技术，为每个流量匹配更合适的商品，使展示类广告既发挥提升品牌形象的效应，又能最大化将流量转化为实际的销量，实现品牌与销售的双面提升。在具体的营销推广过程中，首先根据好乐买的产品分类和结构，借助百度司南分析目标用户的差异化检索行为；再根据用户在搜索引擎上的浏览行为锁定大量目标用户进行精准的广告展现；最后根据搜索关键词的变化进行持续的广告优化，提升广告转化量和营销 ROI。

百度司南：细分目标消费者，精准沟通

在好乐买网站销售的产品中，拥有阿迪达斯、耐克、匡威、李宁、安踏等众多体育品牌。要想制定高吻合度的营销决策，达到与消费者最关注的问题保持一致，就必须先了解消费者需求和行为偏好，这就要借助百度司南深入洞察消费者的强大力量——基于网民搜索行为、访问网站记录的海量数据进行精确分析。在执行过程中，百度司南选择了 2 周内在百度搜索

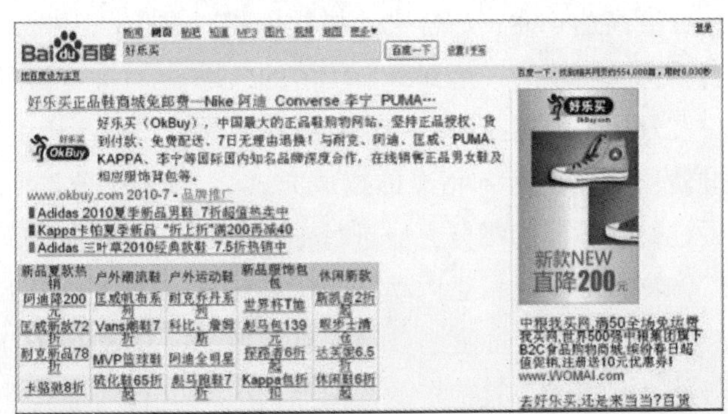

过“好乐买”品牌词以及“耐克”、“阿迪达斯”等好乐买主营产品品牌词的用户，将其作为分析的样本，通过对这些用户的跟踪分析，从中提取出他们在百度的搜索行为和各频道浏览行为的偏好，精准地掌握好乐买不同产品的目标消费者特征，为下一步进行有针对性的广告投放提供真实的决策依据。不同的产品，目标用户也不同，这也决定了营销路径的多样化。透过对消费者浏览行为和兴趣关注点的分析，百度司南深知消费者意愿，并以其所需为出发点，让好乐买与不同产品的目标消费者进行最合适的对话。不仅在投放频道上仔细斟酌，选择流量高、口碑影响力大的新闻、MP3、知道等频道，在广告投放形式上，也更具针对性，选择了营销效果极佳的精准广告、关联广告以及品牌专区。

掘金计划：“商品—人群—广告物料”精细化匹配提高广告转化率

电子商务企业的营销目的远不止于在品牌层面的提升，更多看重的是广告投入的成本与回报的效果。因此，百度“掘金计划”为好乐买在广告物料和创意上也提供了行之有效的解决方案。比如，针对偏爱匡威品牌的目标消费者，在其浏览路径上投放的精准广告会重点突出匡威的最新产品，让目标受众一目了然地看到新品的展示信息；对于搜索李宁和PUMA运动鞋的消费者，更多关注的是打折信息，那么呈现在他们面前的精准广告中则着重强调最新的折扣活动；而关注李宁运动鞋的消费者则比较钟情一款减震跑鞋，而此时相关的款式图片展示也会第一时间推送到消费者眼前。这种可实现“商品、人群、广告物料”三者精细化匹配，正是百度“掘金计划”与其他营销推广方式的差异所在。这样与消费者需求及时匹配的精细化展示类广告投放，使用户所看到的内容都是自己想要的，不仅大大减少了用户对广告的排斥感，而且可以增强用户对好乐买的品牌好感，增强广告转化率，进而拉动销售。

事半功倍，搜索影响创新

随着消费者对品牌认知程度的加深，其在搜索关键词上也会随之发生变化。应用全体网民搜索频率较高的关键词很难让推广品牌占据有利的搜索结果位置，很容易被网民“视而不见”。百度司南帮助好乐买从对阿迪达斯的相关分析数据中发现，阿迪达斯网球鞋的区分度高达4.98，综合推荐指数也相对靠前。因此，应用区分度较高的关键词，搜索结果自然会跃然攀升，达到事半功倍的效果。

好乐买最初在没有使用百度司南前，投放产生的CTR与同期其他非定向广告相当。经过使用百度司南+精准的投放方式后，CTR较之前提高了95%；随后，百度又配合好乐买，针对不同的细分人群进行专一的广告物料投放，例如对耐克感兴趣的人群，在投放的广告物料中呈现耐克运动鞋的最新信息，CTR进一步又提升了50%之多，达到了接近最初3倍的点击率。而独立Cookie点击率的提升效果更为明显，达到了同期同位置其他精准广告的3倍以上。其他资源位的点击效果也有一定提升。所有投放品牌专区的广告平均点击率是在50%左右，而好乐买的品牌专区广告点击率超过85%，大大超过了平均值。在图片关联广告位置，好乐买广告的点击率也超过同位置其他广告50%以上。可以看出，百度司南的力量不可小觑，为广告主提供了强有力的数据支持，是广告主的营销利器。不仅如此，在百度“掘金计划”的有利推动下，好乐买也改变了以往人们对展示类广告提升品牌形象作用方面的单一认知，用翔实的数据证明了搜索引擎平台上展示类广告所蕴含的效果营销价值。好乐买广告上线仅10天，便带来百万次的品牌曝光以及10万次的广告点击，百度这种精准细分化的展示类广告也成为电子商务平台最直观、最高效的入口之一。

专家点评：

电商客户更需要实效性的流量，百度的“掘金计划”是一个非常针对性的解决方案。以百度海量的网民数据为基础，充分发挥百度司南系统对用户在搜索引擎上的行为轨迹分析，深入洞察搜索关键词背后所蕴藏的消费者需求，并进行精准的跟踪式广告展示。优质的媒体+精准的营销手段+海量的人群筛选=1+2>3的选择。当武汉某个街道的用户在晚上12点钟上网时，网页上弹出的是他家旁边热干面馆的广告。或许，这一天会迟早实现。

8. 阿里巴巴“鞋袭”总统，雷人病毒营销

“人类的历史就是一部战争演进史，在经历了石器、冷兵器、火药、核子威慑时代之后，一种全新的战争模式出现了。”厚重的英语画外音、激烈的枪战、宏大的场景……一部带有历史感的搞笑电影大片拉开了帷幕。

巧借热点，乘东风好远航

美国前总统小布什在访问伊拉克期间曾遭遇扔鞋抗议后引起了巨大的国际反响。随之而来的是，网络上向布什扔鞋的小游戏也迅速火爆起来。瞅准了这一机遇，阿里巴巴找到当年靠《一个馒头引发的血案》而红透网络的胡戈策划了病毒视频《总统被扔鞋引发血战》，这次恶搞的对象正是被鞋袭的对象——美国前总统小布什。

作为全球最大的商品供应基地，阿里巴巴上汇聚了大量的产品信息，通过阿里巴巴的搜索功能，客户可以很方便找到大量的普通商品信息，而同时，由于产品供应信息的丰富，阿里巴巴可以找到客户需要的特殊物品。2009 年，阿里巴巴升级搜索，推出“找一下”概念，针对用户的需求提供更专业和海量的服务。为了对阿里巴巴这次升级所带来的更好的产品体验进行推广，阿里巴巴利用特殊商品需求作为创意出发点进行了病毒营销推广。在美国总统小布什被扔鞋成为社会关注话题后，阿里巴巴借助该热点，以网络视频整合各在线渠道展开病毒营销。

《总统被扔鞋引发血战》（《鞋袭——总统的反击》）由小布什被扔鞋的事件产生创意灵感，视频将与人息息相关的鞋子设置成战争中的秘密武器（大规模杀伤性武器），增加视频的故事性和搞笑元素。视频从总统被扔鞋开始，总统本人回掷鞋子还击，没有想到却砸中了其他人，由于这个错误使事态升级，酿成战争。战争的一方遭遇顽强抵抗，要求使用大规模杀伤性武器，于是大规模杀伤性武器雨点般从天而降。搞笑的是，所谓的杀伤性武器竟然是超大号的鞋子！中间派专门采购员去寻找绝密武器——特大码鞋，在历经种种艰辛九九八十一难后，寻觅仍无果。在广告片最后 1 分钟，特派员自裁谢罪的时刻，通过“上阿里巴巴化解难题，轻松搞定”。这时，网友才恍然大悟，这竟然是一

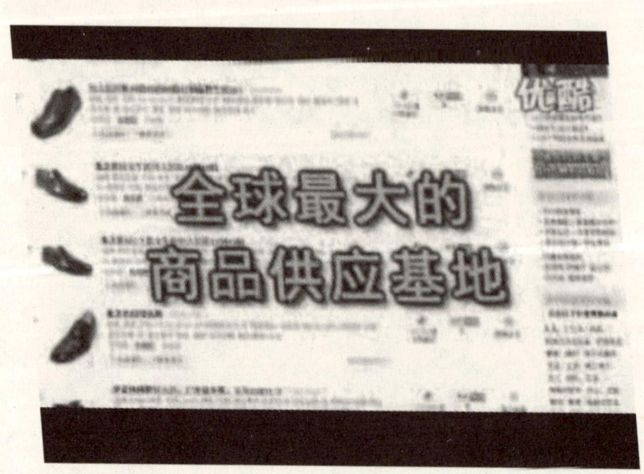

部不折不扣的广告片！视频创意以网民喜闻乐见的雷人视频为切入点，结合向小布什扔鞋这个热点事件，受众被情节紧凑的剧情深深吸引。最后“为什么不上阿里巴巴呢?”的雷人结局，让受众深深记住阿里巴巴传播的核心概念：阿里巴巴是全球最大商品供应基地。

该案例适时而生并迅速蹿红网络，清晰有力地向在线用户传递了“采购批发上阿里巴巴”的利益点。

整合新媒体传播手段，打好组合拳

《总统被扔鞋引发血战》病毒营销视频是网络上利用新媒体整合营销的经典案例之一。在网络传播上整合应用了多种媒介形式，包括视频分享、社区、SNS、Blog、Rss、Microblog、网络新闻等联动。本次视频营销调动多种新媒体，巧妙利用“雷文化”，在达到传播快乐的同时潜移默化中提升品牌在目标客户中的价值。在线推广有三个阶段：

第一阶段，做大基数。在6间房、56网、酷6进行置顶，而在优酷和土豆则选择草根传播的方式，使用人人网、开心网等SNS网站进行传播，同时在QQ群、QQ空间等进行病毒种子传播。

第二阶段：发布几天以后各大论坛引爆。在猫扑、天涯等社区进行讨论；多家社区进行首页推荐；媒体主动报道（商务的信息通过娱乐新闻的方式进行了传播）；互联网意见领袖推荐与传播。如知名作家“和菜头”、去哪儿副总裁戴政、微博客饭否上名人如小果，最后是利用鲜果，抓虾等Rss站点进行针对性推广。

第三阶段：巩固阶段，进行持续炒作，通过引导回复等保持网络热度。视频传达的“采购进货上阿里巴巴”的概念与线下传播整合互动，形成了从“点”到“面”的传播影响。因为该视频由网络红人胡戈执导，带来很强的感召力，网友转帖视频热度不断升温。

大多数网友在被雷到的同时，对阿里巴巴的Slogan印象深刻，很多网友表示在中国能看到这样的创意广告实在难能可贵。据统计，《总统扔鞋引发血战》在视频发布的前20天，日均播放量超过50万次；投放前一周超过20万人次参与了回复、投票、评论和转载。视频总播放量在投放后20天内突破1000万，累计超过3000万；社区传播500万次以上，相关视频社区病毒效应明显；开心网投票人数1万人次以上，93%选择“超雷选项”；同时积极回复的网民中，80%认为这是见过的最“超强的广告并表示认同”；谷歌上总搜索结果最高时超过500万条；新闻报道：前1周主流门户网站主动报道超过30篇。

病毒营销的创意带来了《总统扔鞋引发血战》视频在网络上的广泛传播。好的内容自己长脚，互联网新媒体营销主要是看用户的参与性。《总统扔鞋引发血战》视频开创了大场景网络视频（动用数百人）、真人视频战争片的先河，配上精彩的创意故事、网络热点事件、网络红人执导，得到草根力量的积极参与和主动推广。《总统扔鞋引发血战》案例在后期未发生推广费用的前提下，取得非常明显的互联网影响力，得到了网民们的主动推动，其病毒效应可见一斑。

专家点评：

把雷人广告拍成大片，恐怕非胡戈莫属了吧。借着《一个馒头的引发的血案》走火的胡戈，此番加盟阿里巴巴，可谓强强联手。

《总统被扔鞋引发的血案》仍是胡戈式的幽默与恶搞，这是这次借的不是热播的大片，而是鼎鼎有名的美国前总统——小布什，里边的杀伤力武器变成了“特大号鞋”，更是增加了病毒视频的滑稽元素。让网友的在嬉笑娱乐中获得了一个理念：在阿里巴巴，只有想不到，没有找不到。

9.《由我世界》联袂《网络整合营销兵器谱》，中国第一场虚拟世界图书发布会

虚拟世界是以计算机模拟环境为基础，以虚拟的人物化身为载体，用户栖息、生活、交流的网络世界。用户可以选择虚拟的3D模型作为自己的化身，以走、飞、乘坐交通工具等各种手段移动，以文字、声音、音频、视频等各种媒介交流。在世界范围内，Secondlife第二人生可谓虚拟世界的先驱，在中国《由我世界》（www.uworld3d.com）是3D虚拟世界的领先者。《由我世界》在国外的知名度颇高，但在国内还没有被更广泛地了解与认知。如何能提升《由我世界》在大众层面的认知度呢？《由我世界》认为，可以通过影响IT、网络界的舆论领袖们实现传播。而2009年年底，中国第一部网络整合营销实战读本《网络整合营销兵器谱》上市，登陆多家新华书店的畅销书架，并远销海外，其主要读者正是网络、营销界人士。于是《由我世界》一家网站，《网络整合营销兵器谱》一部图书，跨界走到了一起。一个激动人心的想法产生了：在《由我世界》为《网络整合营销兵器谱》开办中国第一场虚拟世界图书推介会。

虚拟世界，真实发布会

2010年2月4日，《由我世界》中一派热闹景象。来自新浪、搜狐、网易、奥美、艾瑞、辽宁出版集团、梅花网、阿里巴巴、龙之媒等网络业界知名专家的虚拟形象，开车或者开私人飞机纷纷赶往虚拟世界中的清华大学礼堂。《网络整合营销兵器谱》作者，清华大学总裁班特聘网络营销专家刘东明老师和司仪已经在《网络整合营销兵器谱》图书推介会现场等候。

15点整，发布会正式隆重揭幕。主持人为到场的各位嘉宾介绍了《网络整合营销兵器

谱》以及刘东明老师。来自北京、上海、广州、辽宁、杭州等多地的专家们免除车马劳顿，操作虚拟形象，在当地的办公室或家中发表了热情洋溢的致词。在媒体采访环节，《计算机世界》、新浪、搜狐、网易等知名媒体的记者们争相向刘东明老师提问，刘老师一一做出了精彩回答。这一切都如同真实世界发生的发布会一样。

随后，知名动漫形象 PP 猪作为粉丝代表上台为刘东明老师献上大捧鲜花，并即兴来了一段时尚热舞。为了增强推介会的互动性和娱乐性，《由我世界》还设计了智力拼图游戏：将刘东明老师的海报，分割成小块，打乱。请 PP 猪发挥自己的聪明才智，费尽九牛二虎之力，为各位嘉宾表演了拼图游戏。

在发布会的高潮环节，刘东明老师亲手打开了巨型幸运香槟。随着喷涌而出的酒花，竟然喷射出虚拟特效“预祝新书大卖”的字样，投影到了幕布上，如此创意的细节让到场的嘉宾为之一振。

庆功“神唱”3D KTV

推介会的最后庆祝环节将场地转移到了《由我世界》最娱乐的“神唱”3D KTV 中。你没有看错，对的，在“神唱”3D KTV 中你可以自由欢唱。《网络整合营销兵器谱》图书推介会参会人员操作着 3D 虚拟形象进入神唱包房，像实体 KTV 那样点歌、抢麦、欢唱、劲舞、聊天……欢唱包房容纳人数无上限，现场还有专业 DJ 为他们打碟、做特效。

更让人难以割舍的是，在《由我世界》3D 虚拟 KTV 中，参会人员们还可以边唱边跳！《由我世界》里提供了大量的舞蹈动作，而这些动作在《由我世界》3D 虚拟 KTV 中可以组合引用。不管是专家、记者还是观众这下都来了一个无障碍近距离接触，为这个图书推荐会划下了一个最别出心裁的句号。

微博、SNS 联动直播

在外围媒体报道方面，除了选择了常规的媒体新闻、软文报道外，还采取了别开生面的形式：微博、SNS 联动直播。新浪微博为《网络整合营销兵器谱》开设了 V 认证账号，以微博的形式对《由我世界》中发布会进行实时播报，大大增强了活动的影响力。为了扩大活动的影响面，通过和信技术实现了全国十几家微博、SNS 网站同步联播，以及向 20 万和信用户客户端进行推送报道。因此，此次活动也成了中国乃至全球第一例融合虚拟世界、微博、SNS 跨平台同步联播的图书发布会。

具体播报内容方面，《网络整合营销兵器谱》化身为一名可爱的武侠高手出场，以主述的方式展开。“如果网络营销是深不可测的江湖，各位就是网络营销的大侠，而网络营销的各种方式就是战场上杀敌制胜的最佳兵器。”“那你又是何人?”众围脖中传来一个深沉的疑问声？“好吧，各位看官，小弟先唱个肥喏，我是你 shu（呔，敢占众围脖便宜?关门放小黄!）小的错了，我是您的书，我名为《网络整合营销兵器谱》，一本失传多年的网络营销武林秘籍……”拟人化的趣味描述引来听众的驻足和关注。

联合营销，跨界多赢

这是一场多赢的跨界图书发布会，各方提供了自有的资源，共同运作，形成资源聚合效应，而又共同受益。这次发布会的主角《由我世界》和《网络整合营销兵器谱》，它们联手成就了中国第一例虚拟世界、微博、SNS 跨平台同步联播的发布会。无论是图书营销届还是虚拟世界中，这个案例都会成为一个里程碑，会拥有无数的二次口碑传播。新浪微博作为2009年风头正劲的新媒体形式，又多了一个运用微博营销的经典案例，可以作为和同类微博竞品比拼的砝码。和信通过技术支持，获得更大的品牌知名度。更重要的是这个案例中，多方的目标受众人群都是高端网络、营销界人士，这正是发布会中多方共同的目标受众。这次跨界营销可以说是“共同围猎，一起吃肉”的模式，多个跨界方的资源都得到了充分的运用和回馈，使资源效率最大化。

专家点评：

第一个吃螃蟹的人是最勇敢的，同时也是最具营销眼光的。《由我世界》联袂《网络整合营销兵器谱》吃了“中国第一场虚拟世界图书发布会”的螃蟹，由此引来大范围的关注与免费宣传、报道。

有道是“借好东风行快船”。本次虚拟世界发布会借着新媒体“新浪微博”这一平台，多方位的资源整合，跨界营销，联合多赢，也为业界树下了异业合作的典范。

第十章 医疗保健类

众包利用了人类根深蒂固的社会属性，某些反乌托邦的看法认为，互联网首先是为孤立的个体服务的，但事实正相反，利用技术，众包使合作在各个层面都变得史无前例，你可以和几乎所有不同背景不同地方的人进行有意义的交流。

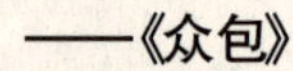

——《众包》

医疗网络营销，更上一层楼

中国医疗保健行业近些年以雷霆之势发展极为迅猛，而作为传统的营销模式已经不能满足行业的需求。在进行传统营销操作时，走的是比较粗放式的营销手段，就是砸钱投传统广告，雷同宣传很快就抬高了广告价格，也迅速削减了企业的利润空间，直到最后趋于无利的两难境地。在这个互联网快速发展的环境下，医疗保健行业也投身其中，成为网络营销消费大户。2009 年百度每天收录的医疗美容行业的文章数量只有 5 万篇 / 天左右，而进入 2010 年，已经快速发展到 7.8 万篇 / 天。可想而知，有多少医疗保健行业的从业人员辛勤奋斗在网络营销第一线。

医疗营销本质回归

医疗保健行业的网络营销从早期以建立网站的名片式需求，到目前火爆的以网络推广为主流的流量式需求，再到基于门诊量导向的效果式需求，需求心理在不断变化，体现了医疗行业对网络营销的认识也在逐步加深，并回归到营销的基本诉求：让营销投入的性价比尽可能地实现最大化。

流程控制，网络营销重中之重

网络营销作为更具互动性和更贴近医疗营销的方式和手段，其优势主要来自以数据营销为基础，在每个环节逐步总结和分析，并影响下一环节效果，打破了传统营销方式中死投入、等产出的被动局面。因此，流程控制对医疗网络营销尤为重要。流程控制的意义在于，在整个网络营销过程中，实施阶段化分解，网络营销具备新的特点：通过营销前、中、后三个阶段，对每个过程分阶段策划、总结、分析，并影响下一阶段效果；通过对每个阶段的控制与协调，确保实现产出利益最大化。而不同地域、不同规模、不同病种可以说多种多样，医院开展网络营销，往往是千头万绪。但在流程控制中只需要牢牢抓住患者需求，就可帮助医院有条不紊、按部就班地实施网络营销。

对于多种方式获取的客户信息由联系信息和需求信息构成，通常获取的信息为非结构化信息，无法管理，需要梳理为结构化信息，然后将其整合。因为一个客户可以包含多个联系人、多个需求、多个活动，称为客户线索管理，由此来判别是否为机会。一般来讲，销售机会的转化率只有 5%，更多客户线索需要持续培育，培育的方案就是建立各种营销项目，推动客户的参与，以获取其更多信息，然后又整合进去，再判别是否是机会，此过程为机会挖掘，因此管理客户就是做好联系管理、线索管理、活动管理和机会挖掘，这样就能有效提高销售。在这个客户导向的时代，营销方式必然面临变革。医疗领域的网络营销相对成熟，在今后的探索途中，期待能更上一层楼。

1. GE 医疗粉红十月，打响美丽保卫战

现代的杜拉拉们大部分身体都处于亚健康状态，由于减肥、工作压力等造成的身体问题如果不及时发现势必会影响到健康生活。作为 GE“健康创想”战略在中国落实的重大举措，2010 年 9 月 17 日，GE 医疗在北京启动的“早安女人，粉红十月”大型女性义诊公益行动，受到全国各地女性的关注。此次活动陆续在沈阳、杭州、无锡、广州等全国 15 个城市和地区展开，不仅有普及女性健康知识的讲座等，还有著名的女性健康专家在全国各地亲自坐诊，为当地女性朋友们提供免费的查体、咨询、乳腺拍片和彩超以及骨密度测试等检查和诊断；同时还在现场免费发放“早安女人，关爱一生”科普健康读本，教授女性健康保健操等。通过全方位宣传重大女性疾病科普知识以及医疗服务咨询，呼吁全社会对女性健康的高度关注。不仅线下的活动堪称完美，因为本次活动的目标受众为白领女性，而白领女性主要接触的媒介便是网络，因此 GE 医疗也同时打响了一场网络美丽保卫战。

在线诊疗，私密贴心体检暖人心

现场的义诊虽好，但是时间和空间的限制较大，一场义诊最多能服务几百人。这时候网络媒体的优势又一次突显。GE 医疗为“粉红十月”活动专门建立了 Ministe，通过网络方式为中国女性网民量身制作了身体健康诊断器。全国各地的女性朋友们，无论身在何处，只需要打开网站链接，就可以马上开始做个全面的 DIY 诊断：几十道题目全面涵盖胸部、腰臀部、四肢三个层面的问题。女性网友们认真回答问题后即刻就能揭开自己身体的秘密，GE 医疗会及时送上健康状况诊断，以及对改善治疗的方法和需要养成的日常生活习惯。设计精美绚丽的 Flash 页面，轻松悠扬的背景音乐，让整个测试洋溢着愉悦之情。如果希望得到更详细的体检状况，也可以通过 Email 注册，申请享受各地的“粉红十月”现场义诊的资格。

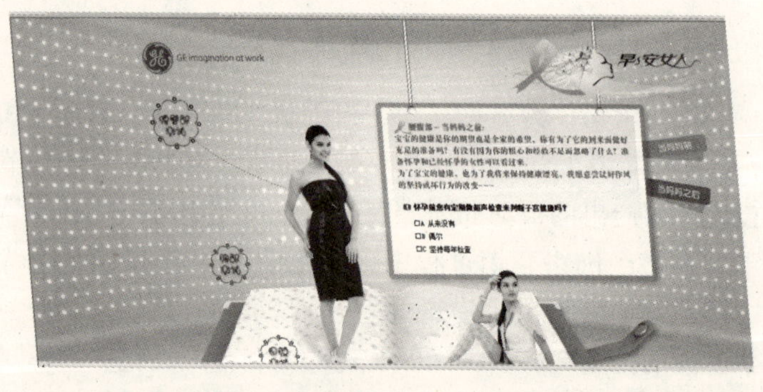

“粉红十月”的在线诊疗 Ministe 可谓起到了双向桥梁的作用。白领们通过“粉红十月”Ministe 可以轻松了解身体状况或者预约义诊，而 GE 通过网站扩大了目标用户的覆盖面，并收集了宝贵的用户资料。

微博营销出奇兵

微博是 2010 年开始火爆的新媒体形式，在白领中广泛流传，但是很多企业做的微博营销，却在沿袭传统广告的思路，把微博变成了垃圾广告集中营。这也怪不得最后落得一个门前冷落车马稀的下场。而 GE 医疗的微博营销却是站在用户需求的角度，分享女性实用的健康知识和相关幽默趣事，突显着对女性的关爱和对生活的乐观。因此说，与受众愉悦的对话，是 GE 微博营销制胜的法宝。

GE 微博营销之一：# 美丽女人 # 护胸十招：1. 适量运动；2. 多吃含欧米伽 -3 脂肪酸的鱼类；3. 多吃含维生素 D 的食物；4. 充足良好睡眠；5. 和谐规律性爱；6. 拒绝各种喷雾剂；7. 少吃动物脂肪；8. 乐观心情；9. 多晒太阳；10. 定期到 GE 医疗在线免费检测：http://sinaurl.cn/h4JVb6，早预防。这些搞笑眯眯，看看你是哪种？

GE 微博营销之二：远离“宫害”，女人最伤子宫十大行为：1. 剖宫产手术；2. 流产；3. 滥用催生药；4. 怀孕 3 次以上或多次妊娠；5. 找江湖医生私自堕胎；6. 忽视孕前、产前检查；7. 畸胎和多胎；8. 子宫下垂；9. 放纵性生活；10. 紊乱、不洁性生活。预防疾病，定期到 GE 医疗在线身体检查：http://sinaurl.cn/h4JVb6。

论坛、名博、漫画、SNS，社会化媒体一个也不能少

我们所处的媒体形态正在社会化，我们的舆论环境正在变“湿”。GE 医疗此次也启动了全面的社会化媒体（social media）营销，论坛、名博、漫画、SNS 齐上阵，将王婆卖瓜式的吆喝转化为“张婆卖瓜”的体验。

在论坛营销方面内容设计百花齐放，《国庆中秋美女“玩美”保养全攻略》、《你可以不知道彩妆，可以不知道时尚明星，可你不能不了解自己的身体……》、《十种不良习惯的女人最容易得乳腺病》等从女性保健角度进行知识营销；《婚姻保卫战：身体是革命的本钱》、《就算是乳腺癌也击不破不离不弃的爱情》等采用嫁接情感婚姻展开故事的营销……在博客方面则寻找千万级别的时尚名博，借力舆论领袖；漫画营销《GE 医疗给女人的十条幸福箴言》则如同冬日暖阳，尽显 GE 医疗对女性的幸福关爱。

专家点评：

医疗器械一向是给人以“冷”的感受。“GE 医疗粉红十月”线上、线下的整合营销传播活动，则通过线上、线下各种形式的关爱，将冷冰冰的器械变成了温暖的关怀与呵护，给受众留下美好的心理印象。

尤其是线上义诊、论坛、社区、SNS、博客、微博、漫画等不受时空限制的整合传播，配合 GE 医疗全国各地的义诊活动，通过一系列网络口碑、话题的策划将 GE 医疗“早发现、早诊疗”的健康理念很好地传达给了目标受众，塑造了 GE 医疗关爱健康，科学诊断的良好形象。

2. 安利纽崔莱，为健康“调色”

你可能不知道，人平均每日需要摄取 5~13 份色彩丰富的蔬果，每日至少吃蔬菜 300~500 克（其中深色蔬菜约占一半），水果 200~400 克。但是我们平日摄取蔬果的营养功课真的及格吗？

像按下快进键的人们越来越忙碌，越来越单一的生活步调让人们忽略了很多。然而人生应该是多彩的，健康亦如此。不过到底如何做才能达到真正的健康状态，让自己的健康焕发色彩，却是门大学问。

作为世界植物营养素研究领域的先驱，安利纽崔莱开展了中国首次网民健康饮食态度调查。通过与网络 SNS 平台的大力合作，对参与调研的网民进行数据分析，反映网民日常膳食情况，并给出关于“多彩膳食”的权威建议，创新性地为网民的健康“调色”。

SNS 游戏调动参与热情

关于网民的网上行为分析，每年有 CNNIC 提供的《中国互联网发展报告》。但是，对于接近 4 亿的网民的健康情况却缺少专业的数据指引与分析，而膳食又是网民健康生活中最息息相关一项要素。因此，针对 20~50 岁关注健康的人群，安利纽崔莱营养中心携手中华预防医学会，联合腾讯等各大网络媒体，为中国 4 亿网民奉献《中国网民健康饮食态度调查》，提倡并引领“多彩膳食”的概念，给网民的健康还以颜色。

然而这种调查式的教育型新营销模式，在国内尚未有企业在网络推广中使用过，为了能引起用户的共鸣，既要做出不像广告的广告，又必须拥有广告集中投放的轰炸力。口碑、内容分享、调研等软性营销手段，与硬广要做到非常巧妙的配合。

腾讯 QQ 拥有中国互联网最大的网民群体，覆盖了纽崔莱目标群体的大部分。纽崔莱根据目标群体特性，通过生动有趣的多彩方程式游戏体验，吸引用户在成功参与网上在线膳食调查后，会马上得到纽崔莱营养与健康研究中心提供的国际上各国或地区有相似膳食习惯的健康膳食建议，而用户在有趣的多彩方程式游戏当中，可以了解到自己的日常的多彩膳食习惯（缺少哪一种颜色的食物），并可通过“彩虹原则”，即时为自己定制多彩食谱。

此次活动众多网友参与回答了调查问卷。同时网友也了解到：有 96%的人有食用蔬菜的习惯；他们当中，近半数人的蔬菜食用量少于每日最低推荐量 300 克；随着生活水平的提高，现代人更偏重荤菜的选择，而忽略了进食足量的蔬菜。

同时，有 34%的人没有吃水果的习惯，其中男性被访者不吃水果的比例更高，超过四成；即使在进食水果的人群当中，有 84%的人每日水果食用量低于每日最低推荐量 200 克；更有 62%的人只吃 1 种水果。相对蔬菜食用的普遍性，许多中国居民目前还没有养成注重通过水果补充日常营养所需的习惯。

只有 65%的人在一天当中同时吃蔬菜和水果，这说明超过三分之一的人还没达到上述国内外饮食指南所建议每天都食用蔬菜和水果的标准。

就颜色而言，能吃到 5 种以上颜色蔬果的人只占 3%；大部分人进食的蔬果颜色比较单一，基本以绿色蔬果为主，而他们较少食用到紫黑色（5 种颜色分别为红色、橙黄色、绿色、白色、紫黑色）。

71%的人有不良生活习惯，其中 38%的人调查表明前一天“没有吃水果”；与其他人群相比，他们食用蔬果的品种及颜色更为单一。

一连串的数字也让网民们意识到，他们对蔬果的摄取远远达不到国际标准，更有 54%的人不知道或不太了解植物营养素对身体有保健作用，其实，正是这些植物营养素对健康起着至关重要的作用。

线上线下全传播

现代营养学研究表明，食物的颜色与其所含的养分在某些状况下会有微妙的关联。如以含花青素、叶黄素、番茄红素、β－胡萝卜素及蒜素为主的植物，各自会呈现出不同的颜色。所以除了注意食物种类、分量的搭配外，将颜色作为选择的一个考虑因素，是简单又科学的最新食物搭配法。

天然的植物营养素是支持人体免疫系统、帮助人们达致健康状态的重要成分。当人们日常难以吃到多色和足量的蔬果时，可选择补充富含植物营养素的营养保健食品，让颜色为健康加分。75 年来，纽崔莱作为营养保健食品的全球优质品牌，坚持在获得认证的有机农场中种植、采收和加工植物原料，从种子到成品，精心奉献高品质营养保健食品，帮助人们在不同阶段都能获得均衡的营养，保持理想的健康状态。

如何让人们意识到这个问题，需要更多形式的宣传报道并辅以线下活动。此次活动由腾讯平台发起调查，继而由众多网络媒体启动、引爆，并联合超过 500 家平面及报纸媒体辅助烘托，让人们不仅仅从线上了解健康颜色，户外、LED、楼宇以及线下活动等都围绕网络媒体的调研结果做海量的宣传与报道活动。

针对网络调查结果，通过有趣生动的“多彩方程式”以及丰富专业的前期调研数据资料支持，在各大健康垂直网站、社区做口碑传播，激起网民的口口相传。并运用双重 Cookie 跟踪技术，从推广的第一阶段开始就对潜在关心健康的用户进行追踪，采取内容定向、行为定向、关键词定向等技术，将《纽崔莱健康时刻》中“给健康还以颜色”视频精准地投放到每一个潜在用户面前。

现场活动落地收尾

在调查结束后，安利纽崔莱又在全国 100 多个城市陆续启动“给健康还以颜色”的多彩膳食推广活动，向更多公众倡导“膳食多彩，健康更精彩”的饮食理念。在福州香格里拉大酒店的会场，为了让参与者了解到更多蔬果食用方面的知识，现场设置了“蔬果颜色互动展示”和“营养知识培训”两大专区。在“蔬果颜色互动展示”专区中，设置了游戏、现场烹饪等环节，利用生动、直观的方式向众多活动参与者展示了蔬果食用的营养知识。而在“营养知识培训”专区，主办方邀请到了我国著名的营养学教授、安利公司营养顾问蔡美琴教授为参与者作了题为《多彩膳食》的专题知识讲座，在讲座中，蔡美琴教授将当前公众最为关心的一系列健康类话题做了诠释，如：人体必需的营养素、人体器官老化的秘密、利用正确的饮食方式与“富贵病”、亚健康抗争、什么样的身材是最标准的……

此次活动，加强了纽崔莱品牌在消费者中的地位，维持了纽崔莱品牌在保健行业的专业地位；加深了安利纽崔莱的品牌影响力。线上巧用SNS平台的群体影响力，并配以线下活动及其他媒体宣传，让人们认识到：吃东西要吃对颜色，才能吃对营养，才能帮身体达到真正的平衡与和谐。

专家点评：

对健康的追求自古有之，现代人对其要求更甚，不过人们对健康以及保健品的理解并没有随着时间的推进而变得深刻。营销不息，引导不止，对消费者持续地健康引导是安利纽崔莱一直不能舍弃的工作。

随着Web2.0时代的兴起，“安利纽崔莱给健康还以颜色”首次大范围地应用社区及内容页在线调查，并同时启动投放Cookie跟踪技术，引发民众食“色”风潮的“多彩膳食”网络调研活动，把消费者作为活跃的主角。同时，“多彩膳食”概念也给企业品牌注入精气神，最终拉动产品销售。

3. 安利纽崔莱有机农场，绿色营销哲学

“止尿喝三鹿，丰胸饮圣元”，2010 年在网络上流行的小段子，让人在搞笑之余，不禁为国人的食品安全感到担忧。作为一个拥有 70 多年历史的世界著名营养品品牌，纽崔莱显然是看到了中国民众对于食品安全的迫切需求。围绕绿色健康食品，纽崔莱进行一系列精妙的网络推广，让纽崔莱“绿色健康”的品牌形象更加深入人心。

纽崔莱的绿色营销哲学

纽崔莱一直秉持天然种植植物原料的传统，拥有 4 个有机农场，在培护土壤、作物管理、灌溉等各方面，均采用有机种植方法，从而确保每一种营养保健食品不含除草剂、杀虫剂和其他有害的农药残余物质。纽崔莱独有的植物提取物，更好地保存了植物中的有效成分，在增加产品天然营养成分的同时，使产品更接近天然。

为了让更多的中国消费者了解纽崔莱的历史以及其引以为傲的“有机农场”，纽崔莱将营销战场选在了正在大红大紫的网络上，因为那里有它的一部分受众，推出网络版“有机农场”。通过一系列以“绿色健康”为理念的有趣的网络营销活动，大大吸引了消费者的参与。了解纽崔莱的历史，首先要做的就是，建立自己的虚拟农场。

“种子接龙”，上传自己的“有机农场”

深谙“品牌的一半由消费者来完成”之道的纽崔莱在网络营销中设置了丰富的互动环节。为了让受众深入理解安利产品，了解安利发展历史，首先推出“种子接龙”营销活动。“种子接龙”要求用户首先将纽崔莱的“种子”标志拍下来，或者将“种子”标志打印出来。然后打开用户的摄像头，此时用户将手机上或者打印出来的“种子”标志对准摄像头，就会发现屏幕上种子的位置神奇地长出了一座小型的农场，这就是你自己的“有机农场”。

这种新颖的网页互动环节应用了扩增实景技术，为了能让更多人了解并参与该互动，特别制作了这一系列病毒视频，从多个角度说明并激发用户参与。不同人物在不同的地点收到纽崔莱有机种子标志，惊喜发现掌上的标志在电脑里变成了虚拟的有机农场，他们互相传递标志（制作成穿越屏幕边界的效果），分享手上的虚拟农场。除此之外，纽崔莱的网页上还有《植物大战害虫》

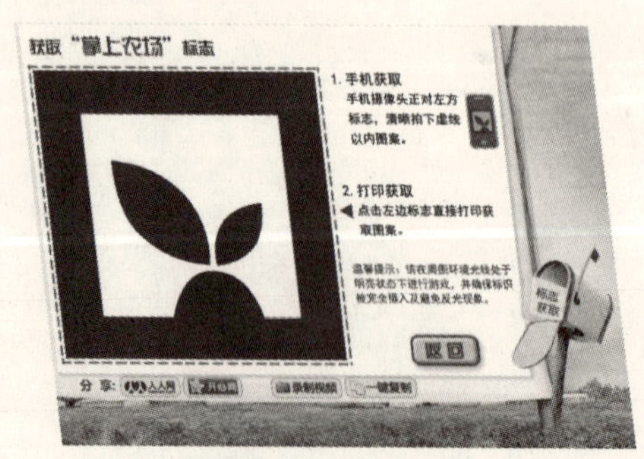

纽崔莱的“种子”标志

等小游戏的互动环节。这些互动环节的设置给用户带来了新奇和快乐，网友们奔走相告，为纽崔莱创造了大量口碑传播内容。同时，纽崔莱也在网页中加入了诸如纽崔莱农场故事等环节，这些故事通过简洁优雅的漫画方式活灵活现地展现在读者的面前。

神奇的农场在你的种子上长了出来

种子大接龙

大战害虫，一起来捍卫我们的农场吧

网络用户每天接触的广告成千上万，他们显然没有那么多精力与兴趣欢歌载舞地看广告，如果营销手段单一，只是通过网页广告的形式传播，不但难以吸引消费者的注意，更难摆脱被鼠标秒杀的命运。因此，在竞争激烈的营销战中，要想取悦用户，就必须想方设法做到与众不同才能吸引用户的注意力，并引导用户的持续关注。在这方面，纽崔莱无疑是成功的，它不仅采用了最新的互动科技——增强现实，让用户感受新科技带来的快感，在互动中了解纽崔莱的历史，更是推出塔防式游戏《植物大战害虫》（大家想必对《植物大战僵尸》耳熟能详，没错，这是《植物大战僵尸》的升级版，让用户在游戏中体验农场管理的苦与乐），把从种子到成品的枯燥生产流程融入到游戏当中，保持了用户对网站的持续兴趣。

网页游戏红极一时

从有机农场到《植物大战害虫》，在网络上这样经典的小游戏红极一时，吸引了大量用户来参与。实际上，许多企业都在尝试利用简单网页小游戏来吸引用户，因为如何有效地达到营销目的，是网络营销的一个重要课题。虽然很多经典游戏可以模仿，但是与单纯游戏娱乐的目的不同，营销的目的在于获取用户认可并购买产品，所以在游戏和互动环节中如何巧妙地植

入推广素材是最需要精心设计的一个环节。纽崔莱在这方面下足了功夫，在传播种子的环节，通过最新颖的 AR 扩增实景技术，吸引用户参与兴趣；在参与过程中，通过“种子接龙”这个环节，充分利用网络的分享功能，在极短的时间内大大增加了活动人气。选取“种子”作为传播的媒介无疑是成功的，作为绿色活力的代表，通过“种子接龙”在用户的潜意识中种下了纽崔莱绿色健康的形象。后续采取类似《植物大战僵尸》的游戏形式，持续稳固了用户的参与热情。在游戏的过程中，通过种子的一系列生长变化，带领用户了解纽崔莱的营养产品从一粒绿色种子成长为人们幸福健康生活的一部分，强化了纽崔莱绿色食品的印象，最终在消费者心中种下购买体验产品的种子。

专家点评：

新鲜的技术是营销突破口之一。AR，游戏类型的一种，全名为 Augmented Reality，即“扩增实境”。就是利用摄像头的支持将真实的环境和虚拟的物体实时地叠加到同一个画面或空间，使游戏者可以更充分感知和操控虚拟的立体图像。安利纽崔莱首次通过新技术来推广有机农场，意在培养年轻一代的健康生活理念。

同时通过网页游戏《植物大战害虫》吸引用户了解安利有机农场的发展历史，将安利绿色的种子种在了潜在消费者的心里。

4.《给老婆的世界杯家规》

2010年南非世界杯，国内大小企业都铆足了劲。最典型的就是哈尔滨啤酒的南非场地广告，作为世界杯赞助商百威英博集团旗下的品牌，哈啤也顺理成章地获得了官方认定的世界杯推广资格。同时，喜之郎优乐美、百事可乐、清扬等投入大笔资金做贴片广告、线下活动、请代言人……四年一度的世界杯营销成为各大媒体2010年的一大热点，那么如何在各类纷繁创意中脱颖而出，与众不同呢?

白云山和黄，作为一家药企，世界杯来临之际应该想消费者所想，以消费者立场解决世界杯期间的各种问题，表现健康企业的姿态。把企业的资源进行重新整合，将体育活动中体现的体育文化融入到企业产品中去，实现体育文化、品牌文化与企业文化三者的融合，从而引起消费者与企业的共鸣，在消费者心目中形成长期的特殊偏好，成为企业的一种竞争优势。

立意，属于球迷的世界杯第一网络话题

51.8%的网民在世界杯期间，因世界杯相关因素，较往常有更高的消费意愿，11.3%的网民表示可能会有更高购买意愿。世界杯这一热点事件的发生，会提升网民对相关产品的购买意愿，这对相关厂商来说，是促进销售的良好契机。

然而，中国企业借助世界杯做“体育营销”并不为许多企业看好。有专家表示，对于中国企业而言，世界杯只是一个热闹而不实际的风景，主要原因在于世界杯在中国找不到对接的点，因为在当今的中国根本找不到“与足球发生的相关的事情”：没有健康的足球俱乐部、足球队和足球运动员，营销无法落地。白云山和黄中药既不是世界杯赞助商，又不是合作伙伴，策划团队似乎没有一丝可以发散的机会，在纷繁的网络专题、网络活动中，甚至没有一点兴奋感。

在争议中，被提到最多的是2006年世界杯黄健翔的3分钟激情和足球寡妇，其共同点都是球迷——球迷制造、球迷传播。何不为球迷制定一套球场规则，形成球迷的世界杯话题，让球迷自娱自乐?

立意一出，策划团队便从球迷需求入手，最终确定打造白云

山口炎清是球迷们不可或缺的世界杯伴侣这一概念。“时差”、“熬夜”……在硝烟四起的世界杯营销战中，策划团队汲取关联性最强的关注点，以占大多数的男性球迷为突破口，一纸《给老婆的世界杯家规》解析出看世界杯存在的矛盾，从而上演球迷们自己的世界杯球场规则，打造世界杯第一网络话题。

论坛、图片剧，病毒式的口碑传播

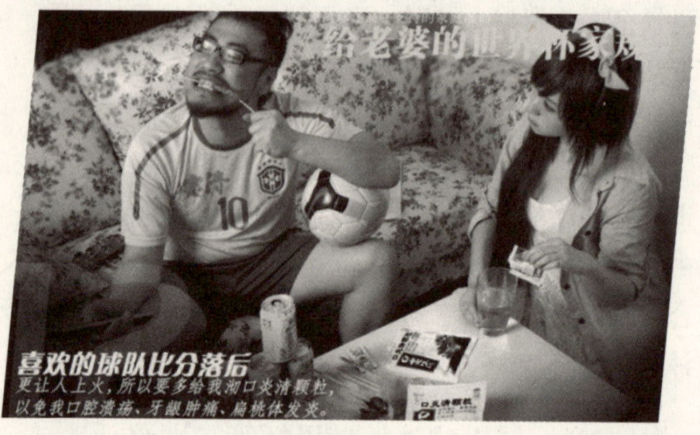

黄健翔的3分钟激情迅速传播得益于其独特的身份，也属于突发事件，基于球迷的世界杯家规如何才能激起人们谈论？如何才能在繁多的世界杯信息中脱颖而出，吸引眼球，形成世界杯场内外互动，最终成为媒体青睐的世界杯新闻点？

在传播对象中，对于70后、80后等家庭或者情侣，家居常备药需求量大，情侣在世界杯期间会有很多有趣的事情发生，是《世界杯家规》易感染的人群之一，这些主要传播对象爱逛论坛，爱看网络图片。

随着互联网和手机网络的广泛运用，2010年南非世界杯成为了首次真正意义上的主流多媒体赛事，中国在三屏（电视、手机及计算机）融合方面成为全球领先的国家之一。中国球迷正在通过使用所有可能接触到的媒体，在第一时间掌握南非世界杯动态。显而易见的是，电视、手机和电脑的同步使用已经对媒介消费产生了很大的影响。论坛、网络门户将辐射到每个球迷，是话题传播的主要阵地。

在操作中，白云山制定老公版、老婆版《世界杯家规》论坛，提升话题争议性、趣味性，以推动话题的持续人气，同时制作图片剧《给老婆的世界杯家规》，形象直观表现，增大传播人群，形成多频次的病毒传播。

针对企业、产品定位，在话题操作中进行适当、巧妙的植入，植入的方式是论坛撰写争议和播放图片剧。主要是产品定位和功效的植入，关键词分别为常备药、熬夜上火。

把握节奏主宰第一网络话题

网络媒体的介入，使人们将目光转向世界杯的时间大大提前，通过社交网络、博客、手机等媒体，人们有更多渠道去谈论并搜索关于世界杯的话题。由于创意点琢磨出来的时间离世界杯开幕不到3周，于是策划团队一边执行一边策划，以保证话题传播契合时间点。

执行中，通过监测发现了《世界杯家规》的两个高潮，一个是世界杯开幕前2周，一个是世界杯开幕时。

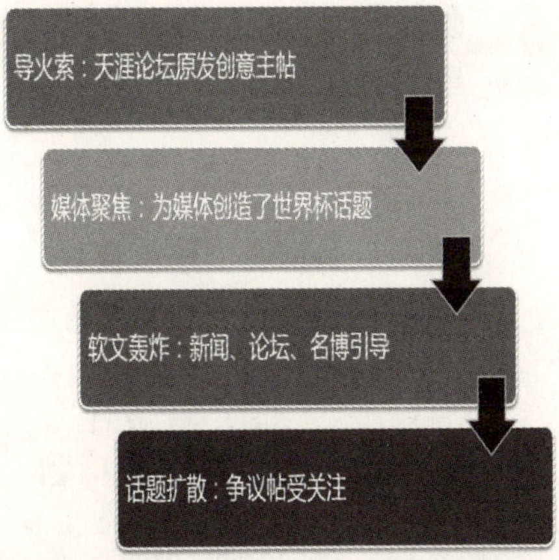

具体传播路径概述：

1. 一帖引爆——《世界杯家规》第一阶段传播(5 月 24 日 ~6 月 4 日)

2. 深度互动——《世界杯家规》第二阶段操作(6 月 11 日 ~6 月 28 日)

以图片剧、观点引导、赛事软文、专题上线四方面进行信息的覆盖和“看世界杯必备白云山口炎清”的舆情强化。

导火索：天涯论坛原发创意主帖
媒体聚焦：为媒体创造了世界杯话题
软文轰炸：新闻、论坛、名博引导
话题扩散：争议帖受关注

传播中，策划团队特别注重效果监测，采用人工搜索和人工监测，软件监测等方式，第一时间把握话题传播效果与预期效果，随时调整节奏等，以保证话题的热度。

专家点评：

这组创意图是由一个美女加一个大胡子男生组合拍摄，有趣的台词与到位的表情，让人忍俊不禁。

不像其他世界杯营销产品简单的道具植入，《世界杯家规》采取了换位思考的利益方式，在得到众多男网友高声呼应的同时，也得到不少女网友的理解。同时，与往届世界杯的“足球寡妇”不同，球迷女家属们少了些抱怨和愤怒，却对老公多了几分理解与支持。其中球迷要求老婆为其准备“白云山口炎清颗粒”的条款，得到众多球迷女家属的认同。

如果我们能够把营销都做得如此色香味俱全，相信任何一个消费者都不会拒绝吧。

5. 妈富隆健康避孕课堂，知识营销突破营销挑战

据调查，目前在中国只有3%左右的育龄女性有使用短效口服避孕药的习惯，口服紧急避孕药和使用避孕套是主要的避孕方法。由于大部分女性对健康避孕的知识知之甚少或完全不知，造成我国意外怀孕和人流比例明显高于发达国家。

知识营销，突破营销难题

妈富隆，迄今问世20多年的全球新一代口服避孕药品牌，已被97个国家的爱侣服用，占口服避孕药市场份额超过50%，在短效口服避孕药领域处于领导地位。但在中国市场上，很多人对于口服避孕药仍有一定的偏见，认为服用避孕药副作用大。因此目前主要的市场策略是扩大口服避孕药的市场规模，把用户从减少使用紧急避孕药、避孕套方面进行转化。那么，如何帮助人们消除错误观念，有效帮助适龄妇女健康避孕就成为妈富隆在中国市场上的最大挑战。

通过消费者调查发现，中国的育龄妇女相对比较传统，不愿意谈论有关避孕的话题，即使有疑问也很少去寻找医生咨询，她们宁愿悄悄在网络上进行搜索。然而在网络上，很少有媒体建立避孕栏目，即使有也是放在3~4级子栏目中，很少有用户关注。也没有专门关于避孕的论坛，在关于女性健康、两性方面的论坛中，用户也很少讨论这方面的话题。

在百度知道、雅虎知识堂、新浪爱问，QQ问问等中国所有的问答型Web2.0平台，都有大量用户提问关于避孕的问题。尤其像百度知道，仅含避孕关键词的问题就超过15万个（百度知道，全球最大的中文知识问答平台，平均日流量达到1.3亿，活跃度极高。医疗健康是亿万网民在百度知道最关注的问题之一，妇产科问题近50万个）。因此，这是用户在网络上对于避孕信息获取的主要行为方式。

一边是广告主面临的营销难题，如何找到目标消费者并有效告知，一边是问答平台上众多用户对相关知识问题的主动需求。针对用户行为趋势，如果在用户最急需答案的时候，把教育信息作为香饵喂给用户，用户的接受度会非常高，也不会产生对于教育信息抗拒的情况。由此，妈富隆与百度知道携手，展开了一场知识营销推广的全面合作。

品牌全知道，构建营销主平台

百度品牌全知道是搭建在知道平台上的品牌问答专区，以机器自动抓取的知道品牌相关问题为主，配置品牌的相关公告、链接、视频及知识专家等相关信息组合而成。同时，还可根据客户的需求配置品牌支持模块、个性化的顶部异形通栏、分类达人答题榜等互动元素。将品牌教育与用户的互动完美结合。

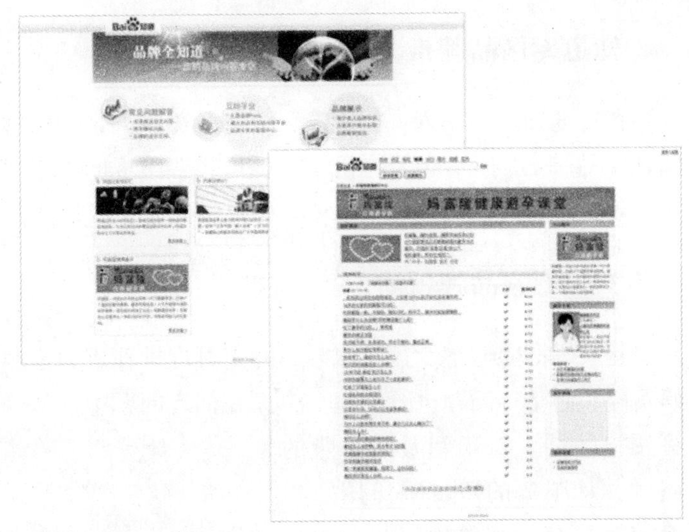

以百度品牌全知道为基础，妈富隆搭建了“妈富隆健康避孕中心”的专区页面作为营销推广的核心平台，实时抓取与女性健康、避孕相关的问题，将所有避孕相关的问题汇聚到一个集成页面，并由妈富隆对这个页面进行冠名和品牌展现，任何新的提问和回答，都会即时体现在这个专区中。同时，配置妈富隆简介、公告、相关视频及知道避孕专家等模块，大量汇聚品牌信息及相关知识，将品牌展示和用户互动有效结合，刺激用户参与欲望，系统、理性教育用户。从而建立起了一个中国最大的避孕教育平台，而且是基于用户最信任的 Web2.0 的模式，树立起妈富隆在避孕行业领先的品牌形象。

整合优势资源，全面覆盖目标受众

为了更全面有效地到达用户，结合分析用户行为属性，在建立“妈富隆健康避孕中心”品牌全知道专区基础上，百度结合网页搜索结果页、知道专区、知识专家、知道贴吧关联广告等优势资源，进行全面的知识营销，传递产品本身的丰富信息。这样，用户无论是在网页搜索“妈富隆健康避孕中心”以及与避孕相关的问题，还是在知道搜索妈富隆相关品牌词，都可以看到妈富隆相关信息和常见问题，全面覆盖目标受众，提升了妈富隆的品牌影响力和好感度。

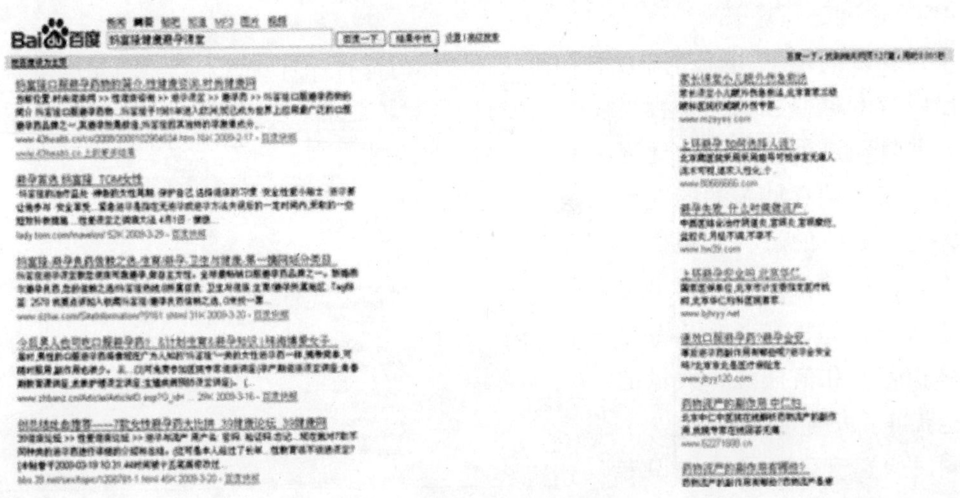

知道专区品牌推介

在百度知道中输入“妈富隆”等相关关键词，知道搜索结果页面会出现由“主标题及描述 + 品牌 Logo+ 可编辑栏目 + 右侧广告”组成的结果显示，类似品牌的迷你官网，以图文并茂的形式展现品牌及产品核心信息，形成知识营销新平台。

知识专家品牌领袖

建立妈富隆避孕专家的账号，并由百度推荐成为避孕专家。以专家账号对用户提出的妈富隆、避孕等问题进行回答。专家在回答问题中，从公正的角度，从知识传达入手，回答用户问题。对于问及妈富隆的问题，从服务的角度引导用户正确使用，对于避孕的问题，则从中立的角度，在不突出妈富隆品牌的前提下重点教育用户有关口服避孕类药品的知识。

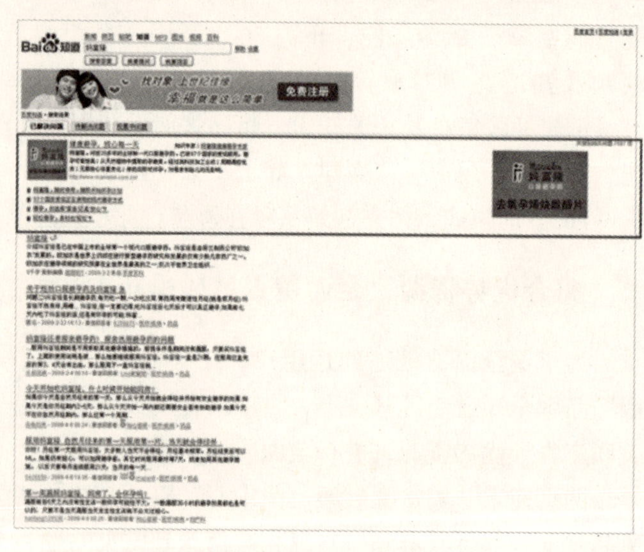

在 Web2.0 平台上，有账号和积分的体系。通过回答被用户接受，逐渐积累建立起品牌的信任度。据统计，妈富隆健康避孕中心平均月访问人数超过 10 万人次，目前已经达到月 15 万访问人次。平均到达专区首页后的二次跳转率超过 86%；专家累计回答超过 4 500 个问题，其中采纳率达到避孕行业最高水平 46%，并且用户已经将专家回答认为是标准答案，并自动进行转发。由此充分起到了该领域意见领袖的主导作用，通过专业的解答和积极友好的态度将口碑营销的作用最大化，逐渐建立起妈富隆避孕专家的品牌知名度和信任感，大量的回答也获得了极高的品牌曝光。

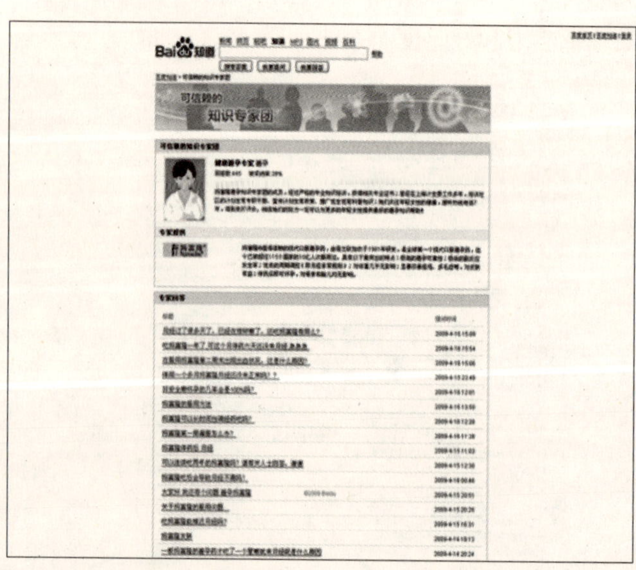

同时，妈富隆提供的知识专

家也帮助企业用户解决了实际问题，利用百度知道无成本打造了动态庞大的网络客服平台，并提供了 FAQ 知识库。

关联广告全面曝光

关联广告是通过投放关键词及目录进行人群区隔，让网民很容易找到要找的人或兴趣点，真正地实现精准定向投放。

在百度知道问答页、百度贴吧中的妈富隆吧及毓婷吧投放关联广告，锁定品牌关注人群进行有效曝光。用户在知道搜索医疗、避孕等相关问题时，在知道问答页右侧，即出现按目录投放、图文混编的妈富隆关联广告，大信息量充分传递品牌诉求。在贴吧中，用户登录妈富隆吧及毓婷吧也会看到妈富隆的关联广告，覆盖更多潜在受众。

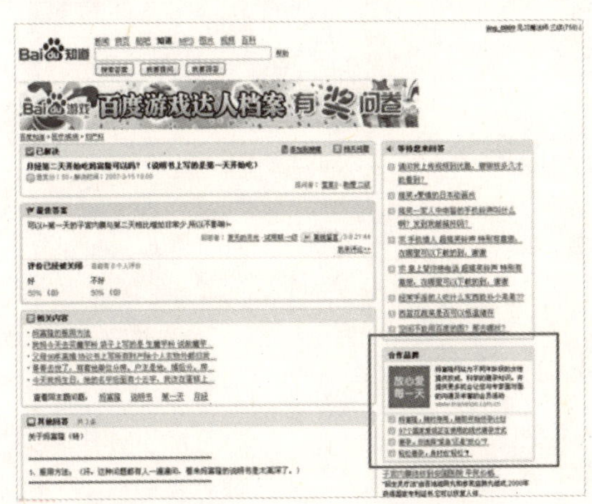

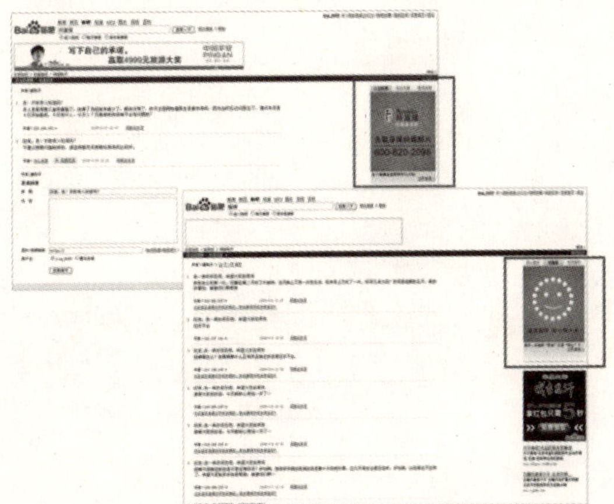

专家点评：

知识营销作为经典的营销理念之一，已被越来越多的企业和消费者所认可。妈富隆健康避孕课堂的创意点和需求点抓得都很好，既契合消费者的需求，又有助于自身品牌影响力的提升。但是网络营销发展到今天，已经到了红海的阶段。搭建好一个整合营销平台仅仅是第一步，并不会有效锁定消费者，后续的平台管理与整合推广才是品牌长久发展之道。